기업실무 엑셀

황욱선　서강대학교 대학원 경영학 박사
　　　　한라대학교 교수
　　　　삼성 및 LG 그룹 근무
　　　　노동부 심의위원
　　　　한국잡월드 심사위원
　　　　한국산업인력관리공단, 한국직업능력개발원 평가위원
　　　　의왕시 예산결산 및 정책자문위원
　　　　공무원시험 출제위원

　　　　저서 : 『머·피·공 TOEIC』, 『힐링, 영문법과 독해 기초 다지기(공저)』 외 다수

기업실무 엑셀

2013년 8월 25일 1판 1쇄 인쇄
2013년 8월 30일 1판 1쇄 발행

공　저　황욱선
펴낸이　강찬석
펴낸곳　도서출판 **나노미디어**
주　소　150-838 서울시 영등포구 신길동 194-70
전　화　02-703-7507　팩　스　02-703-7508
등　록　제8-257호
ISBN 978-89-89292-42-5　93000

정가 18,000원

저작권법에 의해 보호를 받는 저작물이므로 무단 전재와 복제를 금합니다.
잘못된 책은 교환해 드립니다.

기업실무
엑셀 Excel

황욱선 지음

Nano Media 나노미디어

차례

제1장 꼭 읽어 주세요 · 12

기업 실무 예제를 적용한 엑셀 교재 · 12
- 실무에 즉각 활용하는 엑셀 · 12
- 기업의 사원들에게 필수불가결한 엑셀 업무 · 12
- 이공계 전공, 상경계 전공, 인문사회 전공 모두에게 필수불가결한 엑셀 실무 교재 · 13
- 정규 수업시간에 아무도 가르쳐 주지 않는 기업 실무 엑셀 수업 · 13
- 고등학교 졸업자든 대학교 졸업자든 대학원 졸업자든 모두에게 필요한 교재 · 13

기업에서는 어떠한 정보기술능력이 필요한가? · 14
엑셀은 관리직, 경리직, 영업직, 업무직 모두에 필수 · 14
엑셀의 기능을 모두 배워야 하는가? · 16
반복적이며 정형적 업무처리 → 자체 개발 프로그램 처리
비정형적·범용적 업무 처리 → 엑셀 · 16

제2장 엑셀 시작과 종료 · 18

엑셀의 시작과 종료 · 18
- 엑셀을 시작하는 2가지 방법 · 18
- 엑셀의 종료 · 20
- 엑셀의 화면구성 · 21

엑셀의 기본적인 기능·······22

엑셀 아이콘 나타내기·······22
sheet의 생성 및 숫자를 늘리는 방법·······23
sheet의 삭제·······24
sheet의 이름 붙이기·······25
셀의 넓이 조정·······26
셀의 삽입·······27
여러 개의 화면 나타내기·······28
한자 및 특수문자 입력하기·······28
셀 범위의 선택·······30
행과 열의 삽입 및 삭제·······31
연속된 데이터를 만들기 위한 채우기 핸들 사용·······33

제3장 금전출납부 작성·······36

엑셀에 의한 금전출납부·······36
금전출납부 양식 만들기·······37

자료의 입력·······43

제4장 제품 매출대장 작성·······50

엑셀로 만드는 제품 매출대장·······50
매입액과 판매액의 계산·······52

제품 매출대장의 서식 꾸미기·······55

인쇄를 위한 작업·· 60
    미리보기 화면은 확대/축소가 가능하다. ······································· 60

꼭 읽고 갑시다. ·· 65

제5장 사원관리대장 작성 ·· 66
사원관리대장 작성 ·· 66
이름순, 부서순, 직급 및 호봉순 등으로 정렬하기 ·························· 73
내림차순으로 정렬 ·· 75
자동 필터 ·· 76
자동 필터의 해제 ·· 78
데이터의 신규입력을 위한 레코드 관리 허용 ······································ 79
고급 필터 활용 ·· 81
다양한 고급 필터의 기능 ·· 83
사원관리대장 꾸미기 ·· 85

제6장 부서·직급별 매출실적 현황 작성 ·· 86
자동 서식 ·· 87
조건부서식 ·· 90
부분합을 이용한 부서별 판매실적 나타내기 ······································ 92
피벗 테이블에 의한 부서·직급별 실적현황표의 요약 ····················· 95

사용자 만족을 위한 피벗 테이블 ·· 99

제7장 품목별 판매현황 작성 ·· 104

차트를 활용한 품목별 판매현황표 ·· 104

차트의 편집 ·· 109

차트 제목 조정하기 ·· 109
범례·항목축·값축의 편집 ·· 111
막대그래프·범례 각 세목의 편집 ·· 112
차트의 크기 조절 ·· 113
차트(C)를 활용한 상세한 편집 ·· 114
다양한 차트의 활용 ·· 120

제8장 기업 실무에 자주 사용되는 함수 ································ 126

SUM(Σ) 함수 - 합계 ··· 127
SUMPRODUCT 함수 - 열과 열의 합계 ······································ 127
AVERAGE 함수 - 평균 ··· 128
최대값과 최소값 함수 ··· 129
개체수를 나타내는 COUNT 함수와 COUNTA 함수 ················· 132
절대값을 나타내는 ABS 함수 ·· 134
STDEV 함수 - 표준편차 ··· 135
INT 함수 - 정수 조건 ··· 136
TRUNC 함수 - 지정한 정수 조건 ··· 136
ROUND 함수 - 지정자리 반올림 ··· 137
ROUNDUP 함수 - 지정자리 올림 ··· 137
ROUNDDOWN 함수 - 지정자리 버림 ·· 138
EVEN 함수 - 올림하여 짝수 만들기 ··· 138
IF 함수 - 조건문 ·· 138

RANK 함수 – 순위 구하기 139
TODAY 함수 – 날짜형식 맞추기 140
ROMAN 함수 – 로마숫자로 바꾸기 141
POWER 함수 –거듭제곱 141
복리예금이자 계산 함수인 FV, PV, PMT 함수 142
출장여비 계산(중첩 IF, VLOOKUP, SUMIF) 145
SUMIF 153

제9장 연월차 휴가 연말 정산표 작성하기 154

데이터 입력 및 서식지정 155

절대, 상대, 혼합 참조로 입사 연도별 연차 일수 구하기 155

ROUND 함수로 휴가비 정산하기 160

제10장 일별·월별·연간 예산집행 현황시트 작성 164

일별 예산집행 현황시트 작성 164

예산항목과 집행경비현황 작성하기 164
일자의 자동입력 164
예산집행 항목이 많은 경우에는 [틀 고정]을 이용하기 165
금액 입력 데이터 셀의 지정 166
잔액란 수식의 입력 167
개별 항목의 월 합계 수식 입력 168

12개월치 시트의 완성 방법 169

1년치 통합 시트의 작성 170

예산집행현황 시트와 월별 예산 시트 연결하기 173

제11장 함수를 이용한 급여명세서 ······ 176
- 급여 항목 데이터의 입력 ······ 177
- 산정율의 서식과 콤마(,) 표시 서식 지정 ······ 177
- 급여 데이터의 입력 – 합계 : SUM(Σ) 함수 ······ 178
- 원천징수 내역의 입력 ······ 179
- 각종 공제항목의 계산 ······ 183

제12장 손익계산서와 재무제표의 작성 ······ 188
- 손익계산서의 작성 ······ 189

제13장 종합원가계산 ······ 198
- 평균법(W.A.M)에 의한 종합원가계산 ······ 199
- 평균법에 의한 제조원가보고서 작성 ······ 202
- 선입선출법(FIFO)에 의한 종합원가계산 ······ 208
- FIFO에 의한 제조원가보고서 작성 ······ 212

제14장 매크로 활용 기업업무 통합 시스템 ······ 214
- 명령단추를 이용한 주메뉴 만들기 ······ 214
- 세부내용의 작성 ······ 222
- 매크로 연결하기 ······ 225
  - 조직도의 매크로 연결 ······ 225
  - 조직도에서 주메뉴로 매크로 지정하기 ······ 227

배경화면 꾸미기······229
매크로(Macro) 아이콘 모양 바꾸기······233

제15장 시나리오 활용 최고·최저가격 예측, 공동구매 예측, 회사별 비용 예측······234

시나리오 작성하기······235
'최고가격' 시나리오 작성하기······235
'최저가격' 시나리오 작성하기······237
작성한 시나리오 실행하기······238
시나리오 요약 보고서 만들기······239

시나리오 기능 이용해 미래의 결과 예측하기······240
구입수량에 따라 달라지는 공동구매 가격구하기······240
한눈에 파악되는 시나리오 요약하기······243
새로운 상황에 대한 시나리오 추가하기······244

제16장 인턴사원 교육평가서 만들기······248

주민등록번호로 데이터 추출하기······251
날짜 데이터 입력과 추출하기······254
날짜로 기간 계산하기······256
자동계산으로 함수 입력하기······259
함수 마법사와 직접 함수 입력하기······262
조건부 서식 설정하기······266

차 례   EXCEL

매크로와 콤보 버튼 사용하기 ··· 269

제17장 월별 실적분석차트 만들기 ·· 276

1단계 : 목록 범위를 이용한 차트 만들기 ·· 277
2단계 : 차트 디자인 설정하기 ··· 286
3단계 : 차트 참조 데이터 범위 만들기 ·· 291
4단계: 자동으로 데이터 범위가 변경되는 차트 설정하기 ·························· 294

제18장 재고 제품 현황 ··· 304

재고 데이터 지우기 버튼 ··· 305
개발도구 탭 만들기 ··· 305
데이터 지우기 버튼 만들기 ·· 306

필터링을 이용한 결과보기 방식 ·· 309

양식 컨트롤의 활용 ·· 313

시트별로 간편하게 이동하는 방법 ··· 314

CHAPTER 1

꼭 읽어 주세요

기업 실무 예제를 적용한 엑셀 교재

실무에 즉각 활용하는 엑셀

저자는 2000년부터 컴퓨터 담당교수가 아닌 전공교수로서 기업의 업무를 적용한 엑셀을 가르쳐 왔다. 그것은 확신이 있었기 때문이다. 엑셀은 응용 프로그램이다. 따라서 실무에서 어떻게 유용하게 활용할 수 있을 것인가에 중점을 두어야 한다.

이러한 관점에서 이 책은 현재 기업에서 직접 활용되고 있는 업무를 엑셀에 적용함으로써 기존의 엑셀을 위한 엑셀이 아닌 "실제 기업 실무 활용 엑셀"이 된 것이다. 기업 실무에서의 엑셀은 모든 크고 작은 업무에 실제적으로 활용하고 있는 것이다.

기업의 사원들에게 필수불가결한 엑셀 업무

대학의 분류를 연구중심 대학과 교육중심 대학으로 나누고 있다. 저자는 기업체에서 써 먹을 수 있는 학생을 키우고 싶은 것이다. 이것은 과거 LG 그룹, 취업담당 위원, 기업체 컨설팅을 하면서 겪은 경험 때문일 것이다. 기업 입장에서는 사원을 뽑았는데 입으로만 떠들어 대지 기업 업무를 아무것도 할 수 없기 때문에 재교육을 시킬 수밖에 없는 것이다. 엑셀을 할 줄은 아는데 실제 업무를 엑셀과 연결시킬 줄은 모르는 것이다.

이제 엑셀은 기업 업무를 실행하기 위하여 없어서는 안 되는 필수적인 도구이다. 이 책은 기업에서 기본적인 업무수행을 위하여 실제 업무를 엑셀에 적용한 예제 위주의 교재이기 때문에 "아하!"라는 생각을 갖게

함으로써 업무를 원활하게 해 줄 것이다.

이공계 전공, 상경계 전공, 인문사회 전공 모두에게 필수 불가결한 엑셀 실무 교재

엑셀은 사무실, 공장, 현장, 지사 등 모두에서 필요한 업무 TOOL 이다. 예를 들어, 건설현장에서 자재관리 업무를 처리하기 위하여 활용할 것이며, 공장에서 부서별 품질관리 통계를 분석하기 위하여 필요할 것이다. 지사에서는 제품별 판매현황 보고서를 작성하기 위하여 유용할 것이며, 본사의 관리부서에서는 직원들의 인사업무를 처리하기 위하여 활용되어야 할 것이고, 회계부서에서는 재무제표 수익을 분석하기 위하여 활용되어야 할 것이다. 영업부서에서는 부서별 판매현황을 파악하기 위하여 엑셀을 적용하여야 할 것이다.

이러한 관점에서 이제 엑셀은 "영원한 엑셀"이라고 명명해도 과장이 아닐 것이다. 저자는 건설대학원에서 정규 수업시간에 "실제 업무 적용 엑셀"을 15주 동안 가르쳤으며 학생들로부터 절대적인 호응을 받은 경험을 가지고 있다.

정규 수업시간에 아무도 가르쳐 주지 않는 기업 실무 엑셀 수업

기업 실무 엑셀은 정규 수업에 포함시켜야 한다. 중요한 것은 실습실에서 가르칠 사람이 부족한 것이다. 엑셀을 위한 엑셀이 아니라, 기업 실무 업무가 녹아들어 있는 엑셀을 가르쳐야 하기 때문이다. 또 하나는 대학의 전공에 대한 비슷비슷한 수많은 학점이 존재하지만 자신의 과목 변동을 원치 않는 이유 때문에 정말 기업에서 필요로 하는 실무 엑셀을 교육과정에 포함시킬 수 없는 것이다. 기껏 1학년의 컴퓨터 활용 시간이 있는데 '왜' 이 과목이 필요한 지를 질문하며 계속해서 유사한 과목을 고집하는 선생님들이 존재하기 때문에 기업체 CEO로부터 외면 당하고 있는 것이다.

고등학교 졸업자든 대학교 졸업자든 대학원 졸업자든 모두에게 필요한 교재

최근 고등학교 졸업생을 기업에서 채용하고 있다. 기업의 입장에서는 말만 잘하는 대학 졸업자보다는 기능 중심으로 익힌 고졸자를 채용하여 기업 실무를 가르쳐 해당 기업으로 동화시키는 것이 더 유용하다고 생각할 수 있기 때문이다. 이러한 관점에서 엑셀을 위한 엑셀 만을 익힌 고등학교 졸업생들은 기업의 실무에 어떻게 적용하는지 습득하는 교재가 필요하다. 그리고 그 교재는 복잡한 통계 및 재무를 적용한 교재가 아닌, 기업의 일반적인 사무 업무를 습득할 수 있는 기본적인 관리업무 엑셀의 습득이 필요한 것이다. 또한 이론중심의 대학 및 대학원 졸업자들은 실제 기업 업무가 엑셀에 어떻게 적용되었는지에 대한 교재가 필요할 것이다.

기업에서는 어떠한 정보기술능력이 필요한가?

이 교재는 고졸, 대졸, 대학원졸 모두가 기업의 기본적인 실무 업무를 원활히 할 수 있도록 기업의 실무를 즉각 활용할 수 있는 예제를 활용한 교재이다.

기업에 따라 필요로 하는 여러 가지 컴퓨터 활용 능력이 존재한다. 각 기업별에 맞추는 정보기술 교육을 습득하는 것은 어렵다. 하지만 기본적으로 다음과 같은 업무에 따르는 정보기술 능력이 필요하다.

- 기안문서 및 결재문서의 작성 → 워드, 엑셀
- 계산 및 통계처리 → 엑셀
- 많은 양의 데이터·데이터베이스의 처리 → 엑세스, 엑셀
- 인사, 총무, 영업, 회계, 자재업무 처리 → 회계 소프트웨어, 엑셀, ERP
- 전자상거래에 대한 처리 → 인터넷 활용, 엑셀, ERP, 쇼핑몰 및 홈페이지 관리
- 기술직, 연구개발직, 비서직 → 워드, 엑셀

엑셀은 관리직, 경리직, 영업직, 업무직 모두에 필수

현대 기업에서는 모든 업무에 의사결정을 요구한다. 의사결정에는 데이터의 계산, 통계, 집계, 분류가 이루어져야 한다. 그 다음에는 보고를 위하여 워드에 의한 기안 및 보고서를 작성해야 한다. 예를 들어, 관리팀에서 연도별 소모품을 부서별로 얼마나 사용했는가를 파악하려고 한다고 가정하자. 우선 엑셀에 의하여 부서별·연도별 소모품 사용내역을 통계 처리해야 한다. 다음에 워드에 의하여 보고서를 작성해야 한다.

회사 자체에서 개발한 업무 프로그램이 있는데 '왜' 엑셀이 필요한가를 반문할 수도 있다. 회사 자체의 업무 프로그램은 반복되는 정형적인 업무만 가능하다. 다양한 비정형적인 업무를 처리하는 응용 소프트웨어가 필요한 것이며 이것이 "기업 실무 엑셀"인 것이다.

소규모 기업에서는 어떨까? 소규모 기업의 업무를 위하여 자체 소프트웨어를 개발한다는 것은 우매한 짓이다. 소규모 기업의 경우에는 대부분의 업무가 워드와 엑셀에 의해서 진행될 것이다. 따라서 "기업 실무 엑셀"은 모든 사무 업무에 없어서는 안 될 소프트웨어라고 할 수 있다. "기업 실무 엑셀"이 기업의 어떠한 업무에 활용되고 있는지를 분류하면 다음과 같다.

〈인사/총무/회계 업무〉
- 금전출납부, 일보작성 및 집계
- 급여 계산 및 갑근세 집계
- 거래명세서, 세금계산서 발행
- 감가상각비 계산 및 집계
- 직원 인사자료 정리 및 데이터베이스

〈총무/관리/비서 업무〉
- 기안문서 및 품의서 작성
- 고객관리 데이터베이스
- 매출액에 대한 추이분석 및 그래프
- 비품 관리대장, 고정자산 관리대장 등의 각종 장부 작성
- 고객취향 및 매장 업무에 대한 자료 처리
- 스캐줄 관리 분석

〈영업/자재/생산/연구개발〉
- 영업부 부서별·사원별 실적 분석 및 그래프
- 매출액 비교 분석(전년대비 증가율 등)
- 원자재의 사용량, 재고량 등의 분석
- 생산 부서의 부서별 생산량, 불량률 등의 분석
- 품질 부서의 품질내역 분석
- 부서별 경비 분석
- 연구개발부서의 각종 결과 추세 분석

〈중역정보〉
- 경기변동에 따른 생산량, 소비량 등의 추이 분석
- 경영분석
- 원가/관리회계 분석
- 손익분기점 분석
- 예산 기획분석

- 고객관리
- 자금 투자분석

엑셀의 기능을 모두 배워야 하는가?

자신의 업무에 자주 활용되는 것부터 익혀야 할 것이다.
엑셀의 기능은 엄청나게 많다. 그렇다면 이 기능을 모두 익혀야 하는가? 그렇지 않다. 업무에 필요한 기능, 자신의 기업에서 자주 쓰이는 기능을 우선 익힌 후, 점차적으로 자신의 업무를 위해서 창조적으로 기능을 익혀가면 된다. 예를 들어, 연구원에서 논문을 작성하는 사람은 워드에서 각주기능을 배워야 한다. 하지만 일상 업무를 다루는 사람은 각주기능이 필요하지 않다.

이 책을 저술하기 전, 저자는 기업 실무담당자들과 엑셀에서 어떠한 것을 배워야 하는지를 이야기하였다. 그리고 기업의 실무담당자를 대상으로 엑셀을 강의하였다. LG그룹에 근무하였던 저자는 경험을 살려 엑셀의 많은 기능 중에서 기업에서 이 정도는 사용하지 않겠는가 하는 기능을 위주로 저술하였다. 또한 저술 방법은 기능을 위주로 설명하는 것이 아니라, 업무사례의 처리 위주로 저술하였다. 왜냐하면, 엑셀의 기능에 대한 활용방법은 다 배웠으나 어떤 업무에 어떻게 적용해야 하는가를 모른다면 그것은 무용지물이다. 그렇다고 모든 업무사례에 대한 엑셀 활용을 저술할 수는 없다. 그러므로 일반적인 업무사례에 대한 엑셀활용을 기술하였다. 여러분은 유사한 업무사례에 활용하기를 바란다.

반복적이며 정형적 업무처리 → 자체 개발 프로그램 처리
비정형적·범용적 업무 처리 → 엑셀

기업의 회계부문에서 근무하는 사람들은 회계 및 결산업무를 엑셀에 의할 수도 있지 않은가라고 반문할 것이다. 또한 영업·자재·개발실 등의 관리파트 사원들은 엑셀은 회계업무에만 필요한 소프트웨어가 아닌가라고 생각할 수 있을 것이다. 2000년 당시 저자가 최초로 기업 실무에 적합한 엑셀 교재를 저술할 때에는 많은 사람들이 그러한 생각을 가지고 있기 때문에 곤란하였다. 하지만 지금은 사무실 및 현장에서 대부분 엑셀을 사용하고 있다.

그렇지만 주특기가 있는 것이다. 기업의 정형적이며 반복적인 업무는 회사자체에서 개발된 소프트웨어를 사용하는 것이 가장 좋은 방법이다. 하지만 비정형적인 업무, 즉 회사의 사장님이 갑자기 경쟁사의 매출상태를 비교하는 보고서를 가져오라든지, 시장분석을 해오라든지, 생산성 분석을 해보라고 하는데 자체 개발 프로그램은 존재하지 않는다. 이러한 때에 필요한 것이 "기업 실무 엑셀"인 것이다. 자체 개발 프로그램이나 전문 소프트웨어를 사오지 않는 경우의 수많은 중소기업은 "기업 실무 엑셀"이 구세주인 것이다.

영업부에서는 경쟁사의 영업실적을 비교·조사하고, 개발실에서는 개발제품의 재원을 정리하고, 금융기관에서는 고객의 이자계산을 한다고 가정하자. 이 모든 것에 "기업 실무 엑셀"이 필요한 것이다. 따라서 엑셀은 범용적인 것이다.

현재 우리나라 기업의 대부분은 "기업 실무 엑셀"을 사용하고 있다. 그러나 학교에서는 배우지 않는 경우도 있으며, 자격증 취득을 위한 엑셀, 엑셀을 위한 엑셀을 배우는 것이다. 졸업 후, 직장에서 즉각 써먹기 위해서는 "기업 실무 엑셀"을 습득해야 하는 것이다.

CHAPTER 2

엑셀 시작과 종료

엑셀은 Microsoft Office CD에 포함되어 있다. 따라서 Microsoft Office 를 설치하면 저절로 설치된다.

엑셀의 시작과 종료

엑셀을 시작하는 2가지 방법

첫 번째 방법

바탕화면의 엑셀 아이콘을 더블클릭

두 번째 방법

[시작] - [모든 프로그램] - [Microsoft Office] - [EXCEL]을 클릭하면 엑셀 초기화면이 나타난다.

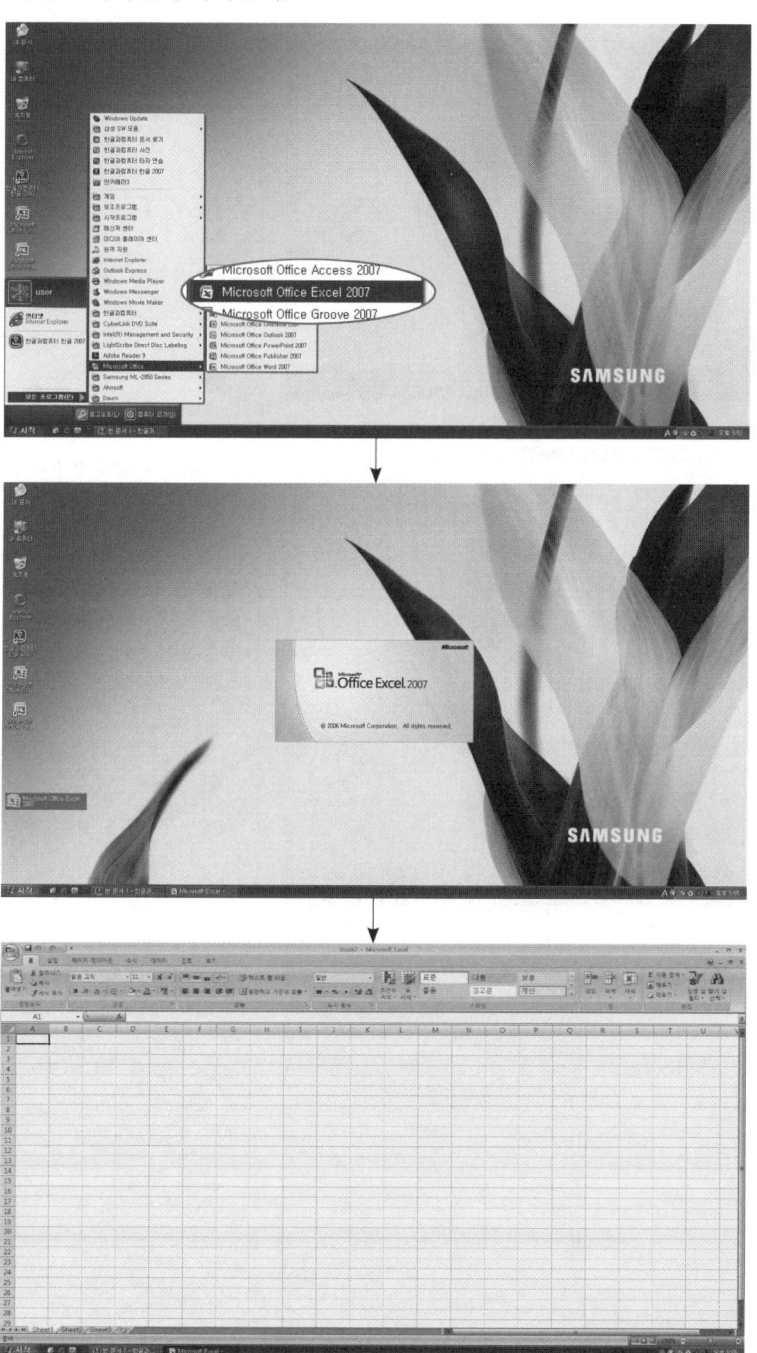

엑셀의 종료

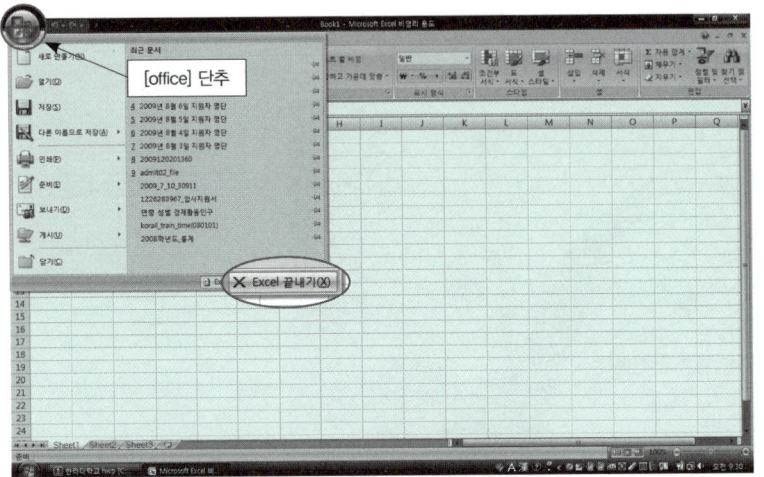

01 엑셀의 종료는 [office 단추] - [Excel 끝내기]를 클릭하거나 화면의 제일 오른쪽 상단의 닫기 단추[X]를 마우스로 클릭한다.

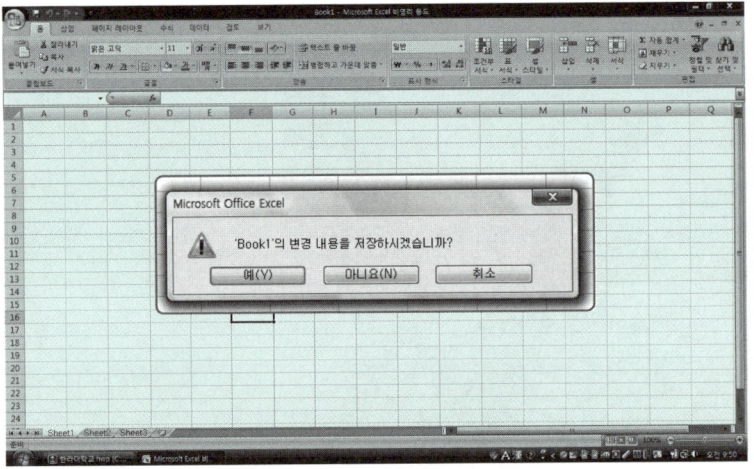

02 [Excel 끝내기] 버튼을 클릭하면 작업한 내용의 저장 여부를 묻는다. 저장파일 이름은 기본값이 "Book1"이다. 따라서 "Book1의 변경내용을 저장하시겠습니까?"라는 질문이 뜬다. "예"를 클릭하면 "Book1"로 저장된다.

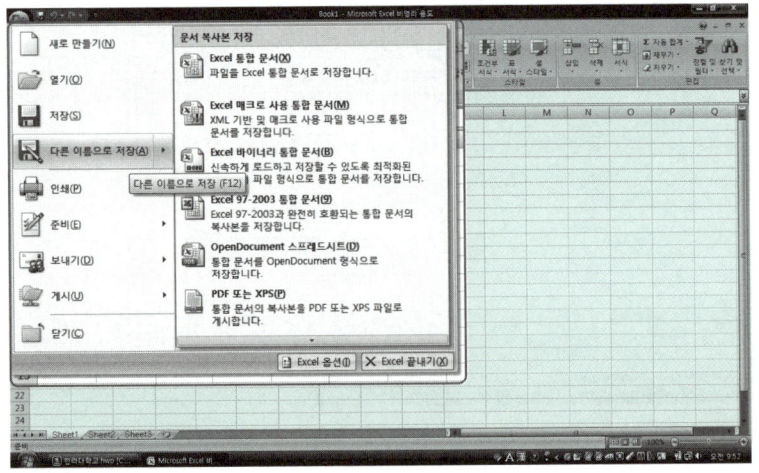

03 저장파일의 이름을 바꾸려면 [office 단추] - [다른 이름으로 저장]을 클릭하고 이름을 바꿔 저장하면 된다.

엑셀의 화면구성

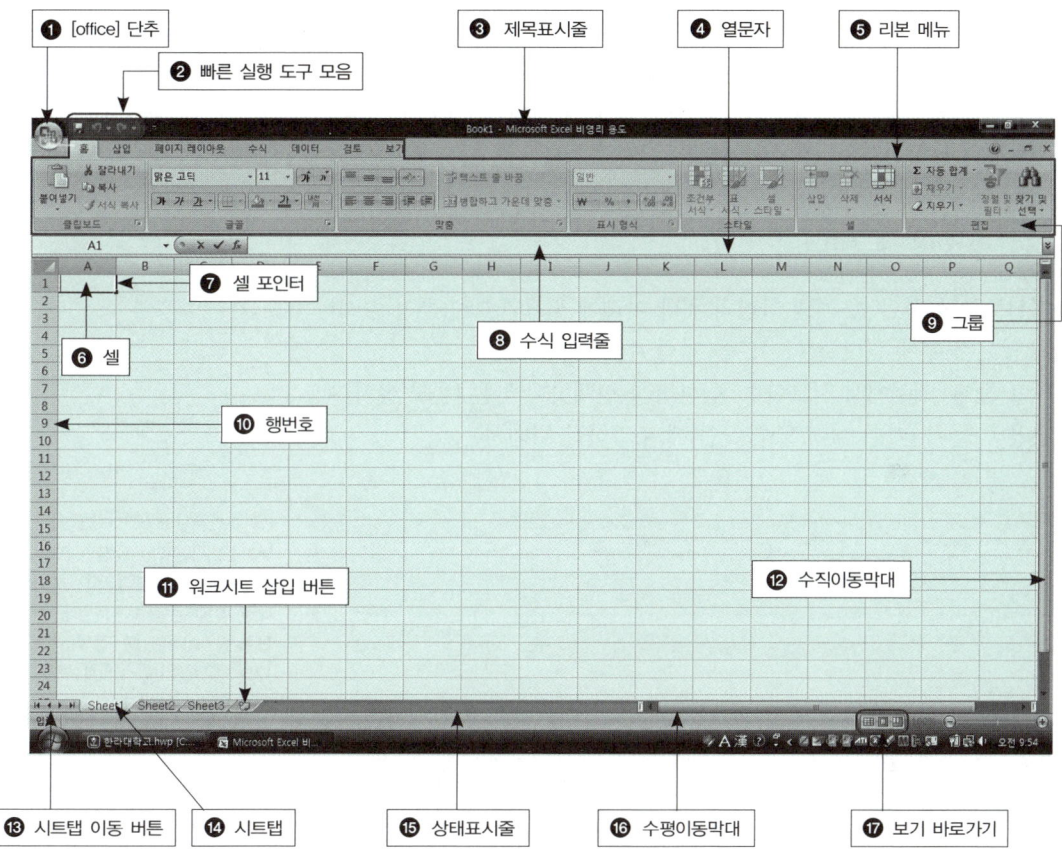

엑셀의 화면 크기는 얼마나 될까? 즉, 데이터를 얼마나 많이 입력할 수 있을까? 한 번 해보자.
먼저, [Ctrl]키를 누른 상태에서 방향표시 [→]를 눌러보자. 그러면 XFD열까지 넘어간 것을 확인할 수 있을 것이다. 다음에는 [Ctrl]키를 누른 상태에서 방향표시 [↓]를 눌러보자. 그러면 밑으로 1048576행까지 내려간 것을 확인할 수 있을 것이다.
엑셀의 입력량은 충분하다는 것을 알 수 있다.

엑셀의 기본적인 기능

엑셀의 계산 기능, 데이터베이스 기능, 워드프로세서 기능, 그래프 기능, 개체 이미지 삽입 기능, 데이터 교환 기능 외에 기업 실무에 활용되는 기본적인 부분기능은 다음과 같다.

엑셀 아이콘 나타내기

엑셀을 사용하던 중 엑셀 화면의 위나 아래에 필요한 아이콘이 존재하지 않는 경우에 원하는 아이콘을 만들 수 있다.
예를 들어, 엑셀에서 서브화면 중 하나를 선택하게 하는 [콤보 상자] 버튼을 만들어 [빠른 실행 도구 모음]에 추가하기 위해서는,

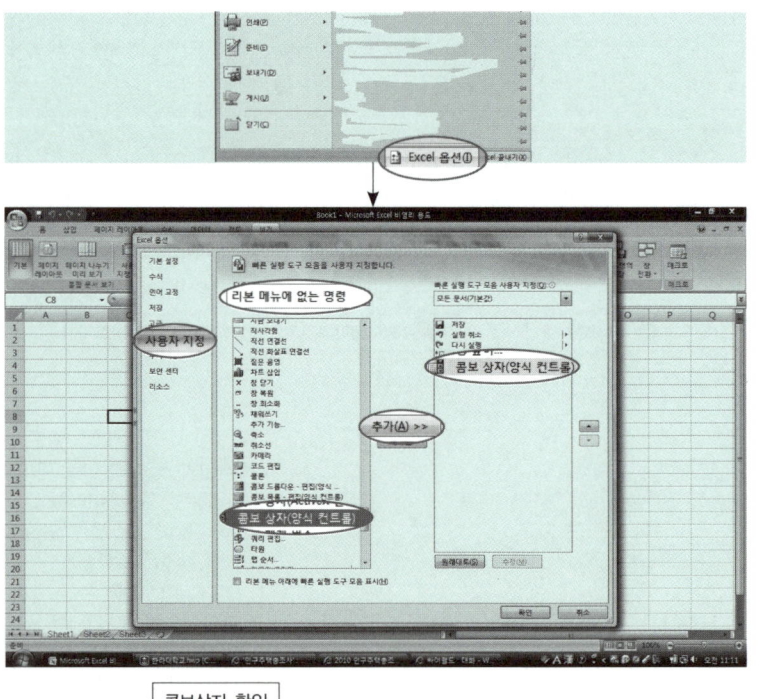

[Office단추] - [Excel옵션] - [사용자지정] - [리본 메뉴 없는 명령]을 선택하면 콤보 버튼 아이콘이 나타난다. 이 메뉴를 마우스를 클릭하여 모든 문서(기본 값)에 추가하면 되는 것이다.

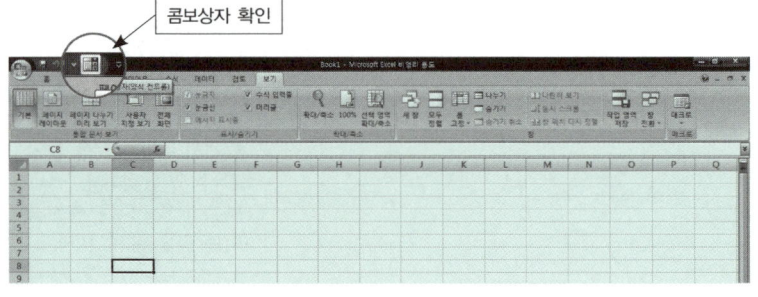

sheet의 생성 및 숫자를 늘리는 방법

엑셀 화면의 하단에는 sheet1, sheet2...라는 식으로 시트의 개수가 나타나 있다. 기본적으로 3개의 시트로 구성되어 있으나 임의로 시트의 개수를 변경할 수 있다.

삽입기능을 이용하여 sheet의 수를 늘리는 방법

예를 들어, sheet1 앞에 새로운 sheet를 삽입하고자 하는 경우에는,

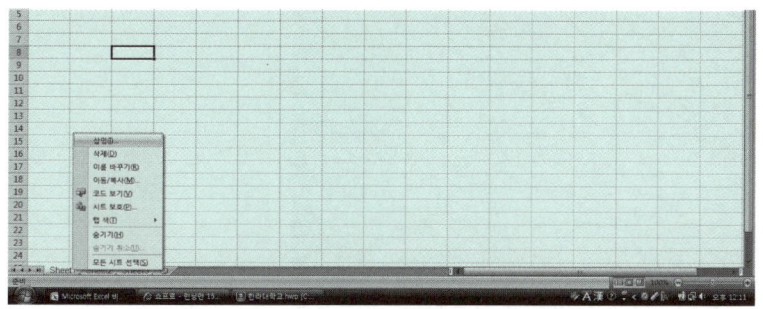

01 sheet1 번호에서 마우스 오른쪽을 클릭한 후, [삽입] 메뉴를 클릭한다.

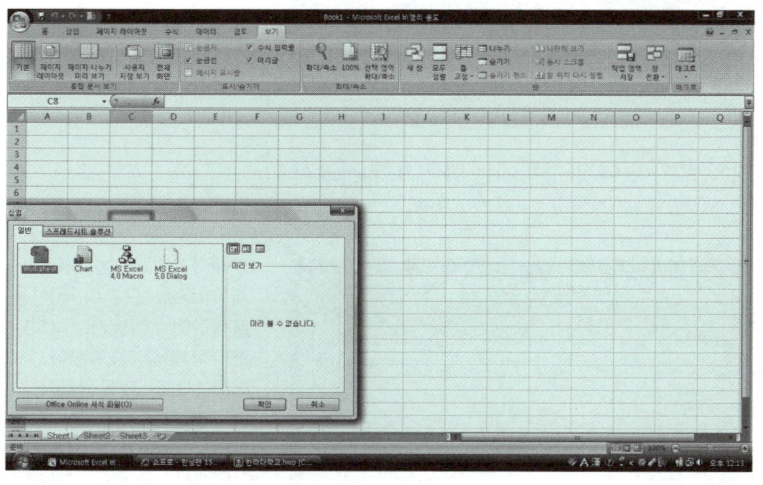

02 그러면 삽입 대화상자가 나타난다.

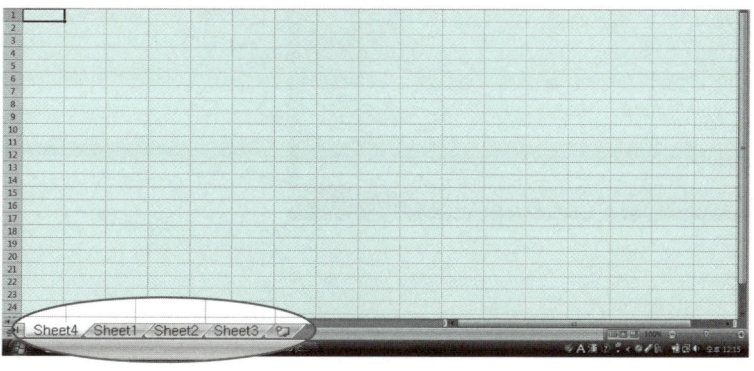

03 worksheet를 선택하고 [확인]을 클릭한다. 그러면 sheet1 앞에 새로운 sheet가 발생한다. 즉, sheet1 앞에 sheet4가 새롭게 나타난 것을 볼 수 있다.

[Ctrl]키를 이용하여 sheet의 수를 늘리는 방법

예를 들어, sheet을 복사하여 sheet 하나를 새로이 만들고자 할 경우에 Ctrl 키를 누른 상태에서 sheet1 하나를 클릭한 후 원하는 곳에 갖다 놓으면 새로운 sheet가 생겨난다. 즉, 이 예에서는 sheet1 오른쪽에 sheet(2)가 발생하였다.

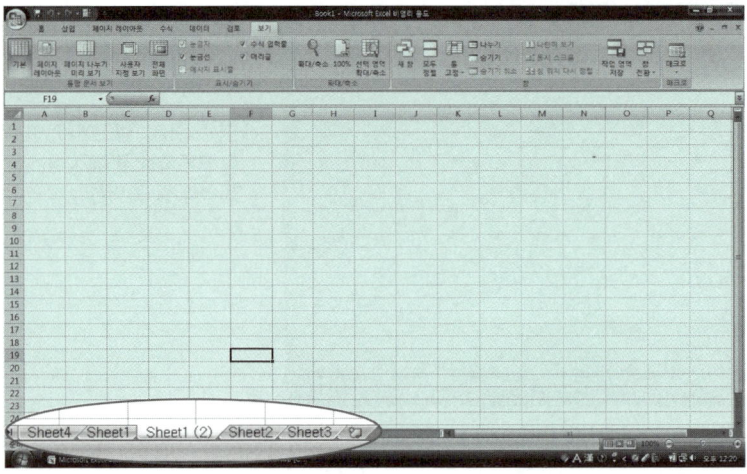

sheet의 삭제

워크시트가 너무 많거나 처리 속도가 떨어질 경우에는 불필요한 워크시트를 삭제하는 것이 좋다.

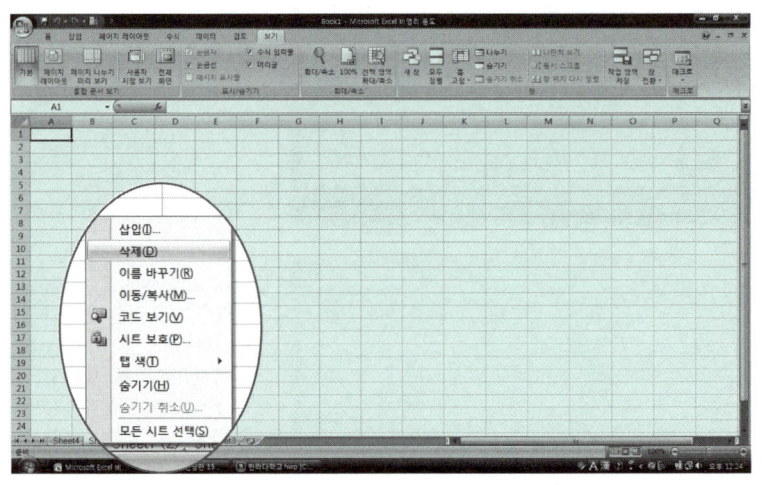

삭제하고자 하는 sheet에서 마우스 오른쪽 버튼을 클릭하여 메뉴가 나타나면 [삭제]를 클릭한다. 그리고 [삭제] 대화상자가 나타나면 [확인]을 클릭하면 된다.
그림에서 sheet1을 삭제하고자 할 경우의 순서는 다음과 같다.

sheet의 이름 붙이기

작성된 sheet에 이름을 붙이는 방법은 간단하다. 엑셀작업을 완성했거나 시작하기 전 또는 작업 도중에 sheet1, sheet2, sheet3… 등의 이름을 작업자가 원하는 작업이름으로 전환할 수 있는 것이다.
예를 들어, sheet3의 이름을 "현금수지표"로 바꾸기를 원한다면 사용순서는 다음과 같다.

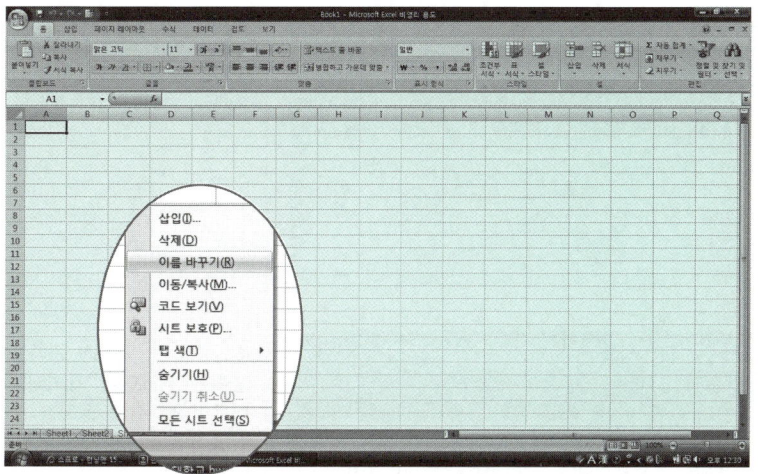

01 엑셀 sheet3에서 마우스 오른쪽을 클릭한다. 그리고 메뉴에서 이름 바꾸기를 클릭한다.

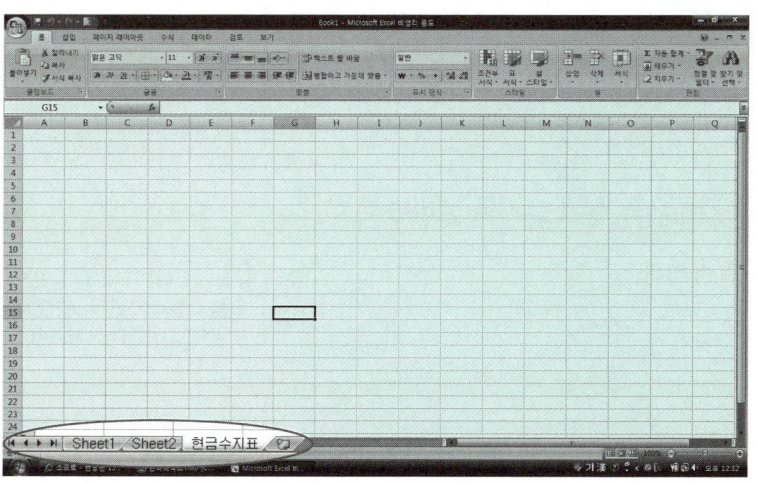

02 sheet3가 검게 표시된다. 그곳에 "현금수지표"라고 입력한다.

셀의 넓이 조정

데이터의 길이가 하나의 셀의 넓이를 초과할 경우에는 셀을 넓혀야 한다. 셀을 넓히는 방법은 2가지가 있다.

마우스 왼쪽을 클릭한 상태에서 셀의 크기를 넓히는 방법

아래의 그림과 같이 데이터가 C셀의 길이를 초과했을 경우,

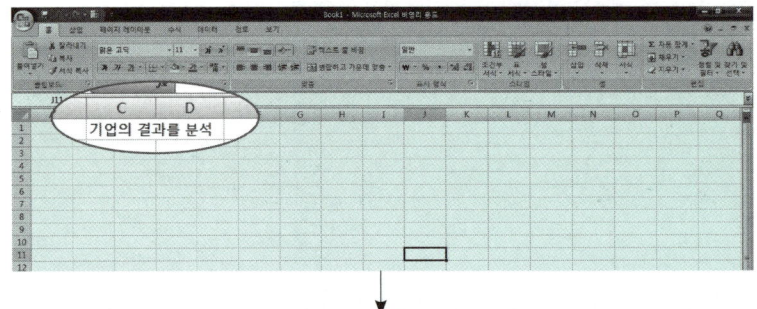

01 C셀과 D셀의 경계선에 마우스를 갖다 대면 진한 십자가(+) 모양이 나타난다.

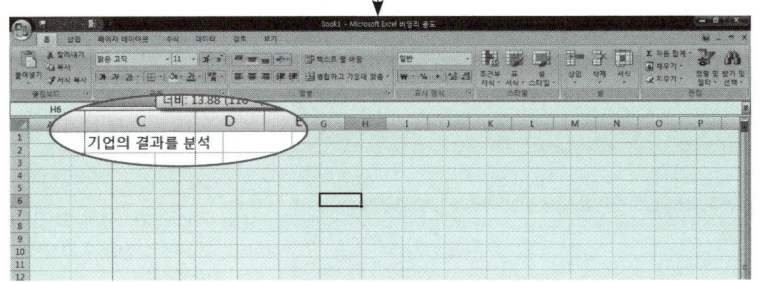

02 여기서 마우스 왼쪽을 클릭한 상태에서 데이터의 내용이 셀 속에 들어갈 수 있을 정도로 오른쪽으로 드래그 하면 된다.

마우스 더블클릭에 의하여 자동으로 셀의 크기를 넓히는 방법

일반적으로 이 방법이 더욱 유용하다.

01 위 1의 예와 같이 마우스를 C셀과 D셀의 경계선에 두면 십자가(+)가 나타난다.

02 여기서 마우스 왼쪽을 더블 클릭하면, 자동으로 데이터 내용이 C셀 속에 적당하게 배치된다.

셀의 삽입

삽입하고자 하는 셀의 크기만큼을 드래그 한다. 예를 들어, 워크시트의 1행에 "대차대조표"라는 용어가 입력되어 있는바, 이 셀 위에 3개의 행 공간을 넓히는 방법은 다음과 같다.

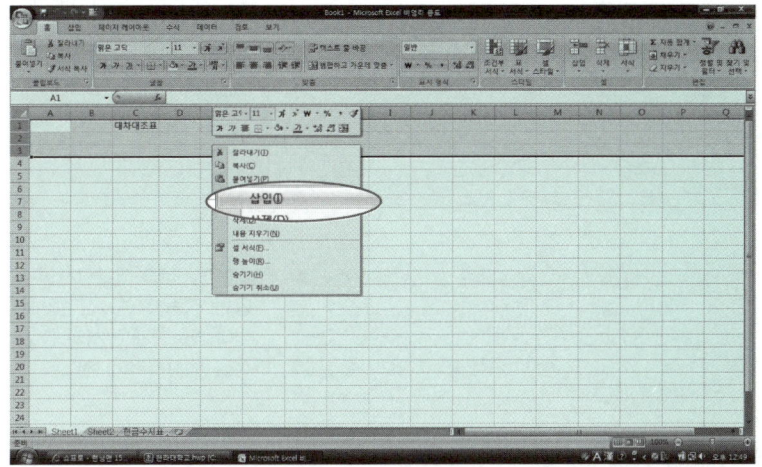

01 "대차대조표"용어 위의 3개의 행을 드래그 한다. 그리고 마우스 오른쪽을 클릭하고, 삽입을 선택한다.

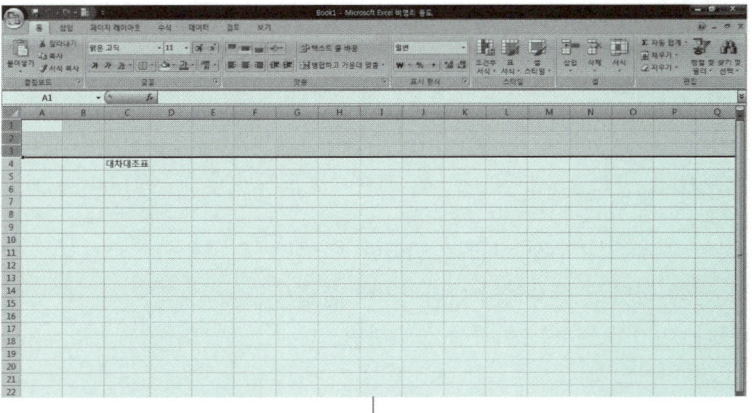

02 그러면 아래와 같이 빈 칸이 삽입된다. 그리고 클릭을 하면 셀이 삽입된 화면이 나타난다.

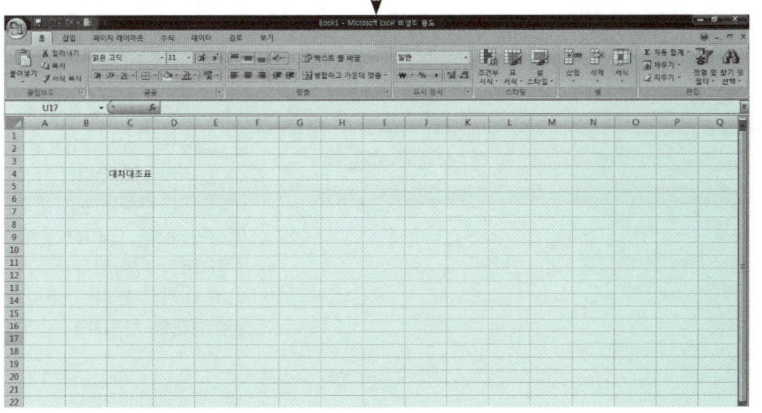

여러 개의 화면 나타내기

워크시트 화면에 여러 개의 작업 워크시트를 나타내고 싶은 경우가 있다. 예를 들어, 현재의 워크시트 화면과 바로 직전의 워크시트 화면을 비교할 경우에는 더욱 그러하다.

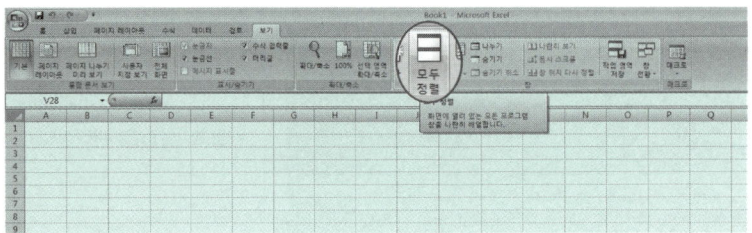

01 엑셀화면에서 [보기] - [모두정렬]을 선택한다. 그러면 창 정렬 대화상자가 나타난다.

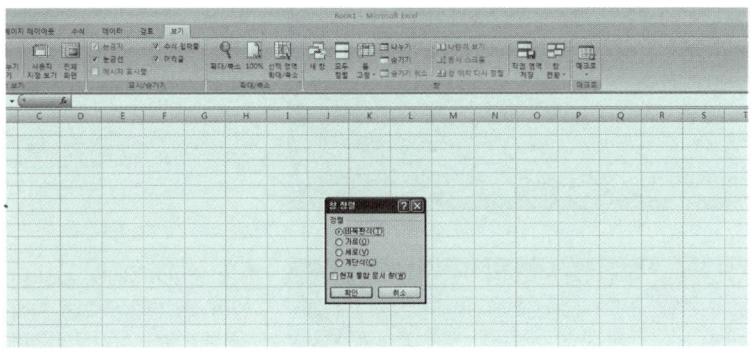

02 창 정렬 대화상자의 다양한 정렬방식을 선택할 수 있다. 단, 현재 문서의 창 설정을 해지시켜야 한다.

한자 및 특수문자 입력하기

셀에 한자를 입력하기를 원하는 경우에는 우선 한글을 입력한 후, 한자키를 클릭하면 워크시트 오른쪽 하단에 한자들이 나타나거나 한글/한자 변환 대화상자가 나타난다. 여기서 원하는 한자를 클릭하면 되는 것이다.

한자 입력하기

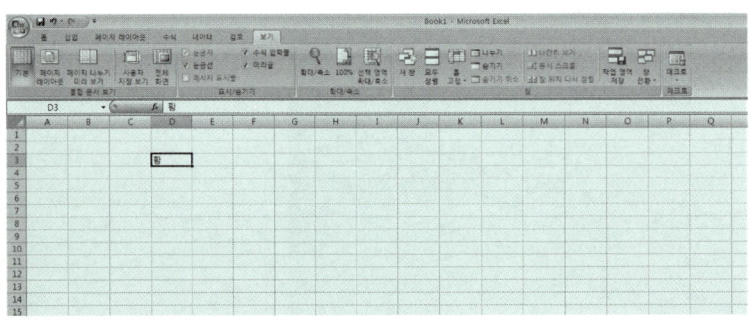

01 예를 들어, 셀에서 "황"을 입력하고 한자 키를 클릭하면, 여러 가지 한자 "황"이 나타난다. 원하는 한자를 선택하면 된다. 그러면 한글/한자 변환 대화상자가 나타나며 여기서 원하는 글자와 변환형태를 선택하면 된다.

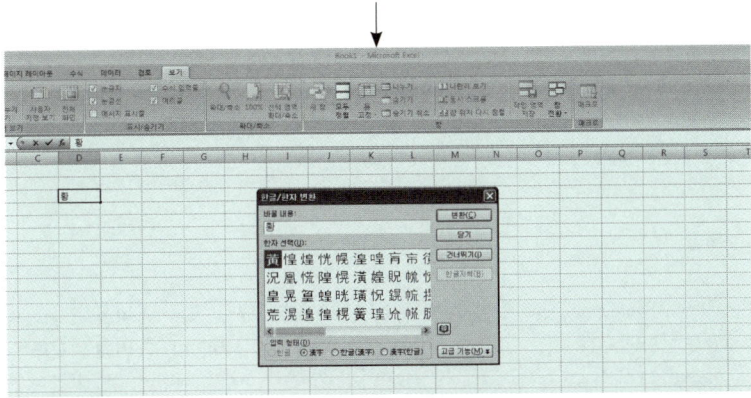

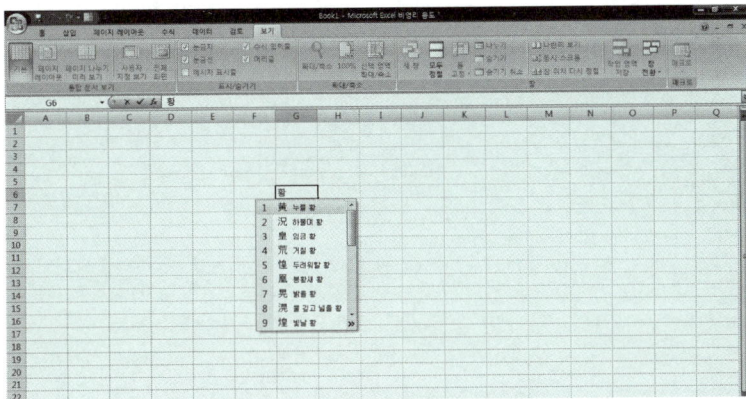

02 어떠한 경우에는 "황"을 입력하고 한자 키를 클릭하면 워크시트에 바로 한자들이 나타나며 이 중에서 원하는 한자를 선택하면 된다.

특수문자 입력하기

특수한 문자를 입력하기를 원하는 경우에는 셀에 ㄱ - ㅎ 중에 하나를 순서대로 입력하고, 한자 키를 클릭하면 다양한 특수문자들이 나타난다. 이 중에 하나를 선택하면 된다.

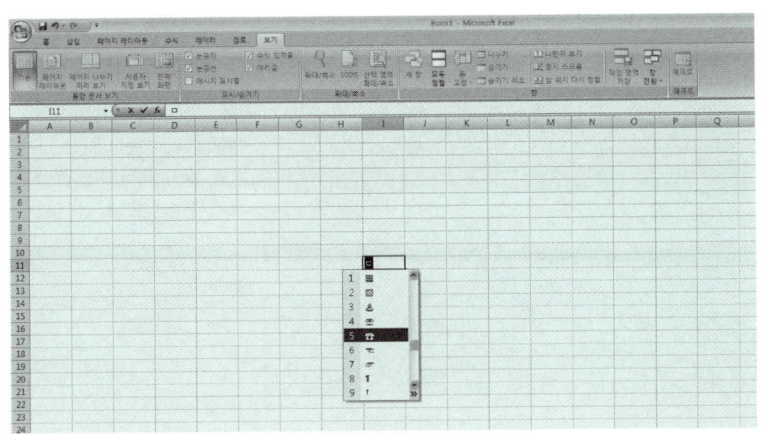

예를 들어, 전화기 그림을 셀에 입력하기를 원한다면, ㅁ을 입력한 후 한자 키를 클릭한다. 셀 바로 밑에 특수문자들이 나타나면 방향키를 클릭하여 전화기 그림을 선택하면 되는 것이다.

셀 범위의 선택

셀의 범위를 선택할 때에는 원하는 범위를 마우스 왼쪽으로 드래그하면 된다.
그 이외의 셀 범위의 선택 방법은 다음과 같다.

떨어져 있는 셀을 범위로 선택

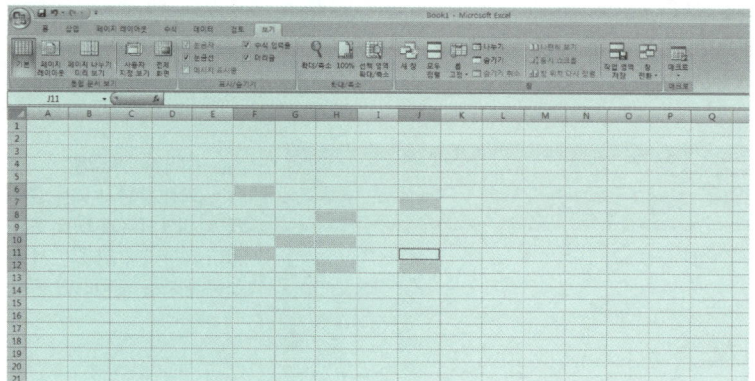

마우스로 첫 번째 셀 범위를 선택한다. 두 번째 범위를 선택할 때부터 Ctrl키를 누른 채 마우스를 클릭하거나 드래그하면 범위가 추가된다.

행/열을 범위로 선택

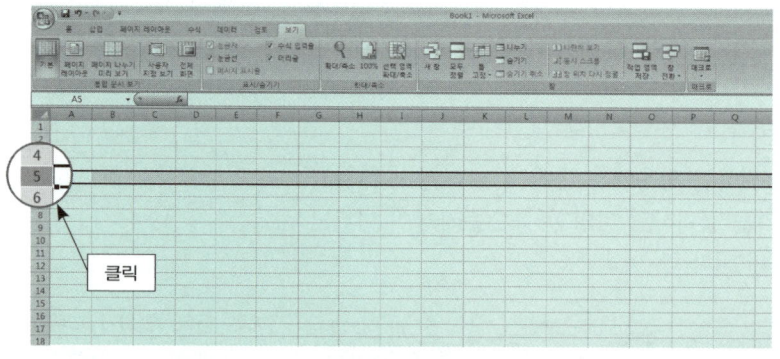

01 특정 행 전체를 범위로 선택할 경우에는 마우스 포인터를 행이 시작되는 번호에서 클릭한다.

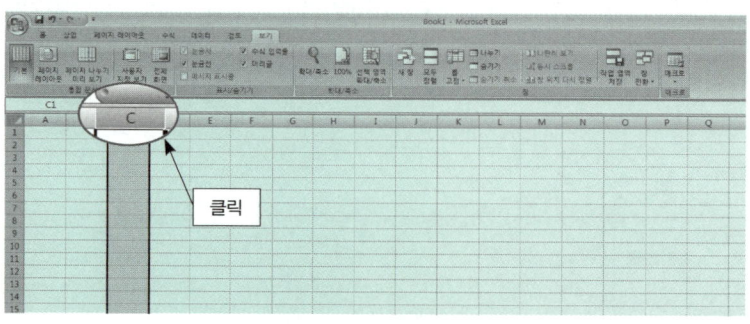

02 특정 열 전체를 범위로 선택할 때에는 마우스 포인터를 열이 시작되는 영어 문자에서 클릭한다.

시트 전체를 범위로 선택

워크시트 전체를 범위로 선택할 경우에는 A열과 1행의 왼쪽 상단에 있는 빈공간 셀인 시트 전체 선택 단추를 클릭한다.

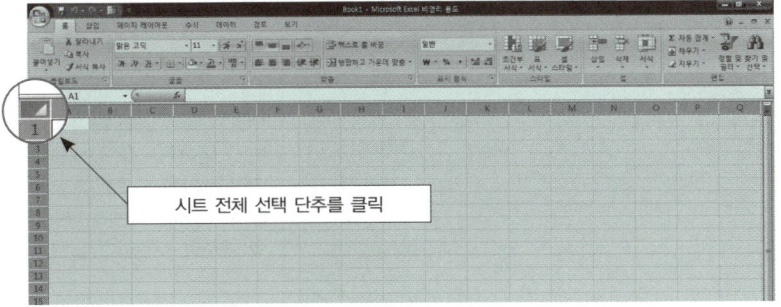

시트 전체 선택 단추를 클릭

행과 열의 삽입 및 삭제

워크시트의 중간에 한 개 이상의 셀을 삽입하는 기능으로 삽입하려는 셀의 개수만큼을 범위로 선택하고 [삽입] - [셀]을 실행한다.

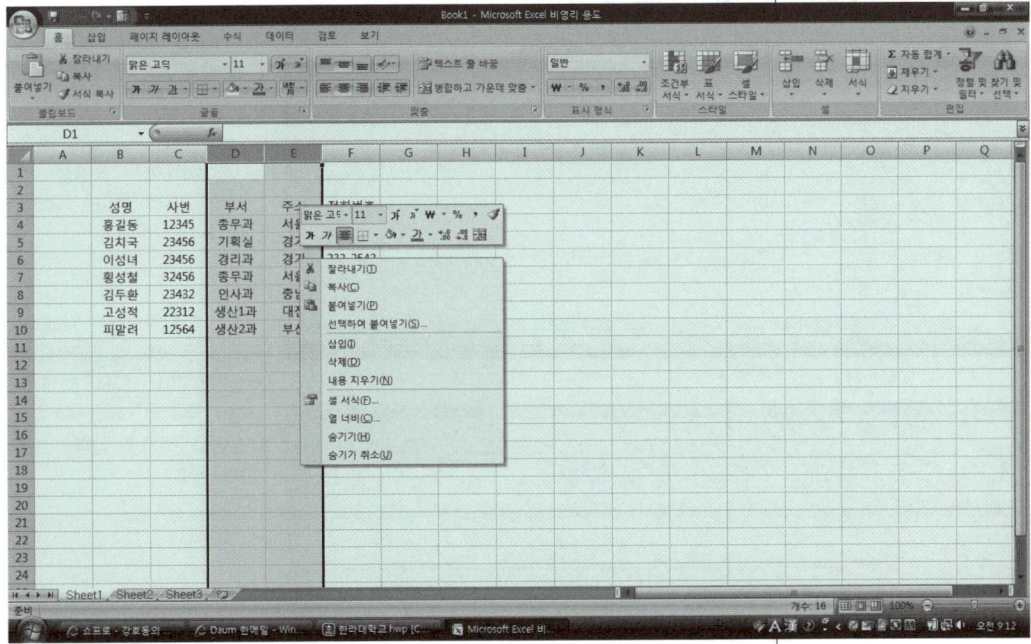

__01__ 예를 들어, 기업의 연수자료에서 전공과 직급의 열을 사번열 뒤에 포함시키려고 할 때 사번의 다음 열인 D열과 E열을 드래그 한다.

__02__ 그리고 마우스 오른쪽 버튼을 클릭하여 메뉴에서 삽입을 선택하면 두 개의 열이 삽입되어지는 것이다.

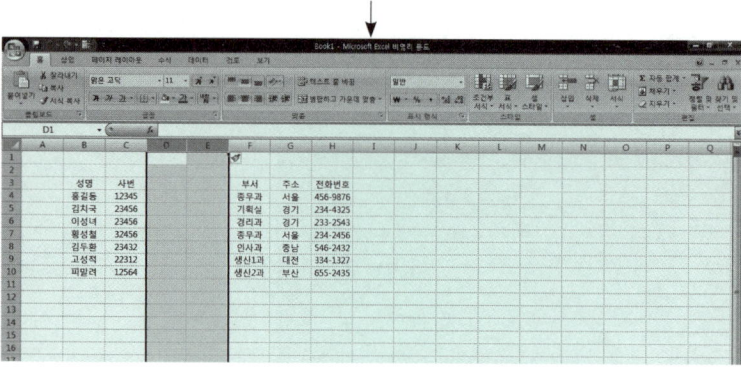

03 마지막으로 워크시트의 아무곳에서나 클릭을 한 번 하면 셀 2개가 삽입되어 나타난다.

04 열의 삭제는 반대로 지우고자 하는 열의 제일 윗부분인 영어문자를 클릭한다. 그리고 마우스 오른쪽 버튼을 클릭하고, 메뉴가 나타나면 삭제를 선택하면 된다.

행의 삽입/삭제도 열의 삽입/삭제와 마찬가지다. 즉 삽입하고자 하는 행의 숫자만큼을 드래그한 후, 마우스 오른쪽 버튼을 클릭하여 메뉴에서 삽입/삭제를 선택하면 되는 것이다.

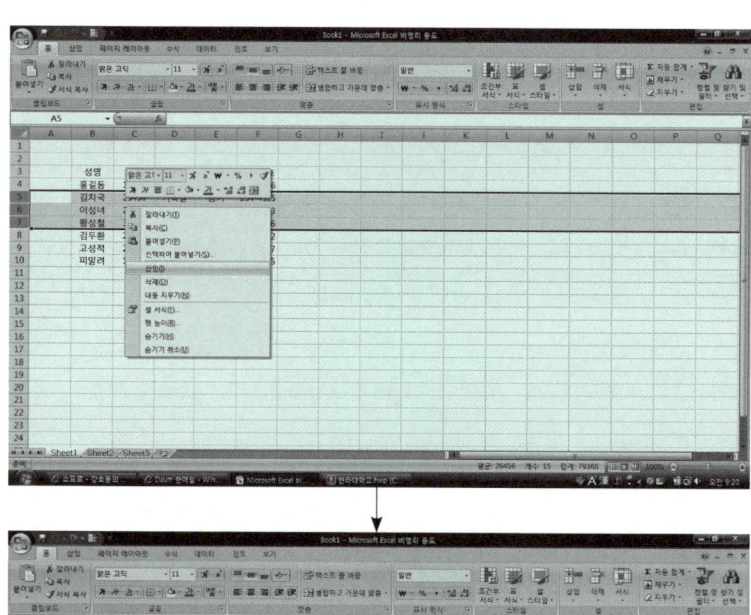

01 예를 들어, 위의 인사연수자료에서 연수자 성명을 3명 추가시키고자 할 경우에 3개의 행을 드래그하고 마우스 오른쪽 버튼을 클릭한다.

02 메뉴에서 삽입을 선택하면 3개의 행이 추가되어 나타나는 것이다.

03 마지막으로 워크시트의 아무 곳에서나 클릭을 한 번 음영이 사라지며 3개의 행이 추가로 나타난다. 이제 성명을 추가로 입력하면 되는 것이다.

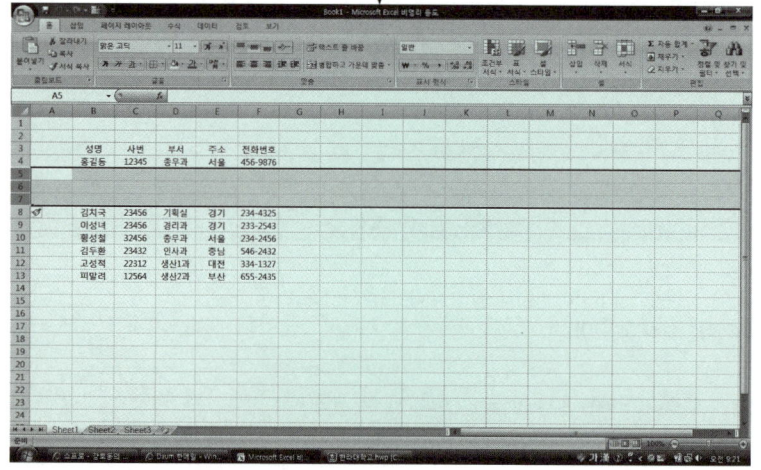

연속된 데이터를 만들기 위한 채우기 핸들 사용

데이터의 복사

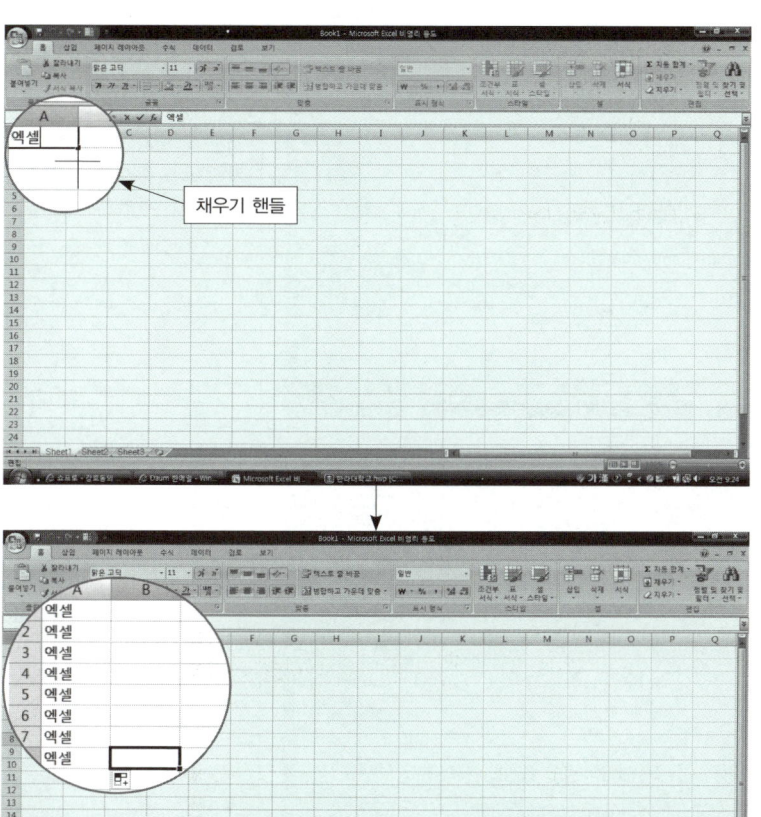

숫자 및 문자열 데이터가 입력된 셀을 채우기 핸들로 드래그 하면 그대로 복사된다.

일정한 간격의 연속된 데이터 만들기

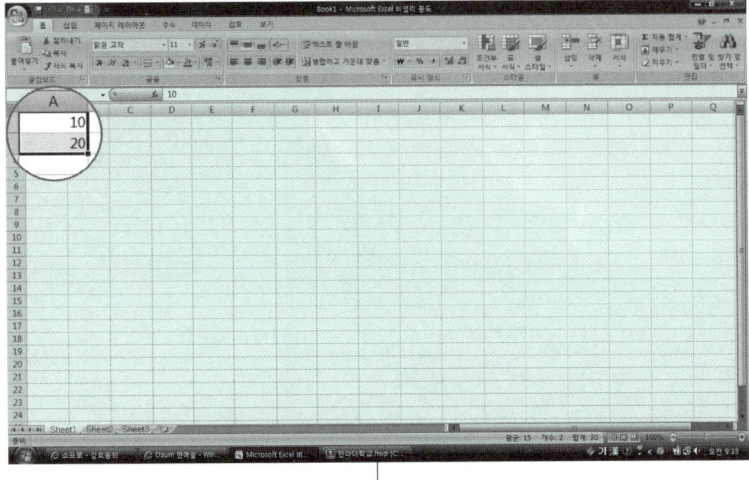

01 숫자가 입력된 첫 번째 셀과 두 번째 셀을 범위로 설정한다.

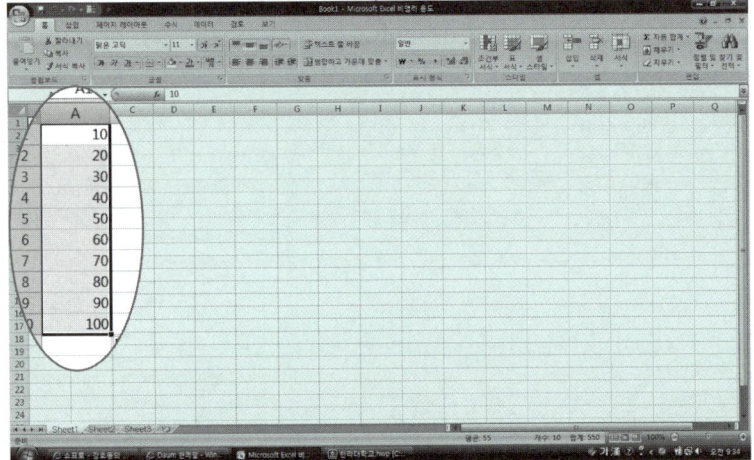

02 채우기 핸들을 드래그 하면 두 숫자의 차이만큼 증가하거나 감소하여 연속된 데이터가 나타난다.

사용자 정의 목록에 의한 연속 데이터 만들기

연속 데이터의 첫 번째 항목을 입력한 후, 채우기 핸들을 드래그하면 데이터가 자동으로 입력된다. 그 사용 순서는 다음과 같다.

예를 들어, 월요일부터 일요일까지를 연속적으로 나타내고자 할 경우,

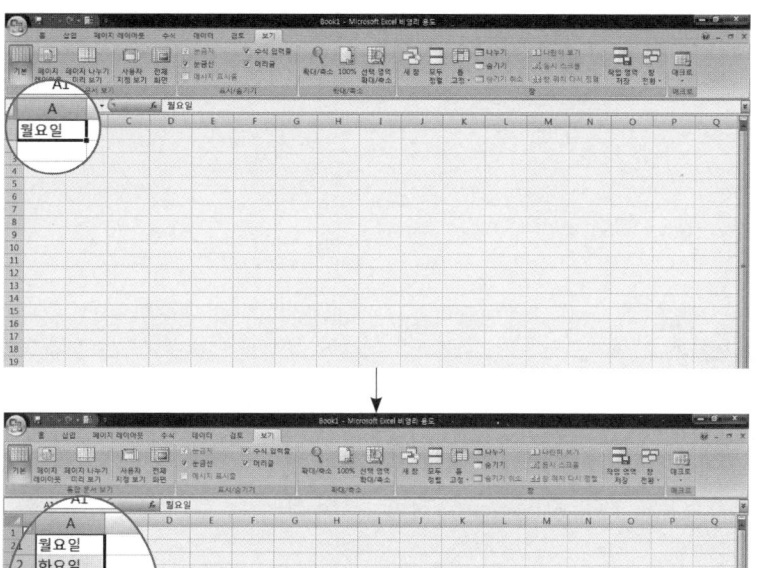

이것은 사용자 정의 목록에 기본적으로 등록되어 있다. 따라서 워크시트에서 "월요일"을 입력한 다음 채우기 핸들로 드래그를 하면 되는 것이다.

위의 엑셀의 기본 기능 외에 기업 업무를 처리할 경우 활용할 수 있는 다양한 엑셀기능들이 존재한다. "영원한 엑셀"이라는 말이 이렇게 다양하게 활용할 수 있기 때문일 것이다.

하지만 이러한 기본적인 기능만을 학습하는 것은 여러분에게 커다란 도움이 되지는 않는다. 이것은 엑셀을 위한 엑셀을 배우는 것이다. 그렇다고 엑셀 기능을 전혀 모르는 상태에서 기업업무에 적용하기 위하여 기업 실무엑셀을 습득하면 엑셀에는 그 기능만 있다는 생각을 할 수도 있다.

따라서 저자는 기업업무에 실제 적용된 기업 실무 엑셀을 습득하기 전 최소한의 기본적인 엑셀기능 등을 설명하였다. chapter 3부터는 기업 실무 사례를 적용한 기업에서 즉각 써 먹을 수 있는 기업 실무 엑셀의 본격적인 수업을 진행할 것이다.

CHAPTER 3

금전출납부 작성

엑셀의 기본기능 : 입력·셀서식·복사·테두리

엑셀에 의한 금전출납부

개인 기업에서는 현금의 수입과 지출에 대한 기록은 필요 불가결한 것이다. 따라서 예제에 의한 엑셀활용의 가장 첫 번째로 금전출납부의 활용을 설명하기로 한다.

예 제

다음과 같은 금전출납부를 작성하여라.

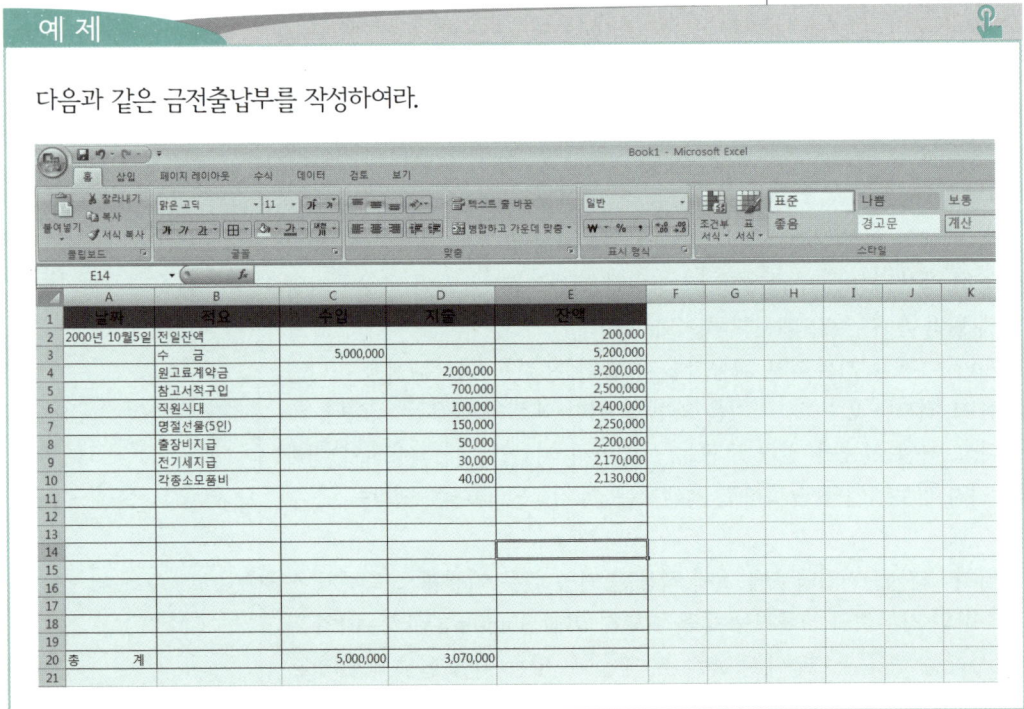

사용순서

금전출납부 양식 만들기

금전출납부의 데이터를 입력하기 전에 우선 잘 짜여진 양식을 먼저 만들기로 한다.

각 항목 만들기

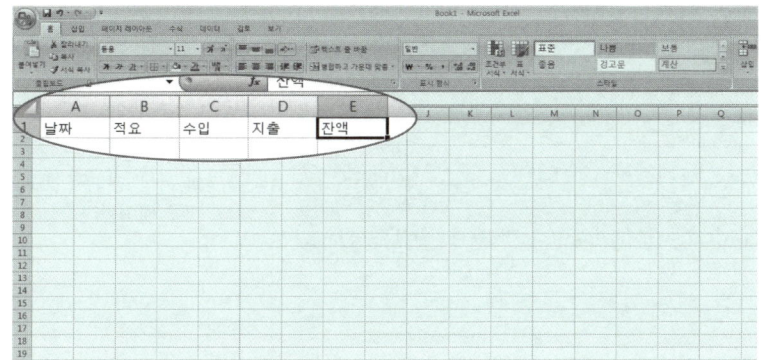

금전출납부의 항목을 각 셀에 입력한다.
금전출납부 항목: 날짜, 적요, 수입, 지출, 잔액

> C열부터 E열까지 블록을 지정하는 방법은 C열부터 E열까지 드래그한다.

각 항목의 표시형식과 너비 지정

업무담당자는 각 항목의 표현방법에 대하여 조건을 내려주어야 한다. 예를 들면, 날짜는 xx년 xx월 xx일로 표현할 것인지, xx-xx-xx로 표현할 것인지, xx/xx/xx로 표현할 것인지 등에 대한 조건을 설정해야 한다.

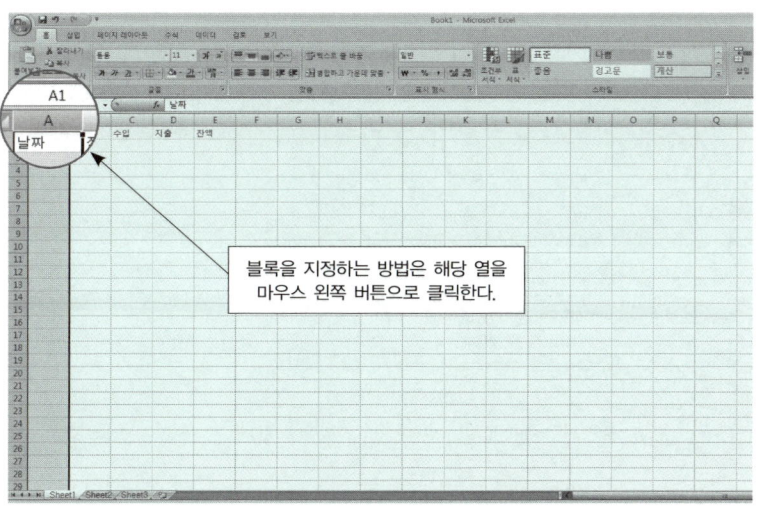

01 우선 날짜셀의 범위를 블록으로 지정한다.

기업실무 엑셀

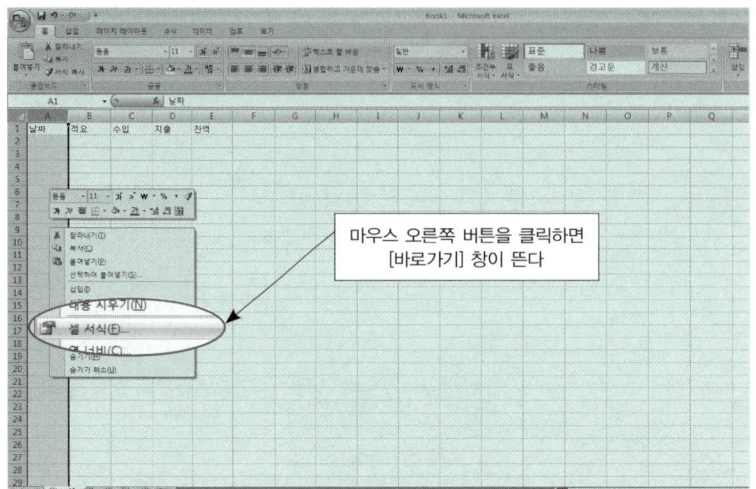

02 블록을 지정한 A열에 마우스 오른쪽 버튼을 클릭하여 [바로가기] 창을 띄운다. 메뉴에서 [셀 서식]을 선택한다.

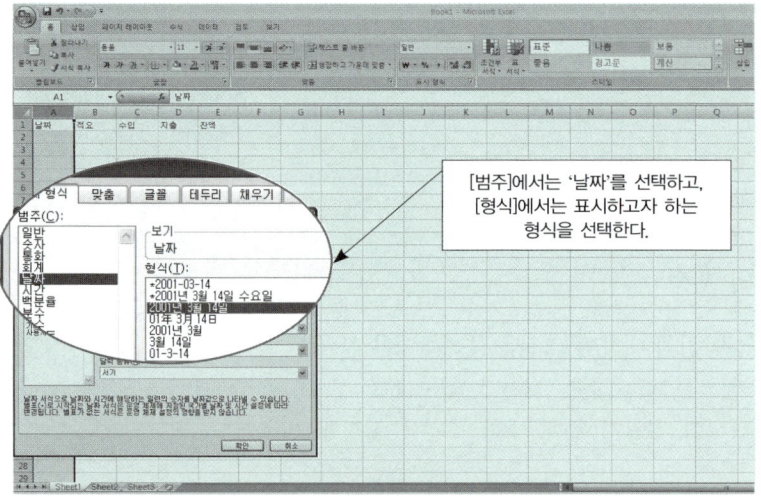

03 [셀 서식] 창에서 [표시형식] 탭을 클릭한다.

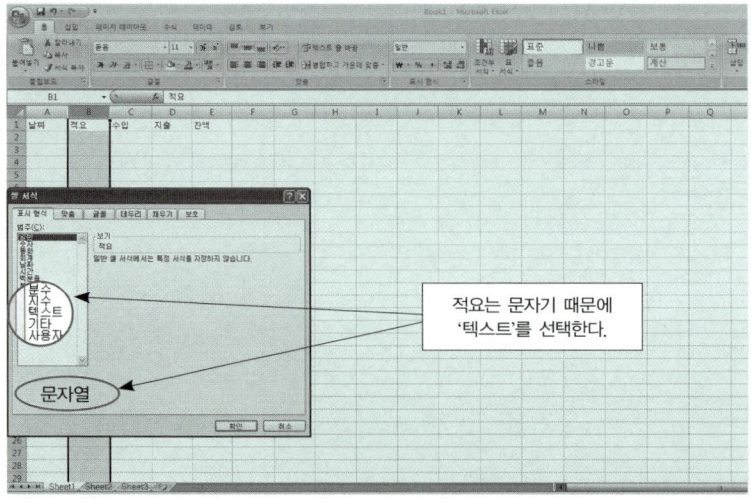

04 A열과 마찬가지로 B열을 블록으로 설정한 후 [바로가기] 창을 띄운다. [표시형식]은 '텍스트'를 선택한다.

제3장 금전출납부 작성   EXCEL

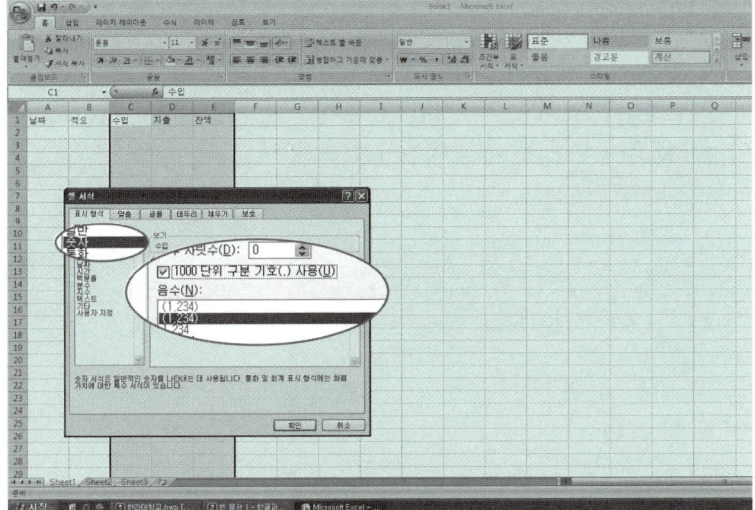

05 C열부터 E열까지 블록을 설정하여 [셀 서식] 창을 연다. C열부터 E열까지는 금액을 나타내야 하므로 [범주]에서 '숫자'를 선택하고, '1000단위 구분 기호(,) 사용'에 체크한다. 수입보다 지출이 많은 경우에는 마이너스(-)를 표시해야 하므로 [음수]는 적당한 형식을 선택한다.

> C열부터 E열까지 블록을 지정하는 방법은 C열부터 E열까지 드래그한다.

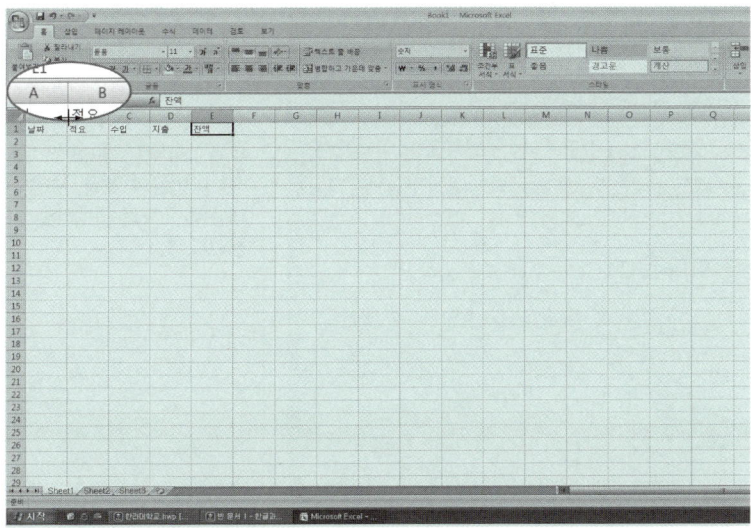

06 각 항목을 적당한 넓이로 조정한다.
A열과 B열의 경계선에 마우스를 갖다대면 포인터 모양이 ↔로 바뀐다. 이때 마우스 왼쪽 버튼을 클릭한 상태에서 좌우로 움직이며 넓이를 조절한다.
이와 같은 방법으로 적요, 수입, 지출, 잔액 등의 넓이를 조절한다.

> [적요]는 자세한 설명을 기재해야 하므로 다른 셀보다 넓게 한다.

39

괘선 그리기와 각 항목 꾸미기

금전출납부는 각 항목의 글자체, 행 넓이 등을 조정하고 셀의 괘선을 만듦으로써 보다 정돈된 양식으로 만들어진다. 괘선 그리기와 각 항목 꾸미기는 [셀 서식]과 [괘선] 아이콘을 이용하는 두 가지 방법이 있는데, 여기서는 [괘선] 아이콘을 이용한다.

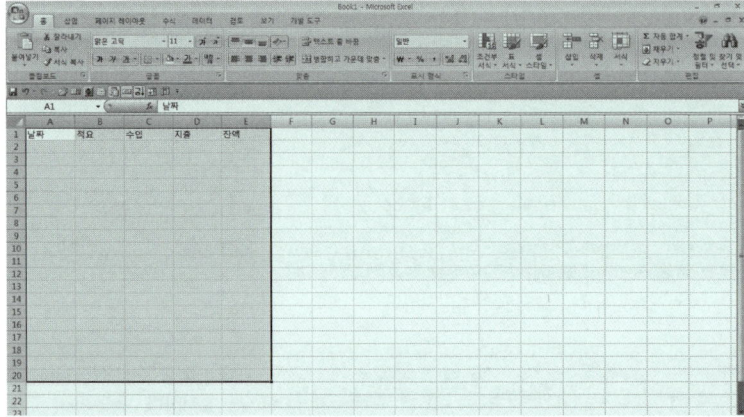

01 A1부터 E20까지 블록으로 설정한다.

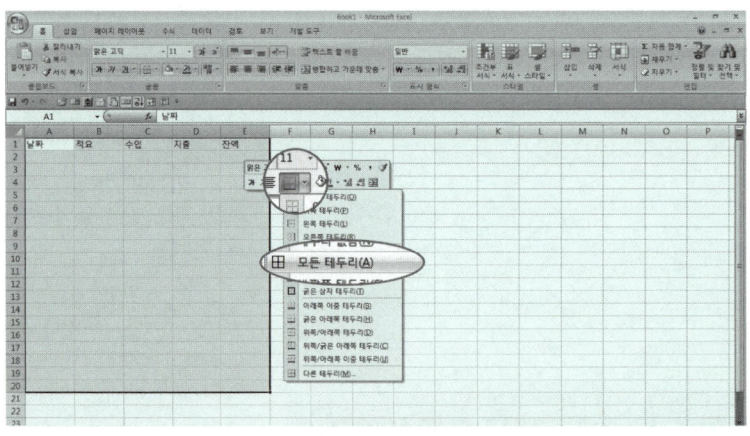

02 블록 위에서 마우스 오른쪽 버튼을 클릭하고 [괘선] 아이콘의 ▼를 누른다. 메뉴에서 '모든 테두리'를 선택한다.

03 블록의 바깥 부분을 클릭해서 블록을 해제하면 금전출납부에 괘선이 그려진 것을 확인할 수 있다.

제3장 금전출납부 작성

금전출납부의 각 항목은 제목들이기 때문에 일반 데이터들보다 글씨도 커야 하고 색깔도 넣어 주는 것이 보기에도 좋다.

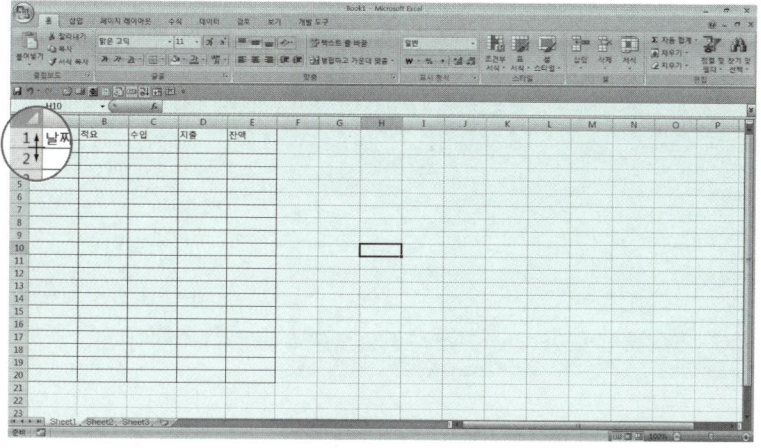

01 우선 행 높이를 높인다. 1행과 2행의 경계선에 마우스를 대면 마우스 포인터가 ‡ 모양으로 바뀌는데, 위 아래로 움직이며 조절한다.
이때, 정확한 수치만큼 높이고 싶다면 [바로가기] - [행 높이]를 선택해 원하는 수치를 입력하면 된다.

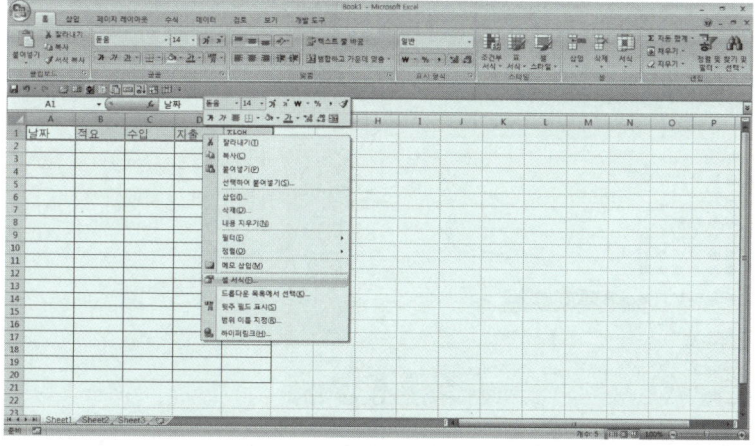

02 A열부터 E열까지 드래그하여 블록을 설정한다. 블록 위에서 마우스 오른쪽 버튼을 클릭하여 [바로가기] - [셀 서식]을 클릭한다.

[셀] 그룹에서 [서식] - [셀 서식]을 선택해도 같은 창이 뜬다.

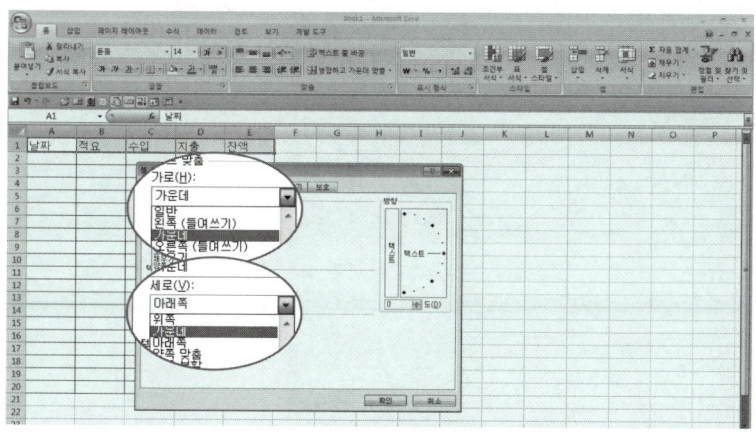

03 [셀서식] - [맞춤] 탭을 선택한다. [가로], [세로] 모두 '가운데'를 선택하고 [확인] 버튼을 클릭한다.

41

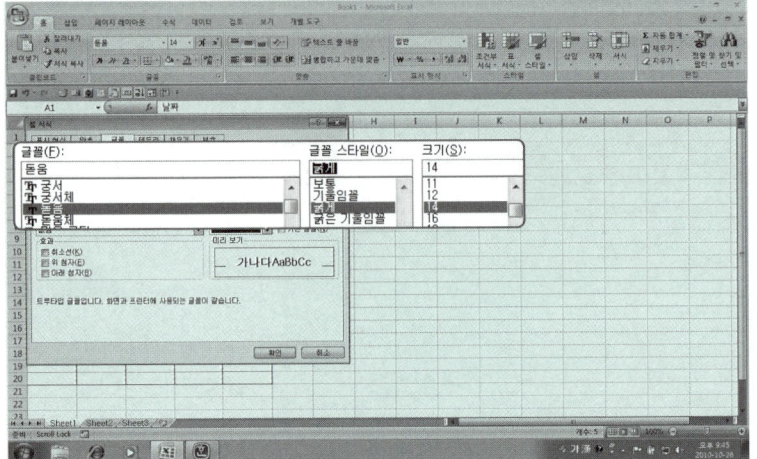

04 [셀 서식] - [글꼴] 탭을 선택한다. [글꼴]은 '돋움', [글꼴 스타일]은 '굵게', [크기]는 '14'로 지정한다.

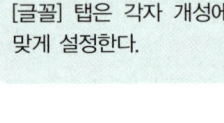

[글꼴] 탭은 각자 개성에 맞게 설정한다.

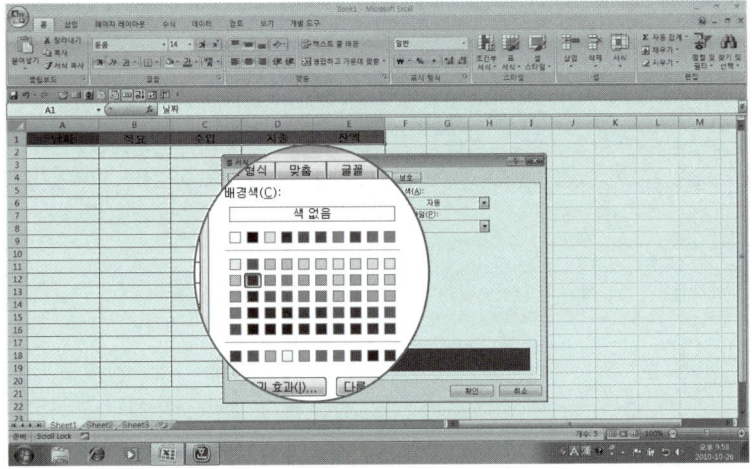

05 [셀 서식] - [채우기] 탭을 선택한다. [배경색]에서 적당한 색을 선택한다.

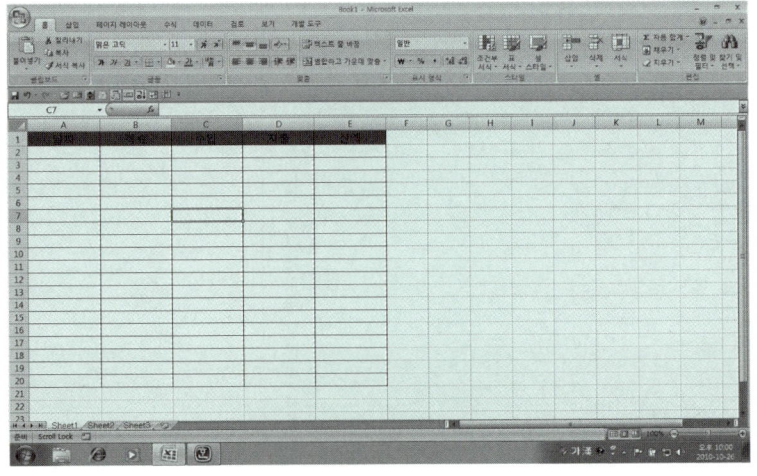

06 금전출납부가 다음과 같은 양식으로 나타난다.

제3장 금전출납부 작성   EXCEL

자료의 입력

금전출납부의 양식이 완성되었으니 이제부터는 자료를 입력하면 된다.

예제

자료 날짜 : 2007년 10월 5일
      내용: 전일 잔액   ₩200,000
             수금: ₩5,000,000
             원고료계약금: ₩2,00,000
             참고서적구입: ₩700,000
             직원식대: ₩100,000
             명절선물(5인):   ₩150,000
             출장비지급: ₩50,000
             전기세지급: ₩30,000
             각종 소모품비: ₩40,000

사용순서

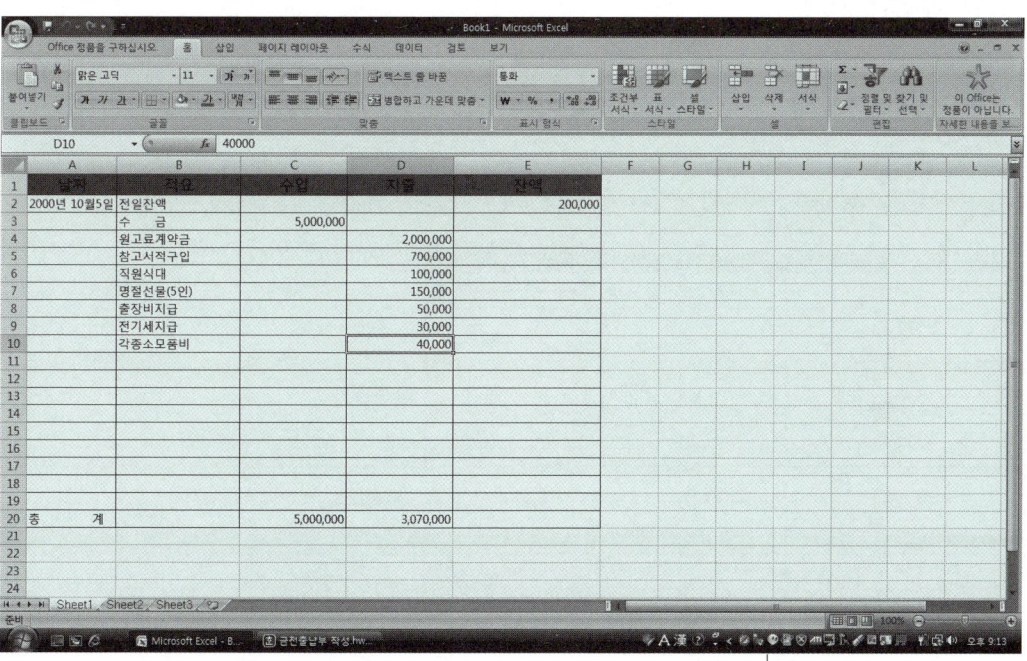

__01__ 자료의 내용을 각 항목에 입력한다.

기업실무 엑셀   EXCEL

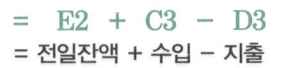
= 전일잔액 + 수입 - 지출

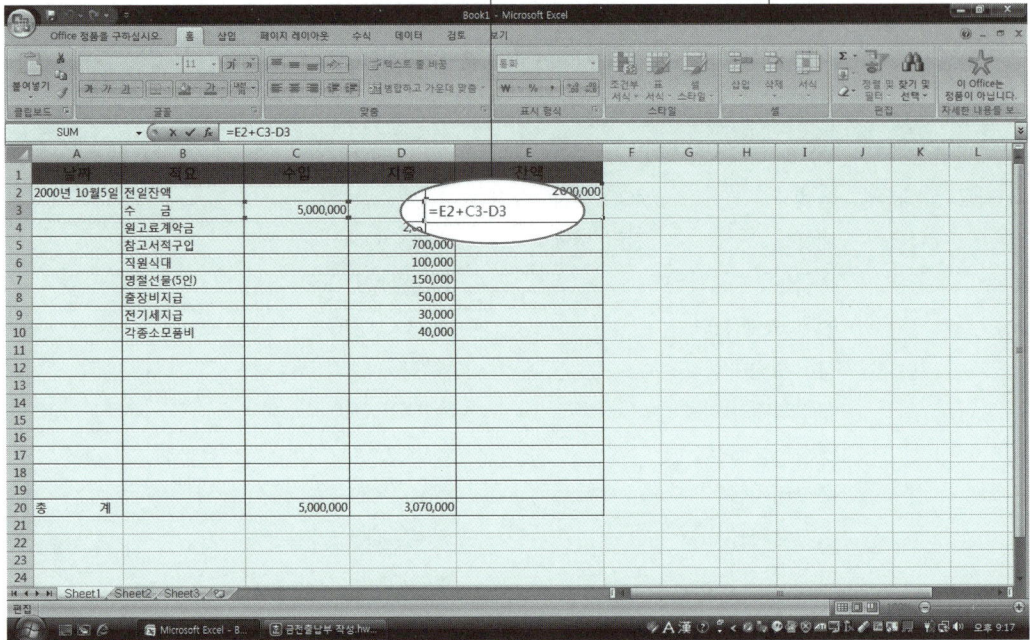

__02__ '잔액'의 첫번째는 전일 잔액을 그대로 입력한다. 두 번째 셀(E3)은 다음의 계산식을 입력한다.

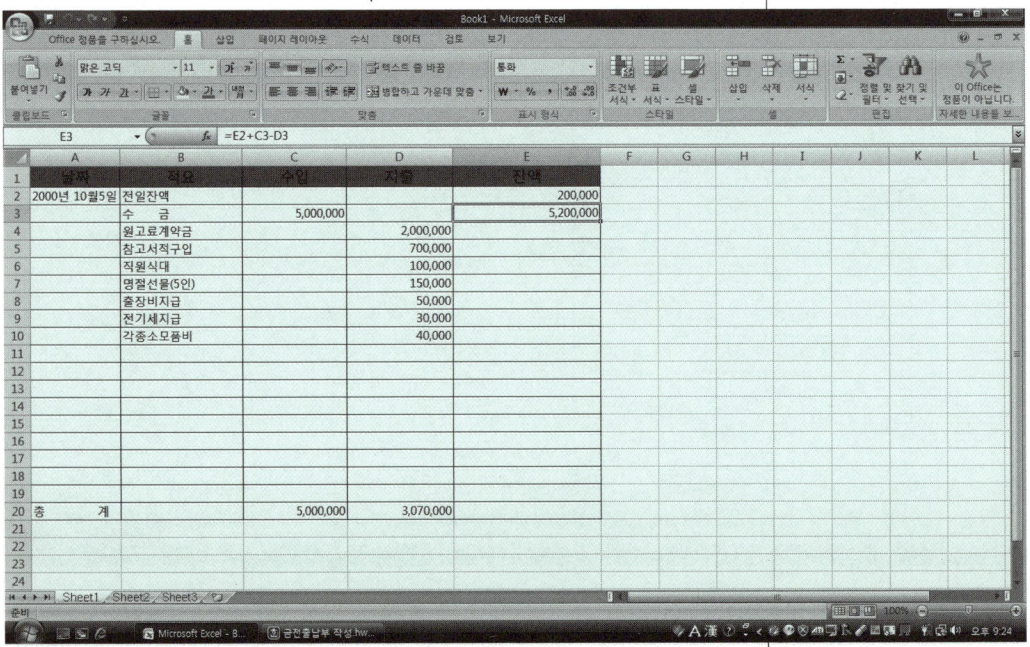

세 번째 셀부터도 똑같이 산식을 넣는 방법이 있으나 꽤 번거롭다. 따라서 두 번째 셀의 산식을 복사해서 붙여넣기를 하면 잔액의 결과가 생성된다. 방법은 다음과 같다.

__01__ 두 번째 셀(E3)을 클릭한 후 마우스 오른쪽 버튼을 클릭하면 바로가기 메뉴가 나타난다. 바로가기 메뉴에서 복사를 클릭한다.

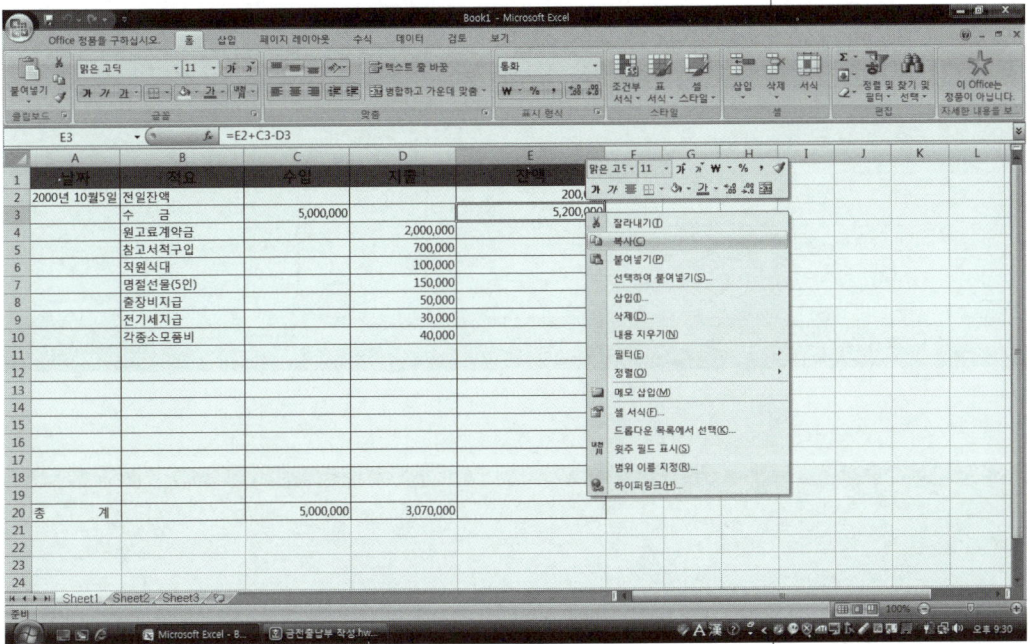

__02__ 붙여넣을 대상인 세 번째 셀(E4)부터 아홉 번째 셀(E9)까지 범위를 설정(마우스 왼쪽 버튼을 클릭한 후 드래그)한다.

__03__ 그 후 마우스 오른쪽 버튼을 클릭하여 바로가기 메뉴에서 붙여넣기를 클릭하면 자동으로 잔액의 값들이 산출된다.

기업실무 엑셀

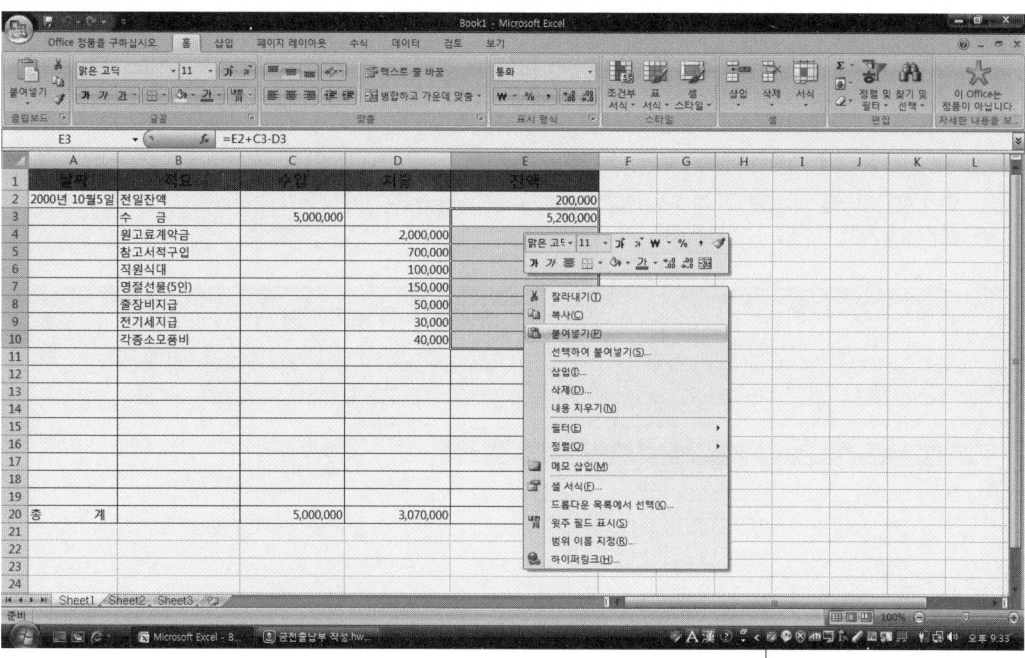

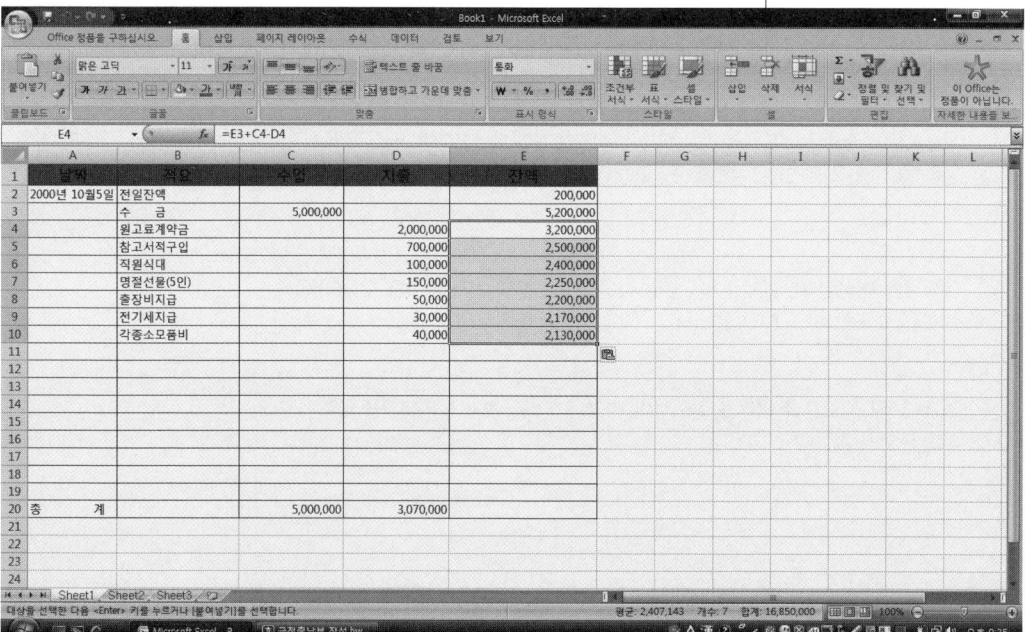

제3장 금전출납부 작성

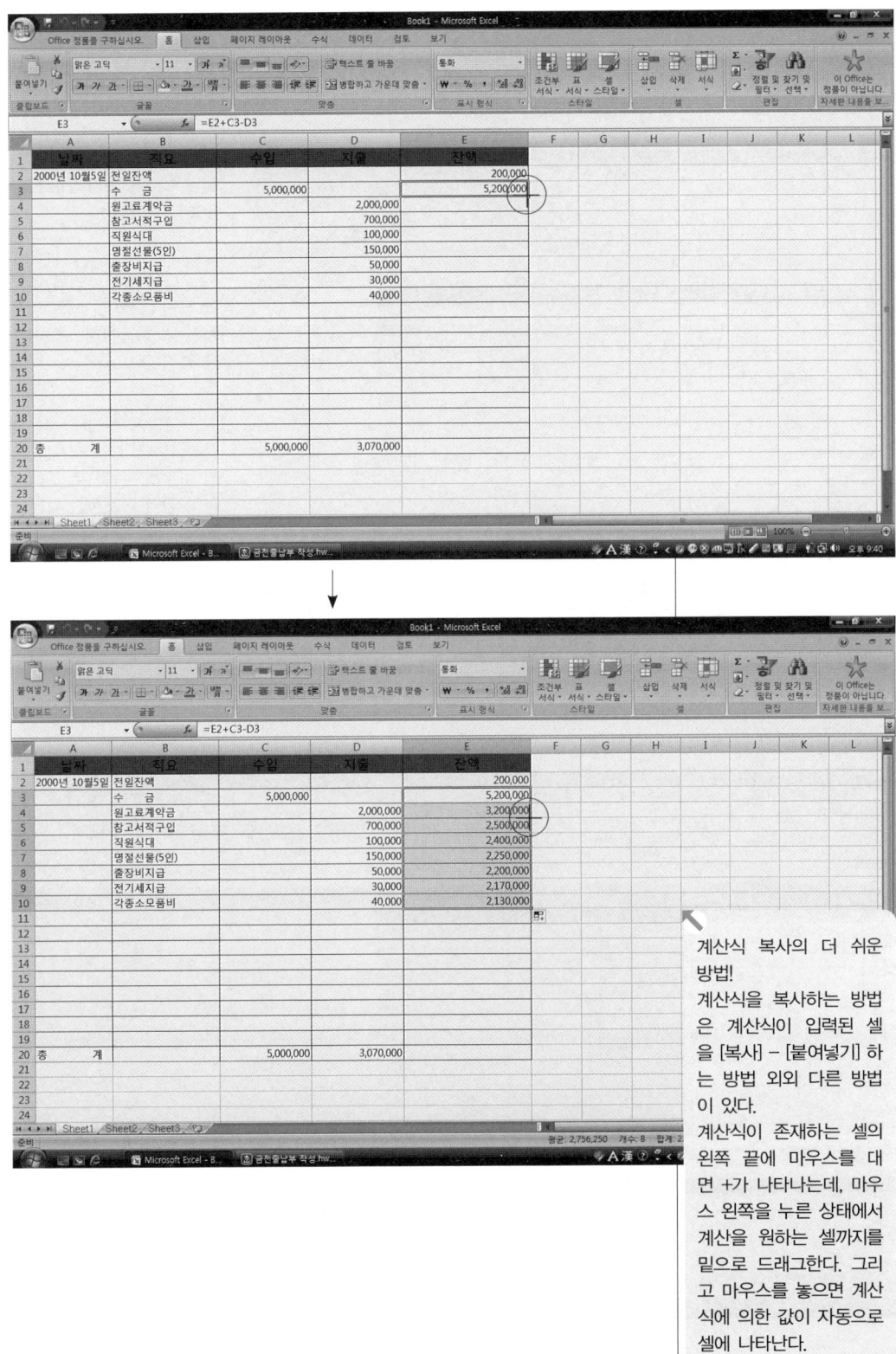

계산식 복사의 더 쉬운 방법!
계산식을 복사하는 방법은 계산식이 입력된 셀을 [복사] – [붙여넣기] 하는 방법 외외 다른 방법이 있다.
계산식이 존재하는 셀의 왼쪽 끝에 마우스를 대면 +가 나타나는데, 마우스 왼쪽을 누른 상태에서 계산을 원하는 셀까지를 밑으로 드래그한다. 그리고 마우스를 놓으면 계산식에 의한 값이 자동으로 셀에 나타난다.

기업실무 엑셀

총계산을 위한 SUM(Σ)의 활용

금전출납부의 수입, 지출에 대한 자동적인 총계를 산출하기 위하여 SUM(Σ)을 활용한다. 사용순서는 다음과 같다

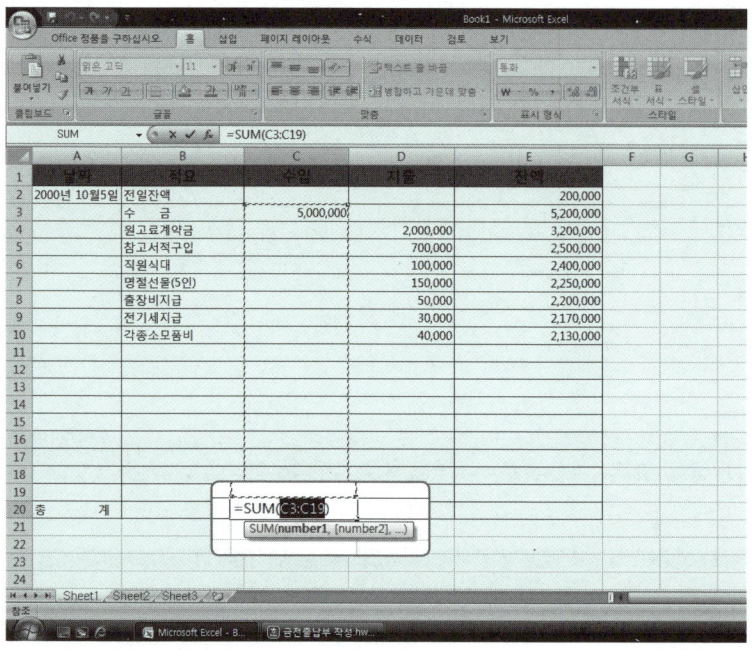

01 금전 출납부의 마지막 셀인 A20에 '총계'라는 문자열을 입력한다

02 다음으로 수입의 마지막 셀인 C20에 커서를 위치시킨 후 자동합계 Σ아이콘을 클릭한다.

03 그러면 흐르는 점선이 나타나는데 C2부터 C19까지 마우스 왼쪽으로 드래그하여 영역을 지정한 다음에 Enter 키를 친다.

결과화면은 다음과 같다.

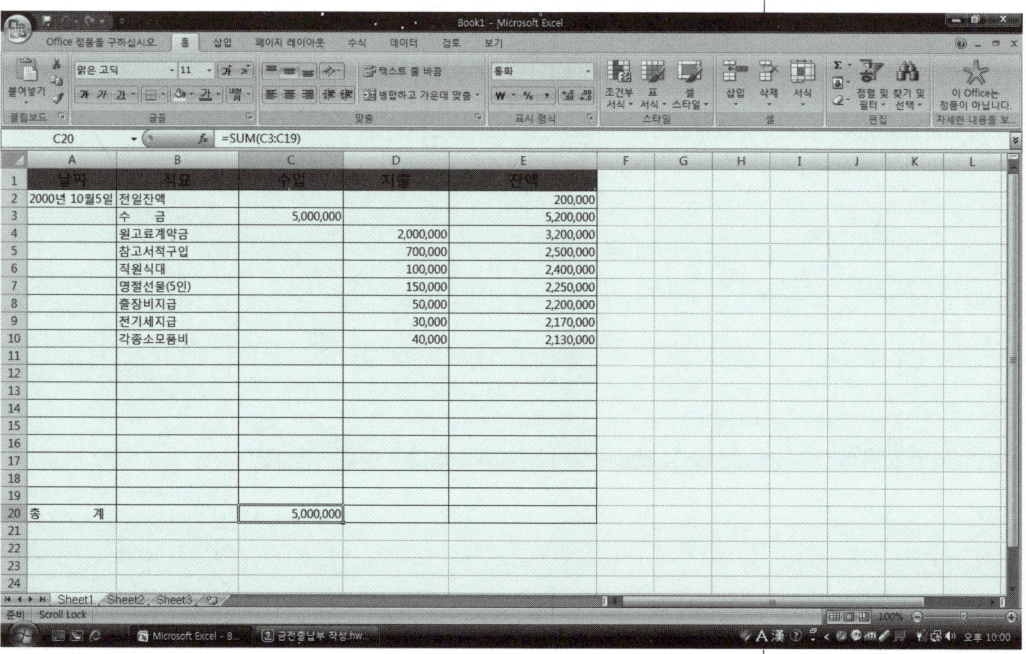

같은 방법으로 지출의 합계도 D20에 나타낸다.
지출의 합계는 수입의 합계셀(C20)을 [복사] - [범위설정 드래그] - [붙여넣기]를 하는 방법으로 나타낼 수도 있다. 또는 수입셀 오른쪽 하단에 +가 나타나면 지출셀 까지 드래그해도 지출의 합계가 나타난다. 편리한 방법을 선택하기 바란다.
완성된 화면은 다음과 같다.

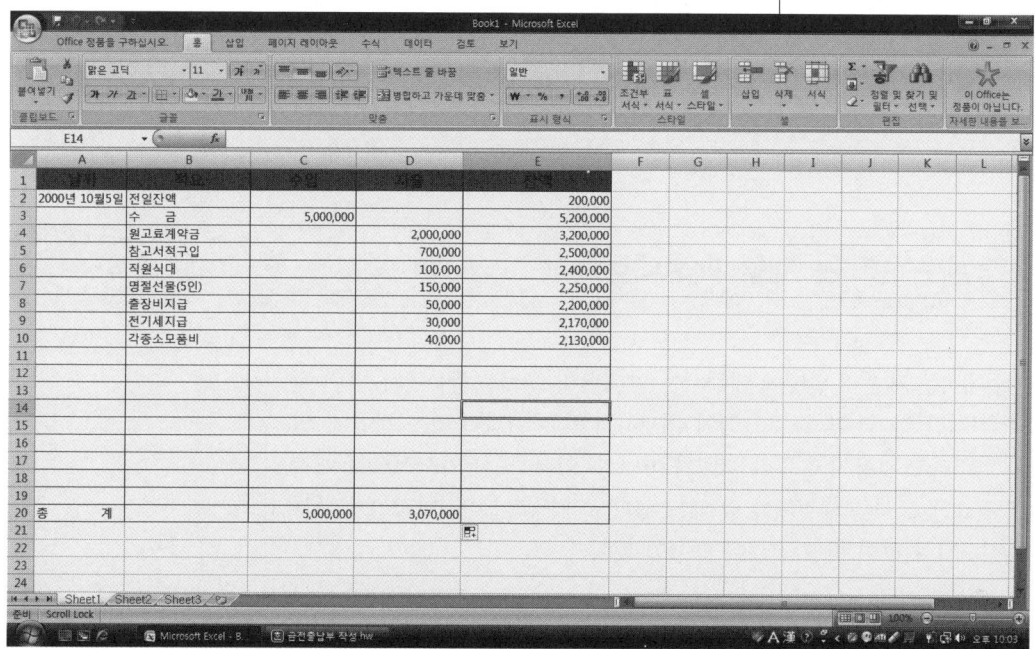

기업실무 엑셀   EXCEL

CHAPTER 4

제품 매출대장 작성
계산·서식 꾸미기·인쇄설정 방법

엑셀로 만드는 제품 매출대장

기업에서는 제품의 판매에 대해서는 판매관리 프로그램을 활용하면 된다. 하지만 판매관리 프로그램이 존재하지 않는 기업이 있을 것이다. 있다 하더라고 사용자가 원한 형태가 아닐 수 있다. 또한 일시적으로 매출에 필요한 분석을 해결해야 할 때도 있다. 이와 같이 비정형적인 업무를 분석하기 위하여 나타난 것이 엑셀인 것이다.

예 제

한국전자(주)의 다음 자료로 TV 제품 매출대장을 작성하여라.

자 료
- 제 품 :   TV
- 매입현황 : 14인치 20대   @₩140,000
              20인치 40대   @₩180,000
              25인치 60대   @₩300,000
              29인치 100대   @₩450,000
              34인치 15대   @₩1,000,000
- 매출현황 : 14인치 10대   @₩200,000
              20인치 30대   @₩250,000
              25인치 50대   @₩270,000
              29인치 85대   @₩500,000
              34인치 10대   @₩1,200,000

TV 제품 매출대장 완성 화면

TV 매출대장

규격	매입량	매입단가	매입액	판매량	판매단가	판매액	손익계
14인치	20	140,000	2,800,000	10	200,000	2,000,000	600,000
20인치	40	180,000	7,200,000	30	250,000	7,500,000	2,100,000
25인치	60	300,000	18,000,000	50	270,000	13,500,000	-1,500,000
29인치	100	450,000	45,000,000	85	500,000	42,500,000	4,250,000
34인치	15	1,000,000	15,000,000	10	1,200,000	12,000,000	2,000,000
총합계							7,450,000

사용순서

제품 매출대장의 각 항목 내용을 셀에 입력한다.

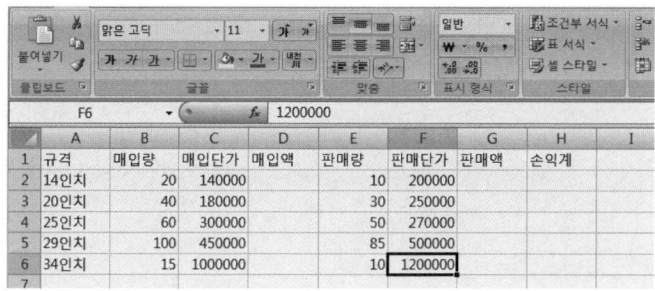

매입액과 판매액의 계산

매입액의 계산

매입량과 매입단가를 곱하여 매입액을 산출한다. 판매액도 마찬가지 방식으로 계산한다.

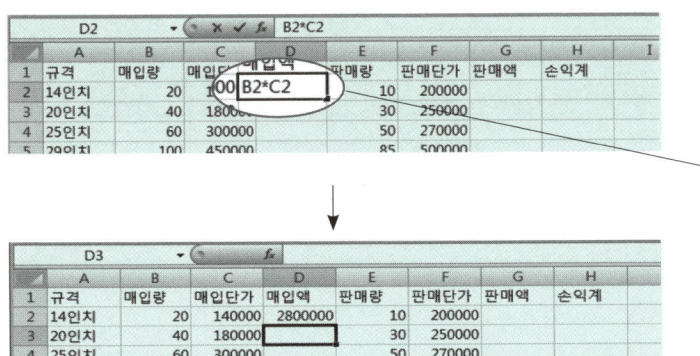

매입액을 구하기 위하여 D2에 다음의 산식을 입력한 후 꼭 Enter 키를 친다

$$= B2 * C2$$
$$= 매입량 \times 매입단가$$

다음으로는 매입액의 모든 셀을 채워야 한다. 이를 위해서는 D2셀을 산식을 복사/붙여넣기를 하면 된다. 또는 D2셀의 오른쪽 하단에서 +가 나타나면 밑으로 드래그해도 된다. 하나하나 각 매입액의 각 셀에 산식을 기록할 필요가 없는 것이다. 순서는 다음과 같다.

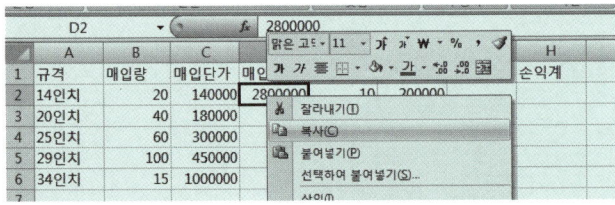

01 우선 D2셀을 클릭한 다음에 마우스 오른쪽을 클릭하여 [복사] 탭을 선택한다.

02 D3에서 마우스 왼쪽을 클릭한 상태에서 D6셀까지 드래그한다. 드래그하고 나면 D3셀부터 D6셀까지 검은색으로 범위가 설정된다 (D2셀은 반드시 점선으로 깜박거려야 한다).

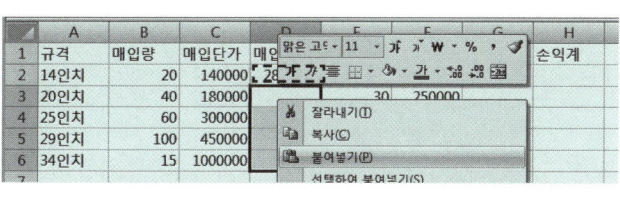

03 마우스 오른쪽 버튼을 클릭한 후 [붙여넣기]를 클릭하면 매입액이 모두 나타난다.

D3 ~ D6열의 매입액 계산은 [복사] – [붙여넣기] 방법 외에 D2셀의 오른쪽 하단에 마우스를 갖다대어 +가 나타나면 밑으로 드래그하는 것 아시죠? 다시 한 번 설명했습니다.

판매액의 계산

판매액도 매입액의 계산방법과 마찬가지다.

= E2 * F2
= 판매량 × 판매단가

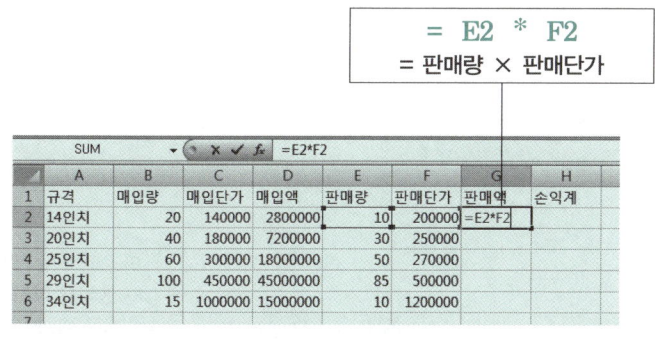

01 G2셀에서 클릭한 후 다음과 같은 산식을 입력한다.

02 그런 다음 [복사] – [붙여넣기] 하는 방식은 매입액 구하는 방법과 마찬가지다.

손익계의 계산

매입액과 매출액을 구했으니 이제는 얼마나 남았는지를 확인해야 할 것이다.

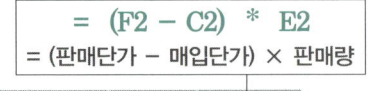

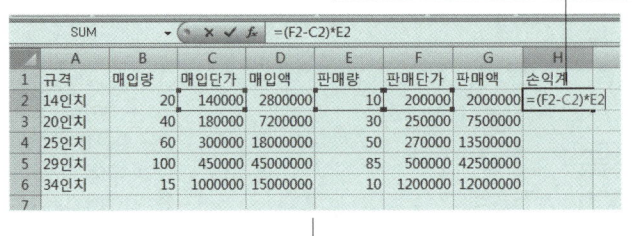

01 우선 손익계가 있는 셀인 H2셀에 마우스 왼쪽을 클릭한다. 다음과 같은 산식을 입력한다.

02 Enter 키를 치면 600,000 라는 금액이 나타난다.

03 다시 H2셀을 복사한다. H2부터 H6까지 범위를 설정한 후 마우스 오른쪽을 클릭하여 붙여넣기를 하는 것은 매입액·매출액의 방법과 같다.

음수값(-)은 마우스 오른쪽 클릭 후 [셀서식] - [표시형식] - [숫자] - [음수]에서 '음수표시형태'를 선택

규격별 손익계들의 총합계 구하기(SUM 함수)

TV에 대한 규격별 손익의 총합계를 구함으로써 매출대장을 완성한다.

01 총합계를 구하기 위하여 A10 셀에 "총합계"라는 명칭을 입력한다.

02 다음으로 손익계가 있는 H10 셀에서 마우스 왼쪽을 클릭하고 합계(Σ) 아이콘을 클릭한다.

03 그러면 H10셀에 "=SUM(H2 : H9)"가 입력되면서 주변에는 점선이 반짝거릴 것이다. 여기서 Enter 키를 치면 합계 결과가 나타난다.

제품 매출대장의 서식 꾸미기

자! 이제 "TV 매출대장"에 대한 계산은 끝났다. 이제 이 표를 어떻게 예쁘게 보고해야 할 것인가를 생각해야 할 것이다. 보고서를 보기 좋게 꾸미기 위해서 시작하자.

01 우선 보고서의 범위를 블록으로 설정한다. 설정하는 방법은 A1셀에서부터 보고서의 마지막 셀인 H10셀까지 마우스 왼쪽을 클릭한 후 드래그 하면 그 부분만큼 검정색 화면으로 범위가 설정된다.

다음은 1행의 항목들을 숫자 데이터보다 좀 더 크게 하기 위하여 셀의 너비를 넓히는 작업을 한다.

02 1행과 2행의 경계에서 마우스 왼쪽을 누른 상태에서 셀의 높이를 24.00 정도까지 내린 후 누르고 있던 마우스 왼쪽을 놓는다(셀크기는 각자 개성대로 조정할 것). 그러면 1행의 항목칸이 높아진다.

매입단가·매출단가와 매입액·매출액과 같은 금액들은 1000단위 마다 구분표시가 나타나야 한다. 음수에 대한 표시는 괄호( )로 나타내기로 한다.

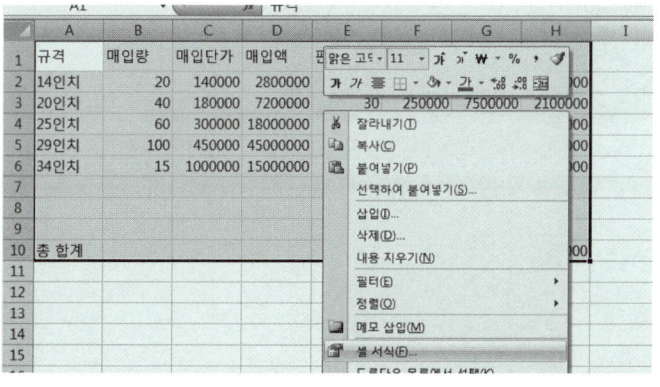

03 이러한 표시는 범위가 설정된 상태에서 마우스 오른쪽 버튼을 클릭한 후 [셀 서식] - [표시형식] - [숫자] 탭을 클릭해 나간다.

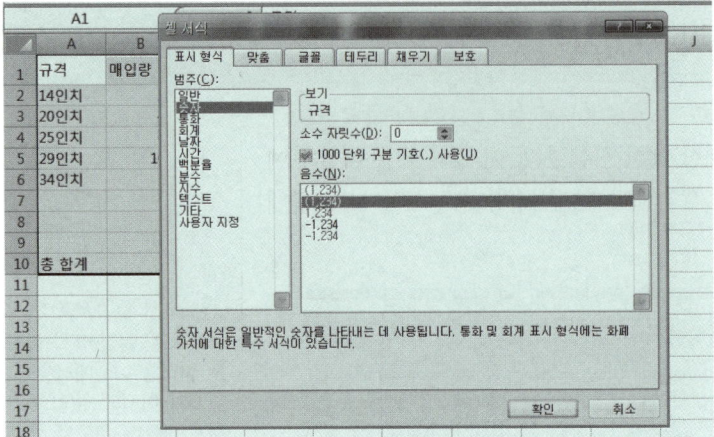

04 숫자 탭에서는 오른쪽 화면의 '소숫점 이하 자릿수(D)'는 0으로, 1000 단위 구분기호 사용(U)에 체크한다. 또한 음수(N) 표기에서는 (1234)를 선택한 후 확인 버튼을 클릭한다. 그러면 숫자는 1000단위에 콤마(,) 표시가 나타나며 손익계의 음수는 (−)로 표시된다.

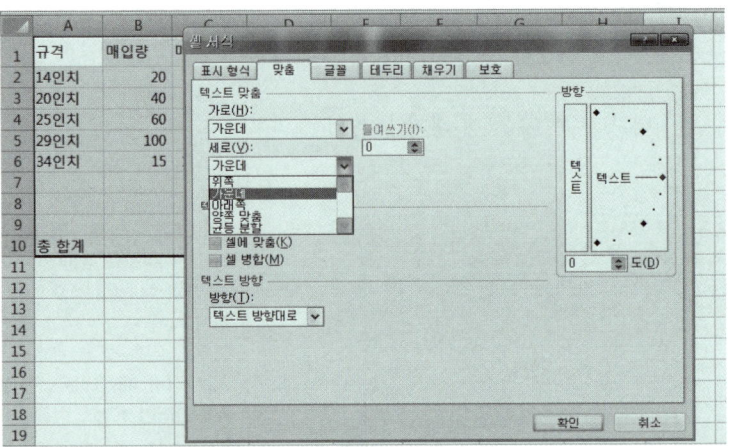

05 다시 마우스 오른쪽을 클릭한 후, 문자열을 보기 좋게 하기 위해서 [맞춤] 탭을 클릭한다. 문자열 맞춤에서 수평과 수직의 내림 버튼을 클릭한 후 모두 가운데를 선택한다. 그러면 화면의 글자와 숫자들이 셀의 가운데로 정렬될 것이다.

	A	B	C	D	E	F	G	H
1	규격	매입량	매입단가	매입액	판매량	판매단가	판매액	손익계
2	14인치	20	140,000	2,800,000	10	200,000	2,000,000	600,000
3	20인치	40	180,000	7,200,000	30	250,000	7,500,000	2,100,000
4	25인치	60	300,000	18,000,000	50	270,000	13,500,000	(1,500,000)
5	29인치	100	450,000	45,000,000	85	500,000	42,500,000	4,250,000
6	34인치	15	1,000,000	15,000,000	10	1,200,000	12,000,000	2,000,000
7								
8								
9								
10	총 합계							7,450,000
11								

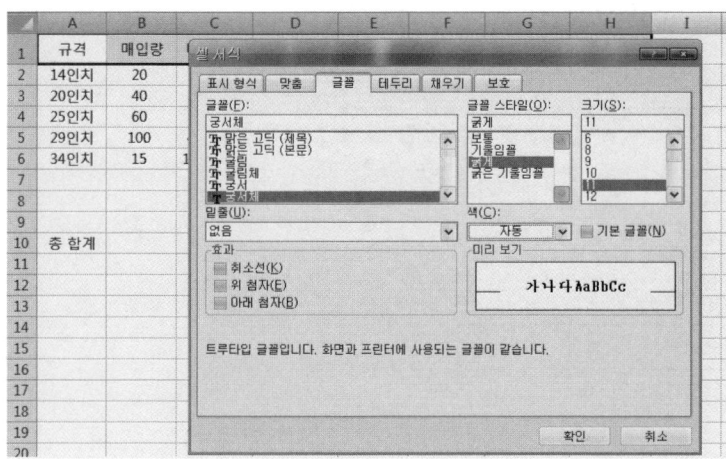

06 다음은 항목의 글자는 조금 색다르고, 크게 나타내기 위해서 1행의 항목 만을 마우스 왼쪽으로 누른 후 드래그하여 범위를 설정한다. 그 후 마우스 오른쪽을 클릭하여 셀 서식에서 [글꼴] 탭을 선택한다. 원하는 글꼴을 선택한다. 여기서는 궁서체로, 글꼴 스타일은 굵게, 크기는 11로 선택한다.

이제는 전체표의 외곽선과 셀들의 테두리선을 그려야 할 차례다.

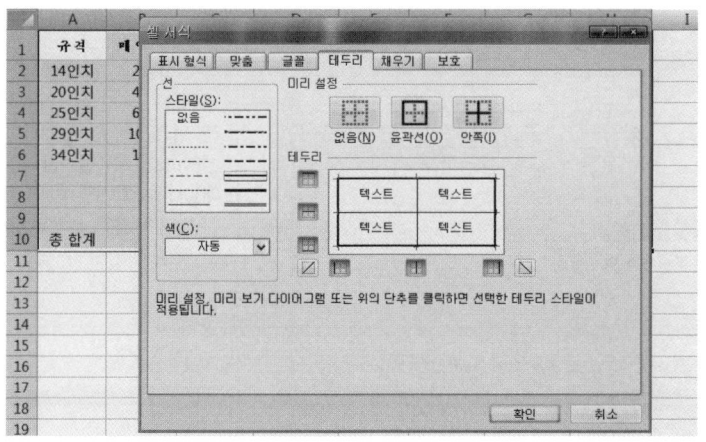

07 다시 표 전체를 마우스 왼쪽으로 드래그한다. [테두리] 탭을 선택한 후 내부선과 외부선을 유형에 따라 선택하면 된다. 여기서는 내부선은 가는 실선으로 외부선은 굵은 실선을 선택한 후 확인을 클릭하고, 범위설정 표의 밖에서 클릭을 한 번 하면 결과가 나타난다. 표의 각 셀에 테두리선이 그려져 있을 것이다.

	A	B	C	D	E	F	G	H
1	규격	매입량	매입단가	매입액	판매량	판매단가	판매액	손익계
2	14인치	20	140,000	2,800,000	10	200,000	2,000,000	600,000
3	20인치	40	180,000	7,200,000	30	250,000	7,500,000	2,100,000
4	25인치	60	300,000	18,000,000	50	270,000	13,500,000	(1,500,000)
5	29인치	100	450,000	45,000,000	85	500,000	42,500,000	4,250,000
6	34인치	15	1,000,000	15,000,000	10	1,200,000	12,000,000	2,000,000
7								
8								
9								
10	총 합계							7,450,000
11								
12								

마지막 정리를 하자. 색깔도 넣어보자. 회계에서는 숫자열을 오른쪽으로 정렬하는 것이 좋다. 금액이기 때문이다. 어떻게 할까.

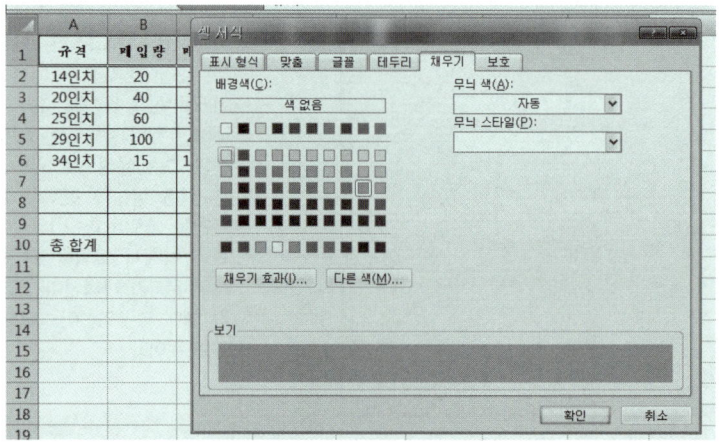

08 ① 항목행인 1열에 색깔을 넣어보자. 먼저 1행(A1부터 H1까지)에 범위를 설정한다.

08 ② 다음으로 마우스 오른쪽 버튼을 클릭한 후 [셀 서식] - [무늬탭] - [원하는 색](여기서는 회색을 지정)을 선택하고 확인을 클릭한다. 매출대장 화면의 밖을 클릭하면 항목칸이 회색으로 변한 것을 확인할 수 있다.

08 ③ 숫자열을 오른쪽으로 정렬하기 위하여 B2열부터 H10열까지 범위를 설정한 후 화면메뉴의 아이콘 중에서 오른쪽 맞춤 아이콘을 클릭한다. 그 다음에 매출대장 화면 밖을 다시 한 번 클릭하면 숫자열이 오른쪽으로 정렬되어 있음을 확인할 수 있다.

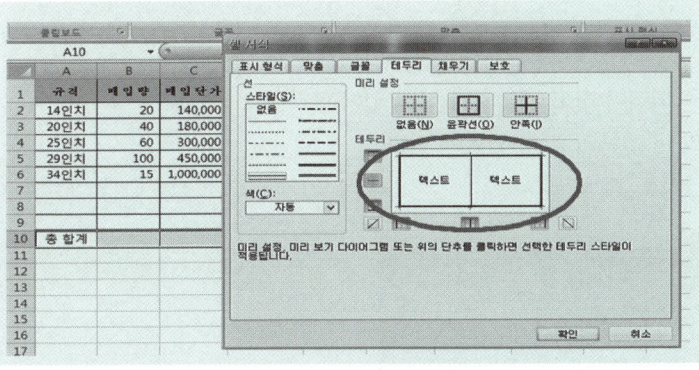

08 ④ 총합계 행도 다른 행과 구분해보자. 매출대장 화면에서 총합계 행인 A10행에 범위를 설정한다. 범위를 설정한 행에서 마우스 오른쪽 버튼 클릭하여 [셀서식] – [테두리] 탭 – [테두리]를 설정한 후 [확인] 버튼을 누르면 가운데 화면에서 위쪽에 실선이 생기는 것을 볼 수 있다. 화면 밖을 클릭하면 총합계 구분선이 생긴다.

기업실무 엑셀

인쇄를 위한 작업

만들어진 TV 매출대장을 인쇄하기 위하여 미리보기 버튼을 클릭한다.
또는 [Office] 단추- [인쇄] - [인쇄 미리 보기]를 클릭한다.

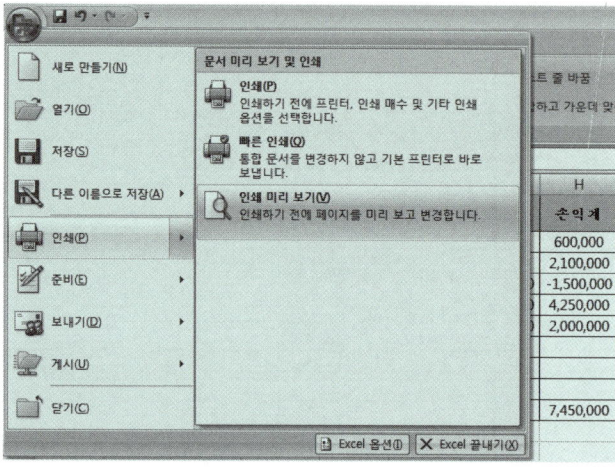

미리보기 화면은 확대/축소가 가능하다.

인쇄가 A4용지의 가운데에 출력되어야 하고 페이지가 적혀 있어야 하며
무엇보다도 "TV 매출대장"이라는 제목이 적혀 있어야 한다.
자! 시작해 봅시다.

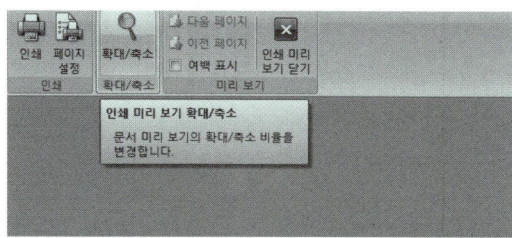

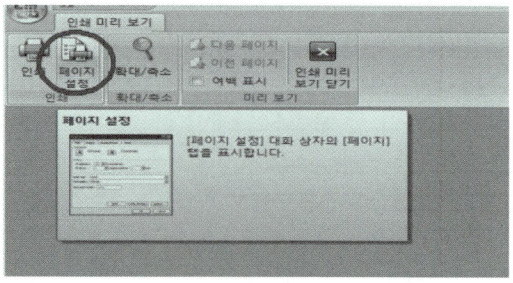

01 미리보기 화면에서 [페이지 설정] 탭을 누른다.

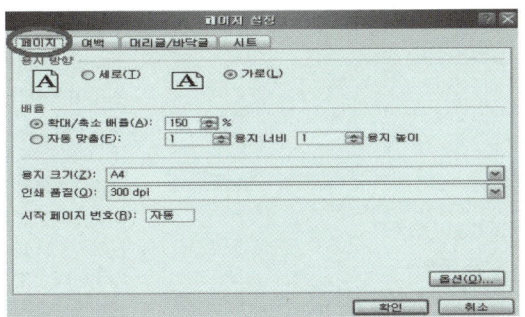

02 페이지 설정 대화상자의 [페이지] 탭에서 용지방향은 가로방향을, [축소/확대배율]은 150%를 입력하고 확인 버튼을 누른다.

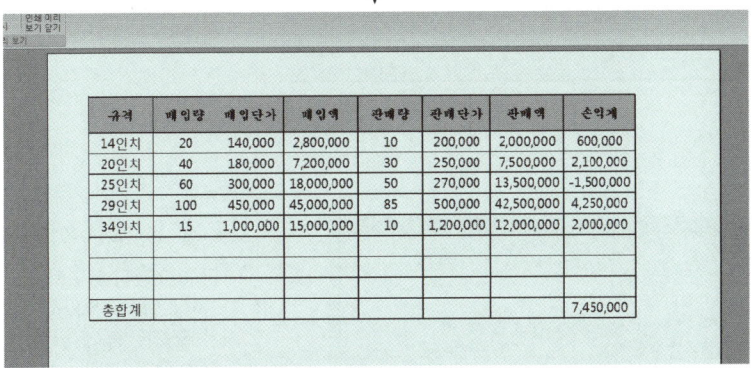

03 표의 위치가 화면의 가운데 오지는 않았다. 이를 위해서 [페이지 설정] - [여백] 탭을 클릭한다. [여백] 탭에서 하단의 [페이지 가운데 맞춤] - [가로] - [세로]를 차례로 체크한 후 확인을 클릭한다. 결과화면은 인쇄 미리보기의 중앙에 위치하게 된다.

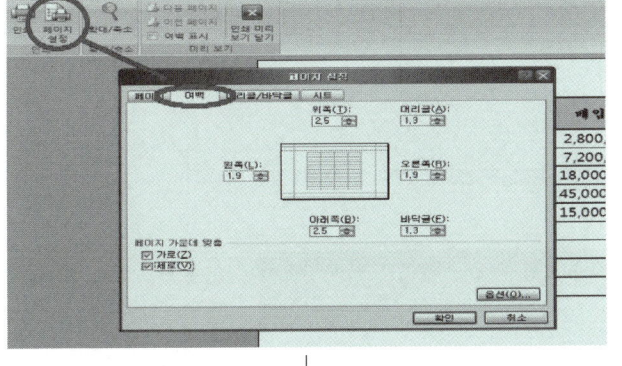

기업실무 엑셀

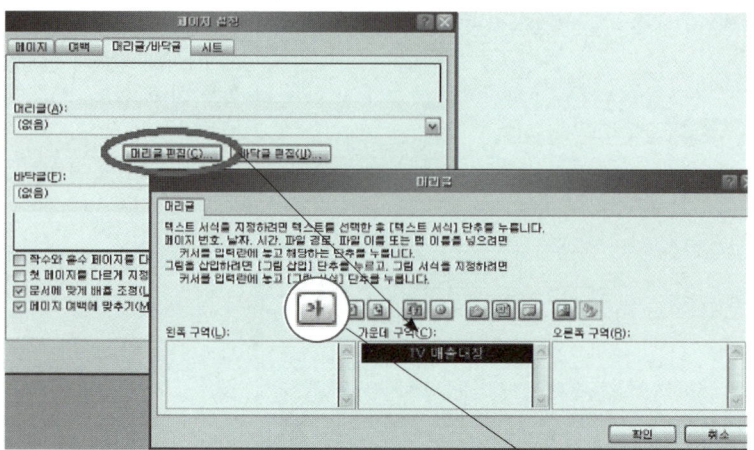

04 "TV 매출대장"이라는 제목과 페이지를 표시하기 위하여 [머리글/바닥글] 탭을 선택한다.
① 제목을 입력하기 위하여 [페이지 설정] – [머리글/바닥글]탭 선택 후 가운데 부분에 "TV매출대장"이라고 입력한다. "TV 매출대장"의 글씨를 예쁘게 조정하기 위하여 마우스 왼쪽을 눌러 제목을 드래그하여 범위설정을 한다.

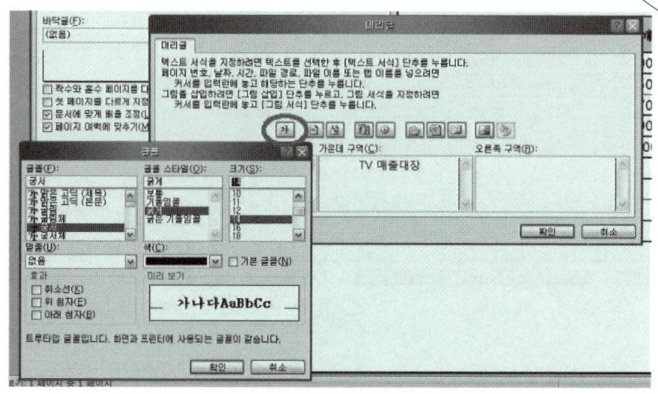

04 ② 범위설정 화면에서 가 아이콘을 클릭하면 글꼴 편집 탭이 나타난다. 여기서 글꼴은 궁서, 글꼴 스타일은 굵게, 크기는 14포인터를 선택하고 확인을 누르면 또 대화상자가 나타나는데 다시 확인을 누른다.

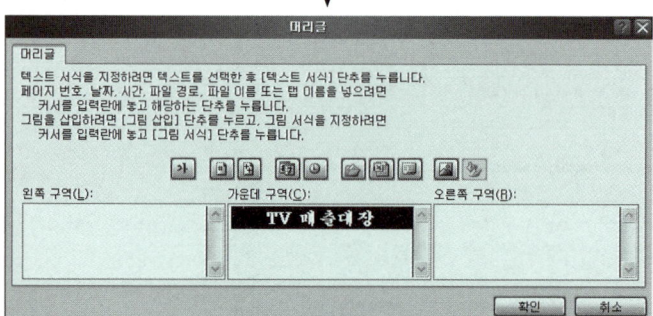

제4장 제품 매출대장 작성

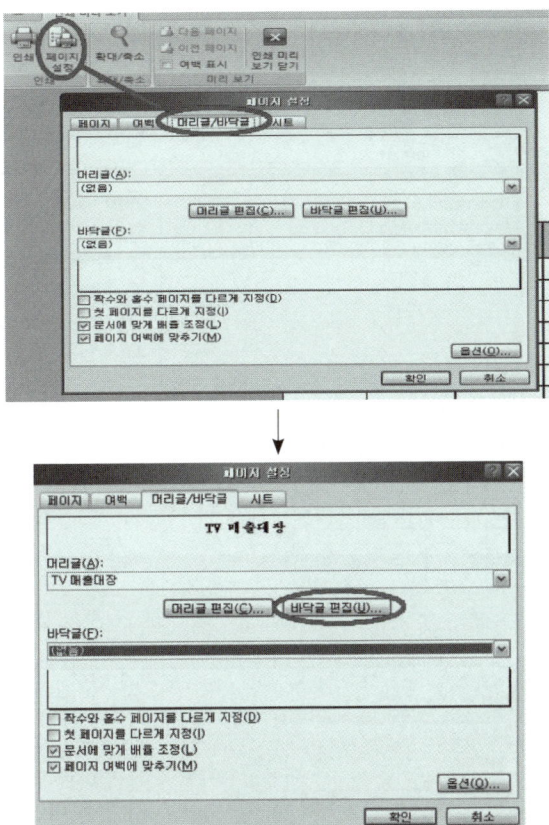

04 ③ 다음으로 페이지 또는 날짜를 기록하기 위해 [바닥글 편집] 버튼을 클릭한다. [머리글 편집]에서 제목은 가운데 입력했으니 이번에는 오른쪽에 입력하도록 하자.

가 옆의 쪽수 아이콘을 클릭하면 & [쪽번호]가 입력되어 있다. 여기에 원하는 형태의 쪽수를 표시한다. 여기서는 - 1 - 이라고 입력한다.

이외에 가 옆의 아이콘에는 날짜, 시간 등 여러 가지 입력 아이콘을 나타내는 표시가 있다. 한 번씩 확인해 보도록 하자.

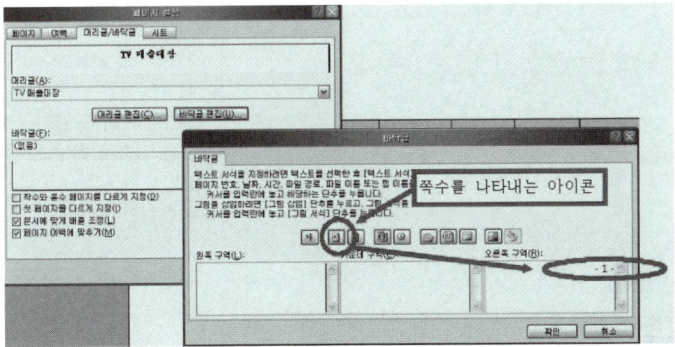

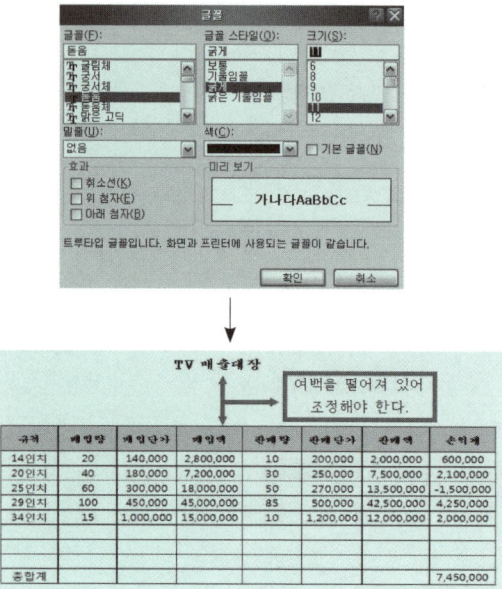

04 ④ 쪽수를 나타내는 - 1 - 도 범위를 설정한 후, 가 아이콘을 눌러 [글꼴] 탭에서 - 1 - 표시를 예쁘게 조정한다. 여기서는 글씨는 돋움, 글꼴 스타일은 굵게, 크기는 11로 맞춘 후 확인을 클릭한다. 그러면 또 다른 화면이 나오는데 결과화면이 나타날 때까지 계속해서 확인을 누른다.

04 ⑤ 위의 화면에서 보듯이 쪽수와 제목이 나타나 있다. 하지만 제목과 표가 너무 떨어져 있다. 이를 줄이기 위해 미리보기 그룹의 [여백표시]에 체크한다. 여백표시에 체크를 하게 되면 여백을 조절하는 눈금이 나타나는데 조절하고자 하는 눈금선에 마우스를 대면 마우스 포인터의 모양이 +로 변한다. 여기서 마우스 왼쪽을 눌러 표와 제목 사이를 적당히 조절한다.

제4장 제품 매출대장 작성   EXCEL

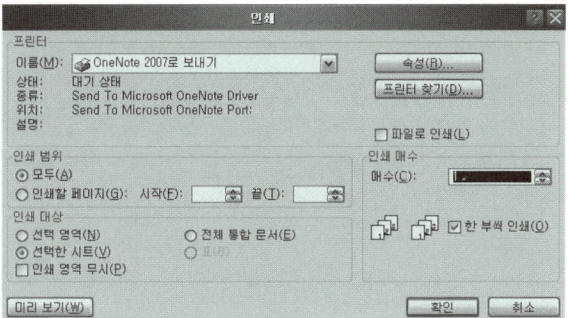

05 인쇄 아이콘을 눌러 프린터 이름을 자신이 인쇄할 프린터와 맞춘 후, 전체를 인쇄할 것인지, 일부분을 인쇄할 것인지를 클릭한 후 확인 버튼을 눌러 인쇄를 하면 된다.

꼭 읽고 갑시다.   EXCEL

이 장에서는 SUM(Σ)의 기능과 인쇄 기능 등을 익혔다.
SUM(Σ)의 기본적인 기능을 설명하였다. 여러분은 이 기능을 셀에 적용시킬 때 다양한 응용능력을 발휘하여야 할 것이다.
예를 들어, 어떤 표에서는 "= D2 – SUM(E2 : J2)" 또는 "=(A2+D4)–SUM(C3 : H3)"등과 같은 다양한 산식이 만들어질 수 있는 것이다.
인쇄 기능도 이 책에 저술되어 있는 것 외에 여러 가지 방법이 존재한다. 숙달이 되고 나면 스스로 찾아보기 바란다.

기업실무 엑셀 EXCEL

CHAPTER 5
사원관리대장 작성
전체 범위설정 · 데이터 정렬 · 데이터 추출 · 자동 필터 · 고급 필터

사원관리대장 작성   EXCEL

중소기업이든 대기업이든 기업의 총무/관리부서에서는 직원들에 대한 정보가 필요하다. 사원관리대장은 엑셀로 작성하여 두면 사원의 변동사항을 관리하기가 편하다. 물론 워드로 할 수도 있다. 하지만 직원들의 자료는 데이터베이스화 해두는 것이 더 좋으며 엑셀의 주특기가 그것이다. 예제를 해결하다 보면 앞 장과 중복되는 경우가 있다. 앞 장의 내용을 반복함으로써 숙달될 수 있는 기회가 될 것이다. 자! 시작해봅시다.

예 제

다음의 사원관리대장을 엑셀로 작성하여라.

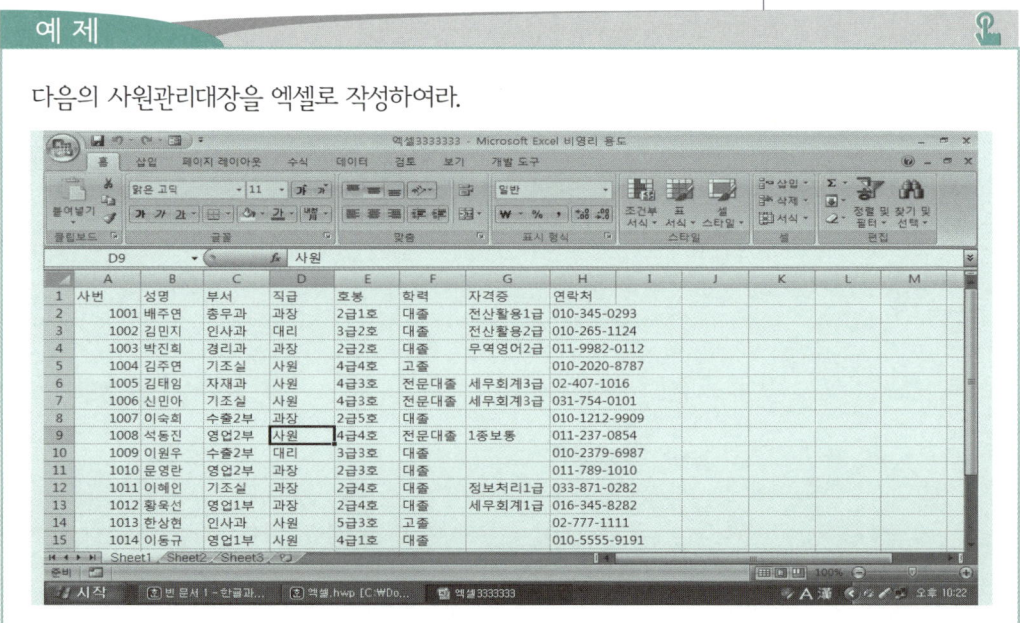

사용순서

사원관리대장의 각 항목을 셀에 입력

사원관리대장의 항목: 사번, 성명, 부서, 직급, 호봉, 학력, 자격증, 연락처

데이터의 입력

각 셀에 사원관리대장의 항목에 대한 데이터를 입력한다.

기본서식 지정하기

사원관리대장의 내용을 예쁘게 꾸미는 작업을 한다. 즉, 테두리 선을 그리고 항목에 색깔을 넣고, 표시형식을 고치는 등의 여러 가지 작업을 하기 위하여 범위를 설정한다.

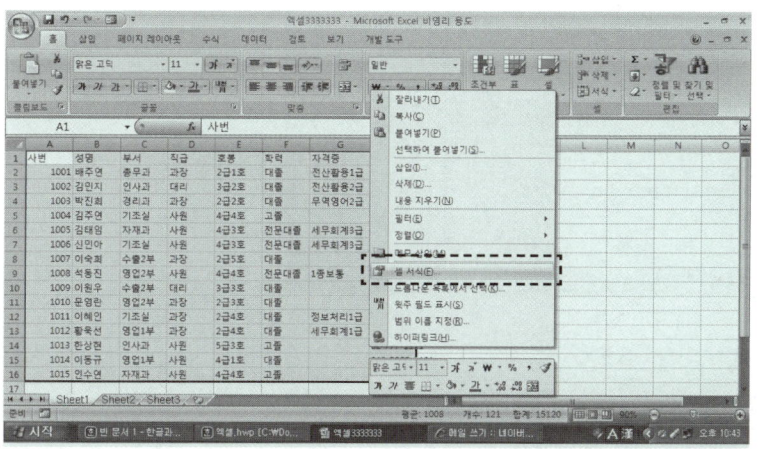

01 우선 꾸미지 않은 사원관리대장을 A1부터 H16까지를 마우스 왼쪽으로 클릭한 상태에서 드래그하여 범위를 설정한다. 그 후 마우스 오른쪽을 클릭한 후 [셀 서식]을 선택하여 클릭한다.

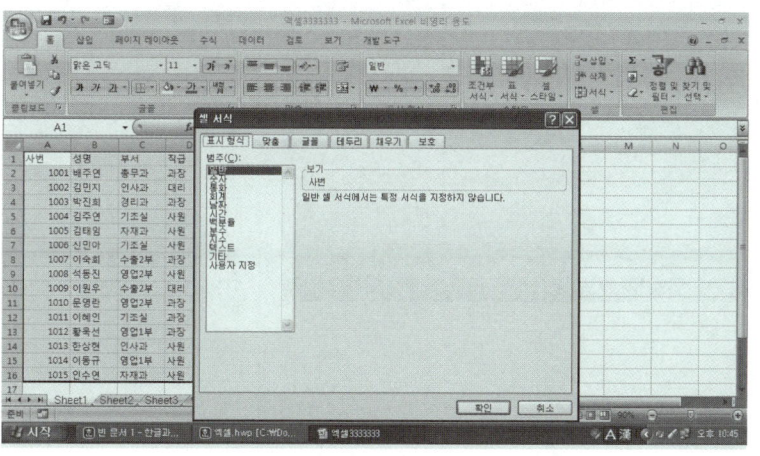

02 [셀 서식] 대화상자가 나타나면 [표시 형식] 탭을 클릭한 후 '범주(C)'는 일반을 선택한다. '일반'을 선택하면 항목의 모든 내용에 금액이나 숫자 옵션을 설정할 필요가 없기 때문이다.

기업실무 엑셀

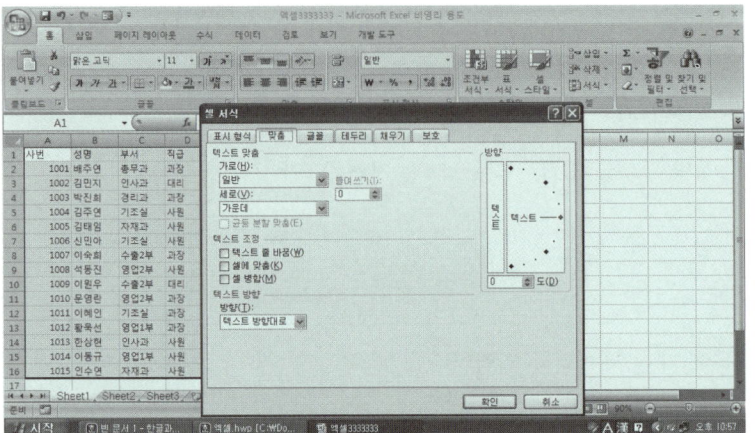

03 [맞춤] 탭을 클릭한다. 여기서 문자열을 맞추는 '텍스트 맞춤'에서 '가로'와 '세로' 모두 가운데를 선택한다. 그리고 텍스트 방향은 어떠한 형태가 나타나는지를 확인해 보기 바란다. 오직 경험해 보는 것만이 여러분 것이 되는 것이다.

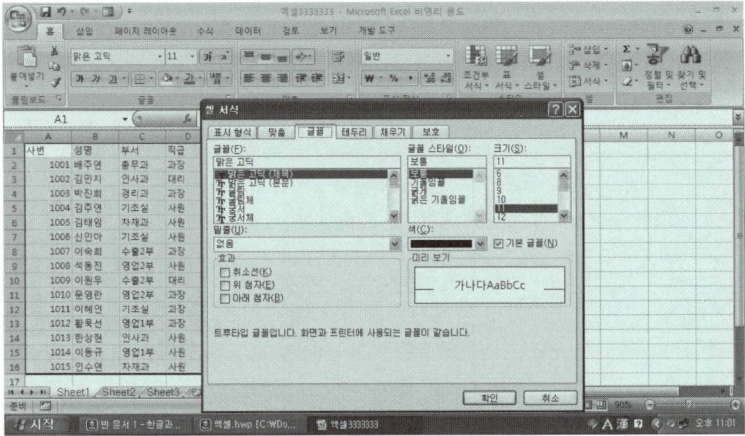

04 이제는 [글꼴] 탭으로 옮겨 글꼴은 맑은 고딕, 글꼴 스타일은 보통, 글꼴 크기는 11을 선택한다.

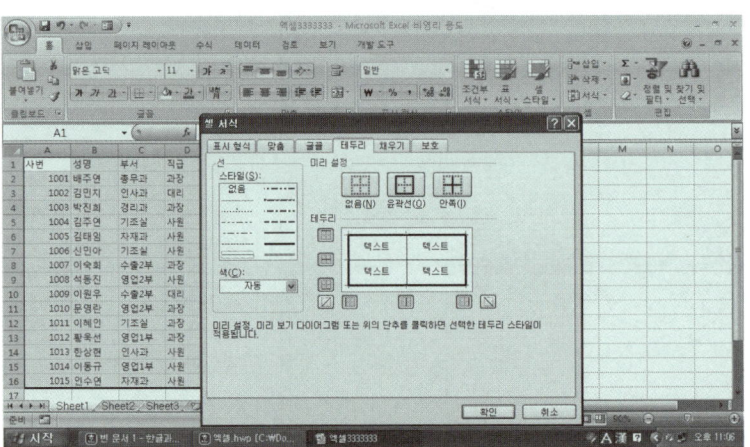

05 [테두리] 탭으로 가서 괘선의 윤곽선은 굵게, 안쪽은 가는선을 선택한다. 테두리선을 그리는 방법은 선을 선택한 후, '미리 설정'에서 '없음·윤곽선·안쪽' 등을 선택하면 된다. 선 유형에서 굵은 선을 선택한 후 '미리 설정'의 '윤곽선'을 아이콘을 클릭한다. 다음에는 가는선을 선택한 후 '미리 설정'의 '안쪽' 아이콘을 클릭하고 확인을 누르면 테두리선이 그려진다.

제5장 사원관리대장 작성

EXCEL

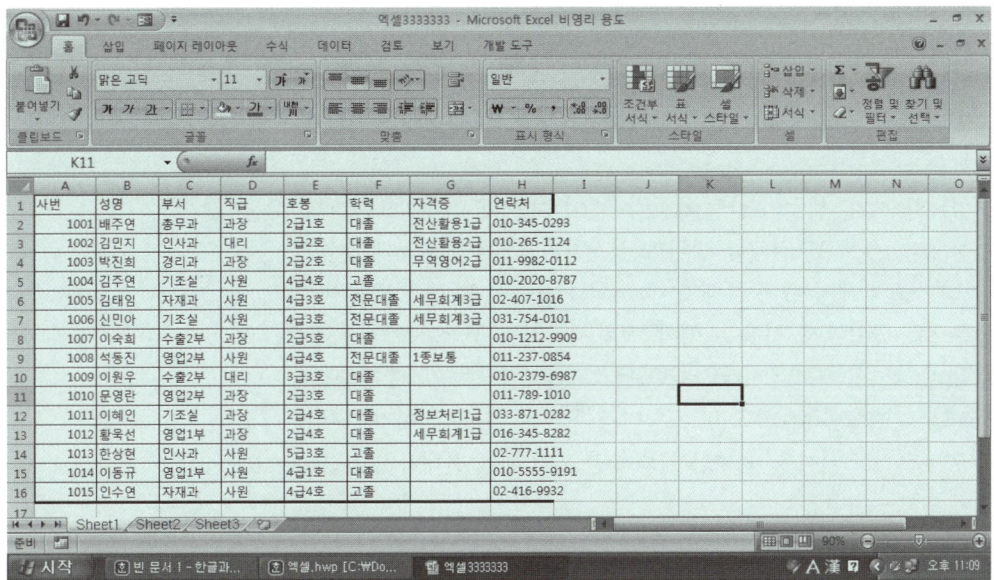

06 범위가 설정된 화면의 꾸미기가 끝나고 설정한 화면 밖을 클릭하면 다음과 같이 윤곽선이 그려진 상태가 나타난다. 하지만 아직 멀었다. 대장이 아직 허술해 보일 것이다.

연락처 셀들의 크기가 너무 작다고 느낄 것이다. 따라서 연락처의 칸을 적당하게 늘려야 한다. 두 가지 방법이 있다.

첫번째 방법

연락처 셀인 G와 H 사이에 마우스를 갖다 놓으면 마우스 포인터가 ↔로 바뀐다. 마우스 왼쪽을 누른 채로 연락처의 내용을 적당한 넓이로 넓힌 후(여기서는 13.00 정도) 마우스를 놓으면 된다.

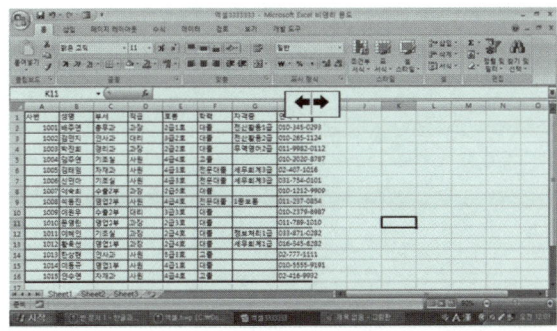

두번째 방법

연락처 셀인 G와 H 사이에 마우스를 갖다 놓아 ↔ 로 바뀐 상태에서 마우스 왼쪽을 두 번 클릭하면 셀 크기가 자동으로 적당한 크기로 넓혀진다.

잘 되었는가 보자. 셀들의 칸들이 너무 좁아 보인다. 전체적으로 칸들을 넓혀보자. 우선 표 전체를 범위로 설정한다. 전체를 까맣게 설정하는 방법은 표의 제일 왼쪽 꼭대기, 즉 A와 1 사이의 빈공간 셀을 마우스 왼쪽으로 클릭한다. 다음은 행이 처음 시작되는 곳, 즉 행의 번호가 있는 곳은 어느 곳에서나 마우스 왼쪽을 갖다 놓는다(여기서는 5행과 6행 사이에 갖다 놓는다). 그러면 포인터가 ↔ 로 바뀐다. 이것을 누른 후 적당한 크기로 넓히고 표 밖을 클릭하면 표의 핸들 전체가 넓어진 것을 알 수 있을 것이다.

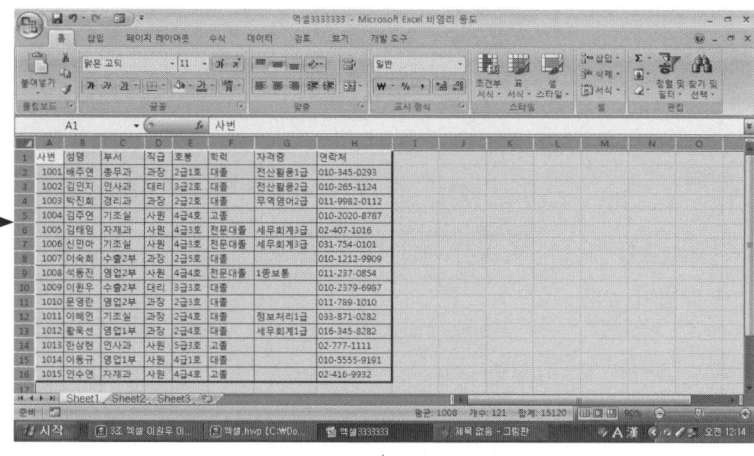

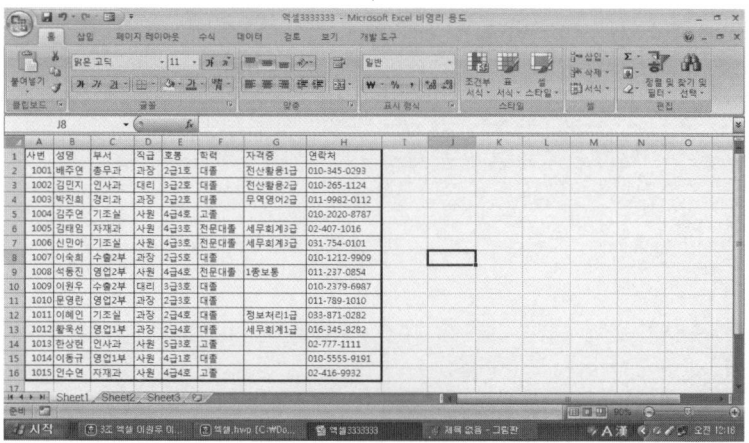

1행의 항목 셀들은 다른 일반 셀에 비하여 칸도 넓히고 색깔도 넣는 것이 보기에 좋을 것이다. 우선 칸을 넓히기 위해서 1과 2 셀 사이에 마우스 포인터를 두고 마우스 왼쪽을 클릭한 상태에서 적당한 넓이로 넓힌다.

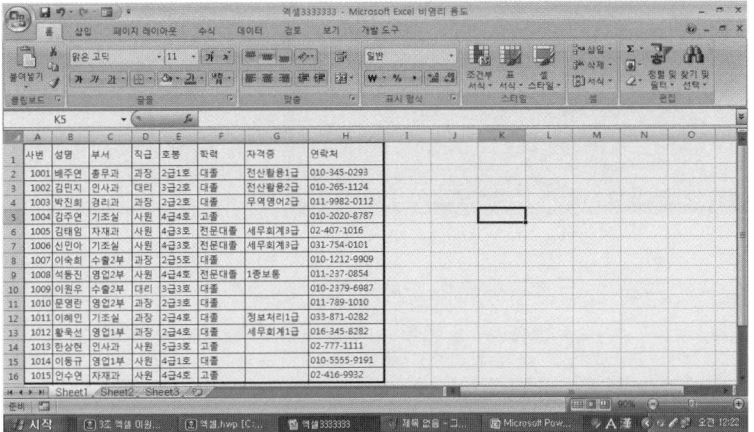

다음에는 1행의 A부터 H까지 셀을 마우스 왼쪽을 클릭한 상태에서 드래그하여 범위를 설정한다. 그런 다음 마우스 오른쪽을 클릭한 후 [셀 서식] 탭을 선택하여 클릭한다. [글꼴] 탭을 클릭한 후, 글씨체는 궁서, 글꼴 스타일은 굵게, 크기는 12를 선택한다. 또한 [채우기] 탭에서는 배경색을 선택한다. 여기서는 회색을 선택한 후 확인을 클릭한다. 그런 다음 다시 표 밖을 클릭하면 결과화면이 나타난다.

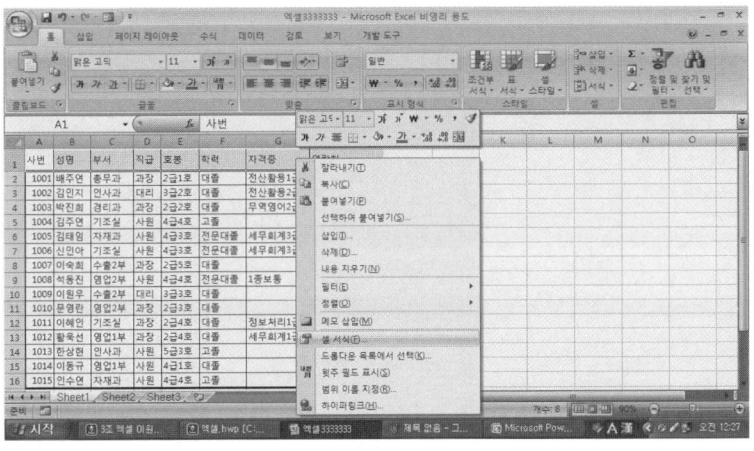

기업실무 엑셀

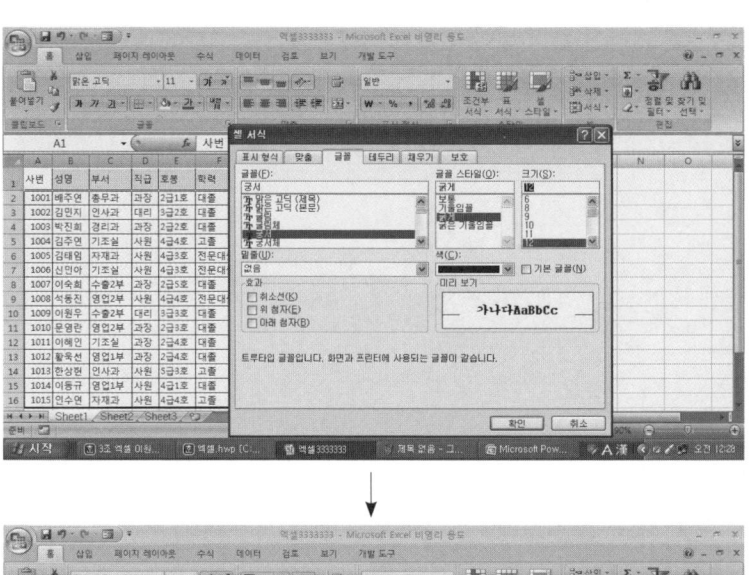

↓

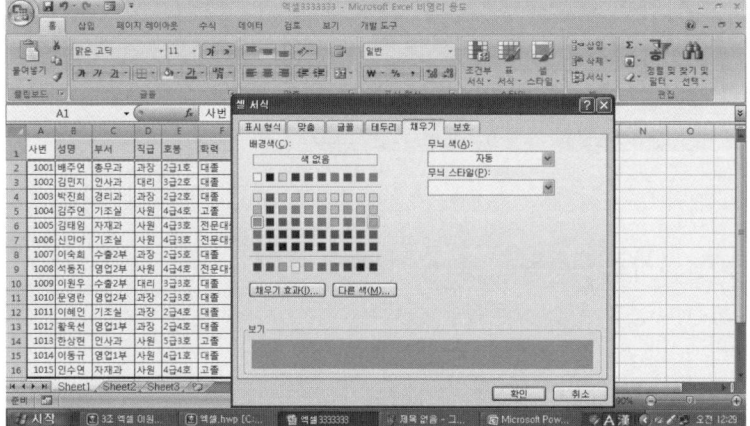

이름순, 부서순, 직급 및 호봉순 등으로 정렬하기

정렬이란 가나다, ABC, 123 등으로 데이터를 나열하는 것을 말한다. 이와 같은 데이터 정렬은 워드에서는 불가능한 것이다.
데이터를 정렬하기 위하여 우선 사원관리대장 표 안을 클릭해야 한다.

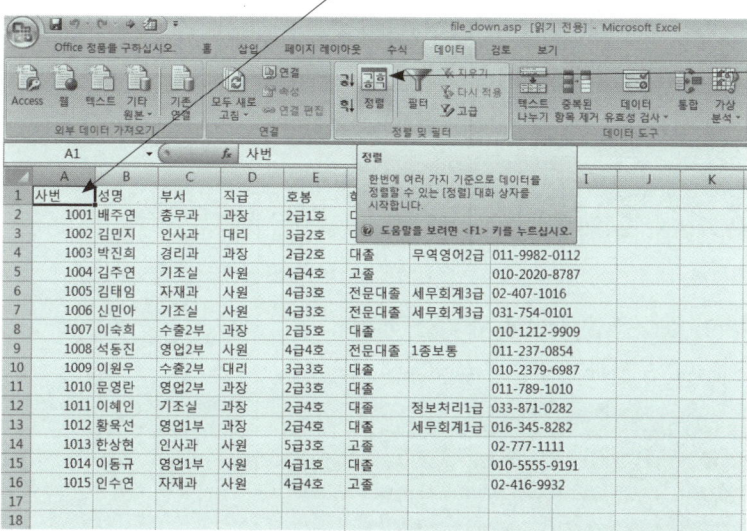

01 메뉴바에서 [데이터] – [정렬]을 선택한다.

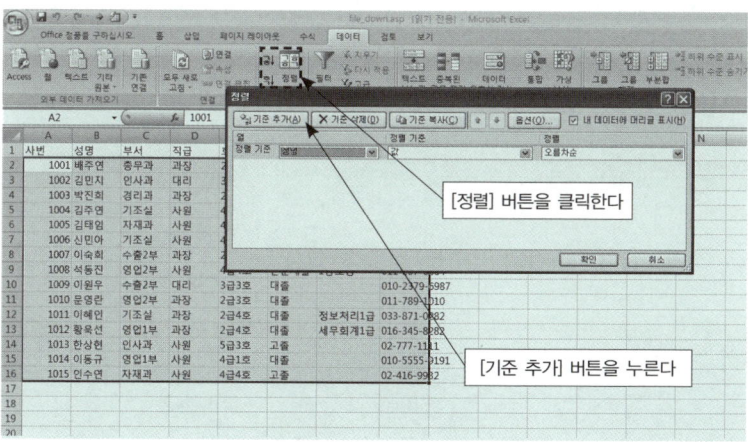

02 [정렬]을 선택하면 표가 범위설정이 되며 [정렬] 대화상자가 나타난다. [기준 추가] – [성명]으로 선택한 후 확인한다.

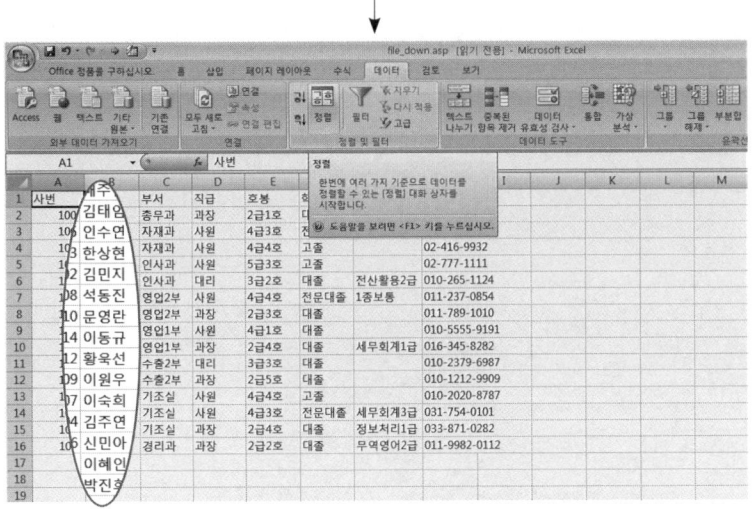

성명이 가나다 순으로 정렬되어 있는 것을 확인할 수 있을 것이다.
이번에는 데이터를 성명뿐 아니라, 부서와 직급으로도 정렬해 보자.

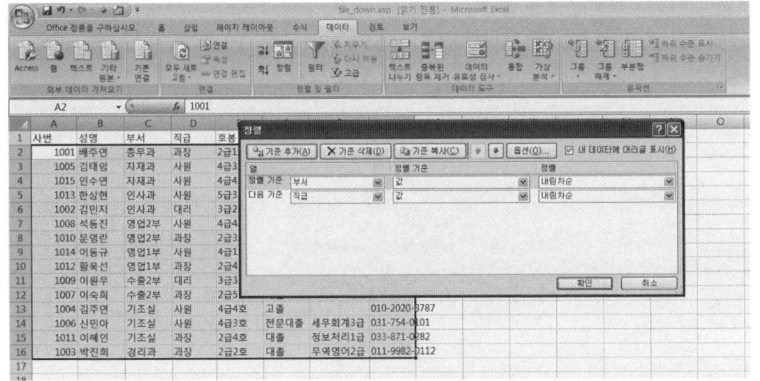

[정렬]에 들어가서 [기준 추가] 버튼을 누른다.

[기준 추가]를 누르면 새로운 정렬 기준이 추가되어 있는 것을 확인할 수 있다.

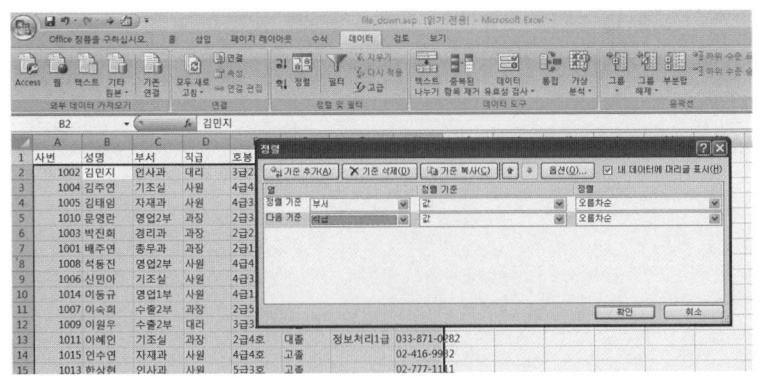

[정렬 기준]에는 부서를 [다음 기준]에는 직급 순으로 클릭한다.

제5장 사원관리대장 작성

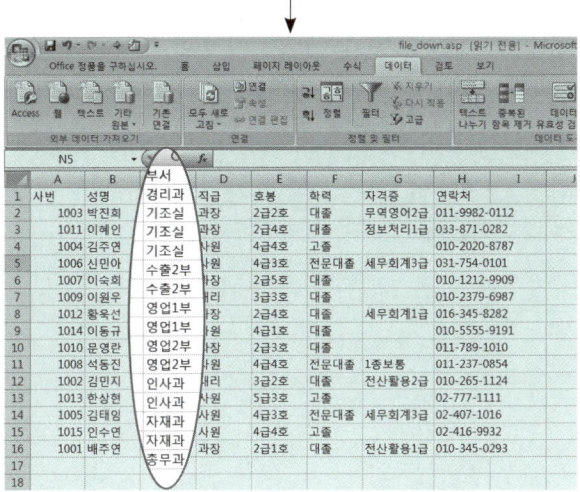

위의 화면에서 보는 바와 같이 부서와 직급순으로 정렬되어 있음을 확인할 수 있다.

내림차순으로 정렬

정렬에도 오름차순과 내림차순 정렬이 있다. 지금까지의 정렬은 오름차순으로 했다.
일반적이기 때문이다. 내림차순으로 정렬하기 위해서는 [정렬] 대화상자에서 오른쪽의 '정렬' 내림차순으로 선택하면 된다.

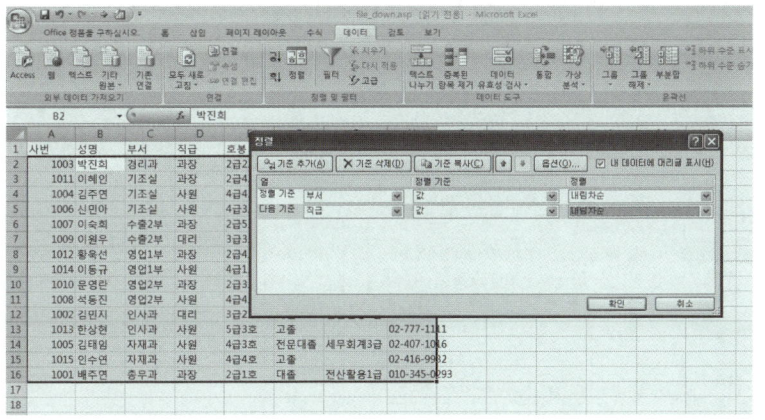

예를 들어, 부서와 직급을 '정렬 기준'과 '다음 기준'으로 선택한 후 내림차순을 선택하고 [확인] 버튼을 클릭하면 다음과 같은 결과가 나타난다.

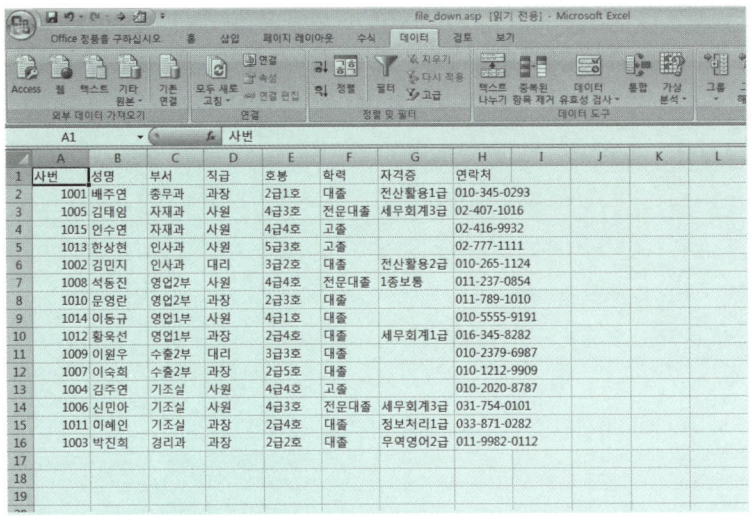

위의 화면에서 보는 바와 같이 부서와 직급이 내림차순으로 정렬되어 있음을 확인할 수 있다.

자동 필터

자동 필터란 데이터들 중에서 필요한 부분만을 추출해내는 기능을 말한다.

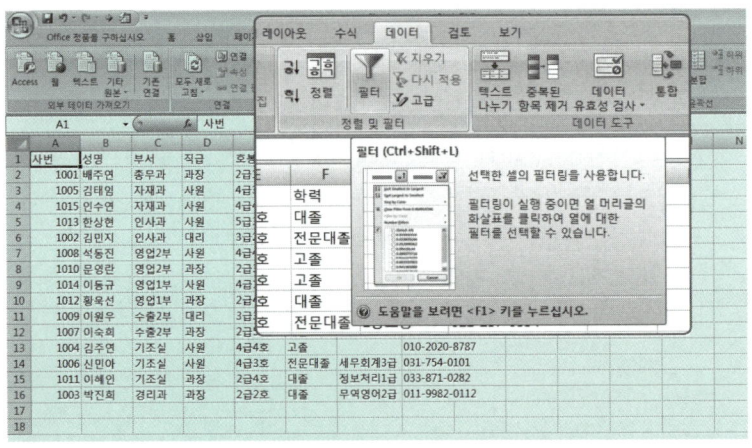

01 자동 필터를 하기 위해서 [데이터] – [필터]를 선택한다.

제5장 사원관리대장 작성

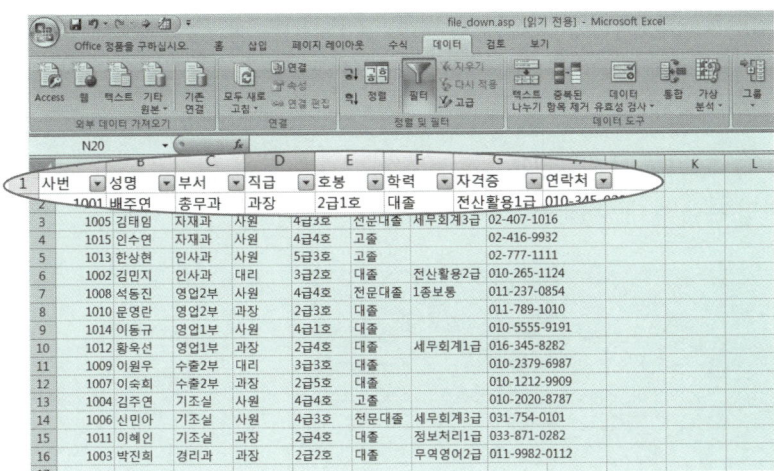

그러면 아래와 같이 각 항목에 ▼ 아이콘이 생기는 것을 확인할 수 있다.

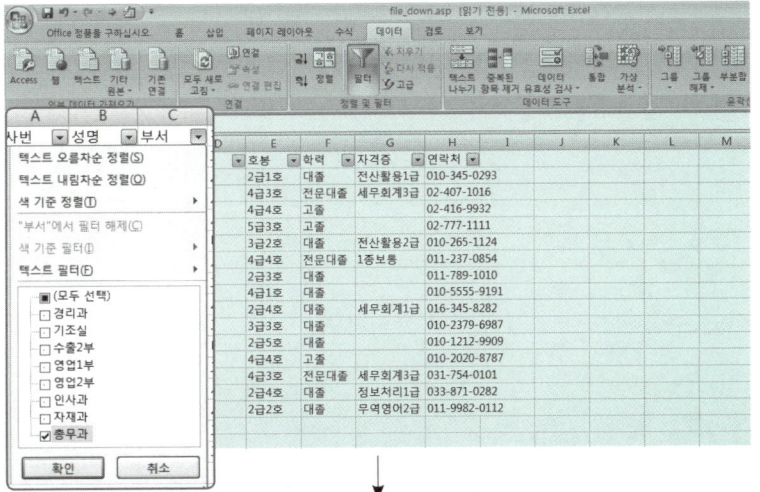

02 ▼ 아이콘을 클릭해 보면 부서항목의 여러 가지 조건들을 나타내는 대화상자가 나타날 것이다.
만약 총무과만을 추출해 보고 싶다면 '모두 선택'을 해지한 후 총무과만 표시하여 선택하면 된다. 그러면 전체 데이터 중에서 총무과 데이터만 추출되어 나타난다.

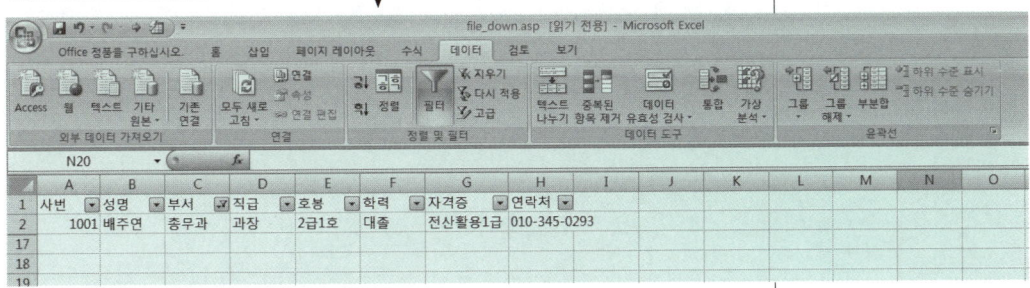

위와 같이 총무과만 추출되어 있는 것을 확인할 수 있다.

자동 필터의 해제

자동 필터를 해제하기 위해서는 필터를 실행한 항목의 ▼ 아이콘을 클릭하여 '모두 선택'을 클릭하면 본래의 데이터들이 모두 나타난다.

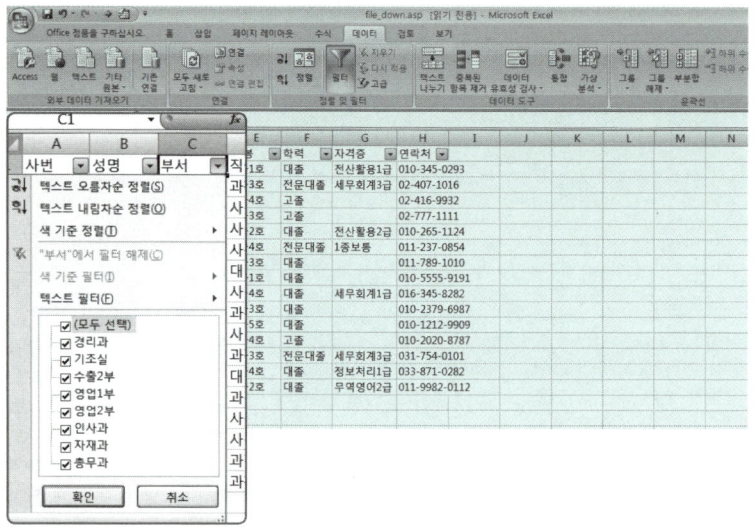

다시 호봉이 4급3호인 직원만을 추출해 보자. 호봉의 ▼를 클릭한 후 '4급3호'를 선택하면 된다.

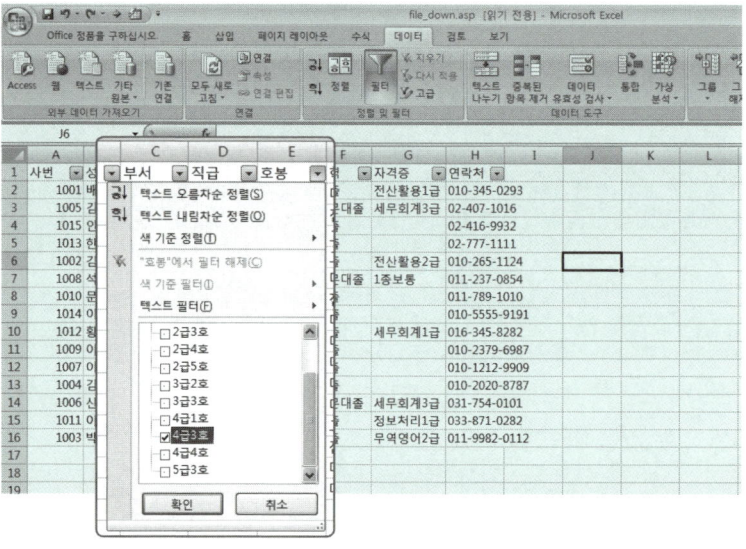

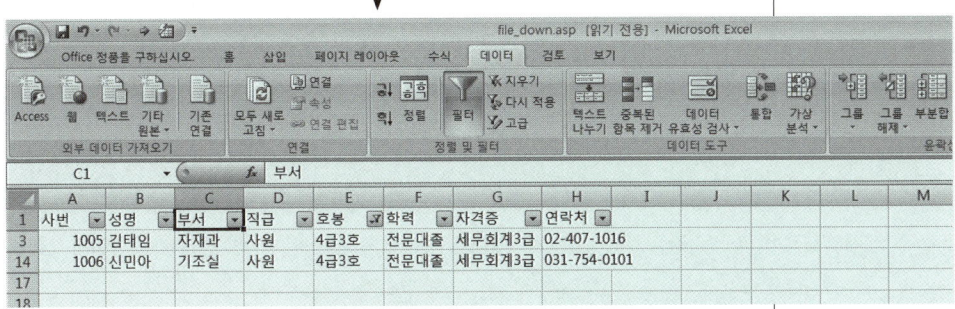

위의 화면과 같이 4급3호인 호봉만 나타난 것을 확인할 수 있다.

본래의 데이터 상태로 두기 위해서 호봉의 ▼ 아이콘에서 '(모두 선택)'
을 클릭한다.
자! 그러면 필터의 완전한 해제는 어떻게 하는 것일까.

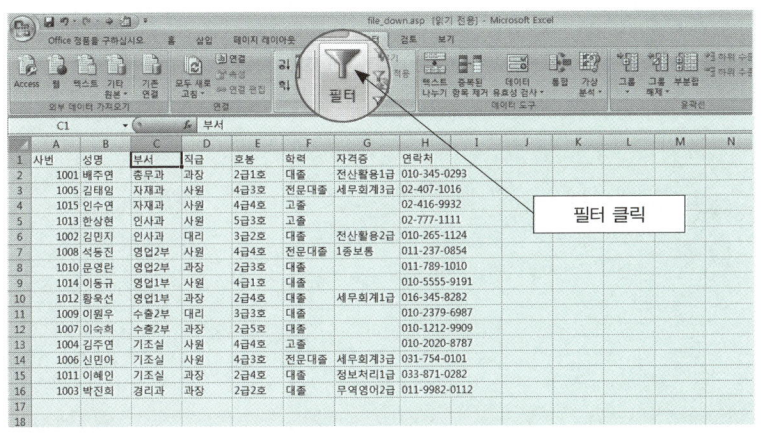

데이터의 신규입력을 위한 레코드 관리 허용

EXCEL

만약에 신입사원이 들어왔다면 사원관리대장에 그 내용을 입력해 넣어야 한다. 사원관리대장에서 신입사원을 입력하기를 원하는 행의 뒤에서 마우스 오른쪽을 클릭한 후 삽입을 입력하면 된다. 삭제할 때도 마찬가지다. 그러나 엑셀을 제대로 활용하고자 할 때는 이 방법보다는 레코드 관리창을 이용하는 것이 좋다. 레코드 관리창을 활용하는 방법은 워드에서는 불가능하고 엑셀에서만 활용 가능한 데이터베이스 관리방법인 것이다. 자! 시작해 봅시다.

기업실무 엑셀

예 제

경리과에 송미영 씨가 새롭게 입사했다. 학력은 대졸, 직급은 사원, 호봉은 3급1호, 전산세무2급 자격증을 소유하고 있다. 사번: 3001 연락처: 017-416-5467

사용순서

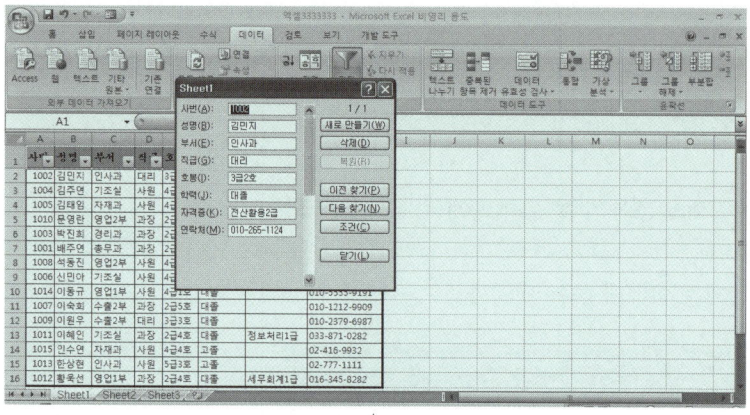

레코드를 관리하기 전에 2007 버전은 [오피스] 단추 - [엑셀] 옵션 - [사용자지정]에서 레코드관리를 추가해야 한다. 레코드 관리창을 열어 데이터를 새로 입력 후 오른쪽 상단의 [새로만들기]를 누른다.

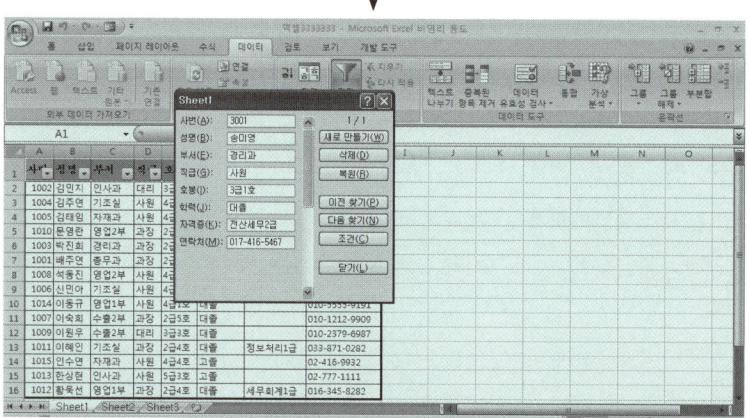

신규입력된 데이터 찾아보기

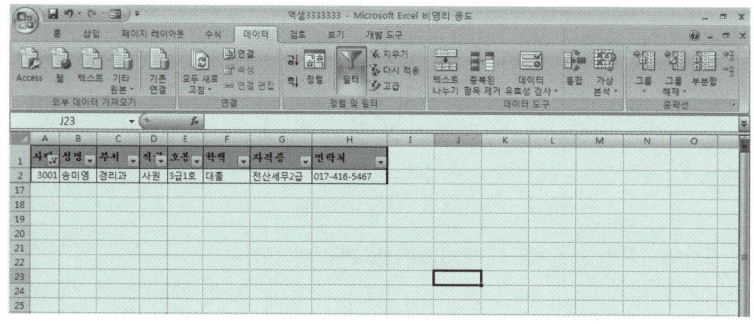

신규로 입력한 송미영 씨가 입력되었는지를 확인하기 위하여 필터에서 사번의 ▼ 아이콘을 클릭한 후, 3001번을 선택한다. 그러면 신입사원의 데이터가 추출되어 나타난다.
원상태로 회복하기 위해서는 사번에서 모두를 클릭한 후 누르면 다시 원래대로 돌아간다.

고급 필터 활용

자동 필터는 사원관리대장과 같이 현재 존재하는 형태의 범위 내에서 추출하는 것이다. 하지만 데이터 중에서 몇 가지 항목의 내용만을 필요로 할 때는 어떻게 하겠는가. 이와 같이 사용자가 원하는 항목의 조건을 설정하여 데이터를 추출하는 것을 고급 필터라 한다. 고급 필터의 조건은 시트 어느 곳에 입력해도 관계없다. 하지만 일반적으로 현재의 시트 위쪽에 조건의 내용을 기록한다.

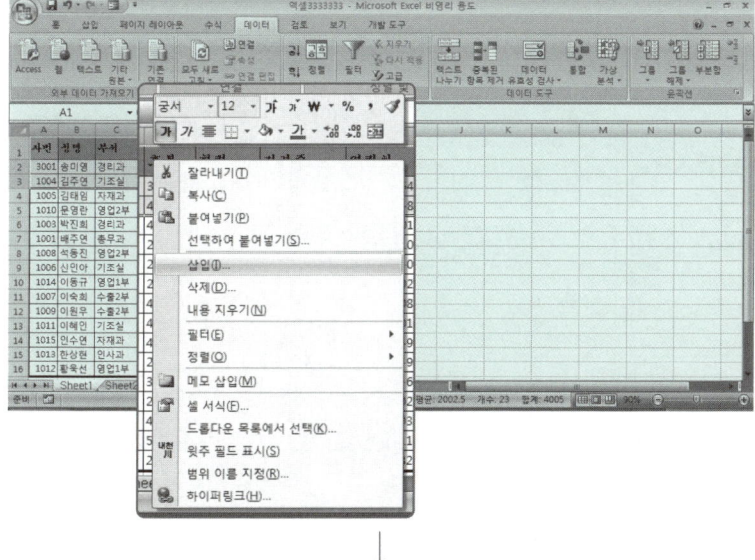

01 시트의 내용을 기록하기 위해서 시트 위쪽에 3행의 빈칸을 삽입한다. 빈칸 삽입을 위해서 1행부터 3행까지를 행 블록으로 범위를 지정하고 마우스 오른쪽을 누르면 바로가기 메뉴가 나타난다. 바로가기 메뉴에서 삽입을 클릭하면 3행의 빈 공간이 생긴다.

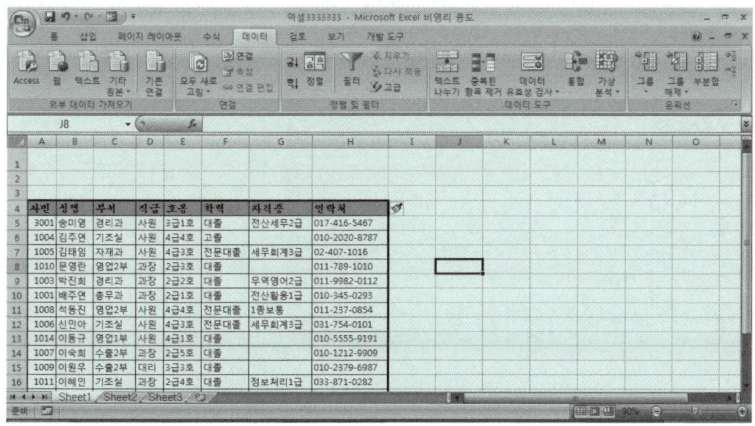

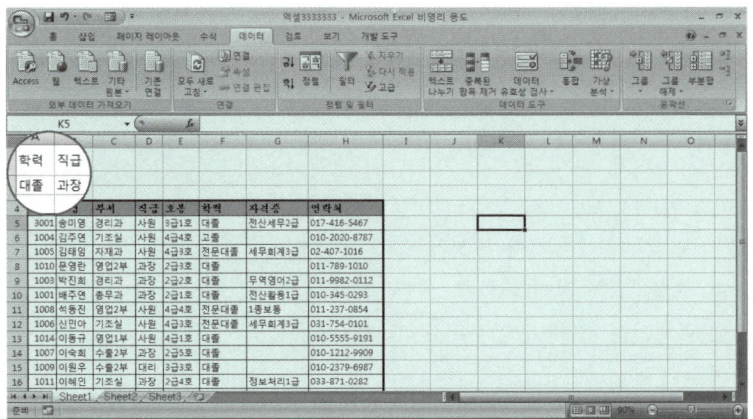

02 지금 학력이 대졸이고 직급이 과장인 사람을 찾으려 한다. 그러면 A1에 학력, A2에 대졸 B1에 직급, B2에 과장이라고 입력한다. 이때 입력할 조건내용에 띄어쓰기를 하면 절대 안 된다. 예를 들어 '학 력'이라고 띄우면 안 된다는 것이다.

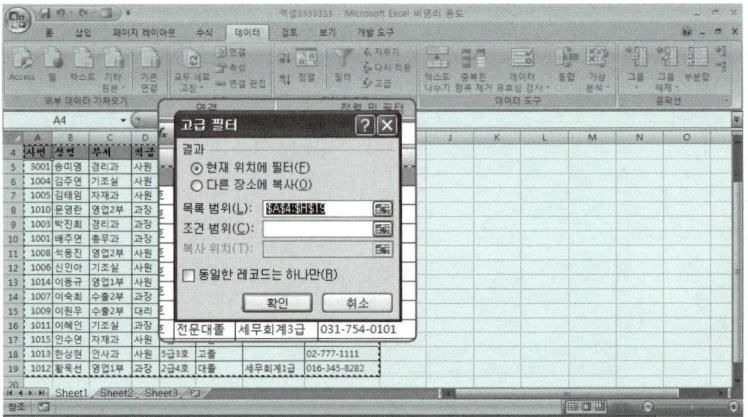

03 다음에 포인터를 A4에 두고, 메뉴에서 [데이터] – [고급] 필터를 선택한다. 그러면 자동으로 사원관리대장 범위가 잡혀진다.

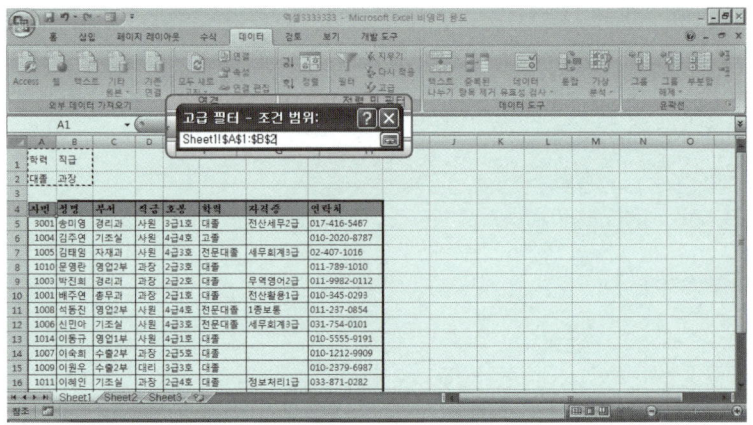

04 그 다음에는 찾을 조건의 범위를 입력할 차례다. 찾을 조건은 A1에서 B2까지다. 이 내용을 드래그하면 된다.

제5장 사원관리대장 작성

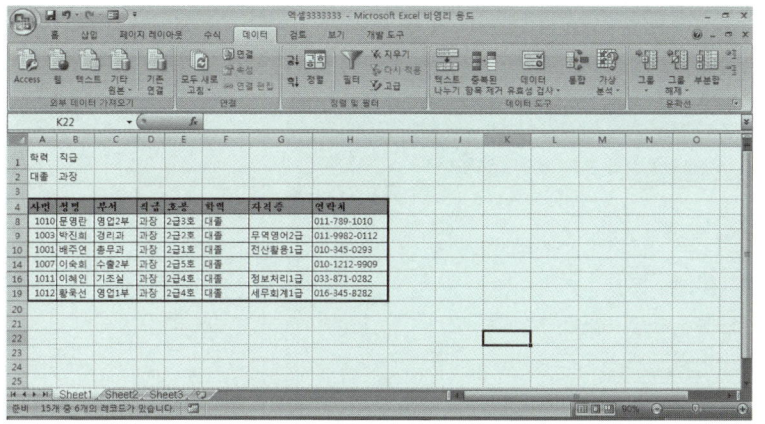

05 [고급 필터] 입력창의 내용이 모두 입력되었다. 이제 확인 버튼을 클릭한다.

고급 필터의 해제

[데이터]에 있는 [지우기]를 누르면 된다.

다양한 고급 필터의 기능

고급 필터링을 위한 조건범위는 다양하게 나타낼 수 있다. 예를 들어, 호봉이 과장급인 2급호봉 이상들만을 추출해보자. 그렇다면 조건범위에서 A1에 호봉, A2에 <3급1호라고 조건범위를 설정한다.

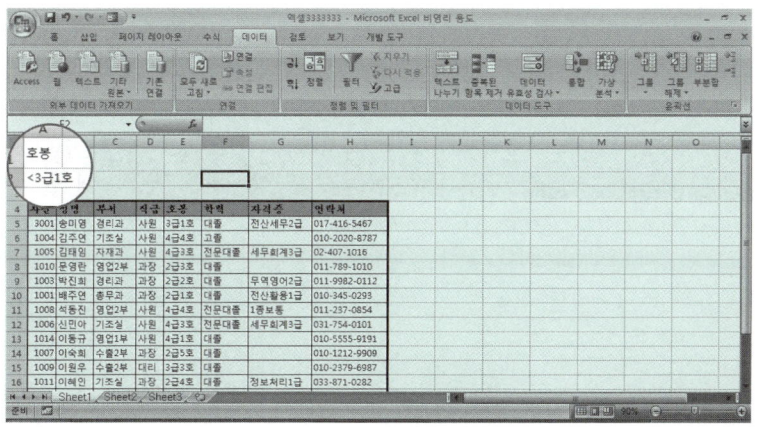

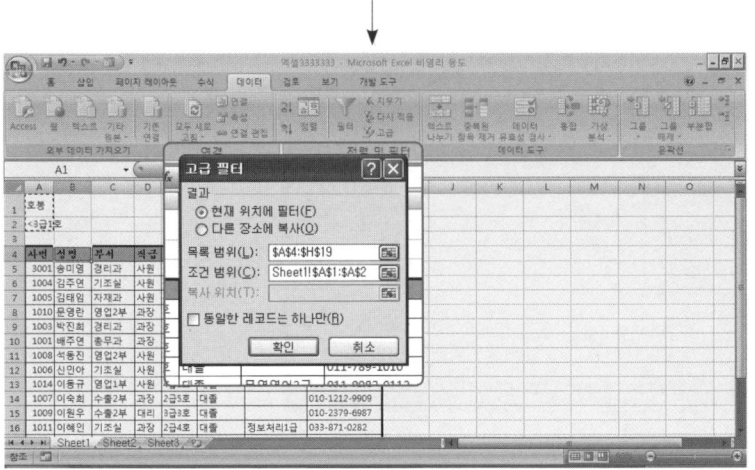

결과화면은 다음과 같다. 이와 같이 부등호 표시로도 조건범위를 설정하여 원하는 정보를 구할 수가 있는 것이다. 여러분도 다양한 조건범위를 시도해 보라.

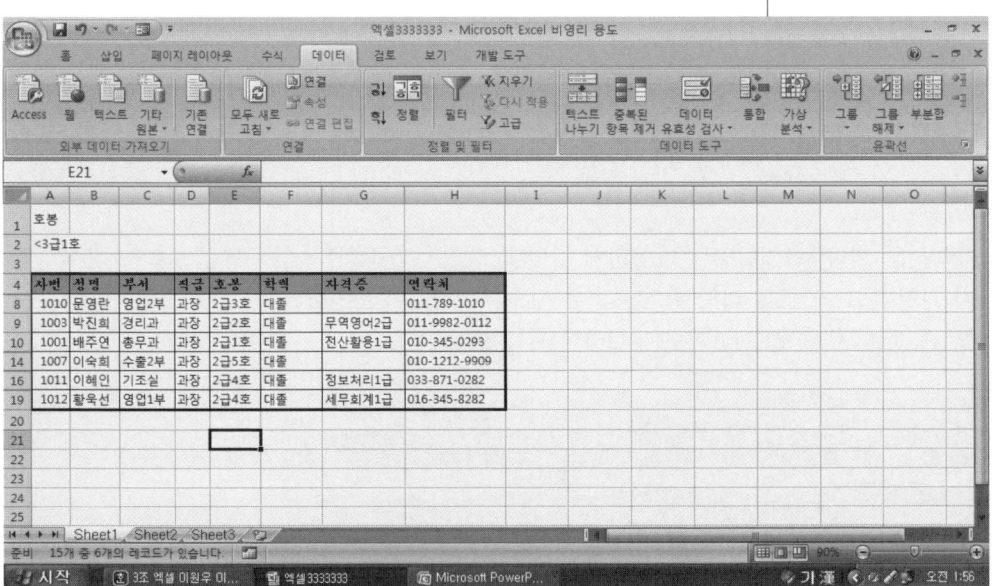

사원관리대장 꾸미기

완성된 사원관리대장은 윗분에게 보고될 수 있도록 보기 좋게 꾸며져야 할 것이다. 테두리선을 그리고, 색깔을 넣고, 제목을 붙이고, 페이지와 날짜입력, 미리보기, 인쇄 등의 여러 가지 표현기법이 포함되어야 할 것이다. 이러한 것들은 이미 앞장에서 설명되었기 때문에 여기서는 여러분에게 맡긴다. 앞 장에서의 꾸미기를 참조하여 스스로 해결해 보기를 바란다.

기업실무 엑셀 EXCEL

CHAPTER 6

부서·직급별 매출실적 현황 작성
자동 서식, 조건부 서식, 부분합, 피벗 테이블

엑셀의 데이터베이스를 활용한 정렬, 자동 필터, 고급 필터 등을 공부하였다. 지금부터는 좀더 한 차원 올려보자. 데이터베이스를 활용하여 보다 편리하면서도 사용자에게 맞는 형태를 조립하는 것이다. 그것이 자동 서식, 부분합, 피벗 테이블의 활용이다.

이제는 웬만하면 일반 기업에서는 엑셀을 이용하고 있다. 6년 전 저자가 학생들에게 처음 기초 엑셀을 가르칠 때까지만 하더라도 졸업 후 기업에서는 이 엑셀 한 가지 가지고서도 사랑 받는 직원이었다. 현재는 누구나 엑셀을 할 줄 안다. 따라서 기업사무 업무처리에 맞는 보다 고급 엑셀을 배우는 것이 기업에 진출하여 사랑받을 수 있는 직원이 되는 길일 것이다. 자 시작합시다.

회사의 부서·직급별 매출실적 현황표를 작성한다고 가정하자. 만약 주어진 데이터가 있다면 새로운 데이터를 입력하는 것보다 훨씬 수월할 것이다. 이와 같이 주어진 데이터를 원하는 형태로 조립·가공하여 만들어낼 수 있는 기능을 이 단원에서 배우는 것이다.

자동 서식

작성된 도표를 더 예쁘게 만들 수 있도록 다양한 형태, 다양한 무늬, 다양한 색상 등을 자동으로 만들어놓은 기능을 말한다. 여러분이 작성한 도표에서 자동 서식 기능을 선택하면 엑셀에서 제공하는 서식의 형태가 나타나고 그 중 원하는 형태를 선택하면 된다.

조건부서식

엑셀에서 주어진 자동 서식 형태를 선택하되 일부분을 수정하여 사용하는 것을 말한다

부분합

이미 만들어져 있는 데이터표에서 부분적으로 합산을 하여 원하는 결과를 얻을 수 있는 엑셀의 기능을 말한다. 예를 들면, 어느 회사 직원들의 판매영업 실적 데이터가 있다면 이를 활용하여 부서별·직급별 실적을 그 데이터 내에서 도표화할 수 있는 것이다.

피벗 테이블

부분합의 기능보다는 더 고급기능이다. 이미 만들어져 있는 데이터표를 다양하게 조립 가공하여 원하는 형태의 도표를 구할 수 있는 기능을 말한다.

예제

셀에 자료를 입력하고 괘선을 만드는 작업을 다시 설명하는 것은 이제 여러분에게 지루한 일이 될 것이다. 바로 예제로 들어가자. 서강전자(주)의 부서별 실적현황은 다음과 같다.

성명	부서	직급	목표매출액	매출실적액
권현석	영업1부	팀장	₩500,000	₩480,000
백현수	영업2부	사원	₩350,000	₩370,000
장영수	수출부	대리	₩400,000	₩410,000
한상원	영업2부	팀장	₩550,000	₩590,000
김영연	관리부	팀장	₩300,000	₩290,000
김은영	영업2부	대리	₩450,000	₩450,000
김현영	영업1부	사원	₩370,000	₩400,000
이은경	수출부	팀장	₩600,000	₩580,000
김순수	영업1부	사원	₩330,000	₩300,000
임재근	수출부	사원	₩280,000	₩250,000
조동원	관리부	사원	₩200,000	₩180,000
국명숙	관리부	사원	₩240,000	₩220,000
권순주	수출부	사원	₩340,000	₩450,000
김지선	영업1부	대리	₩440,000	₩425,000
박종욱	영업2부	사원	₩360,000	₩355,000

위의 부서·직급별 실적현황의 자료를 활용하여 기업에서 발생할 수 있는 다양한 업무상황을 만들어보자.

자동 서식

부서별 실적현황을 입력하고 난 뒤에는 예쁘게 서식을 만들어야 한다. 어떤 형태로 해야 보다 효율적인 보고 도표가 될 수 있을까 생각하여 작업하는 것도 한 방법이다. 하지만 번거롭다. 따라서 자동으로 엑셀에서 정해져 있는 서식을 선택할 수 있다.

사용순서

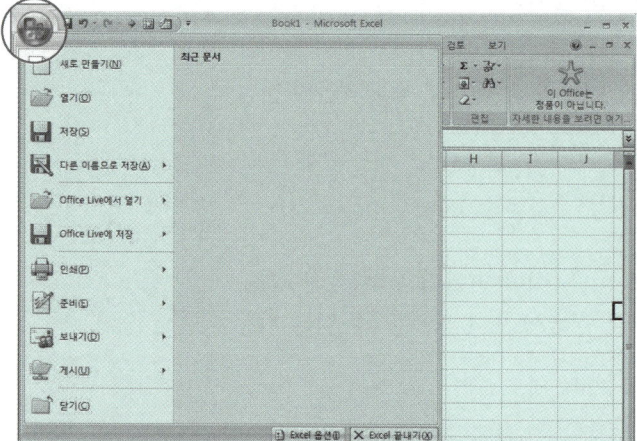

01 메뉴에서 [Excel] 옵션을 선택한다.

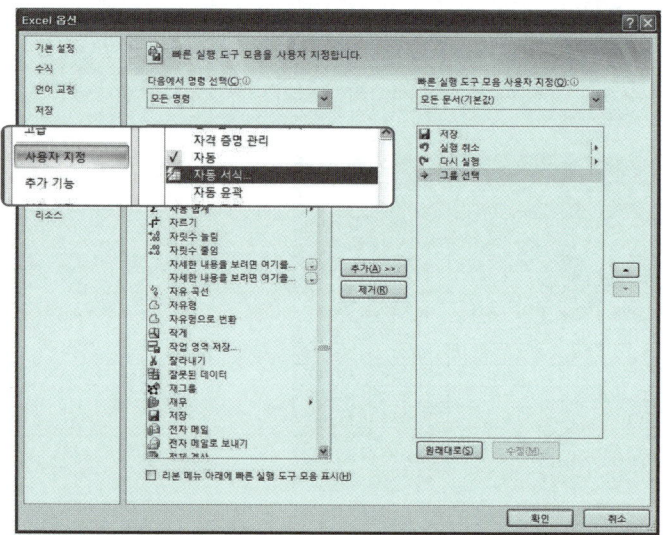

02 다음과 같은 [Excel] 옵션 대화상자가 나타난다. [사용자 지정]을 클릭하고 '자동 서식'을 찾아 추가시킨다.

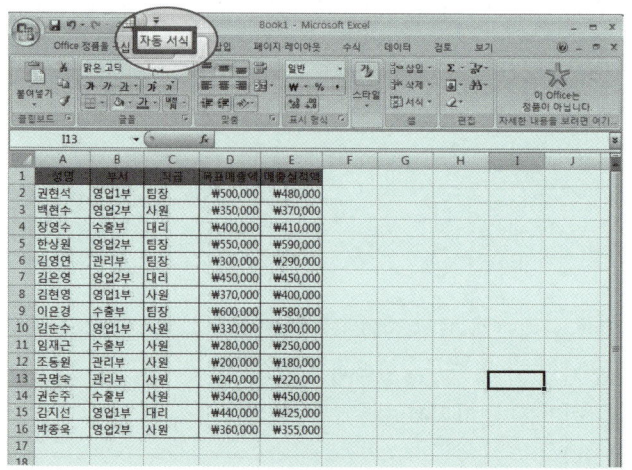

03 자동 서식을 적용할 셀 범위를 드래그한다. 그 후 메뉴 옆 [빠른 실행 도구 모음]에 추가한 [자동 서식]을 선택한다.

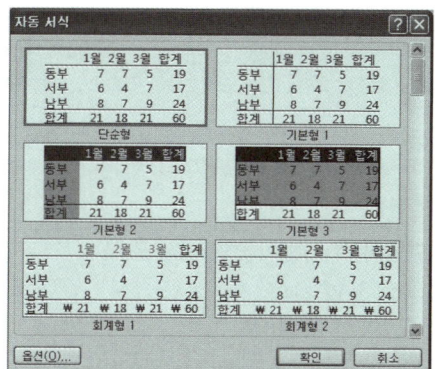

04 다음과 같은 [자동 서식] 대화상자가 나타난다.

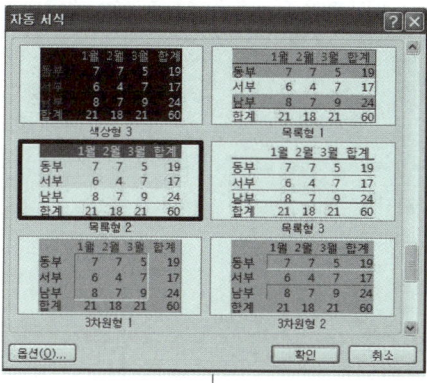

05 위의 대화상자에서 엑셀에서 제공하는 서식들 중 원하는 목록을 선택한다. 이 때 대화상자에서 [옵션] 버튼을 클릭하면 [자동 서식] 대화상자를 확장시킬 수 있다. [적용할 서식] 탭이 확장되면서 나타나는데 사용자가 원하는 형식을 수정할 수 있다.

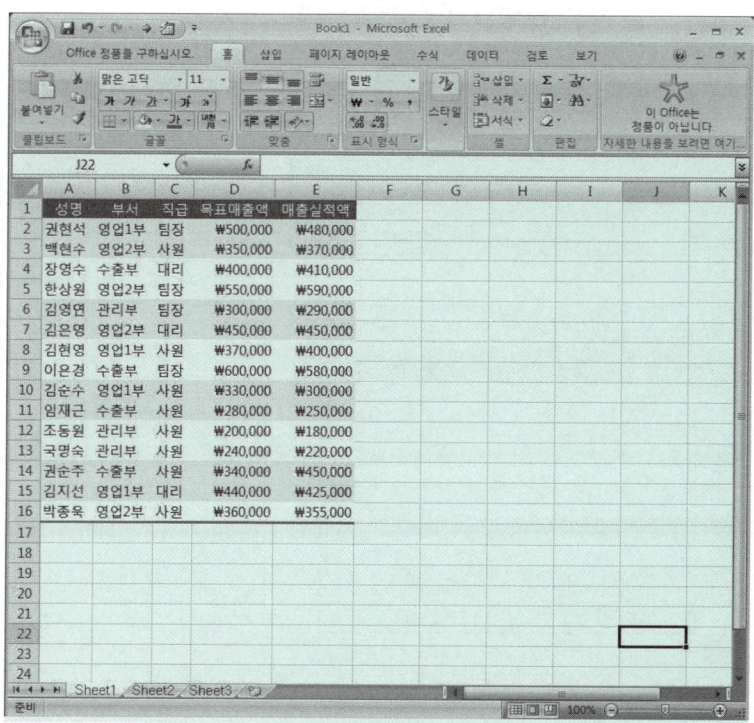

조건부서식

서식에서 어떤 조건을 부여하여 그 조건을 만족할 때에는 별도의 표시로 셀을 강조할 수 있도록 지정하는 것을 말한다.
예를 들어, 부서별 실적현황에서 매출실적액 ₩450,000 이상인 사람을 다른 색으로 표시하고자 한다면 사용순서는 다음과 같다.

사용순서

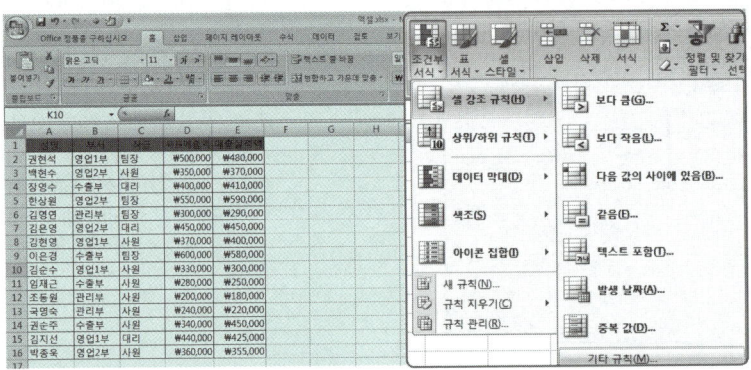

01 범위를 설정할 "매출실적액"셀 중 [E2]셀을 드래그한다. 그 후 홈에서 [조건부 서식] – [셀 강조 규칙] – [기타 규칙]을 클릭한다. 그러면 [새 서식 규칙] 대화상자가 나타난다.

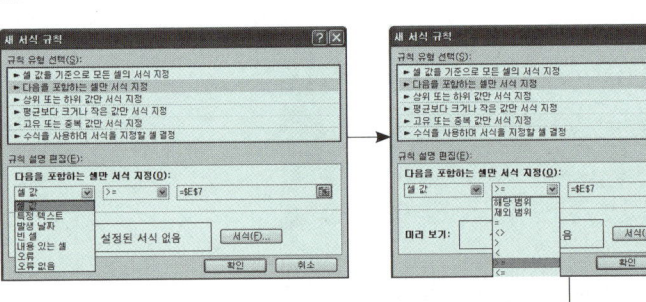

02 원하는 조건과 서식을 [규칙 설명 편집]에 지정한다. 내림단추를 이용하여 첫번째와 두 번째 칸에서는 "셀값"과 ")=" 그리고 세 번째 칸에서는 데이터 중 "450,000"셀 중 하나를 선택하면 된다.

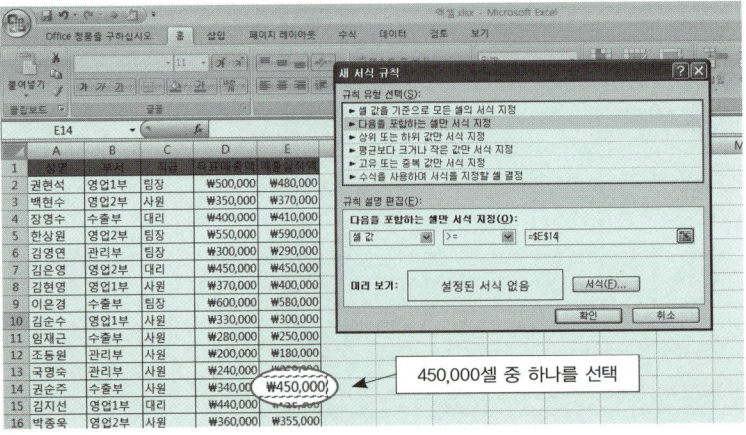

제6장 부서·직급별 매출실적현황 작성   EXCEL

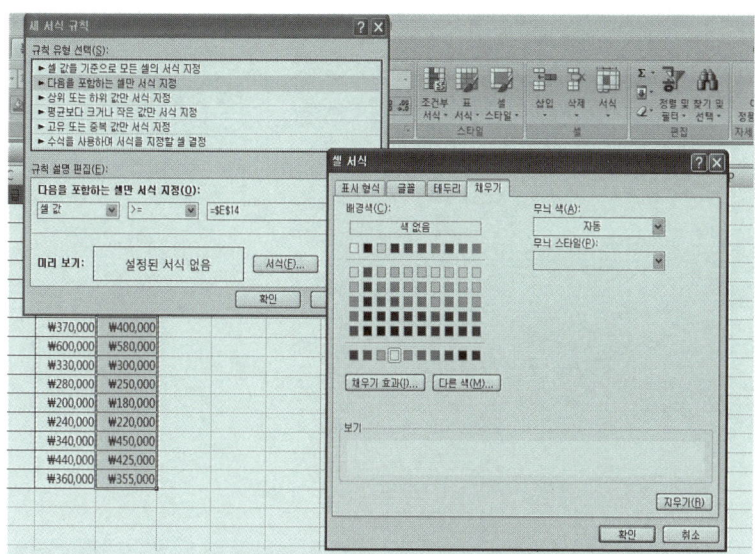

03 다음에는 [새 서식 규칙] 대화상자의 오른쪽 하단 [서식] 버튼을 클릭한다. [셀 서식] 대화상자가 나타나며 [표시 형식], [글꼴], [테두리], [채우기]에서 원하는 내용을 선택한다. 이 예에서는 [채우기] 탭을 클릭한 후, [배경색]에서 원하는 색깔을 선택하고 [확인] 버튼을 클릭한다. 그러면 [셀 서식] 대화상자는 사라지고, [새 서식 규칙] 대화상자만이 남는다. 다시 [확인] 버튼을 클릭한다.

	성명	부서	직급	목표매출액	매출실적액
1					
2	권현석	영업1부	팀장	₩500,000	₩480,000
3	백현수	영업2부	사원	₩350,000	₩370,000
4	장영수	수출부	대리	₩400,000	₩410,000
5	한상원	영업2부	팀장	₩550,000	₩590,000
6	김영연	관리부	팀장	₩300,000	₩290,000
7	김은영	영업2부	대리	₩450,000	₩450,000
8	김현영	영업1부	사원	₩370,000	₩400,000
9	이은경	수출부	팀장	₩600,000	₩580,000
10	김순수	영업1부	사원	₩330,000	₩300,000
11	임재근	수출부	사원	₩280,000	₩250,000
12	조동원	관리부	사원	₩200,000	₩180,000
13	국명숙	관리부	사원	₩240,000	₩220,000
14	권순주	수출부	사원	₩340,000	₩450,000
15	김지선	영업1부	대리	₩440,000	₩425,000
16	박종욱	영업2부	사원	₩360,000	₩355,000

04 [새 서식 규칙] 대화상자가 사라진다. 그리고 부서·직급별 실적현황만 남는다. 셀의 아무 곳에서 클릭한다. 그러면 ₩450,000 이상의 실적 사람들은 다른 색으로 나타나는 것을 볼 수 있다. 이렇게 함으로써 완성된다.

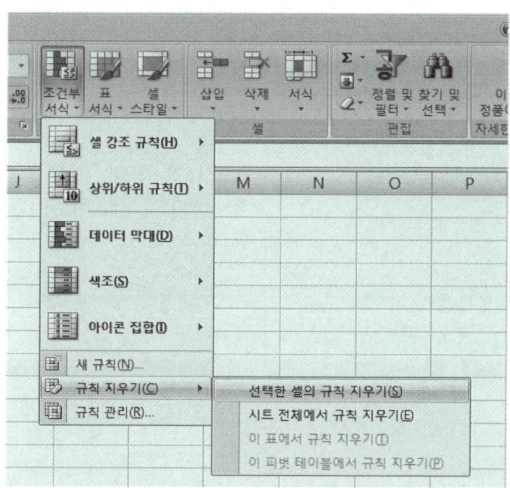
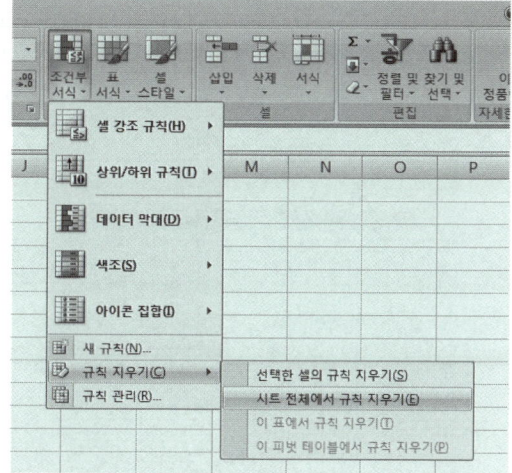

05 지정된 조건부 서식에 대한 조건값을 삭제하고자 할 경우에는 홈의 [조건부 서식] - [규칙 지우기]에서 선택해 삭제하면 된다.

91

기업실무 엑셀

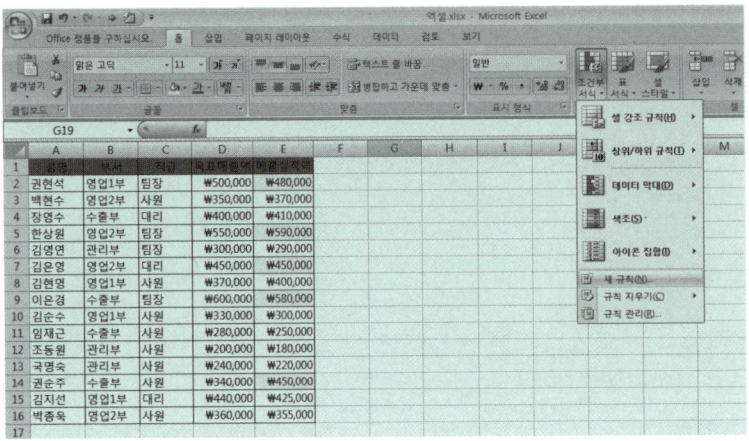

06 다시 추가할 경우에는 [조건부 서식] - [새 규칙] 버튼을 활용하면 된다.

부분합을 이용한 부서별 판매실적 나타내기

부서·직급별 실적현황표에서 전체직원에 대한 실적은 산출되어 있다. 하지만 부서별, 직급별 실적 등에 대한 합계는 없다. 이것을 해결할 수 없을까. 수작업으로 부서별, 직급별 합계를 산출하여 표에 입력한다는 것은 무의미한 일이다. 엑셀의 데이터베이스는 자료만 있으면 얼마든지 다양하게 원하는대로 조립이 가능하다. 여기에서도 부서별·직급별 합계를 산출하기 위하여 엑셀의 부분합 기능을 활용하면 된다.

사용순서

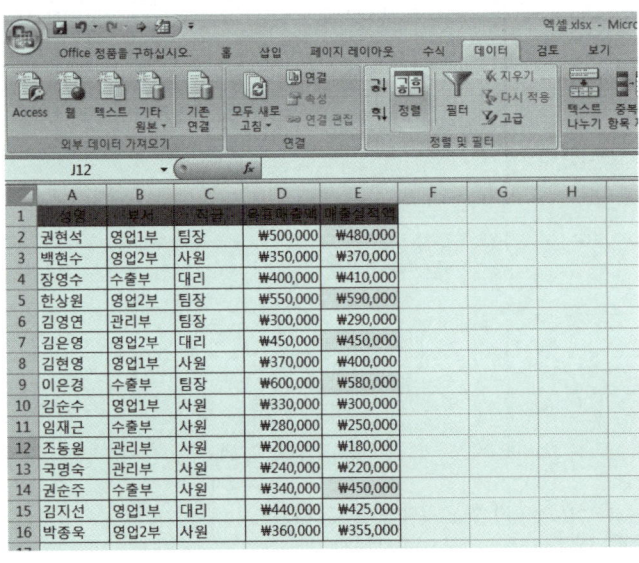

01 부분합 기능으로 부서별, 직급별 합계를 산출하기 위하여 우선 부서별, 직급별 정렬을 하여야 한다. 데이터 영역 내의 셀 하나를 클릭한 후 메뉴에서 [데이터] - [정렬]을 클릭한다.

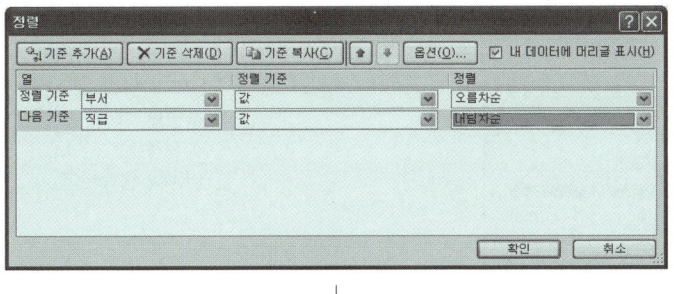

02 그러면 [정렬] 대화상자가 나타난다. 첫번째 기준을 "부서"/오름차순으로 하고 [기준 추가]를 누르고 두번째 기준에는 "직급"/내림차순을 선택한 후 [확인] 버튼을 클릭한다. 부서·직급별 실적현황표가 부서별로 정렬되어 나타난다.

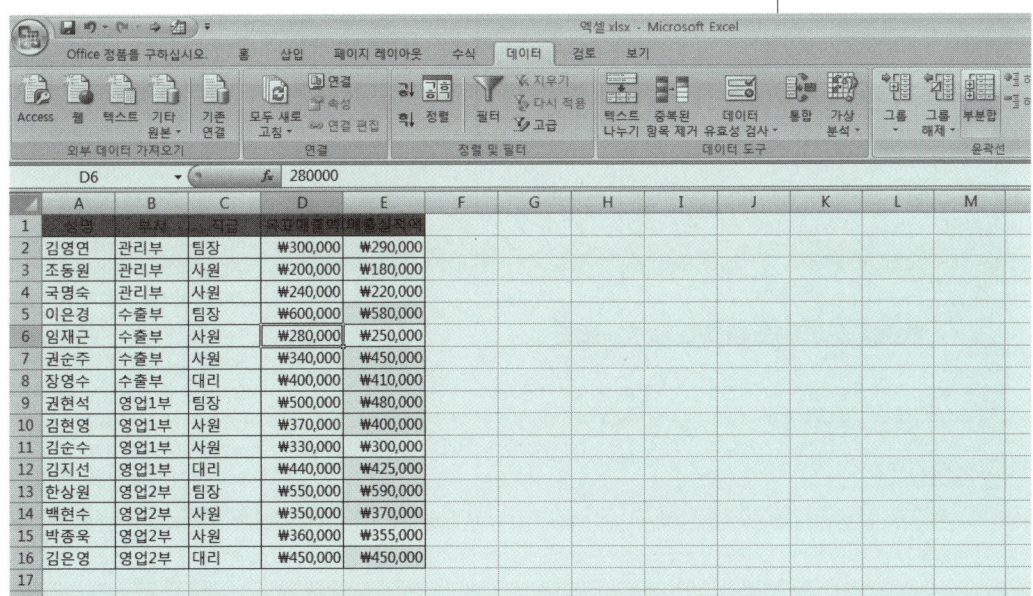

03 데이터 영역 내의 셀 하나를 클릭한 후 메뉴에서 [데이터] – [부분합]을 클릭한다.

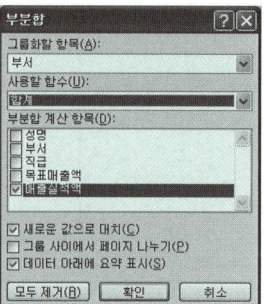

04 부분합 대화상자가 나타나면 그룹화할 항목은 "부서", 사용할 함수는 "합계", 부분합 계산 항목은 "매출실적액"을 선택하고 [확인] 버튼을 클릭한다.

		A	B	C	D	E
	1	성명	부서	직급	목표매출액	매출실적액
	2	김영연	관리부	팀장	₩300,000	₩290,000
	3	조동원	관리부	사원	₩200,000	₩180,000
	4	국명숙	관리부	사원	₩240,000	₩220,000
	5		관리부 요약			₩690,000
	6	이은경	수출부	팀장	₩600,000	₩580,000
	7	임재근	수출부	사원	₩280,000	₩250,000
	8	권순주	수출부	사원	₩340,000	₩450,000
	9	장영수	수출부	대리	₩400,000	₩410,000
	10		수출부 요약			₩1,690,000
	11	권현석	영업1부	팀장	₩500,000	₩480,000
	12	김현영	영업1부	사원	₩370,000	₩400,000
	13	김순수	영업1부	사원	₩330,000	₩300,000
	14	김지선	영업1부	대리	₩440,000	₩425,000
	15		영업1부 요약			₩1,605,000
	16	한상원	영업2부	팀장	₩550,000	₩590,000
	17	백현수	영업2부	사원	₩350,000	₩370,000
	18	박종욱	영업2부	사원	₩360,000	₩355,000
	19	김은영	영업2부	대리	₩450,000	₩450,000
	20		영업2부 요약			₩1,765,000
	21		총합계			₩5,750,000

05 다음과 같은 부분합이 나타난 화면을 볼 수 있다.

06 부분합의 표시를 직원별 실적은 나타내지 않고 부분합계만을 나타내려고 할 경우도 있다. 이 때에는 표의 왼쪽에 있는 + 또는 −를 클릭함으로써 부분합계만을 표시할 수 있다. 아래의 화면은 이 부분은 하나의 설명보다는 여러분이 직접해 보는 것이 이해하기가 훨씬 쉬울 것이다. +와 −를 클릭하는 것으로 해결될 수 있다. 저자도 수업시간에 설명을 하였으나, 학생들은 직접 경험해 보니 이해가 더 쉽다는 대답이었다.

마지막으로 부분합을 취소하는 방법은 [데이터] − [부분합] − [모두 제거] 버튼을 클릭하면 본래 상태의 부서·직급별 실적현황표를 나타낼 수 있다.

피벗 테이블에 의한 부서·직급별 실적현황표의 요약

부서·직급별 실적현황표의 항목인 성명, 부서, 직급, 목표매출액, 매출실적액의 내용 중 일부분의 항목을 일시적으로 삭제할 경우에 피벗 테이블을 적용한다. 또한 항목들의 위치를 원하는 방향으로 바꾸어서 현황표를 만들 경우에 적용된다.
엑셀에서 피벗 테이블을 기업 사무업무에 적용하는 사원이야말로 엑셀 소프트웨어를 제대로 응용할 줄 아는 유능한 사원인 것이다.

사용순서

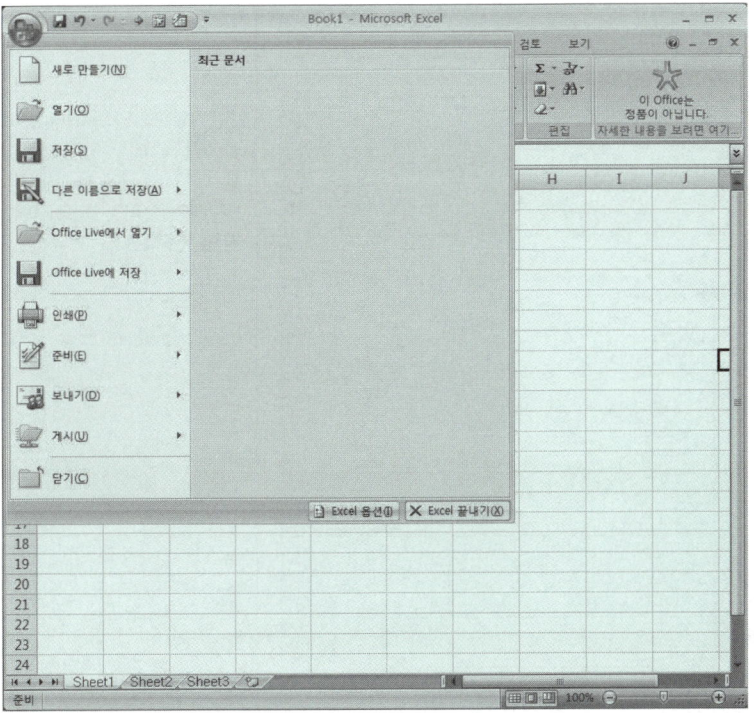

01 메뉴에서 [Excel 옵션]을 선택한다.

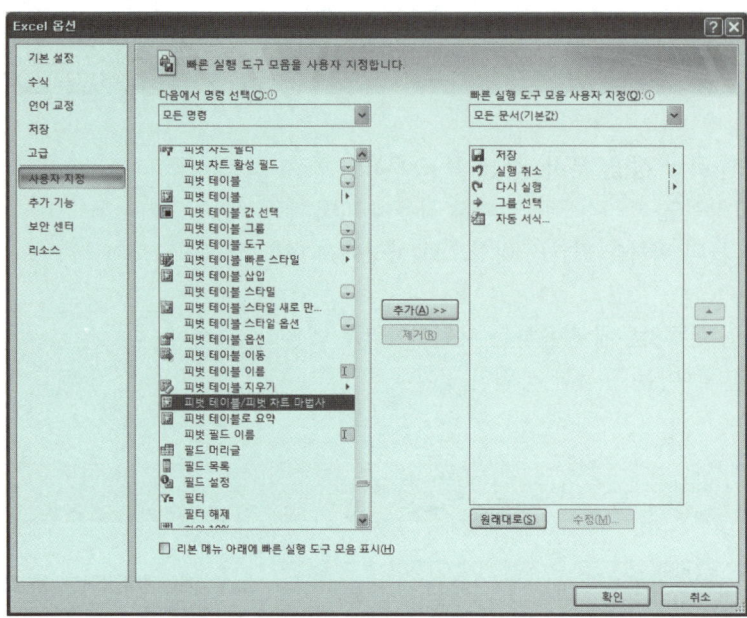

02 다음과 같은 [Excel 옵션] 대화상자가 나타난다. 사용자 지정을 클릭하고 피벗 테이블/피벗 차트 마법사를 찾아 추가시킨다.

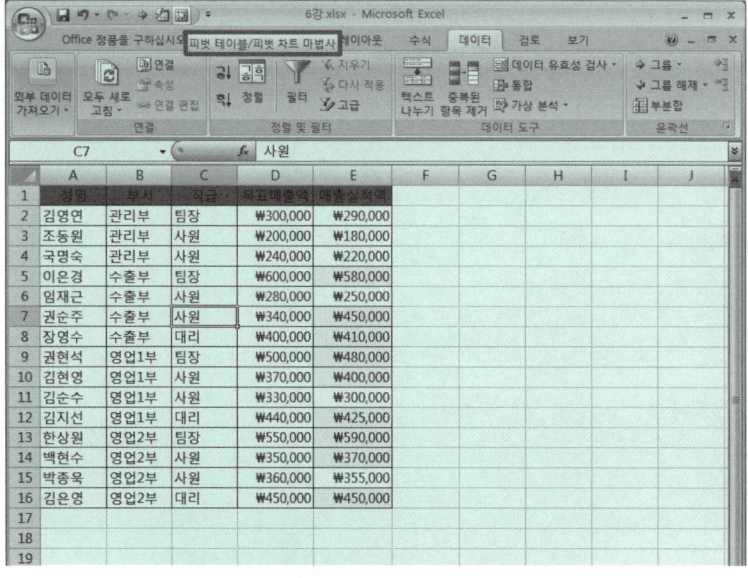

03 데이터 안의 아무 곳에 클릭한 후 메뉴 옆 [빠른 실행 도구 모음]에 추가한 [피벗 테이블/피벗 차트 마법사]을 선택한다.

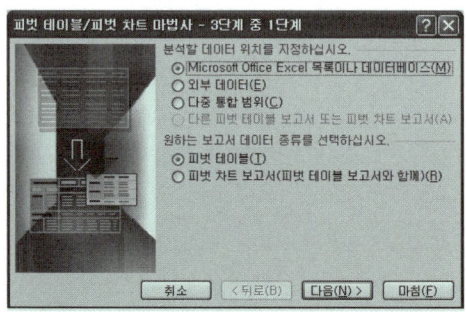

04 피벗 테이블을 만들 내용이 들어 있는 데이터를 선택한다. 여기서 선택할 수 있는 데이터의 종류에는 4가지가 있다. 일반적으로 사용하는 "Microsoft Office Excel 목록이나 데이터베이스"를 선택하고 다음을 클릭한다.

제6장 부서·직급별 매출실적현황 작성   EXCEL

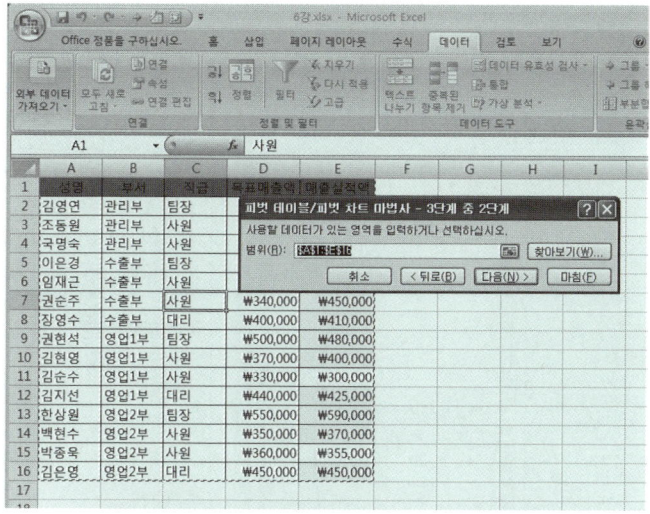

05 [피벗 테이블/피벗 차트 마법사] – [3단계 중 2단계] 대화상자가 나타난다. 여기는 사용할 데이터가 있는 영역을 입력하거나 선택하는 곳이다. 일반적으로 전체 데이터가 자동으로 선택되어 범위(R)에 나타난다.
부분적으로 데이터를 선택할 경우에서는 그 데이터 범위를 드래그하면 범위가 깜박거린다. 다음을 클릭한다.

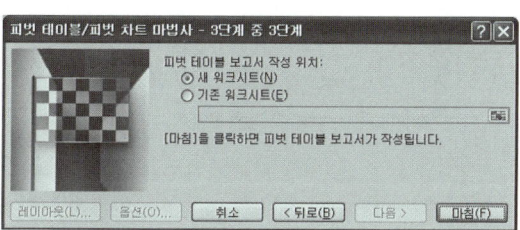

06 [피벗 테이블/피벗 차트 마법사] – [3단계 중 3단계] 대화상자가 뜬다. 작성 위치를 "기존 워크시트"로 선택하고 [마침]을 누른다. "새 워크시트"를 선택하면 새로운 워크시트에 결과가 나타난다.

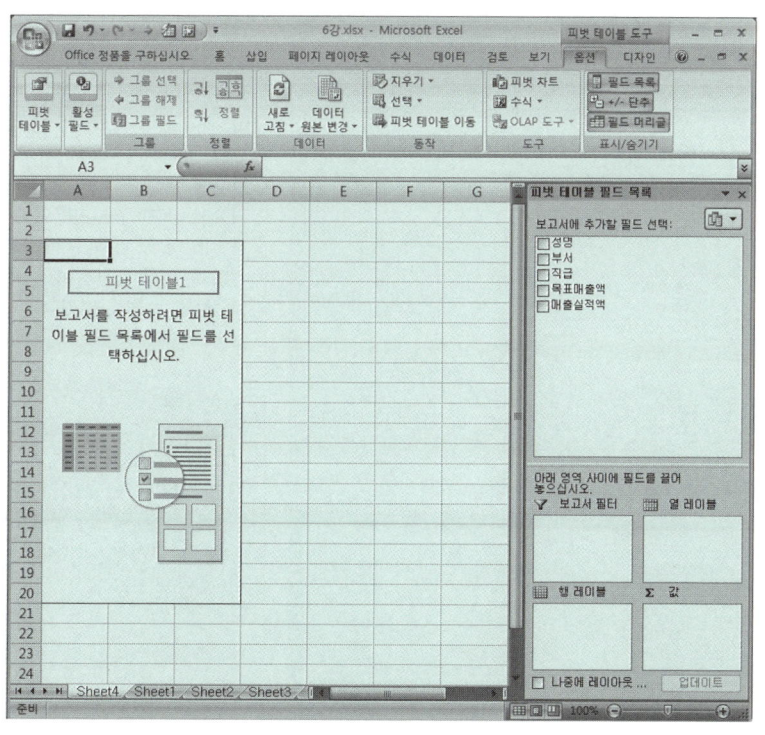

07 그러면 피벗 테이블 대화상자가 자동으로 나타난다.

97

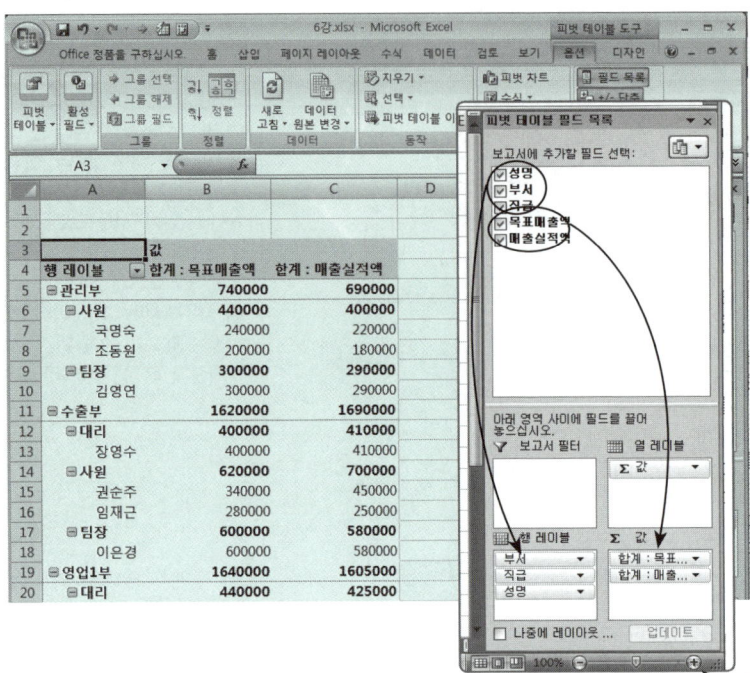

08 오른쪽에는 피벗 테이블 필드목록이 나타난다. 원하는 단추를 밑에 있는 행·열 구성영역에 끌어당기면 된다. 여기서는 부서별·직급별·사원별 목표매출액과 매출실적액을 피벗 테이블로 나타내 본다. 이를 위해서 [성명], [부서], [직급] 단추를 [행 레이블]로 끌어온다. [목표매출액]과 [매출실적액]의 단추는 [값]으로 끌어온다.

각 버튼을 마우스 왼쪽으로 클릭한 후 아래쪽의 [행 레이블]과 [값]의 원하는 곳에 끌어 놓으면 된다.

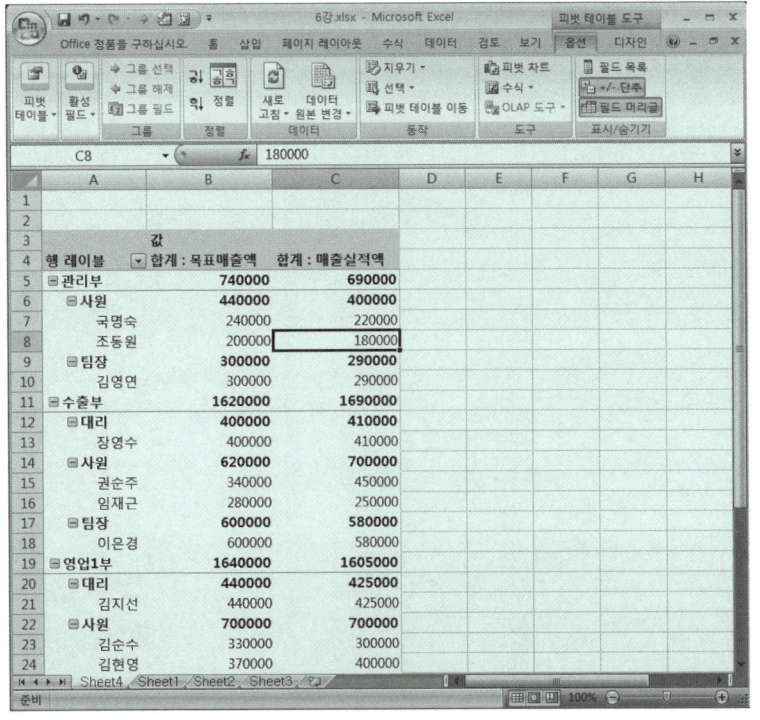

09 [피벗 테이블 필드 목록]의 [닫기] 버튼을 누르면 결과가 나타난다. 결과화면이 여러분이 원하는 방향으로 정확하게 나타나지 않았다면 수정해야 할 것이다. 위쪽에 [피벗 테이블 도구]가 나타나 있다. 이 [피벗 테이블 도구]를 활용하여 피벗 테이블을 수정해 나간다.

항목필드 단추는 피벗 테이블 마법사에서 얼마든지 위치를 바꿀 수 있다. 단추를 원하는 방향으로 바꾸면서 재배치할 수 있다.

사용자 만족을 위한 피벗 테이블

여러분은 일단 피벗 테이블이 무엇이며 어떻게 만들어내는가를 확인했을 것이다. 하지만 이렇게 만들어진 피벗 테이블을 윗사람에게 보고하기에는 무엇인가 양식이 어울리지 않을 것이다. 그리고 객체(개체)들의 위치를 옮길 필요도 있다.

"달성률" 구하기

피벗 테이블을 가만히 보라. 무엇인가 빠져 있을 것이다. 기업 실무에서는 "달성률"을 매우 중요시한다. 하지만 이것이 빠져 있다. 달성률을 표시하기 위해서는 다시 처음의 "매출실적현황표" 데이터를 선택하여 매출실적액 셀의 옆에 "달성률"을 추가한다.

달성률의 산출하기 위한 산식은 F2 셀에 "=E2/D2"를 입력하고 엔터함으로써 하나의 답을 구한 후, 밑으로 드래그하여 모든 달성률을 산출한다는 것은 이미 습득하고 있을 것이다. 소수자릿수 조정은 도구 중 [자릿수 늘림], [자릿수 줄임] 기능을 클릭하면 되고 [백분율 스타일]을 누르면 %로 나타낼 수 있다.

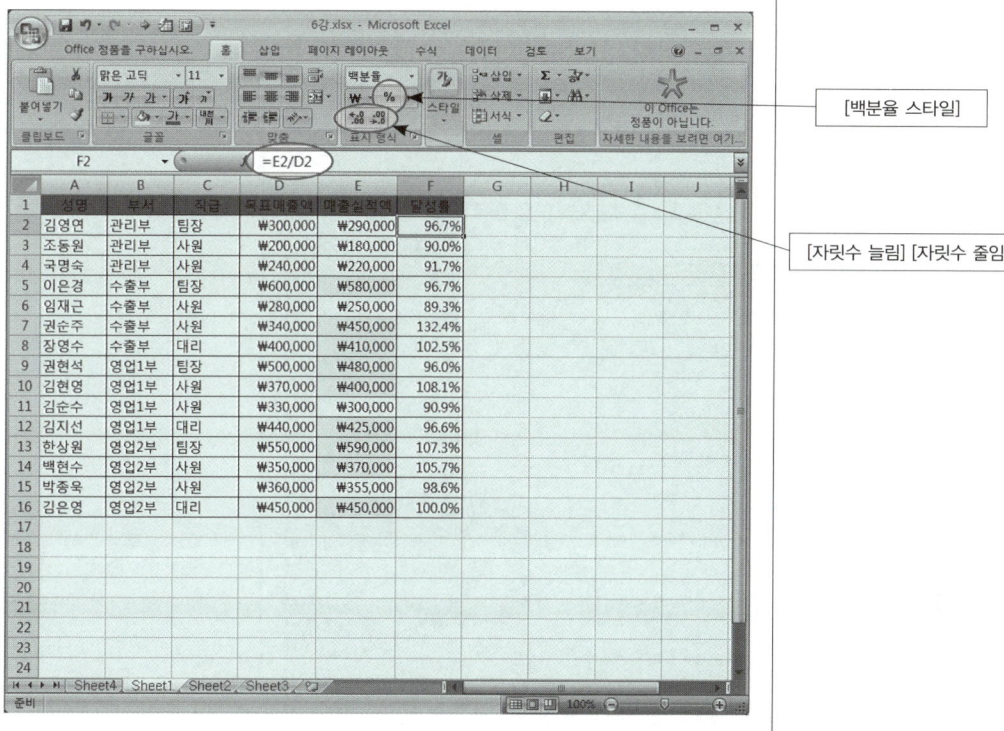

"객체(개체)" 위치 바꾸기

달성률을 산출한 후에는 다시 피벗 테이블 작업과정을 거쳐 피벗 테이블을 완성한다. 객체들의 위치를 바꾸기 위해서는 피벗 테이블 아무데나 선택하여 [피벗 테이블 도구] 대화상자를 띄우고 필드목록을 클릭한다. 필드목록에서 해당 객체를 클릭하여 원하는 위치에 옮겨 놓으면 된다. 예를 들어, "성명"객체를 클릭하여 "직급"객체 위로 드래그하면 "성명" 객체가 "직급" 객체 위로 옮겨지는 것이다.

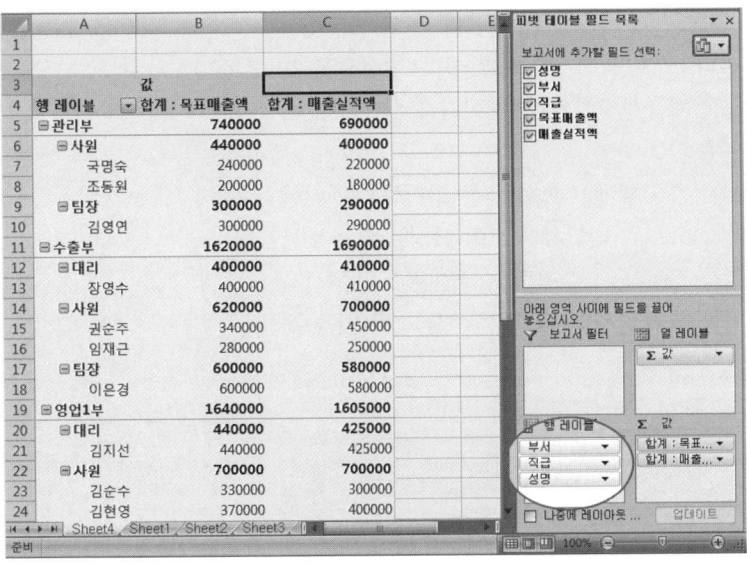

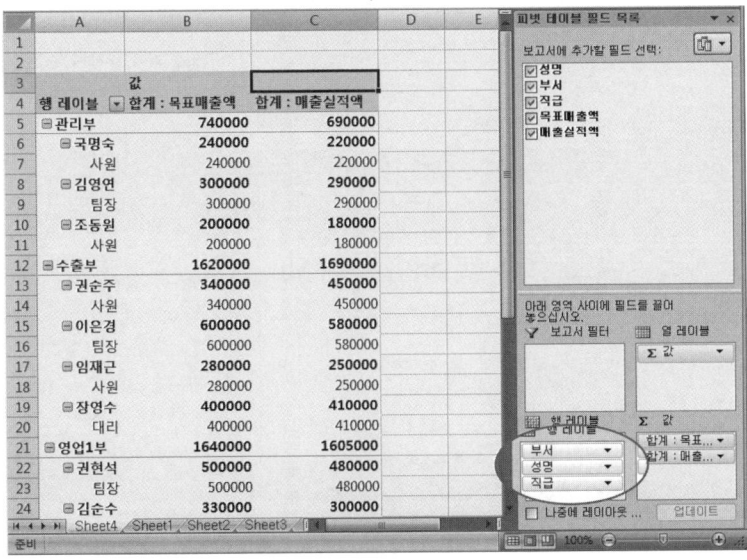

제6장 부서·직급별 매출실적현황 작성

피벗 테이블 꾸미기

완성된 피벗 테이블은 기업의 윗사람에게 결제받기 위하여 이쁘게 꾸며야 한다. 메뉴 옆 [빠른 실행 도구 모음]에 추가한 [자동 서식]을 클릭한 후 원하는 서식을 선택하면 1차적으로 보기 좋은 피벗 테이블 형식이 나타난다.

다음으로 수정하기를 원하는 셀에서 마우스 오른쪽 버튼을 클릭하여 메뉴바가 나타나면 해당 메뉴를 선택하여 수정한다. 예를 들어, "수출부"셀을 마우스 오른쪽 버튼을 클릭하여 [셀 서식]을 선택하면 무늬색을 바꿀 수도 있는 것이다.

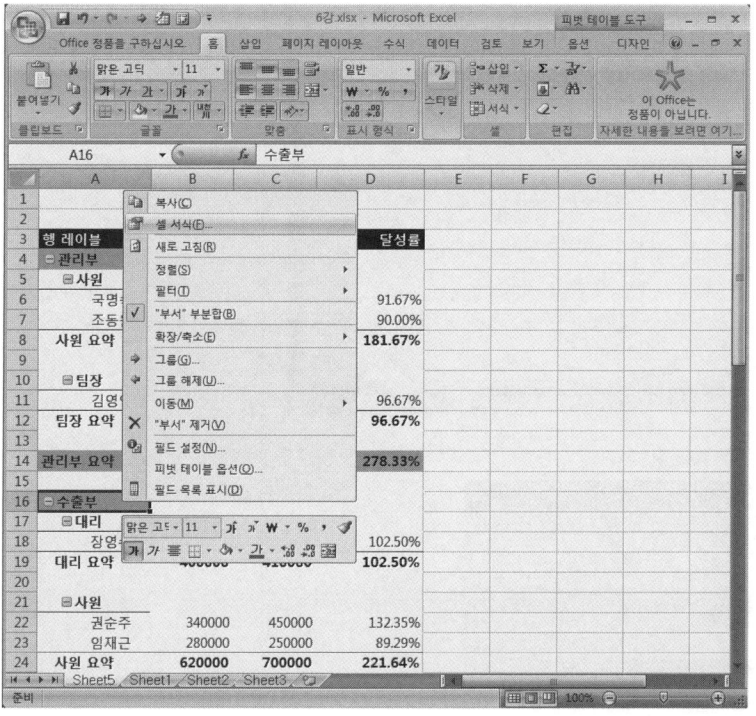

아래의 그림에서 보는 바와 같이 또 하나의 예를 들면, 달성률이 매출실적액/목표매출액인데 셀 값이 잘못 나왔을 경우에는 달성률의 해당 셀을 클릭한 후, 마우스 오른쪽 버튼을 클릭하고 메뉴에서 [값 필드 설정]을 선택하면 [값 필드 설정] 대화상자가 나타난다.

[사용할 함수]에서 평균을 선택하고 확인 버튼을 클릭하면 달성률의 값이 변화되어 나타난다.

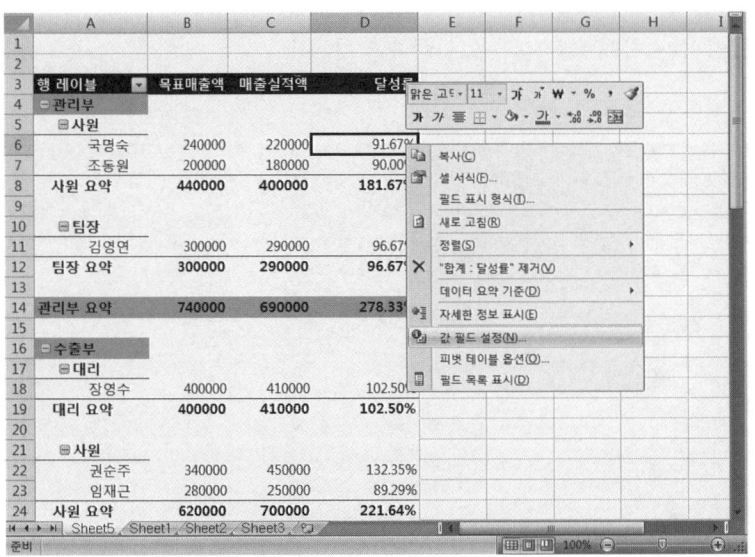

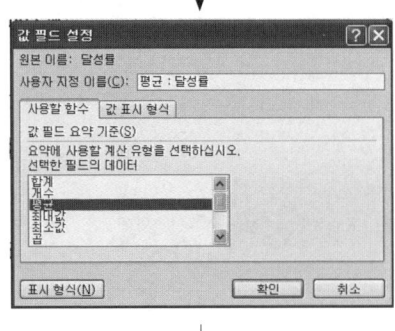

제6장 부서·직급별 매출실적현황 작성

	A	B	C	D	E
3	행 레이블	목표매출액	매출실적액	평균 : 달성률	
4	⊟관리부				
5	⊟사원				
6	국명숙	240000	220000	91.67%	
7	조동원	200000	180000	90.00%	
8	사원 요약	440000	400000	90.83%	
9					
10	⊟팀장				
11	김영연	300000	290000	96.67%	
12	팀장 요약	300000	290000	96.67%	
13					
14	관리부 요약	740000	690000	92.78%	
15					
16	⊟수출부				
17	⊟대리				
18	장영수	400000	410000	102.50%	
19	대리 요약	400000	410000	102.50%	
20					
21	⊟사원				
22	권순주	340000	450000	132.35%	
23	임재근	280000	250000	89.29%	
24	사원 요약	620000	700000	110.82%	

그 밖의 여러 가지 변화를 줄 수 있는 것이 피벗 테이블이다. 피벗 테이블 셀을 선택하고 마우스 오른쪽 버튼을 클릭하면 나타나는 메뉴들을 분석하여 다양하게 습득하여야 할 것이다.

[값 필드 설정]에서 함수를 평균으로 하여 달성률 값을 변화한 것은 일부분에 불과하다. 스스로 피벗 테이블을 다양한 방법을 선택해 변화해 보는 것이 가장 올바른 습득방법이다.

메뉴 옆 [빠른 실행 도구 모음]에 추가한 [자동 서식]을 선택하면 다양한 형식의 피벗 테이블을 나타나게 할 수 있다.

앞에서 만든 형식 외에 [자동 서식]에서 다른 형식 하나를 선택한 후, 색을 넣거나 글씨체를 바꿔 부분적으로 셀을 수정하면 다음과 같은 또 다른 형식이 나타난다.

	A	B	C	D	E	F	G	H	I	J	K	L
3			열 레이블									
4			관리부			수출부			영업1부			영업2부
5	행 레이블	성명	목표매출액	매출실적액	평균 : 달성률	목표매출액	매출실적액	평균 : 달성률	목표매출액	매출실적액	평균 : 달성률	목표매출
6	⊟대리	김은영										450
7		김지선							440000	425000	96.59%	
8		장영수				400000	410000	102.50%				
9	대리 요약					400000	410000	102.50%	440000	425000	96.59%	4500
10												
11	⊟사원	국명숙	240000	220000	91.67%							
12		권순주				340000	450000	132.35%				
13		김순수							330000	300000	90.91%	
14		김현영							370000	400000	108.11%	
15		박종욱										360
16		백현수										350
17		임재근				280000	250000	89.29%				
18		조동원	200000	180000	90.00%							
19	사원 요약		440000	400000	90.83%	620000	700000	110.82%	700000	700000	99.51%	7100
20												
21	⊟팀장	권현석							500000	480000	96.00%	
22		김영연	300000	290000	96.67%							
23		이은경				600000	580000	96.67%				
24		한상원										550

기업실무 엑셀   EXCEL

CHAPTER 7

품목별 판매현황 작성
차트 활용

차트를 활용한 품목별 판매현황표

여러분이 직장에 입사를 하면 가장 많이 닥치는 것이 각종 회의다. 이러한 회의에서 여러분의 의견을 보다 시각적으로 설득력을 갖추게 하는 것이 차트 기능인 것이다. 이 단원에서는 한 전자회사에서 생산하는 제품의 분기별 판매현황을 예제로 하여 설명한다.

예 제

다음과 같은 품목별 판매현황 데이터를 활용하여 엑셀로 도표와 차트를 작성하시오.

품목별 판매현황(2007)

품목	1/4분기	2/4분기	3/4분기	4/4분기	합계
TV	200	250	240	300	990
냉장고	250	270	300	280	1,100
오디오	150	200	220	260	830
세탁기	200	240	270	300	1,010
청소기	180	200	190	250	820
컴퓨터	350	400	430	470	1,650
비디오	170	200	300	350	1,020
합계	1,500	1,760	1,950	2,210	7,420

사용순서

"품목별 판매현황(2007)" 데이터를 각 셀에 입력하고 보기 좋은 도표로 꾸민다.

보기 좋게 꾸미는 작업은 앞 장에서 많이 연습하였다. 잘 기억이 나지 않으면 앞 장을 참고하기 바란다. 여기서는 간단하게 요약만 해보고 차트기능에 집중할 것이다. 여러분은 되도록 도표를 보기 좋게 꾸며 놓아야 한다. 이 도표는 차트와 함께 표현되기 때문이다.

자! 그러면 어떤 방법으로 도표를 보기 좋게 꾸밀까?

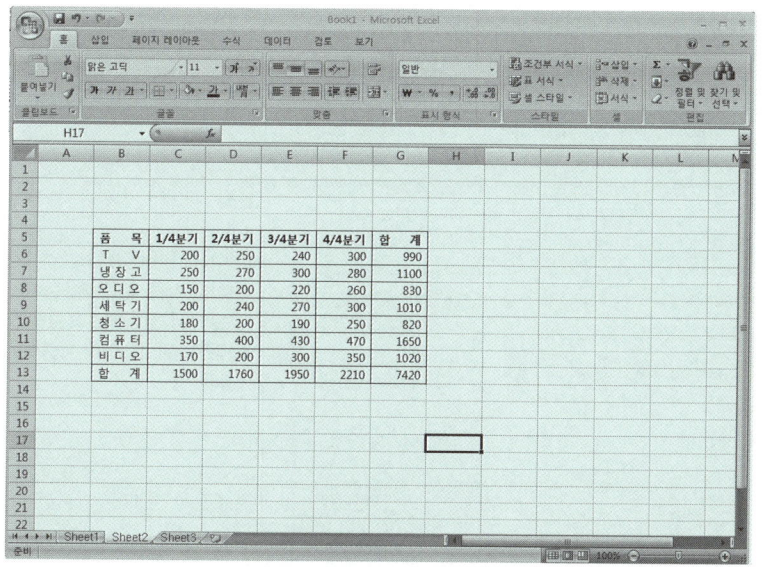

01 우선 데이터들에 대한 합계를 위하여 SUM 함수기능을 활용한다. 또한 마우스 오른쪽 버튼을 클릭하여 서식기능 중의 테두리와 맞춤기능을 활용하여 데이터들을 보기 좋은 표로 만든다.

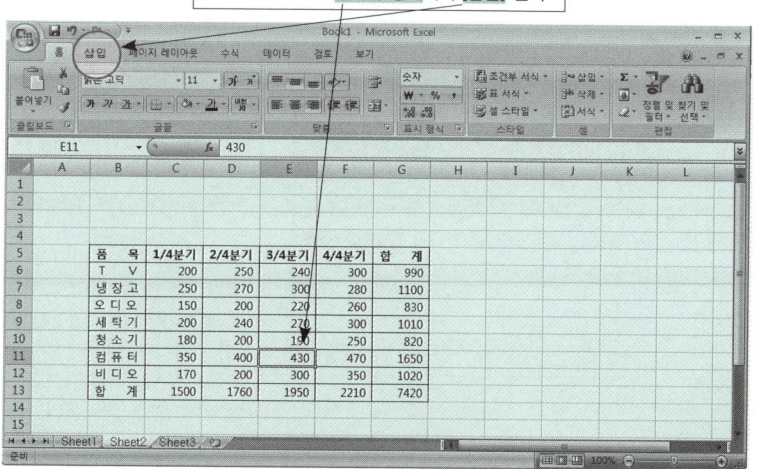

02 차트를 만들기 위하여 [도구모음] 상단의 삽입을 클릭한다.
이때 반드시 도표 안의 아무 셀이나 클릭되어 있어야 한다. 선택을 해야 된다는 뜻이다. 데이터가 없는 도표 밖을 선택한들 무슨 소용이 있겠는가.

기업실무 엑셀

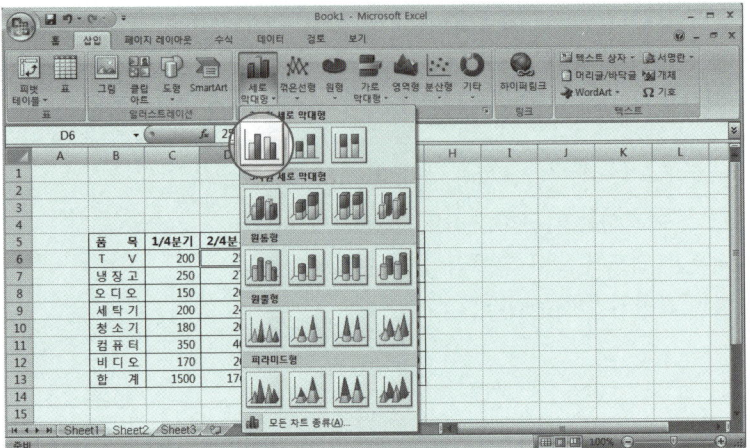

03 차트 종류를 선택한다. [세로 막대형]을 선택하고, [2차원 세로 막대형]의 첫 번째 형태를 선택한다.(예제를 위해서 선택했을 뿐, 여러분은 다른 것을 선택해도 좋다)

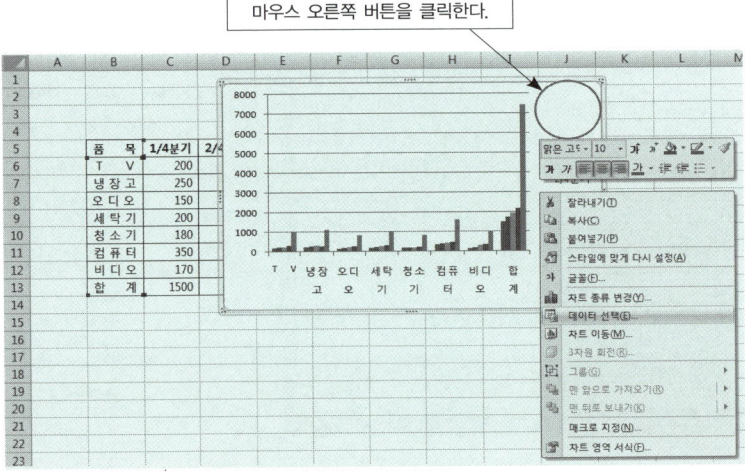

마우스 오른쪽 버튼을 클릭한다.

04 데이터 범위를 설정한다.
데이터 범위(D)를 설정하기 위하여 새로 생긴 차트의 빈 부분에서 마우스 오른쪽을 클릭한 뒤 [데이터 선택]을 선택한다.

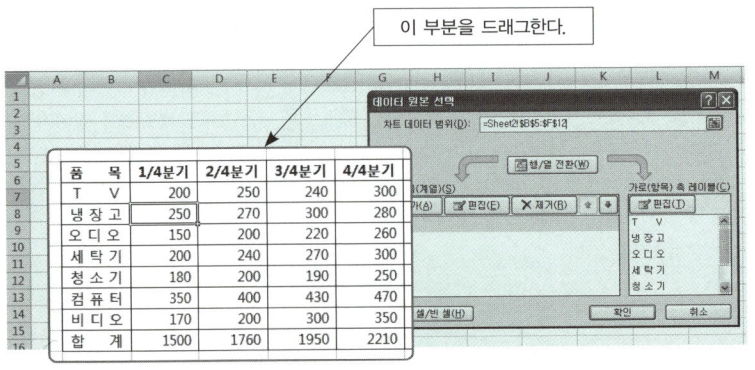

이 부분을 드래그한다.

05 데이터 범위(D) 입력창에 차트화하고자 하는 데이터의 범위를 도표에서 마우스 왼쪽 버튼을 클릭한 상태에 드래그하면 범위가 반짝거린다. B5부터 F12까지를 드래그하면 [차트 데이터 범위] 입력창에 데이터 범위가 자동으로 입력된다. 드래그한 뒤 확인을 클릭한다.

제7장 품목별 판매현황 작성

06 차트의 행/열을 전환하기 위하여 [차트 도구] – [디자인] – [행/열 전환]을 클릭한다.

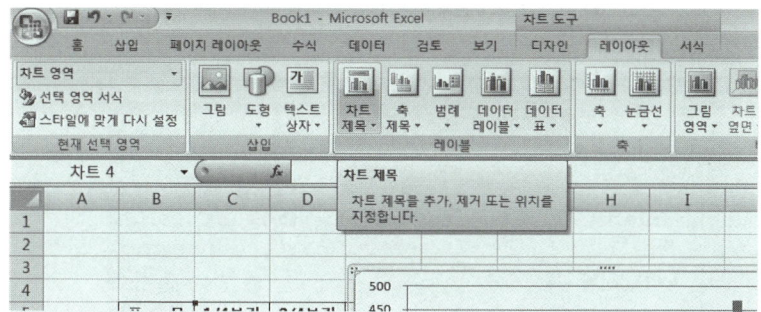

07 차트의 제목을 삽입하기 위하여 [차트 도구] – [레이아웃] – [차트 제목]을 클릭한다.
차트의 제목 중 원하는 형태를 클릭한다. [차트 제목]란에 "품목별 판매 현황(2007)"을 입력한다.(예제를 위해서 선택한 제목이므로 다른 것을 쓸 수도 있다)

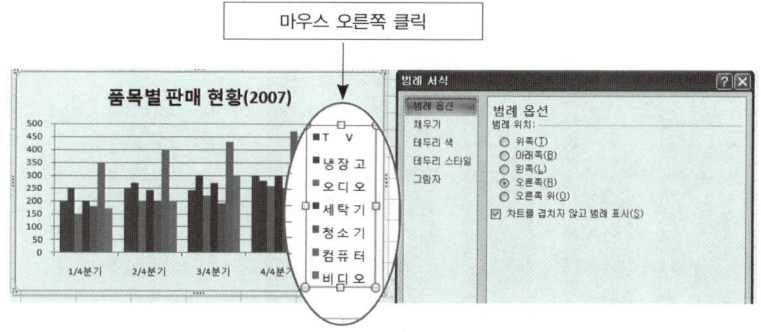

08 범례의 위치를 변경하기 위해서 범례 부분을 마우스 오른쪽을 클릭하여 [범례 서식] 대화상자를 원하는 위치를 선택한다.

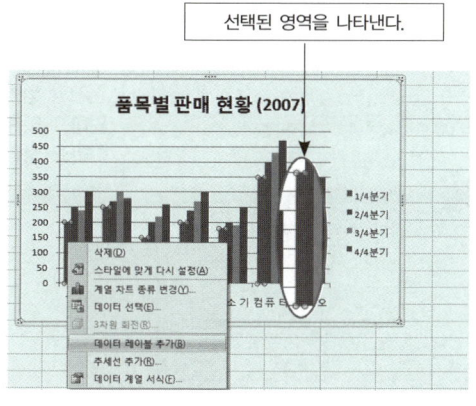

09 데이터 레이블을 추가하고 싶으면 그래프의 막대를 클릭한 뒤 오른쪽 마우스 버튼을 누르고 [데이터 레이블 추가]를 선택한다.
그래프의 막대를 클릭하면 선택된 영역에 사각형 모양으로 점이 나타나는 것을 볼 수 있다.

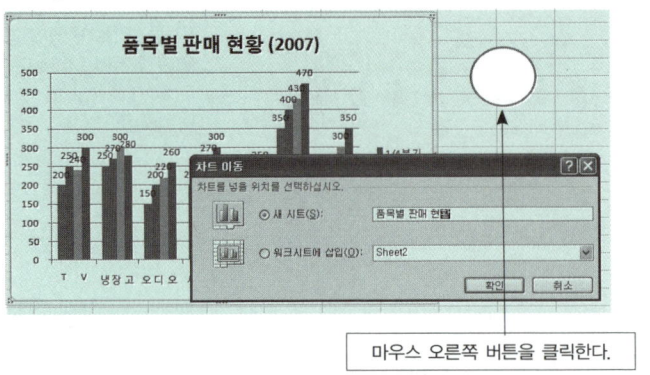

10 차트의 이동을 위해서 차트의 빈 부분에서 마우스 오른쪽을 클릭한 뒤 [차트 이동] 대화상자를 열고 원하는 위치를 선택한다.
새 시트를 선택하면 새로운 시트 이름으로 나타나면서 저장을 위해서 제목을 하나 만들어 준다. 여기서는 "품목별 판매 현황"이라고 붙이고 [확인] 버튼을 누른다.

마우스 오른쪽 버튼을 클릭한다.

자! 이제 결과화면이 나타났다.

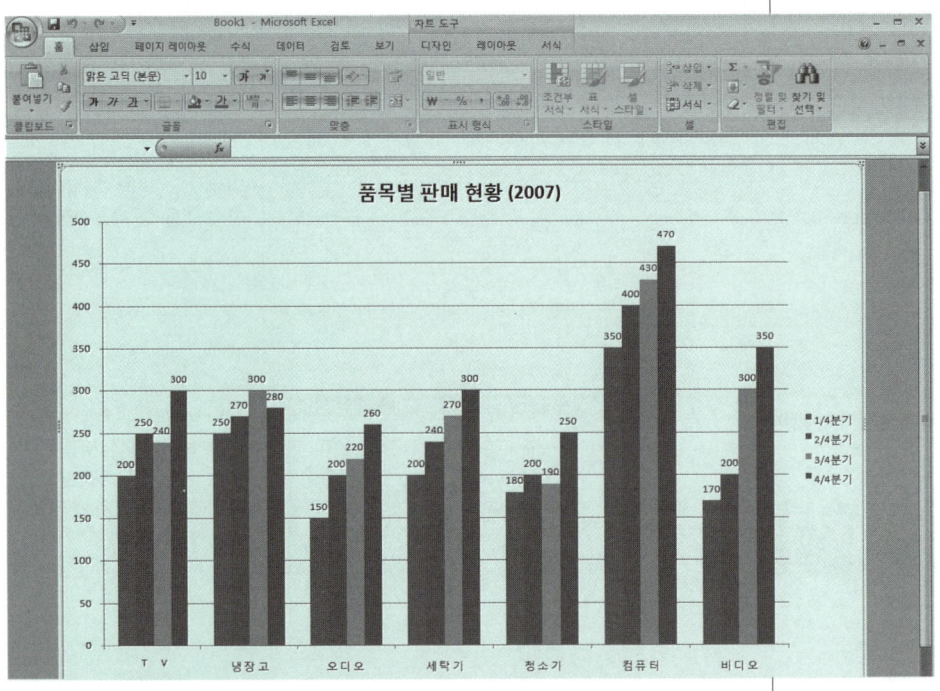

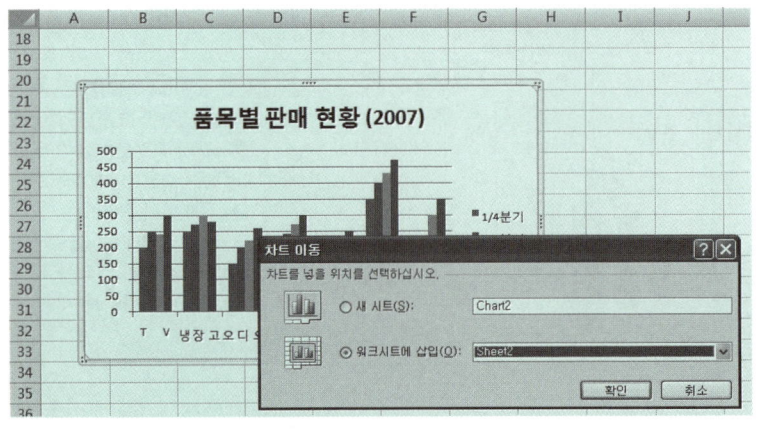

11 현재의 도표에 함께 표시하고 싶다면 [워크시트에 삽입]을 선택한다.
여기의 입력창에는 현재 작업하고 있는 시트가 Sheet2 이라고 적혀 있다. [확인] 버튼을 클릭 한다.

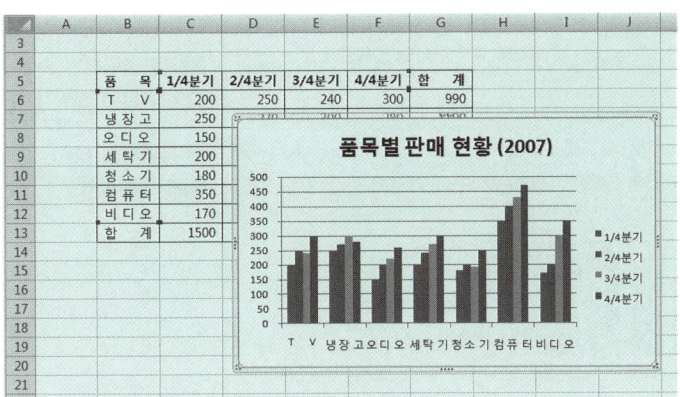

12 이 단계가 마지막이 완성된 차트가 현재 존재하고 있는 도표와 함께 나타날 것이다.

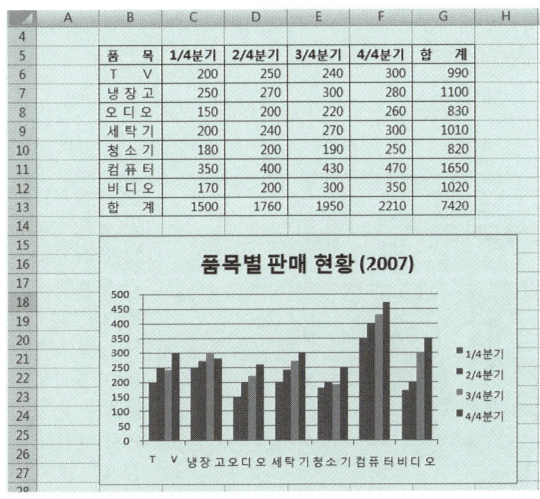

13 품목별 판매현황의 아래쪽 좋은 위치에 마우스 왼쪽을 클릭하여 옮긴다. 그리고 모서리의 네모점 위에 마우스를 갖다 놓으면 양방향 화살표(↕ , ↔)가 나타난다. 이것을 마우스 왼쪽을 클릭한 상태에서 적당한 크기로 드래그하면 크기도 조정된다.
완성된 화면은 다음과 같다.

차트의 편집

자! 주어진 자료를 바탕으로 차트의 형태는 완성되었다. 이제는 차트의 제목, 범례, 축제목, 그래프의 모양새를 보다 예쁘게 갖추는 방법을 설명한다.

차트 제목 조정하기

차트의 제목은 눈에 띄어야 하기 때문에 글씨의 크기나 굵기 등을 조정하여야 한다. 순서는 다음과 같다.

기업실무 엑셀

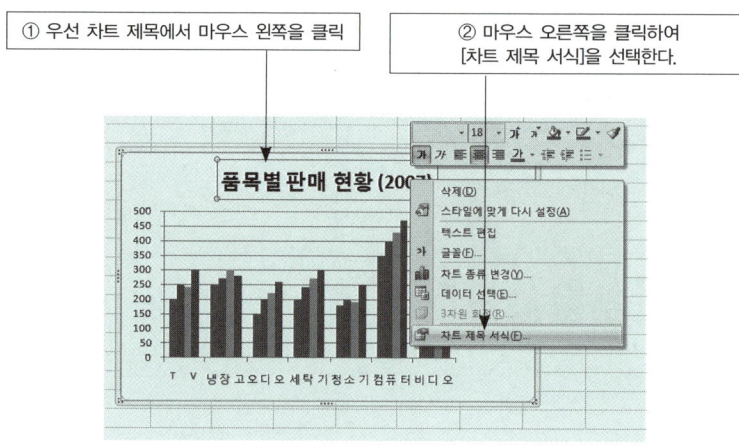

① 우선 차트 제목에서 마우스 왼쪽을 클릭

② 마우스 오른쪽을 클릭하여 [차트 제목 서식]을 선택한다.

01 차트 제목에서 마우스 왼쪽을 클릭하면 차트 제목에 사각형의 범위가 설정된다. 다음에는 마우스 오른쪽을 클릭하여 [차트 제목 서식]을 클릭한다.

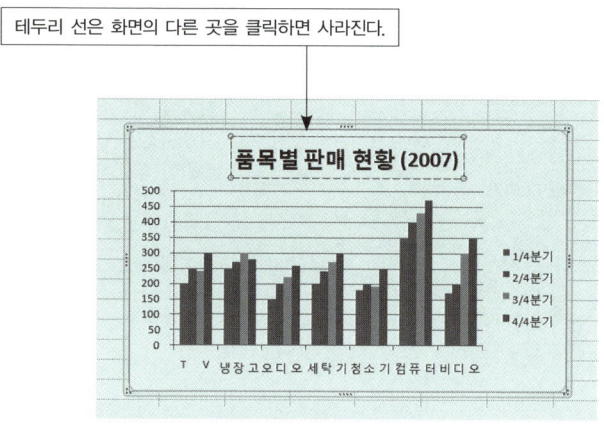

테두리 선은 화면의 다른 곳을 클릭하면 사라진다.

02 [글꼴] 서식을 클릭하면 글꼴, 스타일, 색 등을 변경할 수 있다.
각 부분에서 사용자가 원하는 내용을 선택하면 된다. "품목별 판매 현황" 예제에서는 글자색은 노란색으로, 글꼴은 돋움, 크기는 14 정도로 해본다.
정리가 됐으면 '차트 제목'이 아닌 다른 곳을 한 번 클릭한다. 그러면 '차트 제목'의 사각형 테두리가 사라지면서 완성된다.

※ 주 의

▶ 차트 바탕화면 색깔 조정

차트에서 바탕화면의 색깔을 조정하기 위해서는 [차트] 도구의 [서식] 탭에서 [도형 채우기]를 선택하면 된다.

▶ 차트의 눈금선 지우기

차트에서 눈금선을 없애고자 한다면 어떻게 해야 할까?
눈금선에 마우스 왼쪽을 클릭하면 눈금선들 끝에 사각점이 생긴다. 여기서 마우스 오른쪽을 클릭한 후 [삭제]를 선택하면 차트의 눈금선이 지워진다.

범례·항목축·값축의 편집

차트의 오른쪽에는 범례, 아래 부분에는 항목축(냉장고, 오디오, …)이, 그리고 차트의 왼쪽에는 값축(50, 100, 150, …) 등이 존재한다. 이들의 편집은 각 위치에서 마우스 왼쪽을 클릭한 후, 마우스 오른쪽을 클릭하면 차트 제목에서 했던 방법과 같이 각 서식이 나타난다(예를 들어, 범례 서식, 항목 서식, 축 서식). 여기서 무늬, 글꼴, … 등의 탭내용을 편집하면 된다. 차트 제목과 공통된 편집 내용은 생략하고 각 편집에서 알아야 할 내용만 설명한다.

범례 서식

범례 위치, 채우기, 테두리 등이 있다. 무늬와 글꼴 탭은 앞의 차트 제목과 마찬가지다.

위치를 바꿀 때는 범례 서식을 선택한 뒤 맨 처음 나오는 범례 옵션에서 원하는 방향을 선택하면 범례의 위치가 바뀐다. 예를 들어, 예제에서는 현재 범례 위치가 오른쪽에 있다. 이것을 범례 옵션에서 [아래]를 클릭하고 [확인] 버튼을 누르면 범례 위치가 다음과 같이 차트의 아래에 위치한다.

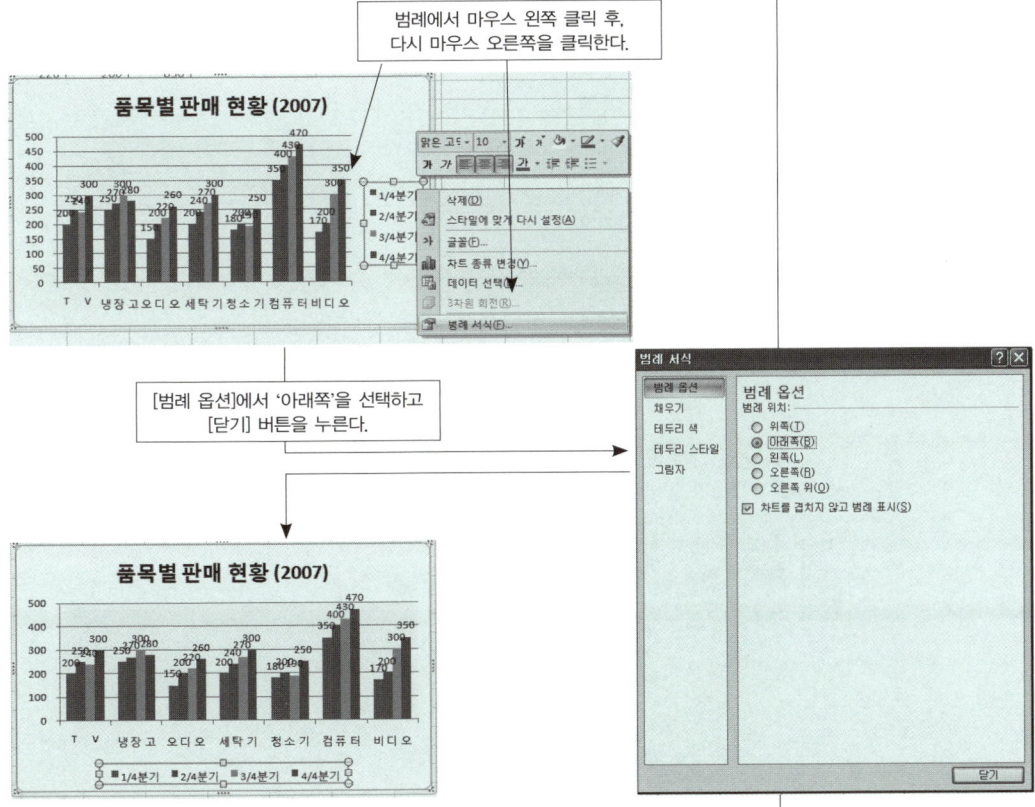

값축과 항목축

값축과 항목축도 마찬가지 방법으로 하면 된다.
특히 [축 서식]의 [축 옵션]에서는 '주 단위'와 '최대값' 그리고 '최소값' 등을 입력하여 눈금의 범위를 조정할 수 있다.

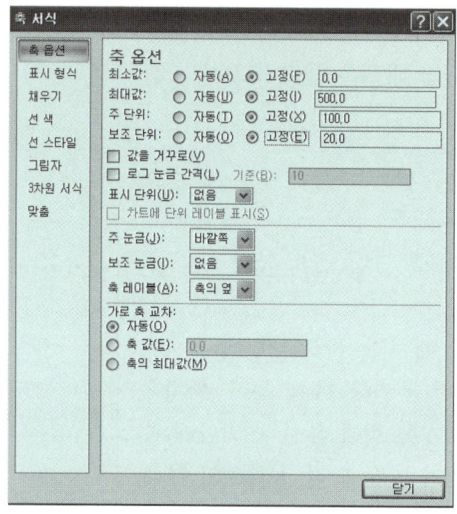

막대그래프·범례 각 세목의 편집

막대그래프의 모양이나 색깔을 바꾸기 위해서는 수정하고자 하는 막대그래프에서 마우스 왼쪽을 클릭하면 ■ 모양의 점이 생긴다. 여기서 마우스 오른쪽을 클릭하여 [데이터 계열 서식]을 클릭하면 다양한 탭들이 나타나며 여기서 알맞게 편집하면 된다.
막대그래프의 값도 편집할 수 있다. 막대그래프의 값을 클릭한 후, 마우스 오른쪽을 클릭하면 [데이터 계열 서식]이 나타나는데 이를 클릭하여 원하는 탭에서 편집하면 된다.

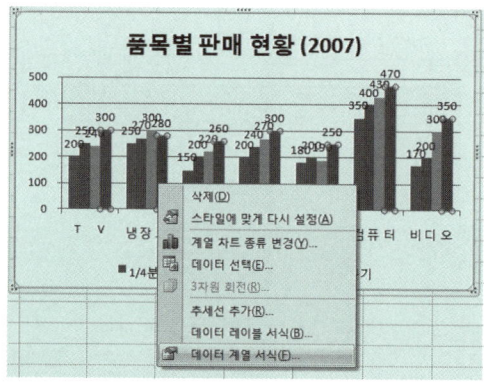

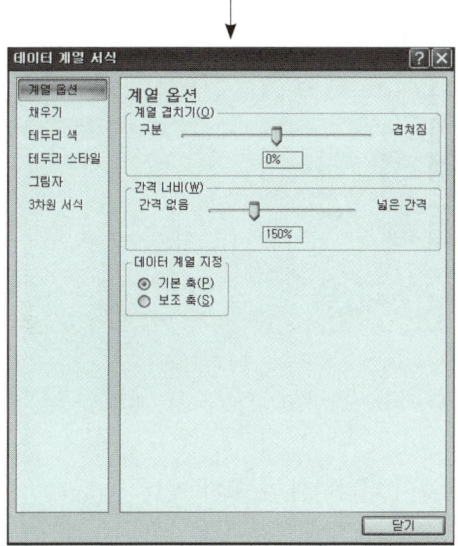

범례에서 각 세부 항목에 대한 수정을 하고자 할 때에는 수정하고자 하는 세부 항목을 클릭한다. 예를 들면, 1/4분기를 수정하고자 할 때, 범례를 클릭한 후 1/4분기를 다시 한 번 클릭한다. 그 후 마우스 오른쪽을 클릭하여 편집 탭들이 나타나면 편집한다.

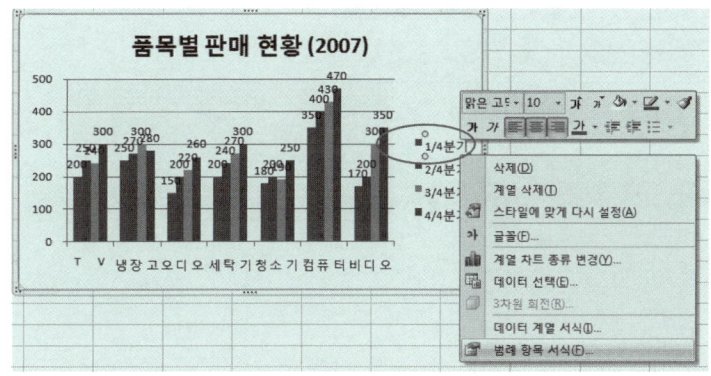

차트의 크기 조절

차트의 크기도 원하는 대로 조정할 수 있다. 즉, 차트를 클릭하면 차트의 테두리가 두껍게 나타나며, 메뉴바에서는 [차트 도구] 메뉴가 나타난다.
크기만을 조절하기 위해서는 차트의 테두리에 마우스를 갖다 놓으면 ↕ 모양이 나타나는데 클릭한 상태에서 움직이면 크기가 조절된다.

차트(C)를 활용한 상세한 편집

메뉴바의 [차트 도구]를 클릭하면 세부 탭들이 나타난다. 차트가 메뉴바에 존재하게 하기 위해서는 반드시 차트를 클릭하여 테두리가 나타난 상태여야 한다.
차트의 내용을 설명하면 다음과 같다.

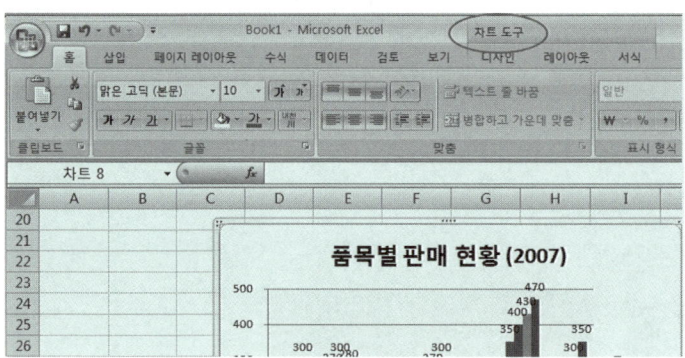

차트의 종류

메뉴바의 [차트 도구] 탭 중 [삽입]을 클릭하면 현재의 차트를 다른 종류로 바꿀 수 있다.
"품목별 판매 현황"은 현재 막대 그래프로 되어 있다.
이것을 꺾은선 그래프로 변경하려면 차트 화면에서 마우스 오른쪽 버튼을 클릭하여 [차트 종류 변경] – [꺾은선형]을 선택하고 [확인] 버튼을 클릭하면 된다.

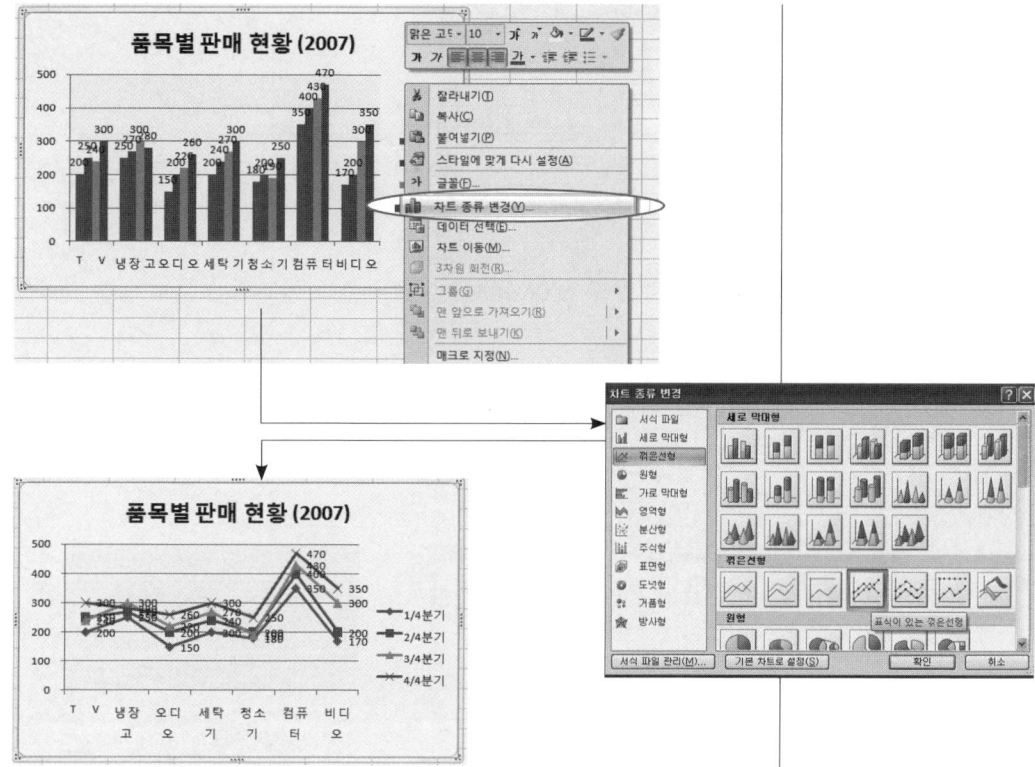

원본 데이터

"품목별 판매 현황"의 항목축이 품목(냉장고, 세탁기, …) 기준으로 되어 있다. 이것을 분기 기준으로 변경한다든지 또는 품목을 추가하거나 제거할 때 데이터 선택에서 조정하면 된다. 즉, 차트에서 마우스 오른쪽 버튼을 클릭하여 [데이터 선택]을 선택하면 대화상자가 나타난다. 여기서 수정하면 된다.

기준의 변경 — 항목의 기준을 "품목"에서 "분기"로 변경

[데이터 선택] – [행/열 전환] – [확인] 버튼을 클릭한다.

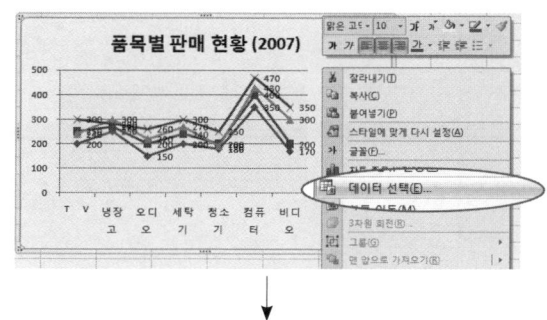

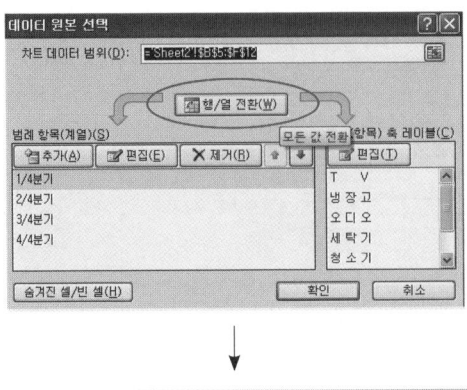

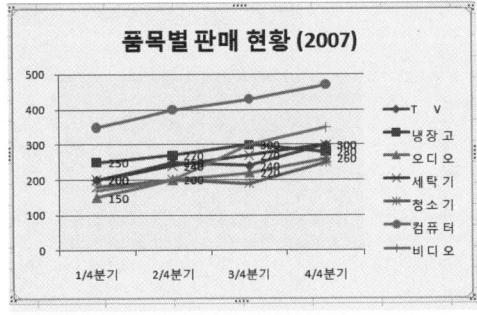

데이터 범위의 수정

현재는 TV에서부터 오디오까지 7품목으로 되어 있으나 이를 TV, 냉장고, 오디오의 3품목만을 차트화시키는 것과 같이 범위를 변경할 때 사용한다. 우선 차트에서 마우스 오른쪽 버튼을 클릭하여 [데이터 선택]을 누르고 그 상태에서 차트 데이터의 범위를 TV, 냉장, 오디오만 차트화될 수 있도록 B5 : F8까지 드래그한다. 그러면 그 범위가 반짝거리며 원본 데이터의 미리보기 차트의 품목수가 줄어들어 있음을 확인할 수 있다. 이때 [확인] 버튼을 클릭하면 된다.

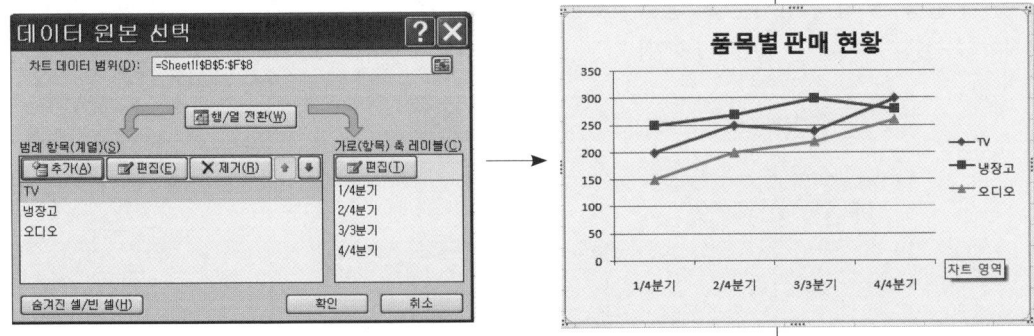

데이터의 범위를 수정하여 데이터 항목의 개수를 줄일 수도 있지만, [데이터 선택]을 누르고 밑에 [범례 항목(계열)(S)]에서 항목을 삭제할 수도 있다. 예를 들어, TV 항목을 삭제하려면 TV를 선택한 후 [제거] 버튼을 클릭하고 [확인] 버튼을 누르면 없어진다.

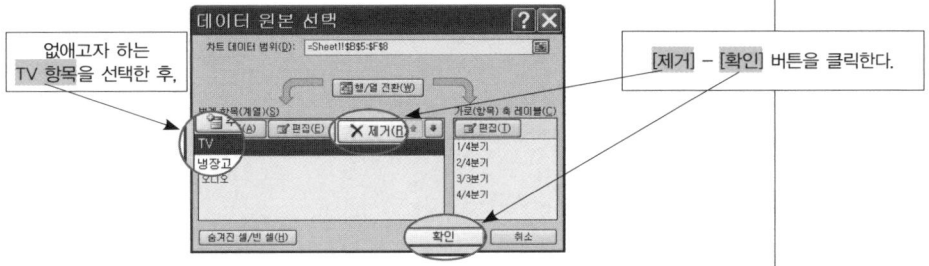

X축과 Y축에 제목을 삽입

Y축에는 판매대수를 X축에는 분기표시를 삽입하고 싶을 때는 화면 맨 위에 있는 [차트 도구] - [레이아웃]을 누른 다음 레이블에 [축 제목]을 클릭한다. 그 다음 [기본 가로 축 제목(H)] - [축 아래 제목]과 [기본 세로 축 제목(V)] - [세로 제목]을 클릭하여 Y축 항목에는 "판매 대수", X축 항목에는 "분기"라고 입력하고 [확인] 버튼을 클릭한다.

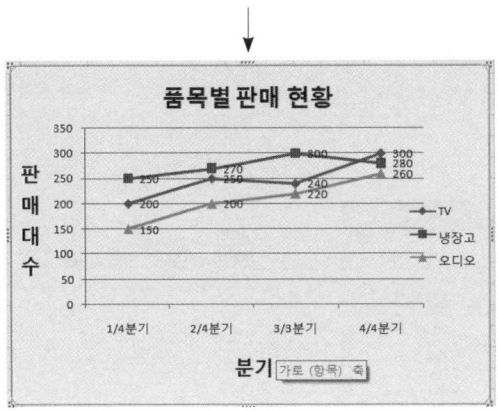

자료값의 수정

품목별 판매현황에서 오디오의 3/4분기 판매량이 210대에서 170대로 변경해야 한다고 가정하자. 수정하는 방법은 차트에서 바로 수정할 수 있다.

품목	1/4분기	2/4분기	3/4분기	4/4분기	합계
TV	200	250	240	300	990
냉장고	250	270	300	280	1100
오디오	150	200	220	260	830
세탁기	200	240	270	300	1010
청소기	180	200	190	250	820
컴퓨터	350	400	430	470	1650
비디오	170	200	300	350	1020
합계	1500	1760	1950	2210	7420

품목	1/4분기	2/4분기	3/4분기	4/4분기	합계
TV	200	250	240	300	990
냉장고	250	270	300	280	1100
오디오	150	200	170	260	780
세탁기	200	240	270	300	1010
청소기	180	200	190	250	820
컴퓨터	350	400	430	470	1650
비디오	170	200	300	350	1020
합계	1500	1760	1900	2210	7370

수정된 차트의 저장

수정된 차트를 새로운 시트에 저장하는 방법은 차트에서 마우스 오른쪽을 누르고 [차트 이동(M)]을 클릭하면 차트를 넣을 위치 선택이 나타난다. '새 시트'나 '워크시트' 중 하나를 선택한 후 [확인] 버튼을 클릭하면 된다.

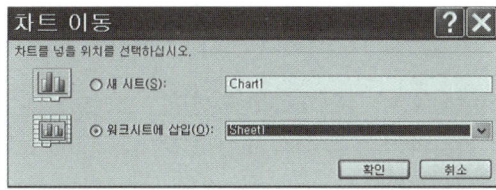

데이터 테이블 표시

회사에서 상사에게 보고할 때는 표와 차트로 동시에 보고하는 경우가 많다. 엑셀에서는 차트와 도표를 연결하여 상세하게 표현될 수 있도록 하는 기능이 있다. 즉, 차트의 내용을 도표로 상세하게 표현할 수 있는 것이다. 이것을 데이터 테이블 표시라 한다.

사용순서

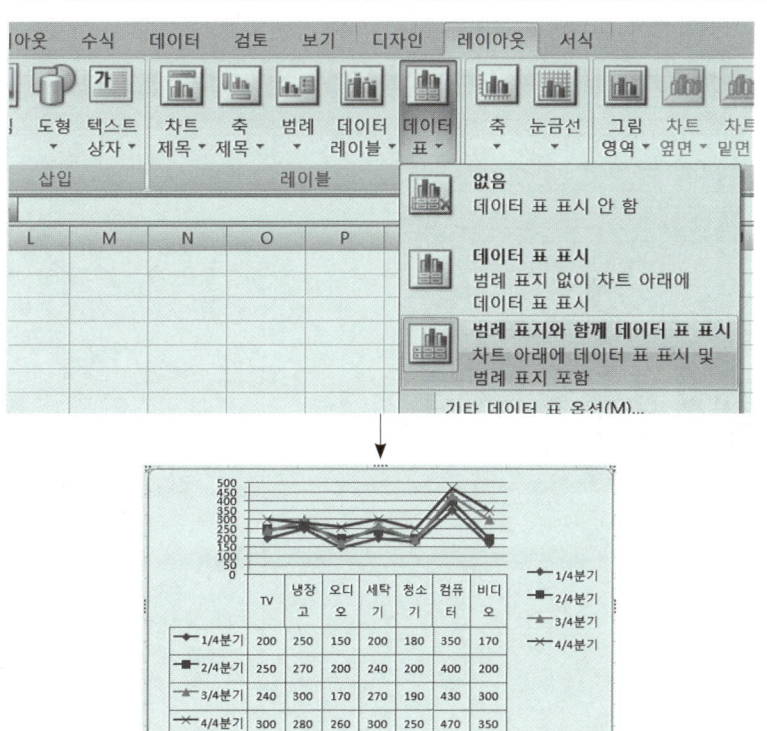

01 엑셀 맨 위의 [차트] 도구를 선택한다.

02 [레이아웃]에서 레이블의 [데이터 표] - [범례 표지와 함께 데이터 표 표시]를 클릭하면 완성된다.

축 표시 및 취소, 눈금선 표시 및 취소

축 표시 및 취소
[차트] – [레이아웃]에서 [축]을 클릭한 후, [기본 가로 축]과 [기본 세로 축]을 선택한다.
축 탭의 내용을 선택하거나 선택하지 않음으로써 축이 표시되거나 취소된다.

눈금선 표시 및 취소
[차트] – [레이아웃]에서 [눈금선]을 클릭한 후, [기본 가로 눈금선]과 [기본 세로 눈금선]을 선택한다. 눈금선 표시의 내용을 선택 또는 선택하지 않음으로써 눈금선이 나타나거나 취소된다.

눈금선 서식
차트에 표시된 눈금선을 클릭하고 선택된 눈금선을 마우스 오른쪽으로 클릭하면 눈금선 서식이 나타나는데 여기서 각종 서식을 설정할 수 있다.

다양한 차트의 활용

혼합형 차트
지금까지 설명한 "품목별 판매현황"의 모양은 막대형과 꺾은선이었다. 이제는 이 둘을 혼합하여 나타내는 방법을 익혀보자.

사용순서

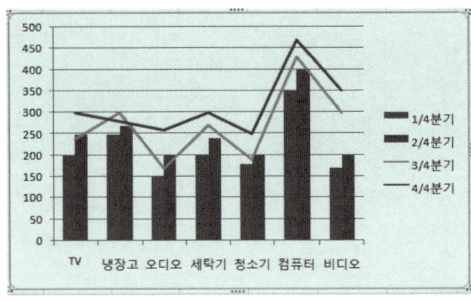

01 [세로 막대형] – [2차원 묶은 세로 막대형]을 선택한다.

02 완성된 차트에서 꺾은선으로 바꿀 분기의 차트를 선택한 다음 마우스 오른쪽을 눌러 [계열 차트 종류 변경]을 선택한다.

03 [차트 종류 변경] 대화상자가 뜨면 꺾은선형을 클릭하고 첫번째에 있는 [꺾은선형]을 클릭한다.

입체형 차트

이제는 보다 시각적인 효과를 나타낼 수 있는 입체형 차트를 선택해 보자.

사용순서

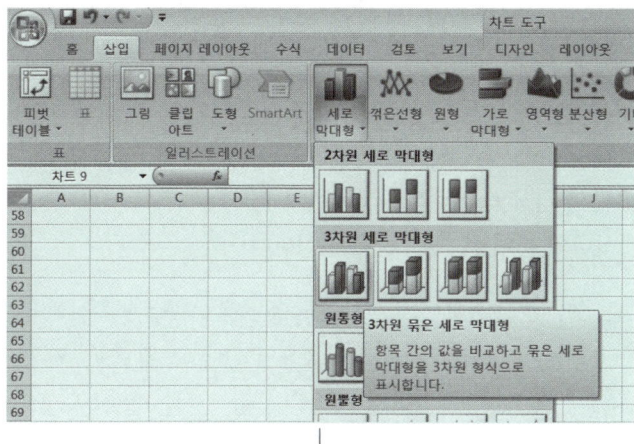

01 도표에서 차트를 만들 범위를 선택한 후, [삽입] – [세로 막대형] – [3차원 묶은 세로 막대형]을 선택한다.

02 차트에서 마우스 오른쪽을 클릭하여 [데이터 선택]을 누른 다음 데이터 원본 선택에서 행 기준과 열 기준 중 하나를 선택한다.(행/열 전환으로 정리를 한다)

03 [차트] – [레이아웃]을 선택하고 레이블에서 [차트 제목]을 클릭한 다음, 제목을 "품목별 판매현황"이라 입력한다.

입체형 차트를 여러 방향으로 회전할 수 있다.

사용순서

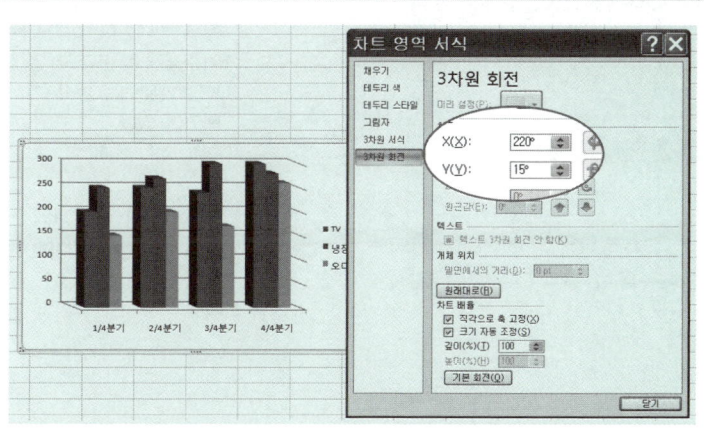

01 입체형 차트에서 마우스 오른쪽을 클릭한 후, [3차원 회전]을 선택한다.

기업실무 엑셀

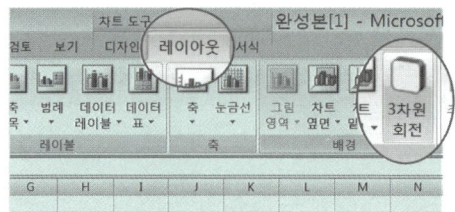

02 다른 방법으로는 [차트] - [레이아웃]을 선택하고 배경에 있는 [3차원 회전]을 클릭하는 방법이다.

원형 및 도넛형 차트

원형 차트는 다른 차트와는 다른 것이 있다. 원형 차트는 한 번에 한 계열의 차트만 작성이 된다. 즉, 각 항목의 비율을 비교하는 차트다. 예를 들어, 품목별 매출현황의 막대 그래프는 1/4분기부터 4/4분기까지 모두 나타나 있다. 하지만 원형 차트는 하나의 분기(한 계열)만을 표현한다.

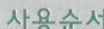
사용순서

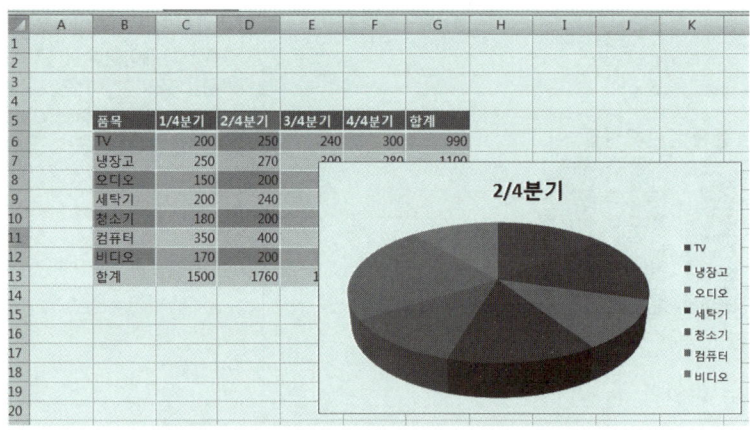

01 만약 2/4분기를 원형 차트화 한다고 가정하자. 원형 차트를 작성하기 위하여 도표에서 B5 : B12까지와 D5 : D12까지를 드래그하여 범위 설정한다.

02 삽입에서 원형을 클릭하고 3차원 원형을 클릭한다.

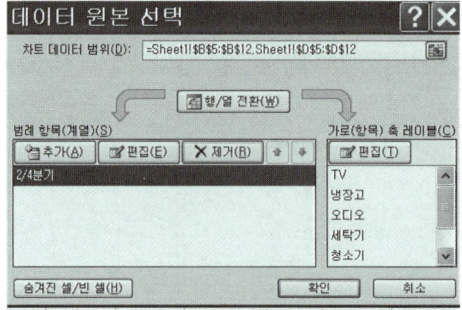

03 데이터 범위 탭에서 방향을 선택한다. 여기서는 열 기준을 선택한다. 계열 탭을 보면 계열에는 2/4분기가 선택되어 있다.

04 [제목] 탭에서는 "2/4분기 판매현황"이라고 입력한다.

122

제7장 품목별 판매현황 작성   EXCEL

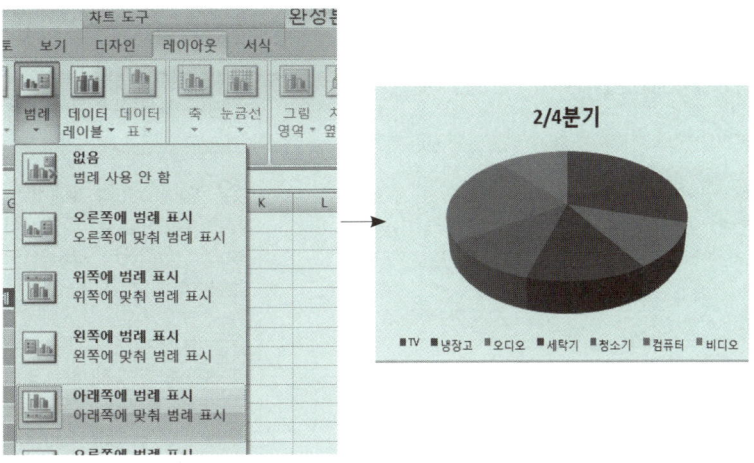

05 [범례] 탭에서는 [차트 도구] – [레이아웃]을 선택하고 레이블에 있는 [범례] – [아래쪽에 범례 표시]를 선택한다.

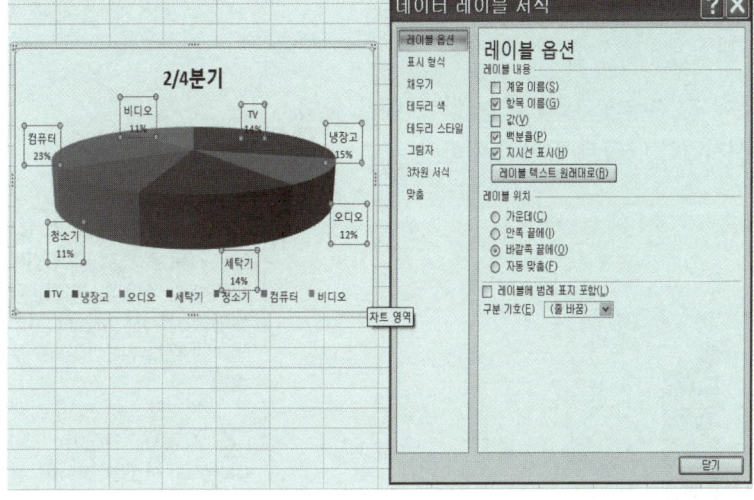

06 차트의 원형을 클릭하고 마우스 오른쪽을 누른 다음 [데이터 레이블 추가]를 클릭한다.

07 다시 원형을 클릭하여 마우스 오른쪽을 누른 다음 [데이터 레이블 서식]을 선택한다.

08 [레이블 옵션]에서 값(V)은 선택을 취소하고 '항목 이름(G)'과 '백분율(P)', '지시선 표시(H)'를 선택한 후, [닫기]를 누른다.

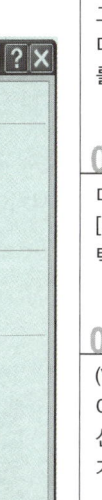

09 완성된 차트는 차트의 마우스 오른쪽을 클릭하여 [차트 선택] – [워크시트에 삽입]을 선택하고 [확인]을 누른다.

10 원형 및 도넛형 차트 조각 돌출

기업에서 상사에게 보고할 때 특히 관심을 가지는 사항에 대해서는 차별화하는 것이 좋다. 예를 들어, 2/4분기 판매현황에서 '컴퓨터' 부분 조각을 밖으로 돌출시킴으로써 돋보이게 할 수 있다.

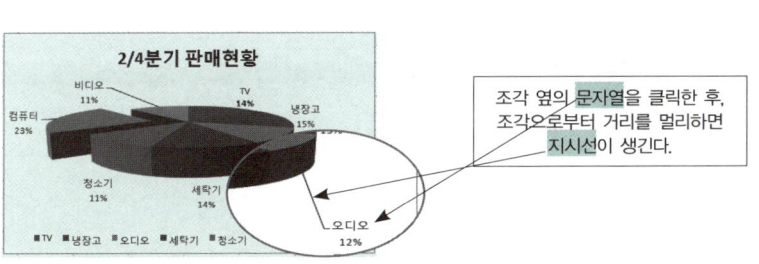

123

원형 차트의 조각을 모두 분리

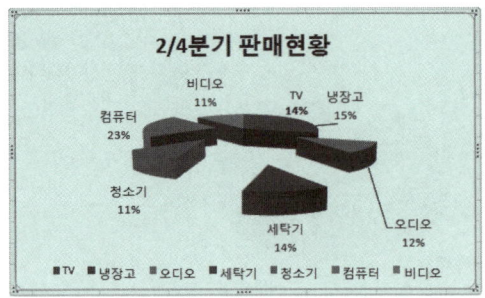

01 원형 차트의 조각 하나 하나를 클릭한다. 그러면 ●들이 생긴다.

02 임의의 조각 ●에서 마우스 왼쪽을 누른 상태에서 밖으로 끌어낸다. 그러면 모든 항목이 분리되어 진다.

03 본래 상태의 원형 차트로 회귀하기 위해서는 임의의 조각 ●에서 마우스 왼쪽을 누른 상태에서 안으로 끌면 된다.

차트에 그림 삽입

막대차트나 꺾은선 차트에는 그림 파일로 나타낼 수 있다. 예를 들어, 자동차 그림을 차트에 포함시키려면 다음과 같이 실행한다.

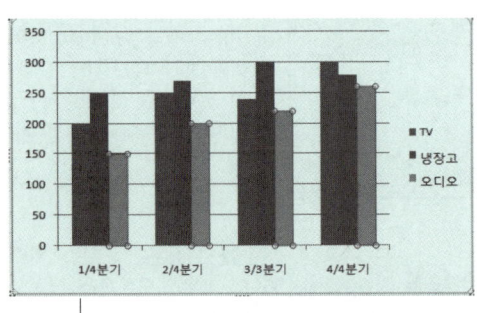

01 도표를 선택한 후 [삽입] - [묶은 세로 막대형]을 클릭하고, 삽입의 [그림] 파일에 들어가서 자동차 사진을 선택한 후 [삽입]을 누른다.

02 자동차 사진이 뜨면 Ctrl+V로 사진을 복사해 놓는다.

03 세로 막대형 차트에서 그림을 넣을 막대를 클릭하여 선택해 놓은 후, 복사해 놓은 그림 을 Ctrl+C를 눌러서 선택된 막대 차트에 자동차 그림을 넣는다.

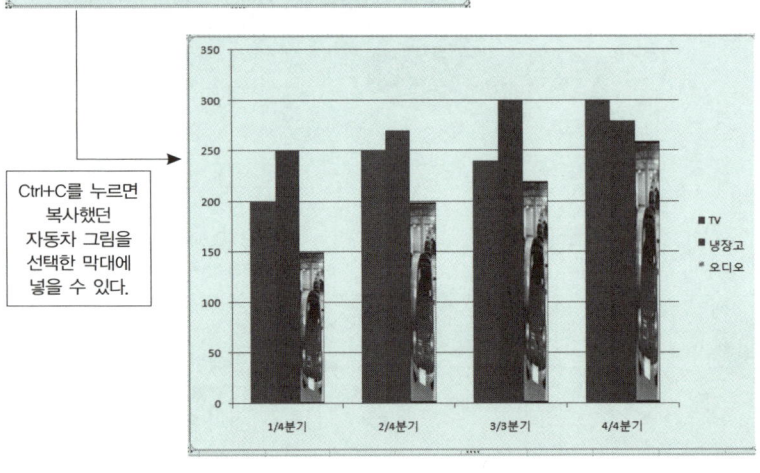

Ctrl+C를 누르면 복사했던 자동차 그림을 선택한 막대에 넣을 수 있다.

삽입 그림 쌓기

막대에 그림 파일을 넣은 경우에 삽입 그림을 쌓아서 표시할 수도 있다.

사용순서

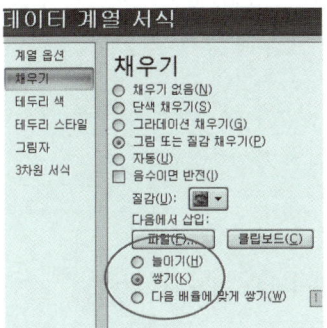

01 자동차 그림이 있는 막대를 클릭한다.

02 그림의 막대에서 마우스 오른쪽을 클릭한 다음 [데이터 계열 서식]을 선택한다.

03 [데이터 계열 서식] 대화상자가 뜨면 [채우기]를 선택하고 [쌓기]를 클릭한다.

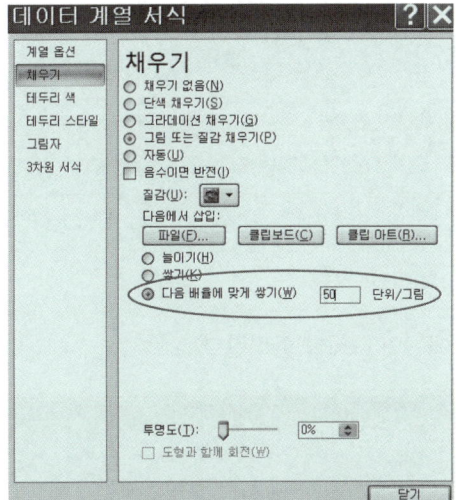

04 눈금 단위당 그림 개수를 조정하는 방법도 있다. [다음 배율에 맞게 쌓기]에 50을 설정하기로 하는데, 이것은 그림 1개가 50대를 나타낸다는 뜻이다.

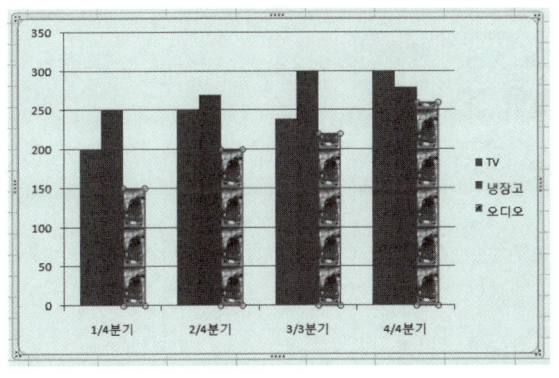

05 [다음 배율에 맞게 쌓기]에 '단위/그림'을 50으로 하고 [닫기]를 누르면 50단위별로 사진이 나타나게 된다.

기업실무 엑셀 EXCEL

CHAPTER 8
기업 실무에 자주 사용되는 함수
SUM, SUMPRODUCT, AVERAGE, MAX, MIN, COUNT, COUNTA, ABS, STDEV, INT, TRUNC, ROUND, ROUNDUP, ROUNDDOWN, EVEN, IF, RANK, TODAY, ROMAN, POWER, FV, PV, PMT, 중첩IF, VLOOKUP, SUMIF

엑셀에서는 함수를 이용하여 많은 데이터를 편리하게 처리할 수 있는 기능을 가지고 있다.
도구모음의 [편집]에서 합계 아이콘인 [∑합계]를 클릭하든지,

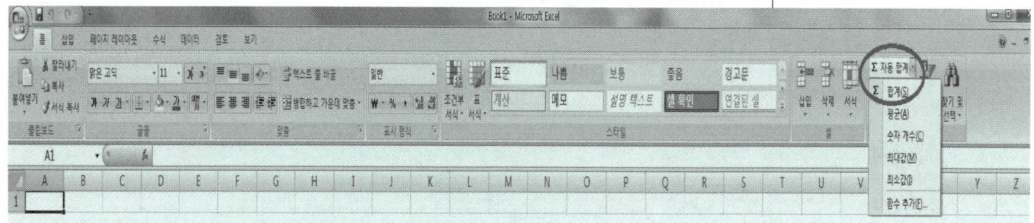

[수식] – [함수 삽입]에서 함수 마법사 아이콘인 [∫x]를 클릭한다.

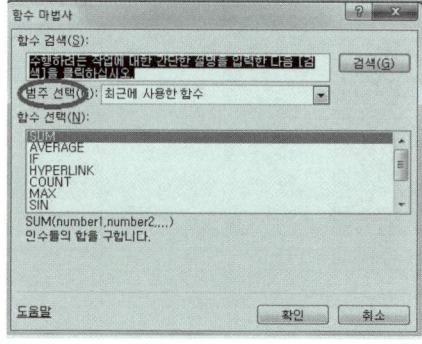

또한, [수식] 안에 [재무], [논리], [텍스트] 등 아이콘을 누르면 해당 함수가 들어가 있다. 원하는 함수를 클릭해 사용한다.
[함수마법사] 대화상자의 "범주 선택" 란에는 다양한 함수기능이 포함되어 있다. 여기에 나와 있는 모든 함수식을 알 필요는 없고, 자신의 기업 실무에 자주 활용되는 함수식 정도만 알아두면 될 것이다. 따라서 저자가 기업체에 근무할 당시 주로 많이 보았던 함수를 위주로 설명하고자 한다.

SUM(Σ) 함수 - 합계

SUM(Σ) 함수는 함수 아이콘 [Σ합계]를 클릭하여 많이 사용한다. 합계가 필요한 셀들의 범위를 드래그 하면 값이 산출된다.

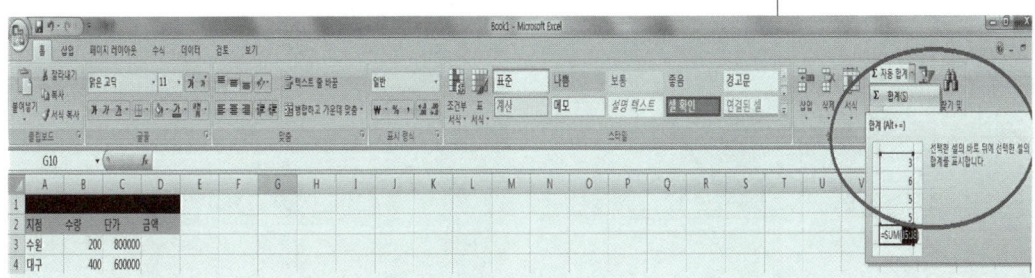

다른 방법으로는, [수식] - [자동 합계]나 [수학/삼각]을 이용한다.

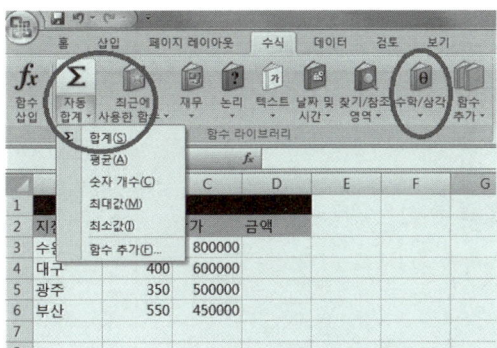

SUMPRODUCT 함수 - 열과 열의 합계

[수식] - [수학/삼각]을 이용한다.
2개 또는 3개 배열값끼리 지정된 값을 곱한 후 전체의 값을 더하는 함수다.

배열이란 성격이 같은 데이터가 일렬로 나열되어 있는 것을 말한다. 예를 들어, 아래 그림에서 (수량 1배열 × 단가 1배열)이기 때문에 2배열이 된다.

SUMPRODUCT 함수는 열과 열을 한꺼번에 곱하기 사칙연산 후 합계가 산출된다.

아래 그림과 같이, SUMPRODUCT는 (수량 × 단가) = 총합계

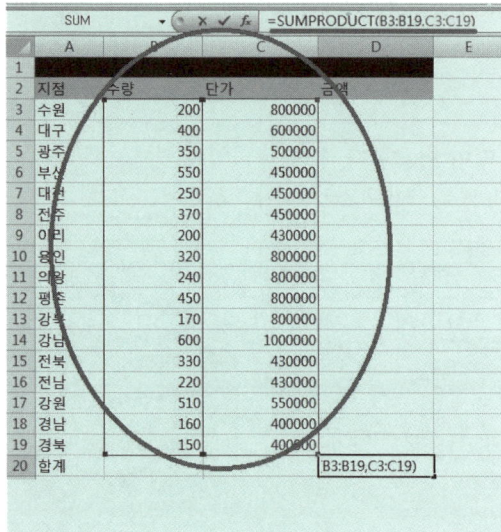

AVERAGE 함수 - 평균

평균값을 구하는 함수를 말한다.

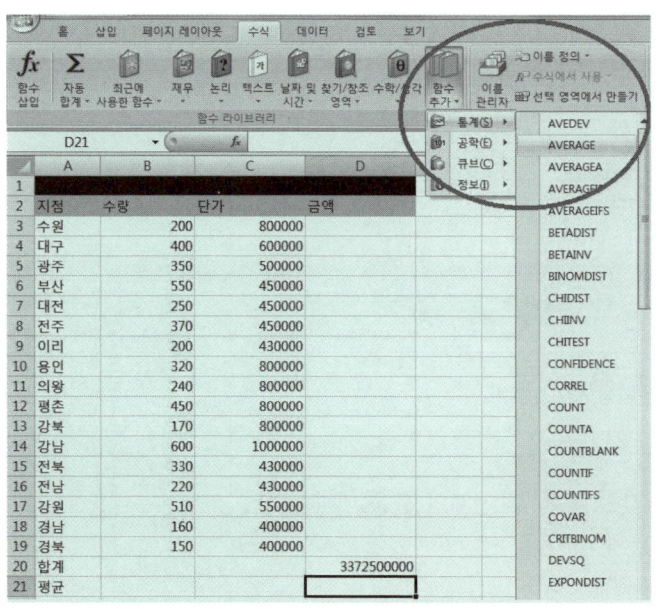

01 D21에서 [Σ] - [함수 추가]를 클릭한다. 또는 [수식] - [함수 추가] - [통계] - [AVERAGE]를 선택한 후 [확인] 버튼을 클릭한다.

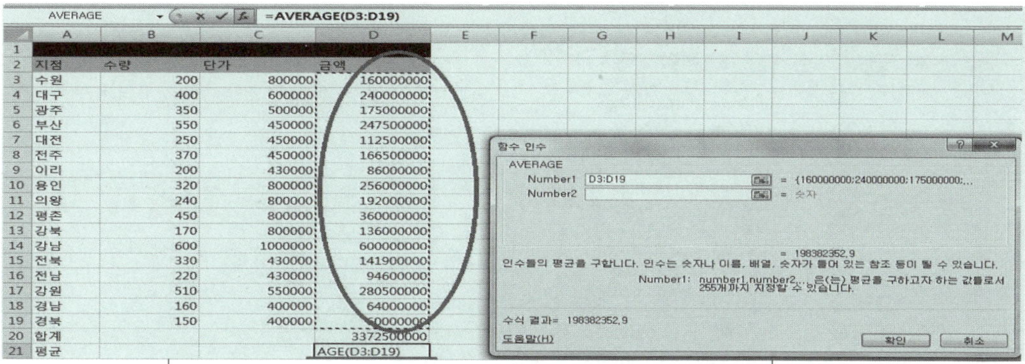

제8장 기업실무에 자주 사용되는 함수

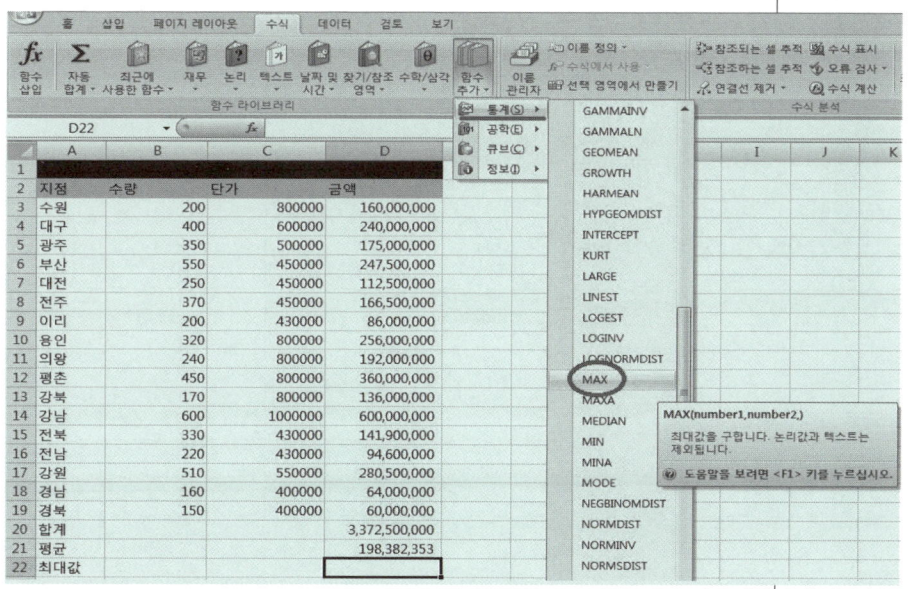

02 Number1에 평균을 구하고자 하는 D3:D19셀을 표에서 드래그한 후 [확인] 버튼을 클릭한다. 결과값이 D21에 나타난다.

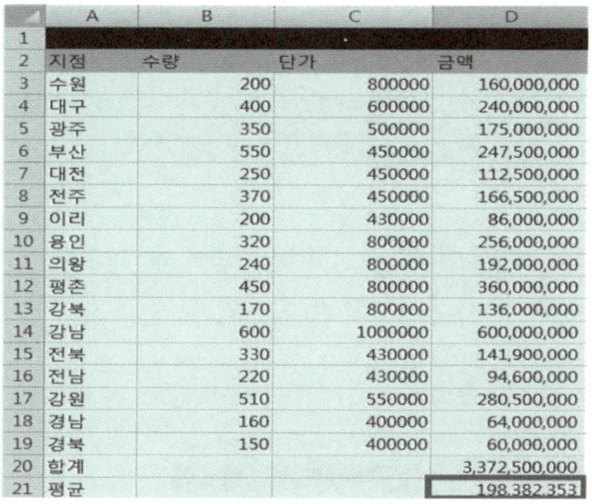

최대값과 최소값 함수

01 최대값을 산출할 셀에서 [수식] – [통계] –[MAX]를 선택한 후 [확인] 버튼을 클릭한다.

기업실무 엑셀　　　　　　　　　　　　　　　　　　　　　　　　　　EXCEL

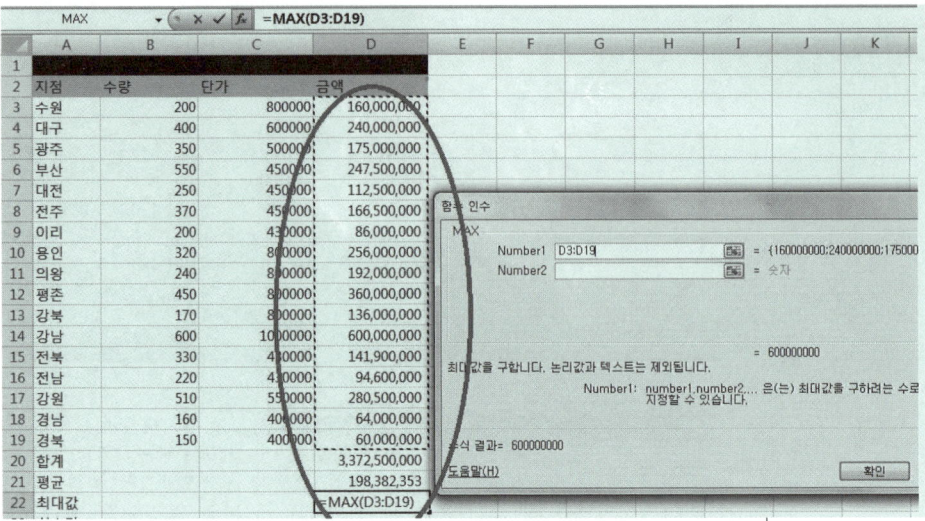

02 최대값을 구할범위 D3 : D19까지 드래그한 후 [확인] 버튼을 클릭한다.

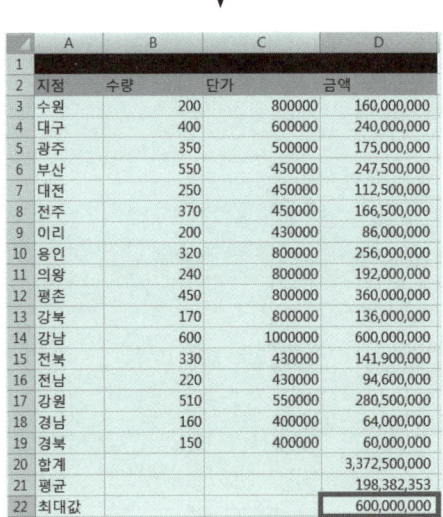

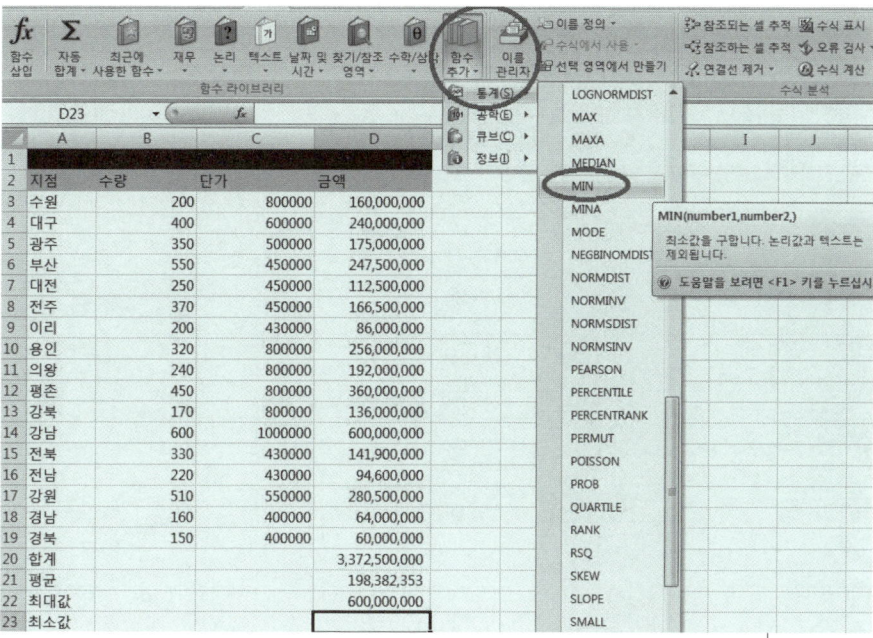

03 최소값도 마찬가지로 산출할 셀에서 [수식] – [통계] – [MIN]를 선택한다.

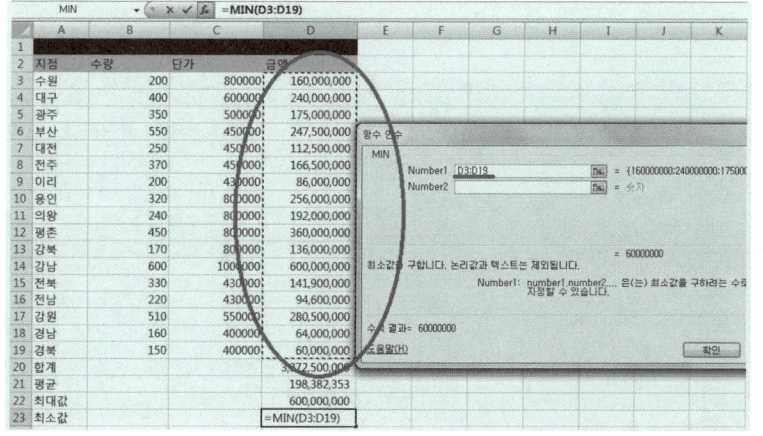

04 최소값을 구할 범위 D3:D19까지 드래그하고 [확인] 버튼을 클릭한다.

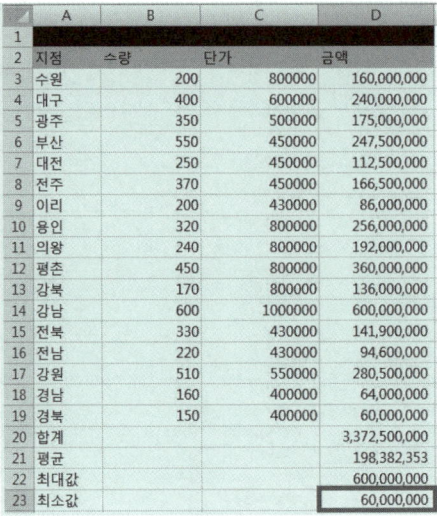

개체수를 나타내는 COUNT 함수와 COUNTA 함수

데이터의 자료가 많을 경우에는 총 몇 개의 자료 중에서 평균값, 최대값, 최소값이 나왔는가를 알아볼 필요가 있다. 위의 자료에서는 총 몇 개의 지점을 조사했는지를 파악할 때 사용될 것이다.

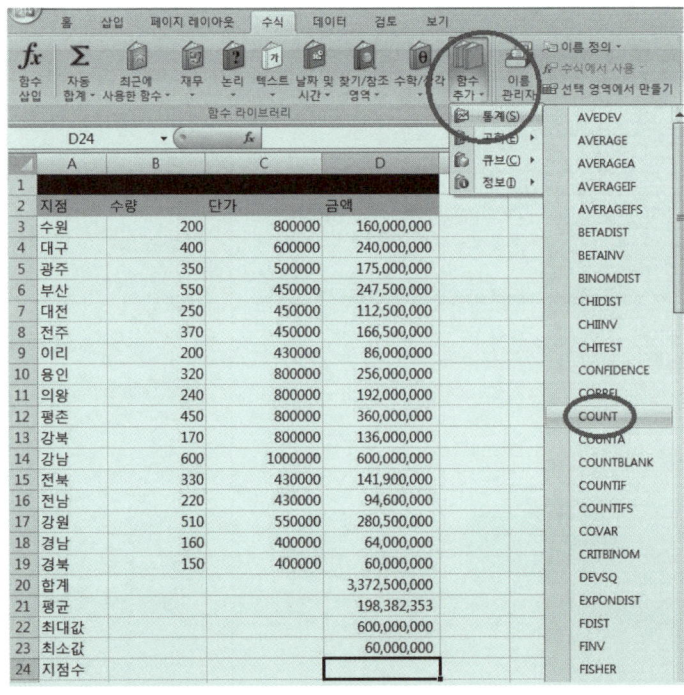

01 [수식] - [통계] - [COUNT]를 클릭한다. 그리고 D3:D19까지의 범위를 드래그한 후, [확인] 버튼을 누르면 지점수는 17개로 나타난다.

제8장 기업실무에 자주 사용되는 함수

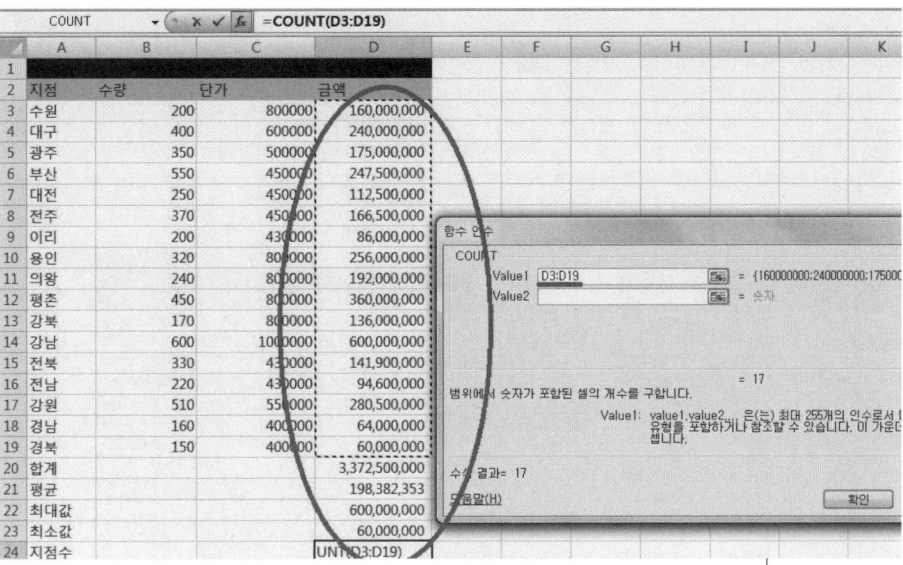

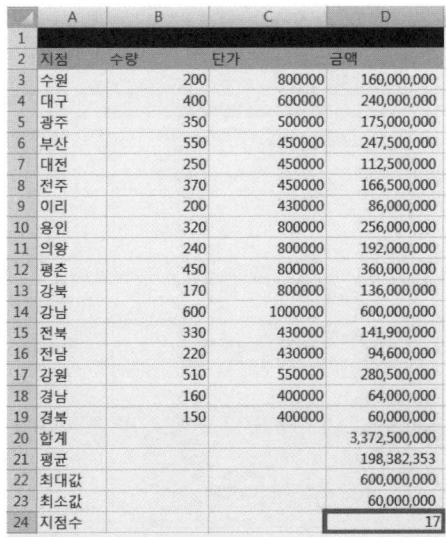

02 COUNT와 COUNTA의 차이

COUNTA 함수는 문자열 셀도 기억한다. 즉, 새로운 셀을 삽입하여 D20셀에 "제주"라는 지점을 하나 더 입력하고 금액란에는 "신설"이라 입력한다. 그리고 지점수셀 D25애에서 COUNT와 COUNTA를 적용한다. 결과는 COUNT 함수는 지점수를 17로 나타나고, COUNTA 함수에서는 18로 나타난다. COUNTA 함수는 문자 데이터까지 계산됨을 알 수 있다.

COUNT 함수의 경우 결과값

	A	B	C	D
1				
2	지점	수량	단가	금액
3	수원	200	800000	160,000,000
4	대구	400	600000	240,000,000
5	광주	350	500000	175,000,000
6	부산	550	450000	247,500,000
7	대전	250	450000	112,500,000
8	전주	370	450000	166,500,000
9	이리	200	430000	86,000,000
10	용인	320	800000	256,000,000
11	의왕	240	800000	192,000,000
12	평촌	450	800000	360,000,000
13	강남	170	800000	136,000,000
14	강남	600	1000000	600,000,000
15	전북	330	430000	141,900,000
16	전남	220	430000	94,600,000
17	강원	510	550000	280,500,000
18	경남	160	400000	64,000,000
19	경북	150	400000	60,000,000
20	제주			신설
21	합계			3,372,500,000
22	평균			198,382,353
23	최대값			600,000,000
24	최소값			60,000,000
25	지점수			17

COUNTA 함수의 경우 결과값

	A	B	C	D
1				
2	지점	수량	단가	금액
3	수원	200	800000	160,000,000
4	대구	400	600000	240,000,000
5	광주	350	500000	175,000,000
6	부산	550	450000	247,500,000
7	대전	250	450000	112,500,000
8	전주	370	450000	166,500,000
9	이리	200	430000	86,000,000
10	용인	320	800000	256,000,000
11	의왕	240	800000	192,000,000
12	평촌	450	800000	360,000,000
13	강남	170	800000	136,000,000
14	강남	600	1000000	600,000,000
15	전북	330	430000	141,900,000
16	전남	220	430000	94,600,000
17	강원	510	550000	280,500,000
18	경남	160	400000	64,000,000
19	경북	150	400000	60,000,000
20	제주			신설
21	합계			3,372,500,000
22	평균			198,382,353
23	최대값			600,000,000
24	최소값			60,000,000
25	지점수			18

절대값을 나타내는 ABS 함수

1을 수학에서 절대값을 지정하면 -1처럼 나타나고 값은 1로 나타난다. 이와 같이 절대값을 표현하는 함수를 말한다.

ABS 함수는 [수식] - [수학/삼각]에서 이용할 수 있다.

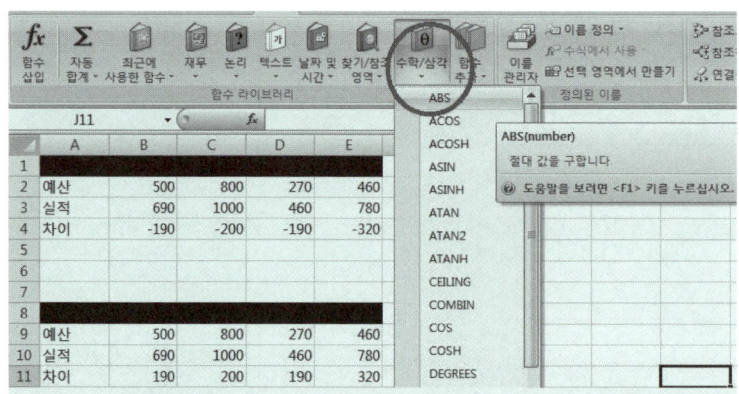

위의 ABS 함수 표시와 같이 각 지점의 실적에서 예산을 뺀 값을 ABS 함수를 이용하면 (-)금액이 (+)금액의 결과를 가져오게 된다.

STDEV 함수 - 표준편차

01 [수식] - [함수 추가] - [통계] 안에서 선택할 수 있다.

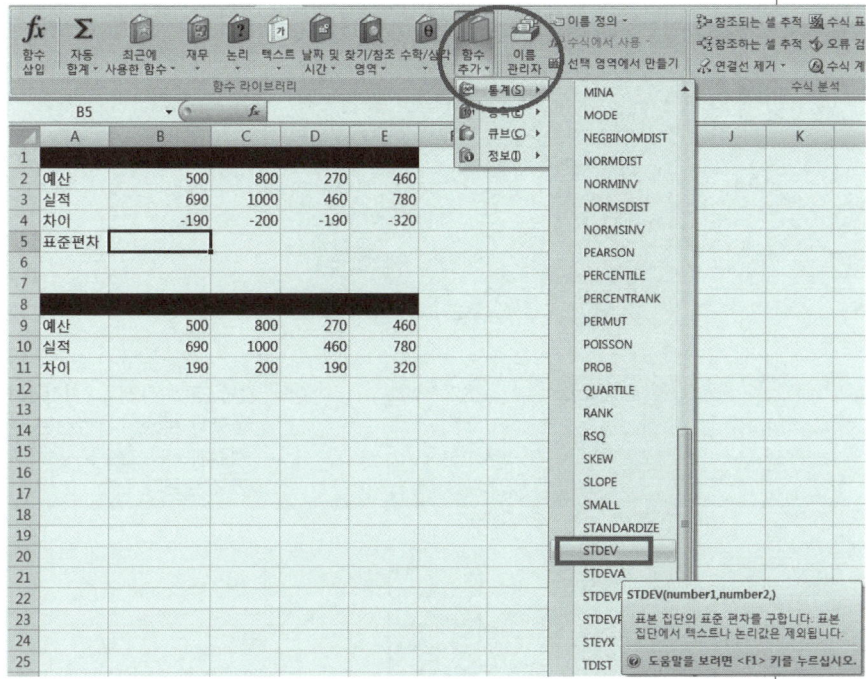

02 셀이나 입력식란에 "ST DEV=(B4:E4)" 식을 사용하면 서울, 경기, 강원, 충북의 표준편차를 구할 수 있다.

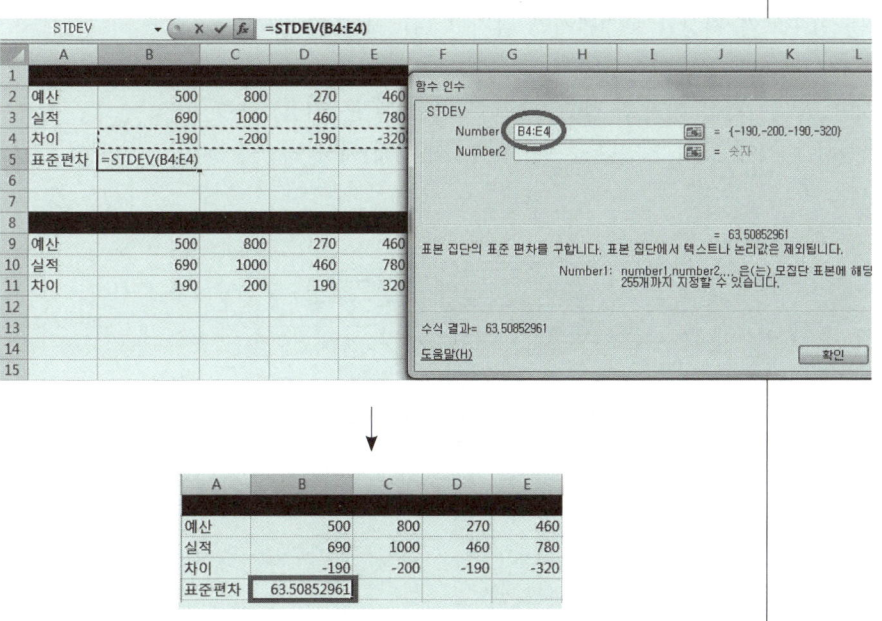

INT 함수 - 정수 조건

소수점 이하의 수를 버려 가장 가까운 정수로 만드는 함수다.

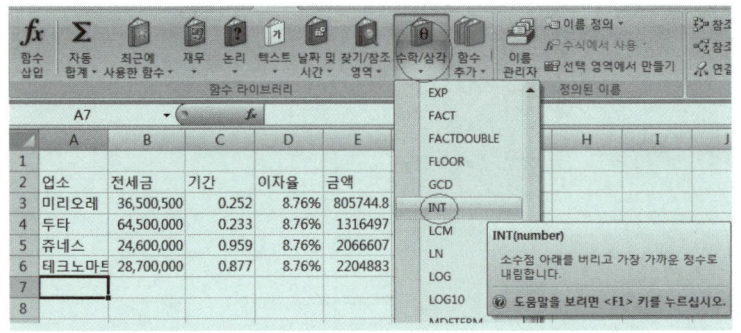

01 INT 함수는 [수식] – [수학/삼각]에서 선택할 수 있다.

02 금액은 전세×기간×이율로서 계산한다. 계산된 금액값에 INT 함수를 적용하면 산출된다.

TRUNC 함수 - 지정한 정수 조건

정수를 표현하는 함수로써 지정한 수치까지만 남기고 나머지는 버리는 함수다.

INT와 비슷하지만 INT는 가장 까까운 정수로 내리고 TRUNC는 지정 수치 이하는 버린다는 점에 차이가 있다. [수식] – [수학/삼각]에서 이용 가능한 함수다.

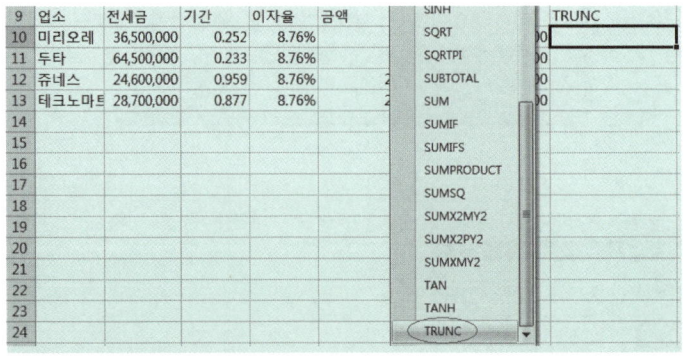

	9	업소	전세금	기간	이자율	금액	INT	TRUNC
	10	미리오레	36,500,000	0.252	8.76%	805744.8	805,744.00	805744.8
	11	두타	64,500,000	0.233	8.76%	1316496.6	1,316,496.00	1316496.6
	12	쥬네스	24,600,000	0.959	8.76%	2066606.64	2,066,606.00	2066606.64
	13	테크노마트	28,700,000	0.877	8.76%	2204883.24	2,204,883.00	2204883.24

ROUND 함수 - 지정자리 반올림

소수점 자리수를 지정하여 그 다음의 소수점을 반올림하여 나타내는 함수다.

수식입력줄이나 해당 셀에 "=ROUND(E9,3)"로 입력하면 E9셀을 소수점 4자리에서 반올림한다. 두 번째로 들어가는 숫자는 원하는 자릿수 다음에서 반올림하라는 표현이다.

[수식] - [수학/삼각]에서 이용 가능한 함수다.

	7	품목	매입가액	운반비	의제매입세액공제율	의제매입세액	
	8	쌀	855,000	6,000	0.029126214	24,902.912970	
	9	생선	55,000	4,000	0.029126214	1,601.941770	
	10	들깨	125,000	3,000	0.029126214	3,640.776750	
	11						
	12						
	13	품목	매입가액	운반비	의제매입세액공제율	의제매입세액	ROUND
	14	쌀	855,000	6,000	0.029126214	24,902.912970	24,902.913000
	15	생선	55,000	4,000	0.029126214	1,601.941770	1,601.942000
	16	들깨	125,000	3,000	0.029126214	3,640.776750	3,640.777000

ROUNDUP 함수 - 지정자리 올림

지정자리까지 올림하겠다는 함수다. 수식입력줄이나 해당 셀에 "=ROUNDUP(E9,2)"로 입력한다. 이 때 두 번째 숫자는 해당 소수점까지 올림하겠다는 것이다.

[수식] - [수학/삼각]에서 이용 가능하다.

	7	품목	매입가액	운반비	의제매입세액공제율	의제매입세액		
	8	쌀	855,000	6,000	0.029126214	24,902.912970		
	9	생선	55,000	4,000	0.029126214	1,601.941770		
	10	들깨	125,000	3,000	0.029126214	3,640.776750		
	11							
	12							
	13	품목	매입가액	운반비	의제매입세액공제율	의제매입세액	ROUND	ROUNDUP
	14	쌀	855,000	6,000	0.029126214	24,902.912970	24,902.913000	24,902.920000
	15	생선	55,000	4,000	0.029126214	1,601.941770	1,601.942000	1,601.950000
	16	들깨	125,000	3,000	0.029126214	3,640.776750	3,640.777000	3,640.780000

ROUNDDOWN 함수 - 지정자리 버림

지정자리까지 무조건 버린다는 함수다.
수식입력줄이나 해당 셀에 "=ROIUNDDOWN(E8,2)"을 입력한다. 두 번째 숫자는 해당하는 소수자리까지 내림하겠다는 것이다.

품목	매입가액	운반비	의제매입세액공제율	의제매입세액	ROUND	ROUNDUP	ROUNDDOWN
쌀	855,000	6,000	0.029126214	24,902.912970			
생선	55,000	4,000	0.029126214	1,601.941770			
들깨	125,000	3,000	0.029126214	3,640.776750			
품목	매입가액	운반비	의제매입세액공제율	의제매입세액	ROUND	ROUNDUP	ROUNDDOWN
쌀	855,000	6,000	0.029126214	24,902.912970	24,902.913000	24,902.920000	24,902.910000
생선	55,000	4,000	0.029126214	1,601.941770	1,601.942000	1,601.950000	1,601.940000
들깨	125,000	3,000	0.029126214	3,640.776750	3,640.777000	3,640.780000	3,640.770000

EVEN 함수 - 올림하여 짝수 만들기

올림하여 가장 가까운 짝수를 구한다. 결과값을 원하는 셀에서 "=EVEN(E2)"를 입력한다.
[수식] - [수학/삼각]에서도 이용 가능하다.

업소	전세금	기간	이자율	금액	EVEN
밀리오레	36,000,000	0.252	10%	907,397.260	907,398
두타	60,000,000	0.233	10%	1,397,260.274	1,397,262
쥬네스	24,000,000	0.959	10%	2,301,369.863	2,301,370
테크노마트	28,000,000	0.877	10%	2,454,794.521	2,454,796

위의 표에서 금액을 계산한 결과값이 소수점이 발생하여 그 수치의 반올림값을 짝수의 정수로 표현하는 것으로 907,397.260이라면 907,398이 된다.

IF 함수 - 조건문

IF 함수는 조건함수로서 간단한 논리구조에 따른 결과값을 표시하는 함수다.
IF(논리식1, 논리식2)라는 형식 전제하에 조건이 참이면 1, 거짓이면 2의 결과가 나오는 함수다. [수식] - [논리]에 'IF' 함수를 선택하면 창이 나타난다.

제8장 기업실무에 자주 사용되는 함수   EXCEL

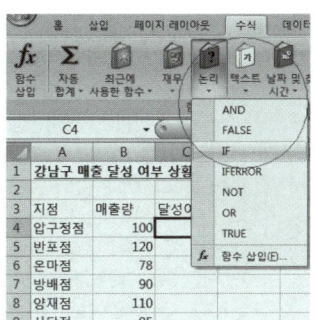 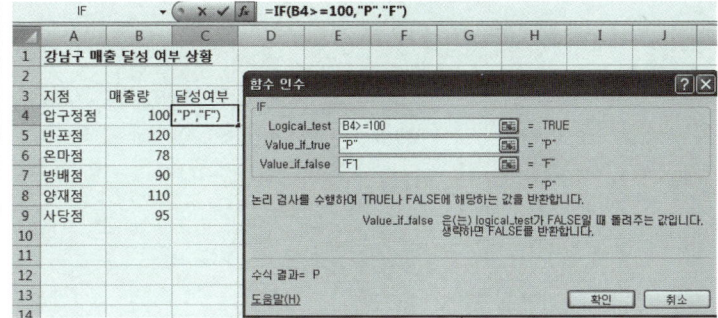

예 제

2사분기 수출량이 1사분기에 비해 늘었으면 "증가", 줄었으면 "감소", 같은 경우에는 "유지"로 나타내는데 이때 조건 함수인 IF문을 이용하면 된다.

"=IF(C13〉B13," 증가",IF(C13〈B13," 감소",IF(C13=B13," 유지")))"

12	종류	1사분기 수출량	2사분기 수출량	평가
13	김치	50,000	6,900,000	증가
14	매실	100,000	7,800,000	증가
15	사과	2,000,000	500,000	감소
16	쌀	900,000	6,100,000	증가
17	김치	4,500,000	3,300,000	감소
18	귤	6,700,000	7,600,000	증가
19	인삼	4,250	4,250	유지

RANK 함수 – 순위 구하기

일정 범위를 지정하고 지정된 범위에서 해당 셀의 순위가 얼마인가를 나타내는 함수다.

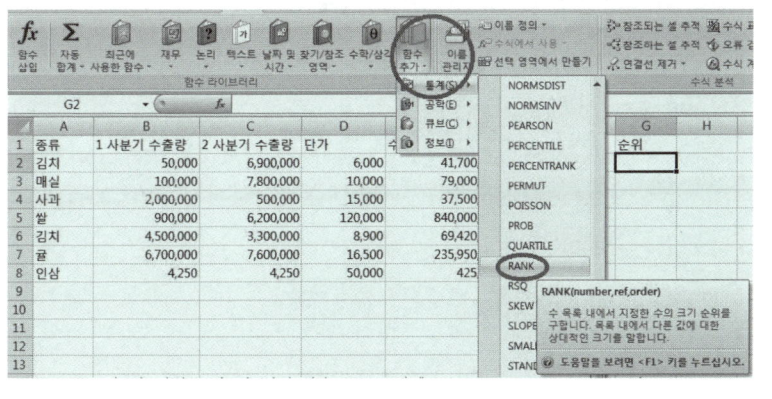

01 G2열에서 [수식] – [함수 추가] – [통계] – [RANK]를 선택한다.

139

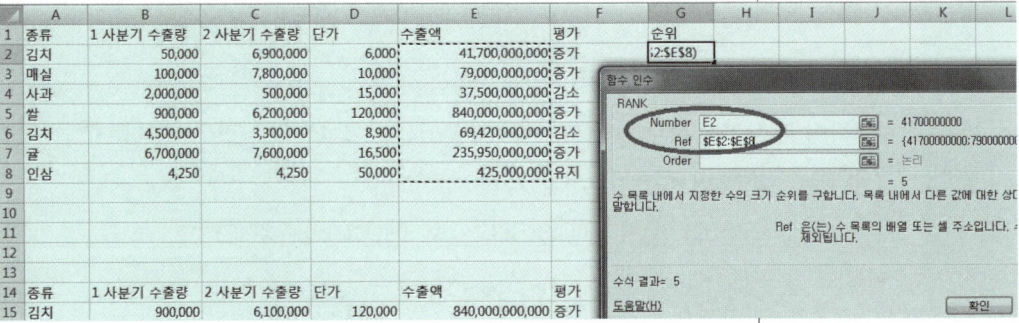

02 [RANK] 대화상자가 나타나면 Number란에 순위를 매기는 대상이 되는 셀인 E2를 클릭한다. 다음 Ref 란은 순위가 계산될 범위를 드래그한다. 이때 값이 변하지 않기 위해 F4를 눌러 절대 참조를 만들어준다. 그렇게 되면 드래그한 영역에 [$]생긴다. Order란에는 "0"을 입력하거나 입력하지 않으면 내림차순, 다른 숫자를 넣으면 오름차순으로 정렬된다.

TODAY 함수 - 날짜형식 맞추기

현재의 날짜를 날짜연번으로 계산하여 나타난다.
마우스 오른쪽 버튼을 누르고 [셀서식] - [표시 형식] - [날짜]순으로 들어간다.
여러 형식이 있기 때문에 사용자가 원하는 표시형식을 선택하여 이용한다.

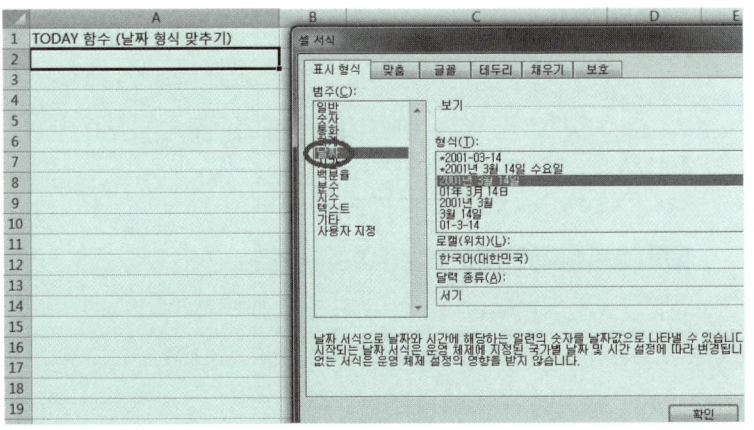

ROMAN 함수 - 로마숫자로 바꾸기

아라비아 숫자를 문자열인 로마숫자로 변환한다.
[수식] - [수학/삼각]으로 들어가는 방법이 있고, 로마숫자로 바꿔야 할
D2셀에 "=ROMAN(C2)"를 입력하면 원하는 값이 나온다.

	A	B	C	D
1	TODAY 함수 (날짜 형식 맞추기)		ROMAN 함수 (로마숫자로 바꾸기)	ROMAN
2	2010년 10월 6일		1	I
3			2	II
4			3	III
5			4	IV
6			5	V
7			6	VI
8			7	VII
9			8	VIII
10			9	IX
11			10	X
12			11	XI
13			12	XII

POWER 함수 - 거듭제곱

거듭제곱을 구하는 함수다.
[수식] - [수학/삼각]으로 들어가는 방법이 있고, 거듭제곱값의 결과가
나오는 셀에서 "=POWER(F2,2)"를 입력하면 값이 나온다.

	A	B	C	D	E	F	G
1	TODAY 함수 (날짜 형식 맞추기)		ROMAN 함수 (로마숫자로 바꾸기)	ROMAN		POWER 함수 (거듭제곱)	POWER
2	2010년 10월 6일		1	I		1	1
3			2	II		2	4
4			3	III		3	9
5			4	IV		4	16
6			5	V		5	25
7			6	VI		6	36
8			7	VII		7	49
9			8	VIII		8	64
10			9	IX		9	81
11			10	X		10	100
12			11	XI		11	121
13			12	XII		12	144
14							
15							
16	셀 서식 -> 날짜 -> 선택		식 = ROMAN (셀 지정)			식 = POWER (셀 지정)	

기업실무 엑셀

복리예금이자 계산 함수인 FV, PV, PMT 함수

이자계산서에 단리는 사칙연산에 의하여 쉽게 계산할 수 있다. 하지만 일정한 기간을 정해 놓고 매월 정기적으로 불입한다고 할 경우와 같이 복리계산이 이루어지면 계산이 복잡해진다. 이때 엑셀 함수마법사에 의하면 쉽게 계산할 수 있다.

FV 함수를 위한 예제

FV 함수는 미래가치를 산출하는 함수다. 예를 들면, 재인이가 예금한 ₩300,000을 연이율 12%, 1년 1기의 복리로 3년간 예금하면 복리 종가는 얼마일까?

사용순서

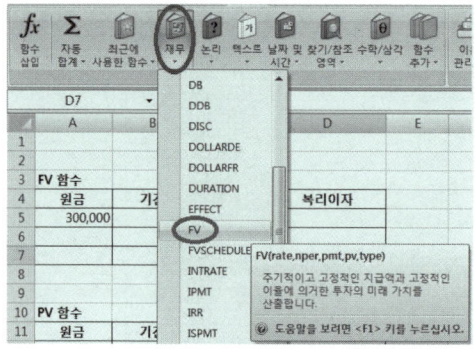

01 결과값이 나타날 셀인 D7셀을 클릭한다.

02 [수식] - [재무] - [FV]를 선택한다.

03 FV 대화상자가 나타난다.
① Rate칸에 12%의 셀C5를 클릭하고 F4를 눌러 절대 참조를 해준다.
② Nper칸에 총지불기간수를 나타내는 B7셀을 클릭한다.
③ Pmt칸에 각 기간마다는 없지만 1년을 1기로 보기 때문에 1을 입력한다.
④ Pv칸에 원금에 음수(-) 기호를 넣어 -300000을 입력한다.
⑤ 마지막칸에는 지급기일을 표시하는데, 일반적으로 생략이 가능하다.

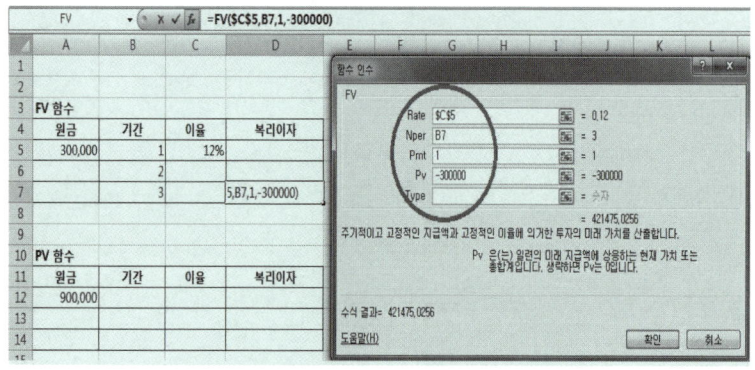

PV 함수를 위한 예제

PV 함수는 현재가치를 구하는 함수다. 예를 들면, 상원이가 3년 후에 상환해야 할 차입금 ₩900,000을 연이율 8.5%, 1년 1기의 복리로 지금 상환한다면 지급액은 얼마일까?

사용순서

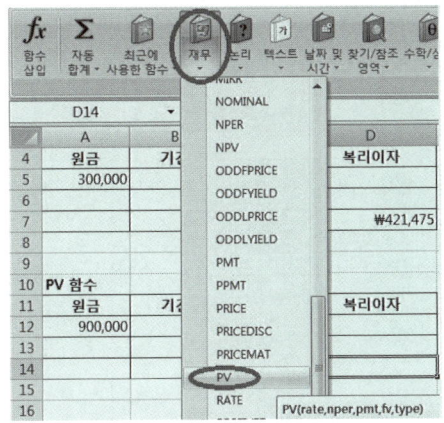

01 결과값이 나타날 셀인 D14셀에서 클릭한다.

02 [수식] – [재무] – [PV]를 선택한다.

03 PV 대화상자가 나타난다.
① Rate칸에 8.5%의 셀C12를 클릭하고, F4를 눌러 절대 참조를 해준다.
② Nper칸에 총지불기간수를 나타내는 B14셀을 클릭한다.
③ Pmt칸에 각 기간마다는 없지만 1년을 1기로 보기 때문에 1을 입력한다.
④ Pv칸에 원금에 음수(-) 기호를 넣어 –900000을 입력한다.
⑤ 마지막 칸에 지급기일을 표시하는데, 일반적으로 생략한다.

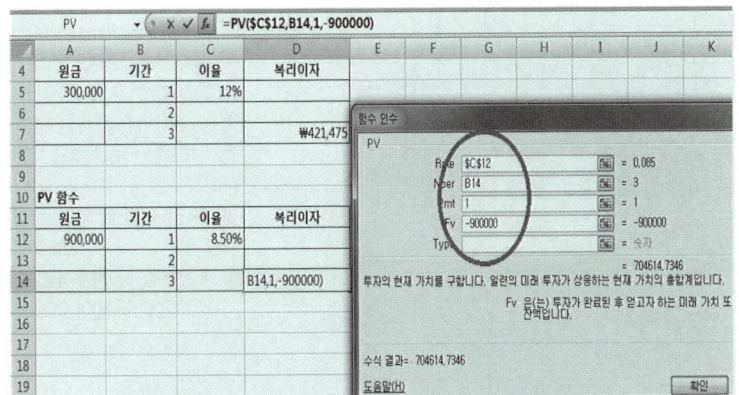

기업실무 엑셀 EXCEL

PMT 함수를 위한 예제

PMT는 고정 이자율 하에서 원리금균상환방식을 co택했을 때 연간(혹은 월간) 상환액을 구하는 데 쓰이는 것으로 즉, 납입 개월 동안 원금을 상환하기 위해 불입해야 할 금액을 계산할 때 이용 가능한 함수다.
예를 들면, 정희는 지금으로부터 5년 후에 ₩10,000,000을 마련하기 위해서 매년 말에 일정액을 예금하려고 한다. 연이율 10%, 1년 1기의 복리로 계산하면 매기의 예금은 얼마를 하여야 하는가?

사용순서

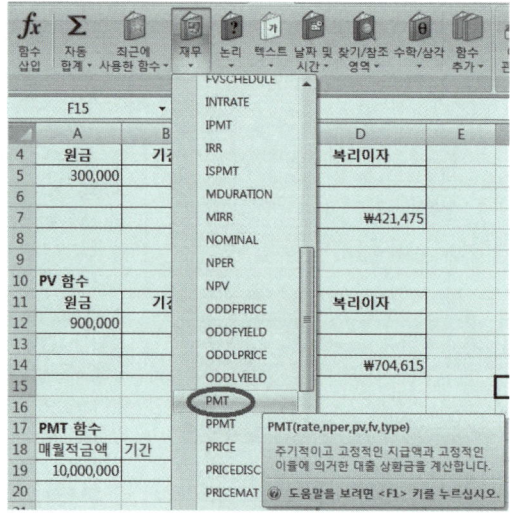

01 결과값이 나타날 셀인 D19셀을 클릭한다.

02 [수식] – [재무] – [PMT]를 선택한다.

03 PMT 대화상자가 나타난다.
① Rate칸에 10%의 셀C19를 클릭하고, F4를 눌러 절대 참조를 해준다.
② Nper칸에 총지불기간수를 나타내는 B19셀을 클릭한다.
③ Pv칸에 일반적으로 1을 입력한다.
④ Fv칸에 원금에 음수(-) 기호를 넣어 -10000000을 입력한다.

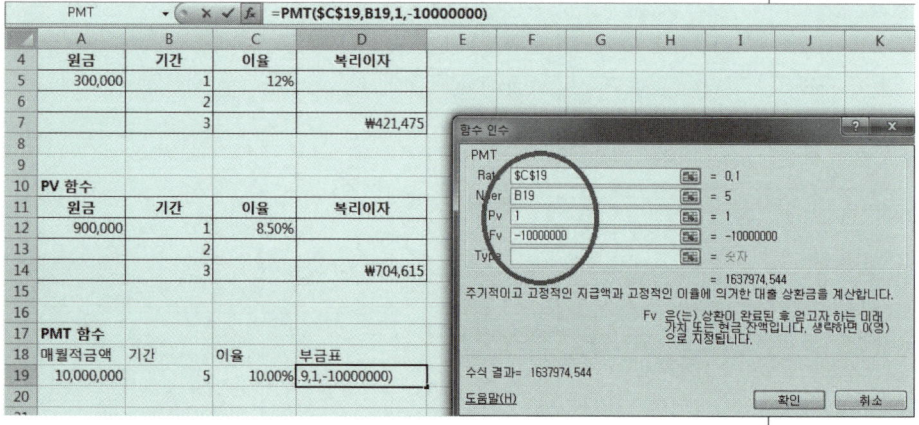

제8장 기업실무에 자주 사용되는 함수

	A	B	C	D	E
4	원금	기간	이율	복리이자	
5	300,000	1	12%		
6		2			
7		3		₩421,475	
8					
9					
10	PV 함수				
11	원금	기간	이율	복리이자	
12	900,000	1	8.50%		
13		2			
14		3		₩704,615	
15					
16					
17	PMT 함수				
18	매월적금액	기간	이율	불입표	
19	10,000,000	5	10.00%	₩1,637,975	

D19 =PMT($C$19,B19,1,-10000000)

지금까지 배워본 함수는 기업 실무에서 가장 많이 쓰이는 함수로 일상생활에도 도움이 되는 함수다. 어렵다고 함수를 뒤로 하지 말고 차근차근 이해를 해가면서 함수의 왕이 되도록 노력합시다.

출장여비 계산(중첩 IF, VLOOKUP, SUMIF)

출장여비 지급 명세서 완성화면

	A	B	C	D	E	F	G	H	I	J	K	L	M	N
4	성명	직급	출장 등급	출장일수		출장지	교통비		식비		숙박비		일비	합계
5				일수	야수		거리(km)	지급액	단가	지급액	단가	지급액	지급액	
6	김은미	과장	4	1	1	대전	268	14800	24000	24000	46,000	46,000	10000	94800
7	이정하	대리	5	5	4	천안	109	9000	18000	90000	46,000	46,000	50000	195000
8	이미리	사원	6	3	2	영주	553	37800	50000	150000	46,000	46,000	30000	263800
9	김가온	사원	6	1		태백	209	13600	15000	15000	46,000	46,000	10000	84600
10	이종민	과장	4	2	2	당진	120	10400	24000	48000	46,000	46,000	20000	124400
11	김진아	대리		3	2	부여	275	25600	50000	150000	46,000	46,000	30000	251600
12	이승민	이사	2	2	1	대전	268	14800	100000	200000	46,000	46,000	20000	280800
13	윤은아	과장	4	4	2	청평	176	14600	24000	96000	46,000	46,000	40000	196600
14	신미주	대리	5	5	4	아산	553	37800	18000	90000	46,000	46,000	50000	223800
15	김가향	차장	3	3	3	홍천	510	25000	50000	150000	46,000	46,000	30000	251000
16	황진숙	대리		3	2	인천	553	37800	50000	150000	46,000	46,000	30000	263800
17	나시원	차장	3	1		서산	184	14400	0	0	46,000	46,000	10000	70400
18	조익진	과장	4	3	2	포항	209	13600	50000	150000	46,000	46,000	30000	239600
19	이장룡	대리	5	2	2	안동	553	37800	18000	36000	46,000	46,000	20000	139800
20	장동진	사원	6	4	3	여주	553	37800	15000	60000	46,000	46,000	40000	183800
21	윤향미	차장	3	1		철원	109	9000	0	0	46,000	46,000	10000	65000
22	홍등길	사원	6	1	1	대전	268	14800	15000	15000	46,000	46,000	10000	85800
23				합계										

기업실무 엑셀   EXCEL

연습문제 1

한라관광 출장여비 명세서다. 함수를 사용하여 빈칸을 채워 넣으시오.

1. 출장등급 구하기

입력된 데이터의 양이 많을 때 스크롤바를 내리면 제일 위 행의 성명, 직급, 출장 등급, 출장일수 등 항목들이 보이지 않아 불편하기 때문에 틀을 고정해줘야 한다. 틀 고정은 다음과 같다.

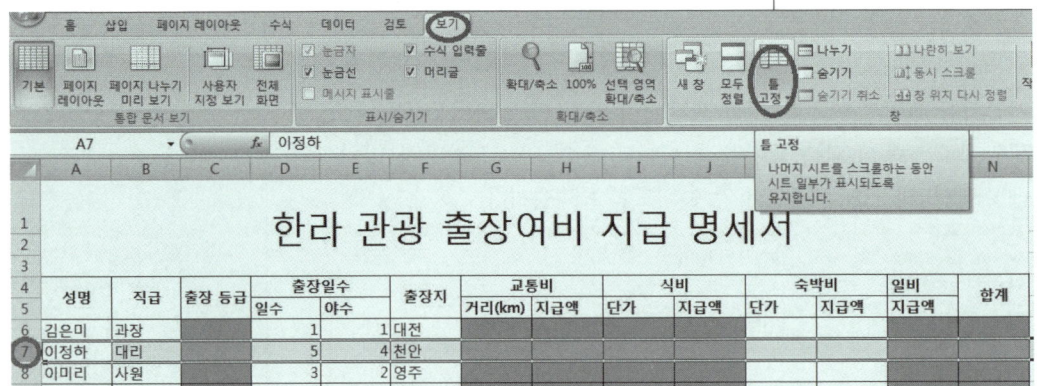

__01__ [7번째 행을 선택 – 보기 – 틀 고정]

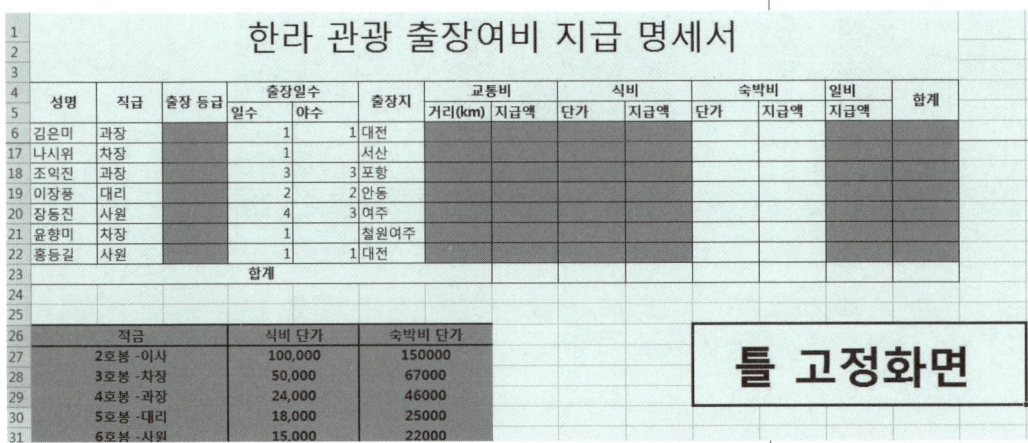

① 출장등급은 IF 함수와 A26:G31셀을 참조하여 C6셀을 선택하여 다음과 같이 입력한다.

=IF(B6="이사",2,IF(B6="차장",3,IF(B6="과장",4,
IF(B6="대리",5,IF(B6="사원",6,"")))))

함수 풀이 – 만약에 B6셀이 이사면 숫자2, 차장이면 숫자3, 과장이면 숫자4, 대리면 숫자5, 사원이면 숫자6, 그것도 아니면 빈칸으로 입력한다는 의미다.

■ 출장등급 (중첩 IF (조건이 2개 이상 되는 IF 함수))
① 형태 – =IF(조건식1, 값1,IF(조건식2, 값2, 값3))
② 설명 – 조건식1의 결과가 참이면 값1, 아니면 조건식2로 넘어간다. 조건식2의 결과가 참이면 값2, 아니면 값3을 추출한다.
③ 비교연산자 : 〉(크다), 〈(작다), 〉=(이상), 〈=(미만), =(같다), ◇(같지 않다)

2. 교통비 – 거리 구하기 (VLOOKUP)

VLOOKUP 함수는 참조할 데이터의 첫째 열에서 특정값을 검색하여 같은 행에 있는 다른 열의 값을 참조하여 데이터를 가져오는 함수다.

■ VLOOKUP
① 형태 – =VLOOKUP(값, 참조범위, 열 번호, 방법)
② 설명 – 참조범위의 열에서 값을 찾아 지정한 열에서 같은 위치에 있는 값을 구한다.
③ 방법 – TRUE=1 : 찾을 값과 일치하는 값이 없으면 근사값으로 찾는다.
　　　　　FALSE=0 : 정확하게 일치하는 값을 찾는다.
G6셀을 선택하고 – [홈 클릭] – [자동합계] – [함수 추가]순으로 클릭한다.

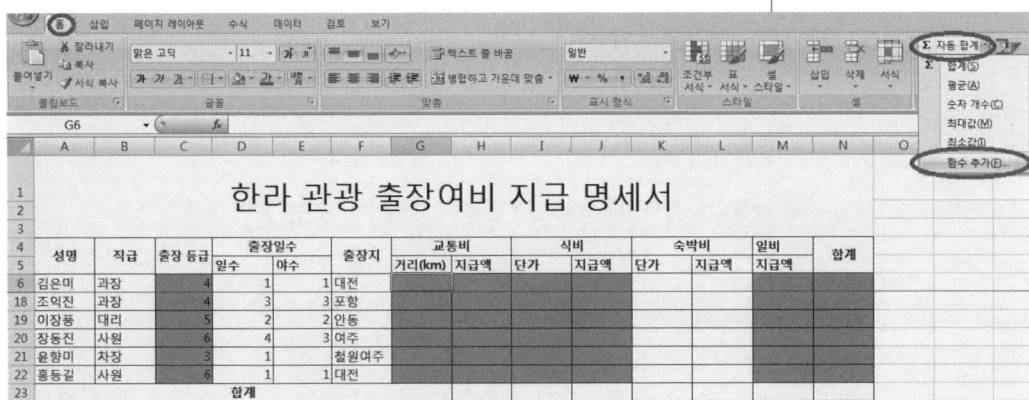

함수 마법사 창이 뜨면, [VLOOKUP] – [확인]을 클릭한다.
※ Lookup_value : 찾을 값, Table_arry : 참조할 데이터 범위,
　 Col_index_num : 참조할 데이터 범위에서 찾아올 값이 있는 해당 열, Range_lookup은 논리값을 의AL(0은 FALSE, 1은 TRUE)

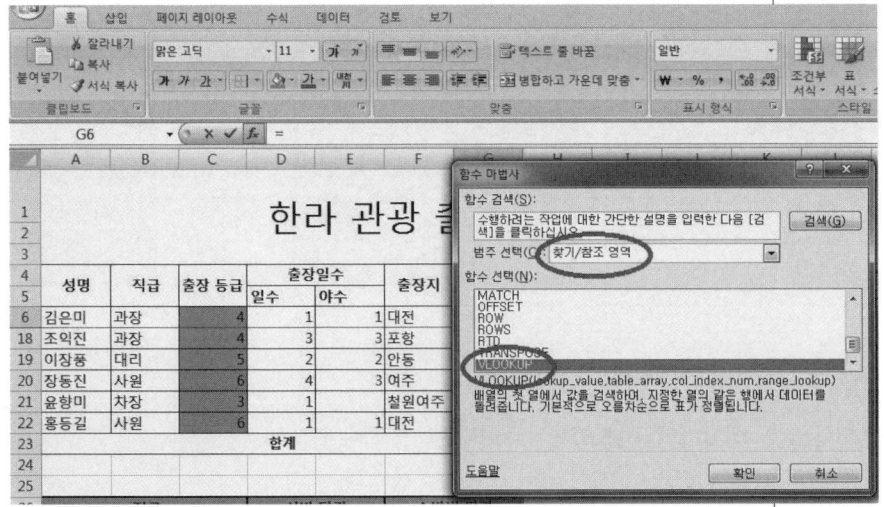

=VLOOKUP(F6,운임요금!$A$4:$C$21,2,1)*2

함수 풀이 – F6은 출장지 대전을 기준으로 한다는 것이다.

운임요금!$A$4:$C$21은 참조할 데이터의 시트 이름과 데이터의 범위다.

(절대 참조 : 현 위치에 관계없이 절대적으로 한 주소 지정, F4)

위의 그림과 같이 운임요금을 구할 때 채우기 핸들을 이용하여 복사해도 운임요금의 조수는 변함이 없어야 한다. 따라서 운임요금 앞에 $기호를 붙인다.

2는 운임요금 시트에서 '거리(Km)' 가 2번째 열이라는 것을 의미한다.

[수식 창에 *2를 입력]

풀이 – *2는 왕복거리를 의미한다.

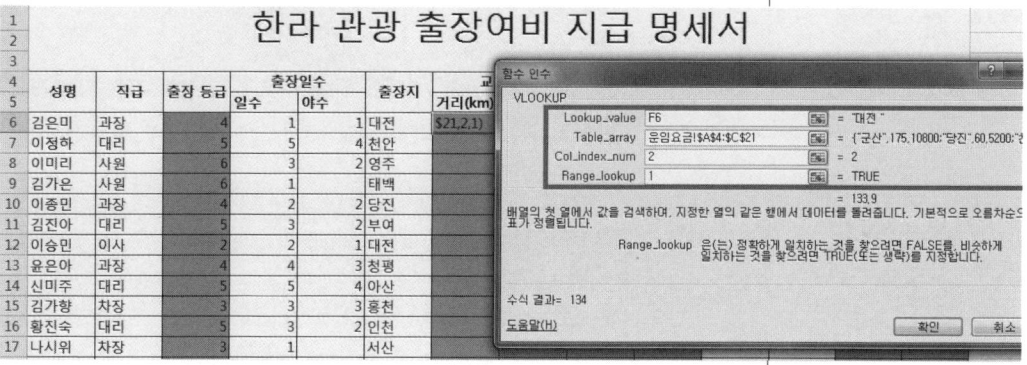

3. 교통비 - 요금 구하기(VLOOKUP)

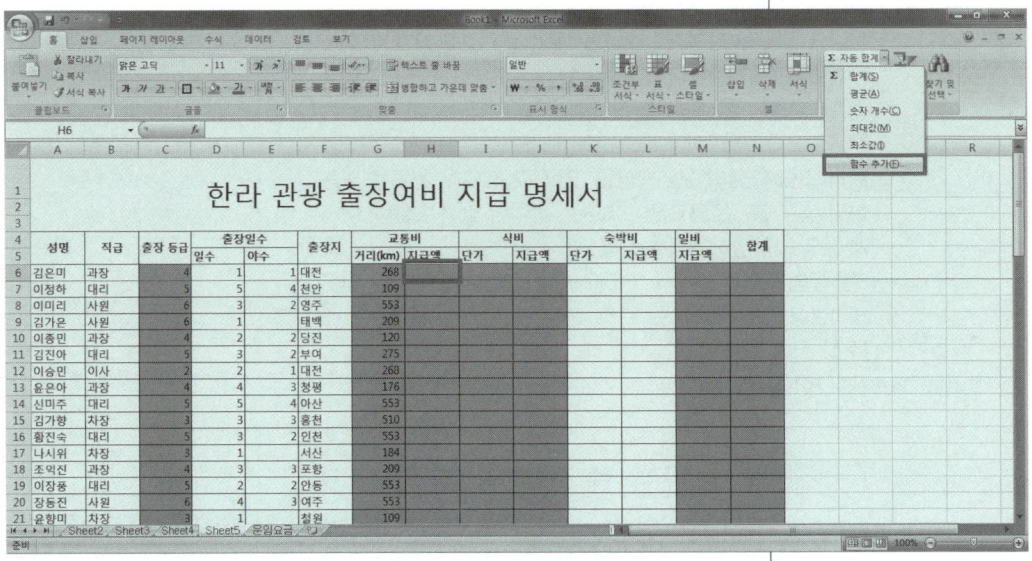

01 H6셀을 선택하고 [홈] - [자동 합계] - [함수 추가]순으로 클릭한다.

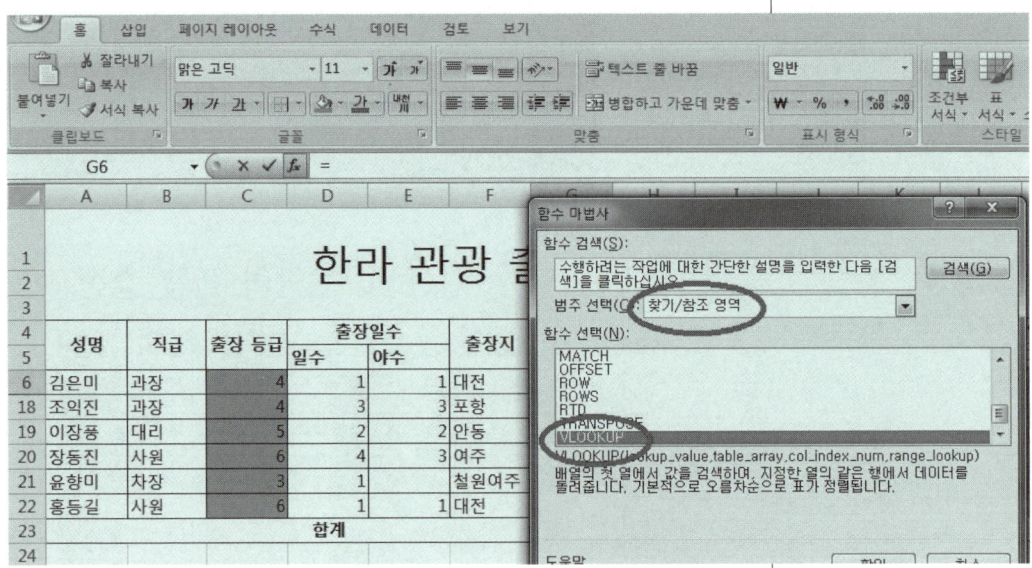

02 [함수 마법사] 대화상자가 뜨면, [VLOOKUP]을 선택하고 [확인]을 클릭한다.

=VLOOKUP(F6,운임요금!$A$4:$C$21,3,1)*2

함수 풀이 - F6은 출장지 대전을 기준으로 한다는 것이다. 운임요금
!$A$4:$C$21은 참조할 데이터의 범위다. (참조 셀의 데이터
가 아래로 한 칸씩 움직이지 않게 절대 참조 F4를 누른다.)
3은 운임요금 시트에서 "요금"이 3번째 열이라는 것이다.

[수식 창에 *2를 입력]
풀이 - *2는 왕복요금을 의미한다.

4. 식비 단가 구하기 (IF)

I6셀을 선택하고 다음과 같이 입력한다.

=IF(C6=2,$D$27,IF(C6=3,$D$28,IF(C6=4,$D$29,IF(C6=5,$D$30,IF(C6=6,$D$31,0)))))

함수 풀이 - 만약에 C6셀이 2와 같으면, 100,000원, 3이면 50,000원, 4와 같으면 24,000원, 5와 같으면 18,000원, 6이면 15,000원 그것도 아니면 0원이다.

5. 식비 지급액 구하기 (IF)

J6셀을 선택하고 다음과 같이 입력한다.

=IF(D6>=0,D6*I6,0)

함수 풀이 – 만약에 D6셀이 0보다 크다면 D6셀 값과 I6셀에 값을 곱한다. 0은 정확한 값을 출력하라는 의미이다.

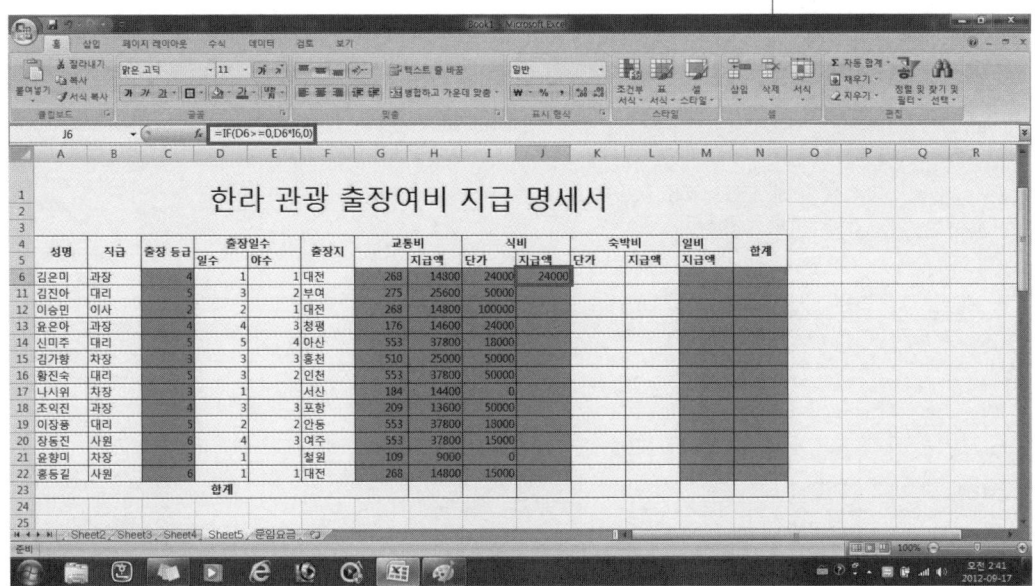

– 숙박비의 단가와 지급액은 식비와 같은 방법으로 구하기 때문에 생략한다.

6. 출장일비 지급액

M6셀을 선택하고 다음과 같이 입력한다.

=D6*100000

함수 풀이 – 하루 출장비를 10,000이라 가정하고 D6셀과 곱한다.

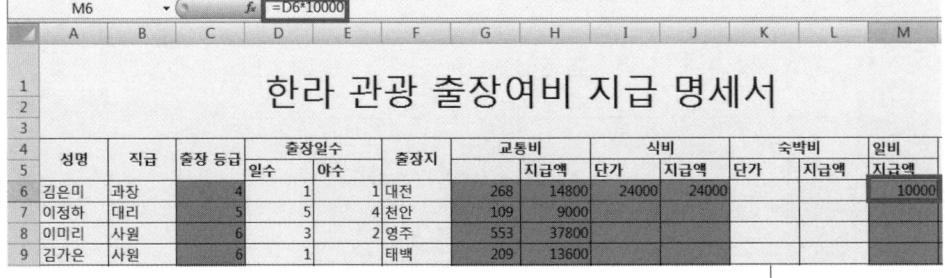

7. 합계 구하기 (SUMIF)

N6셀을 선택하고 다음과 같이 입력한다.

=SUMIF($G$5:$M$22," 지급액",G6:M22)

함수 풀이 – G5에서 M22 범위에서 지급액이 있는 셀을 G6에서 M22까지 더하라는 의미다.

SUMIF

① 형태 – =SUMIF(범위1,조건,범위2)
② 설명 – 범위1에서 조건을 만족하는 셀을 찾아 범위2에서 같은 위치에 있는 셀의 합계를 구한다.
③ 형태

함수식	설명
=SUMIF(A1:D10," >1000")	(A1:D10)에서 1000보다 큰 값이 있는 셀의 합계 구하기
=SUMIF(A1:D10," 관광",E1:G10)	(A1:D10)에서 "관광"이란 텍스트가 있는 셀을 찾아서 (E1:G10)에서 같은 위치에 있는 셀의 합계 구하기
=SUMIF(A1:D10,H5,E1:G10)	(A1:D10)에서 H5셀의 값과 같은 셀을 찾아서 (E1:G10)에서 같은 위치의 셀의 합계 구하기

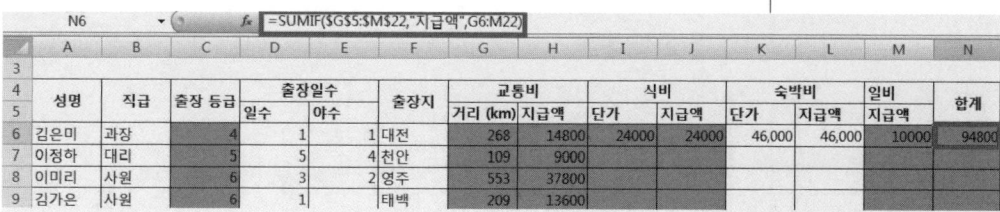

기업실무 엑셀

CHAPTER 9

연월차 휴가 연말 정산표 작성하기
절대, 상대, 혼합 참조, ROUND 함수 사용하기

일반적으로 연월차 휴가 일수는 입사 연도와 현재의 연차에 따라 정해진다. 그리고 연차 휴가 일수와 월차 휴가 일수가 더해져서 일 년 동안의 개인의 휴가 일수가 정해지는데, 휴가를 사용하지 않으면 그 날짜에 해당하는 임금에 포함되어 정산됩니다. 이제부터 연월차 휴가 연말 정산표를 만드는 과정을 통해 연월차 휴가를 연말 정산할 때 금액으로 환산하는 방법에 대해 알아보겠습니다.

※ 여기에서 배울 엑셀의 주요기능 ※
① 절대, 상대, 혼합 참조를 사용하여 입사 연도별 연차 일수 구하기
② ROUND 함수로 휴가비 정산하기

여기에서 작성하는 연월차 휴가 연말 정산표는 간단한 수식과 1F 함수, 그리고 ROUND 함수를 사용할 것입니다. 그리고 엑셀에서 반드시 알아야 할 절대 참조, 상대 참조, 혼합 참조도 활용해 보겠습니다.

※ 완성화면 ※

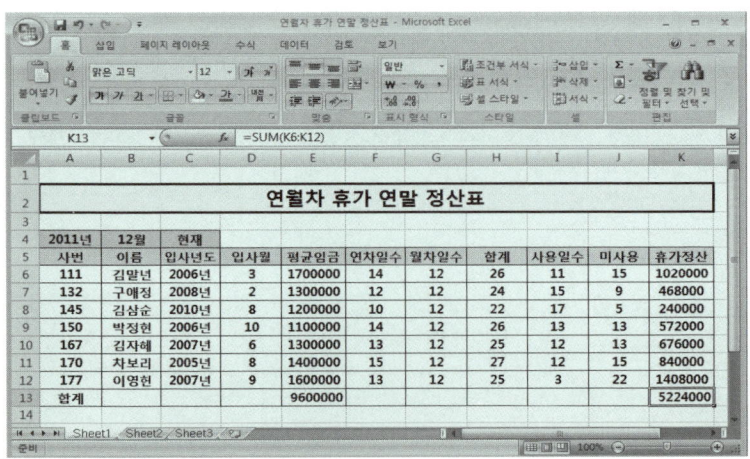

데이터 입력 및 서식지정

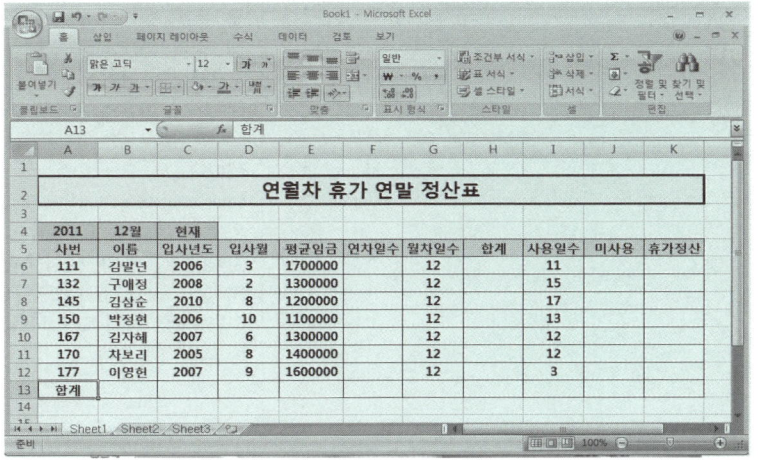

01 셀 범위[A2:K2]를 병합하고 가운데 맞춤을 한 후 제목으로 "연월차 휴가 연말 정산표"를 입력하고, 서식 속성은 '굵게' 및 '가운데 맞춤', '굵은 상자 테두리', 글씨 크기는 '18', 채우기 색은 '노랑'으로 지정한다.

02 셀 범위[A4:C4]에는 '2011', '12월', '현재' 각 데이터를 입력한다. 서식 속성은 '굵게 및 가운데 맞춤', 모든 테두리, 크기는 '12', 채우기 색은 '회색'으로 지정한다.

03 셀 범위[A5:K13]는 각 데이터를 입력하고, 서식 속성은 '굵게 및 가운데 맞춤', 모든 데투리, 크기는 '12', 채우기 색은 셀 범위[A5:K5]에 '연한 녹색'으로 지정한다.

절대, 상대, 혼합 참조로 입사 연도별 연차 일수 구하기 EXCEL

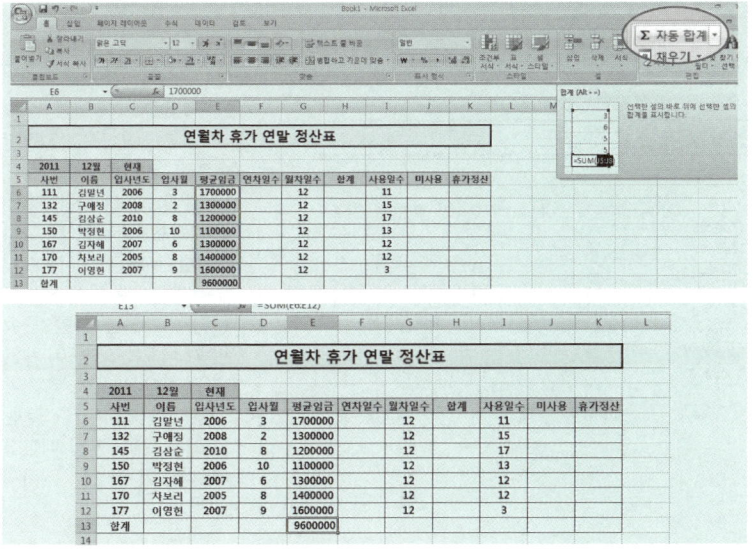

01 E13셀에 =SUM(E6:E12)를 입력해 합계를 구하거나 E6부터 E12까지 드래그하여 자동합계를 클릭한다.

기업실무 엑셀

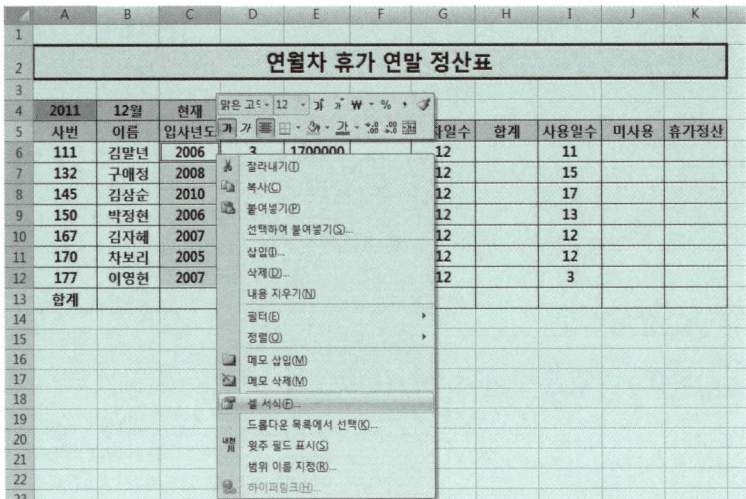

02 여기에서는 숫자 뒤에 연도를 의미하는 "년"을 붙여서 숫자와 구별하기 쉽게 만들어보자. 우선 Ctrl키를 누른 상태에서 A4셀과 셀 범위 C6:C12를 선택한 후 [서식] - [셀 서식]을 선택하거나, 마우스 오른쪽 클릭 후 [셀 서식] 메뉴를 선택한다.
이때 서식 메뉴가 없는 경우 왼쪽 맨 위의 동그란 단추를 클릭하여 [Excel] - [사용자 지정] - [서식 추가]를 선택하면 [빠른 실행 도구 모음]에 나타나게 된다.

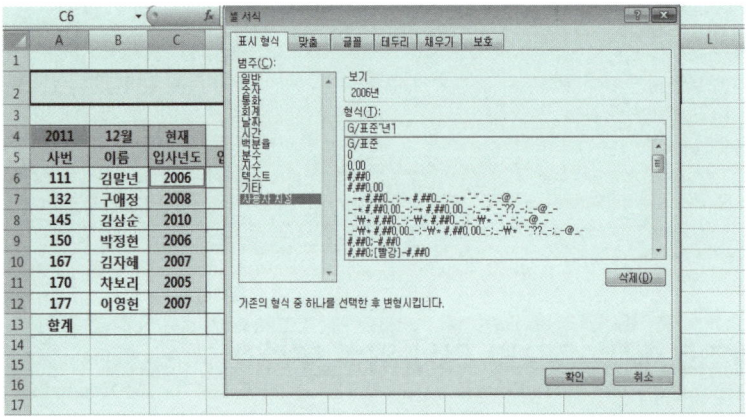

03 [셀 서식] 대화상자가 열리면 [표시 형식] 탭의 범주 항목에서 [사용자 지정]을 클릭하여 형식에서 'G/표준'을 선택한다. 그런 다음, [형식] 대화상자에 입력된 'G/표준' 다음에 한 칸 비우고, "년"을 직접 입력한 후 [확인]을 클릭한다.

04 이번에는 '연차 일수'를 구해보자. F6셀에 수식 '=A4-C6-1+10'을 입력한 후 입력 커서를 '='과 'A4' 사이에 놓는다. 그런 다음, F4 키를 한 번 누른 후 다시 Ctrl키를 누른다.(수식 "A4-C6-1+10"은 현재의 연도에서 입사 연도를 빼면 근속 연수가 나오는데, 1년이 지난 후부터 10일의 연차 휴가가 주어진다는 의미다. 그 결과, 이후에는 1년이 지날 때마다 연차 휴가가 하루씩 많아지게 된다.)

05
F6셀의 수식이 '=$A$4 −C6−1+10'으로 바뀐다. 이제 F6셀을 선택한 상태에서 채우기 핸들을 F12셀까지 드래그하여 수식을 복사한다.(F12셀에 "=$A$4−C12−1+10"이 입력된 것을 확인한다. 여기에서 "$A$4"는 절대 참조의 형식으로, C12는 상대 참조의 형식으로 복사된 것이다.)

06
H6셀에 수식 "SUM(F6 :G6)"을 입력한 후 채우기 핸들을 H12셀까지 드래그하여 수식을 복사한다.

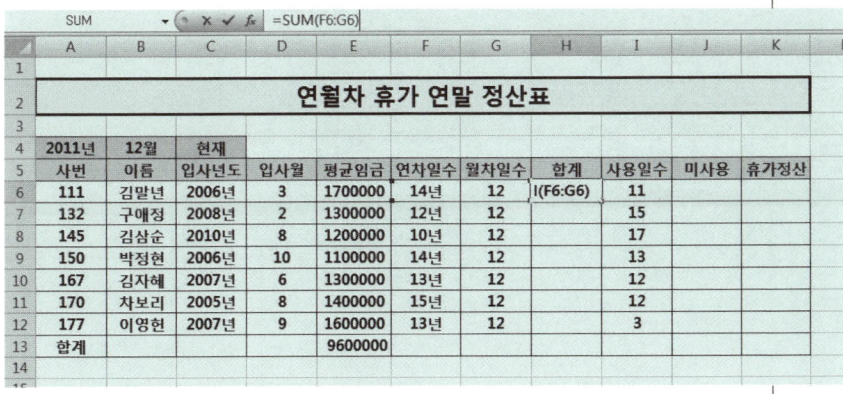

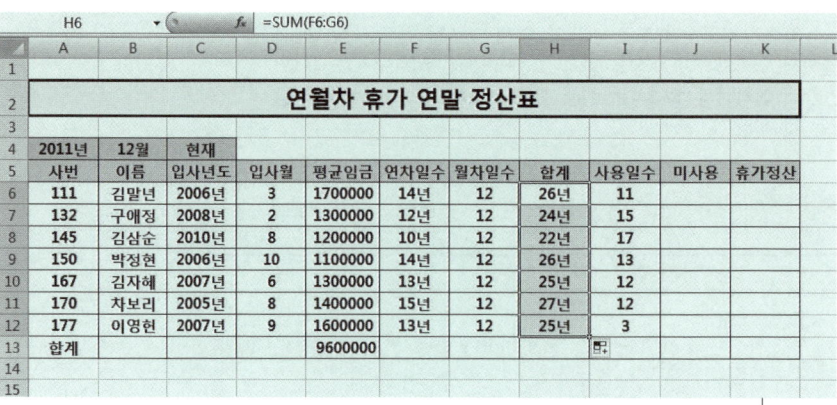

07 J6셀에 수식 "H6-I6"을 입력한 후 같은 방법으로 채우기 핸들을 J12셀까지 드래그하여 수식을 복사한다.

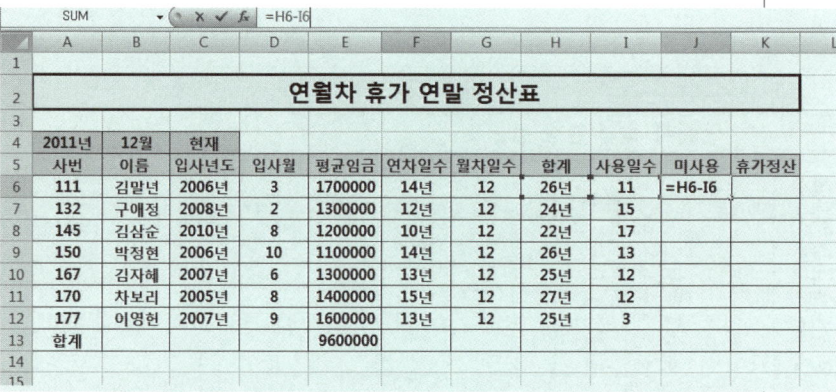

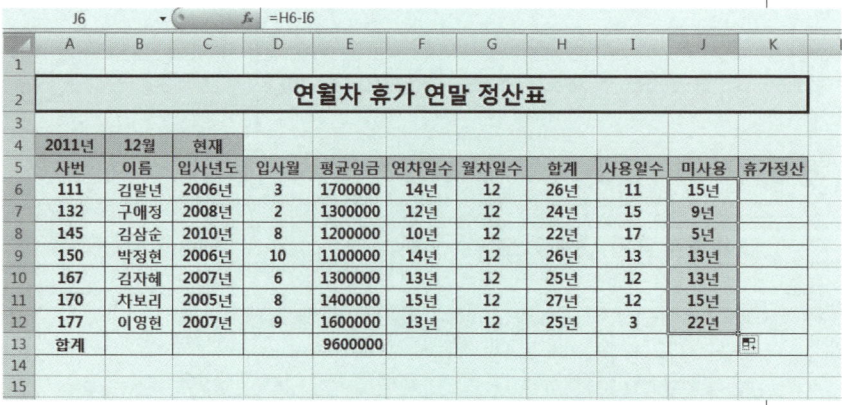

제9장 연월차 휴가 연말 정산표 작성하기

08 Ctrl 키를 누른 상태에서 셀 [F6:F12], [H6:H12], [J6:J12]를 선택 후 [셀 서식]에 들어간다. [표시 형식]에서 [범주(C)] – [일반]을 선택한 후 Ctrl 키를 누른다.

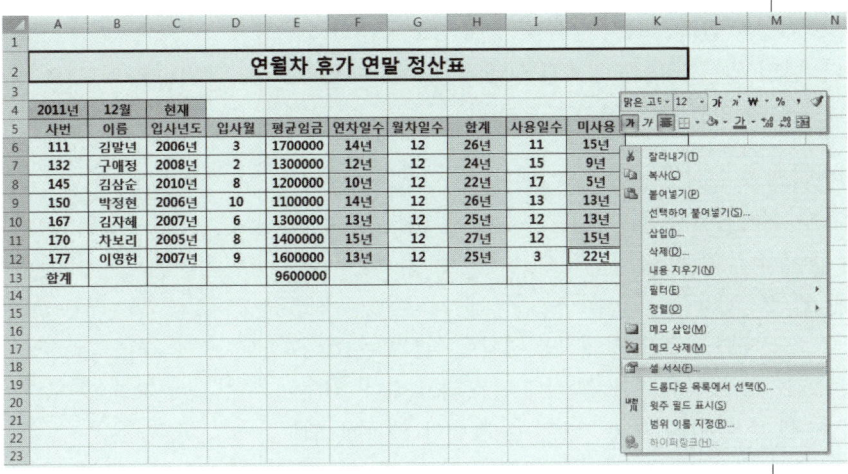

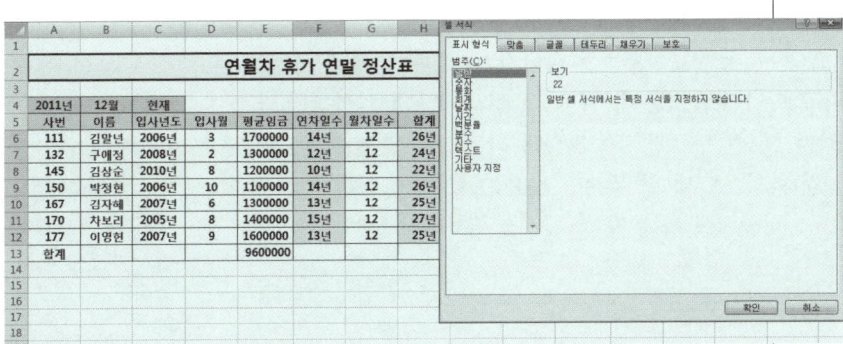

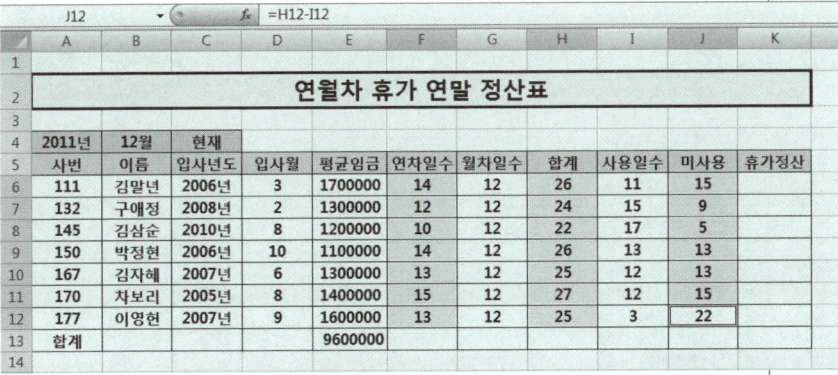

상대, 절대, 혼합 참조 이해하기

엑셀에서 수식을 복사하면, 셀 주소가 고정되지 않고 상대적인 셀 주소가 복사되는데, 이러한 일반적인 복사 방식을 '상대 참조에 의한 수식 복사'라고 한다. 반면 셀 주소를 고정시킨 상태에서 그대로 복사하는 방식을 '절대 참조에 의한 수식 복사'라고 한다.

- 상대 참조 : 일반적으로 수식에는 셀 주소가 포함되어 있다. 따라서 셀에 입력한 수식을 복사하여 다른 셀에 붙여 넣으면, 수식에 포함되어 있는 셀 주소가 바뀌는 경우가 있는데, 이것을 '상대 참조'라고 한다.(예 A1, B2, C3)
- 절대 참조 : 셀 주소에 대한 참조를 상대적인 위치로 설정하는 것이 아니라, 절대적인 위치로 지정하는 것을 '절대 참조'라고 한다. 절대 참조를 만들려면, 셀 주소 앞에 달러 기호($)를 붙여야 하는데, 달러 기호는 직접 입력하거나 셀 주소 앞에 입력 커서를 놓고 F4 키를 한 번씩 누르면 된다.(예 $A$1, $B$2, $C$3)
- 혼합 참조 : 열 번호나 행 번호 중에서 하나가 절대 참조인 경우를 '혼합 참조'라고 한다. 예를 들어, 셀 주소 E13셀 앞에 입력 커서를 놓고 F4 키를 한 번 누르면 $E$13(절대 참조), 두 번 누르면 E$13(행에 대한 절대 참조), 세 번 누르면 $E13(열에 대한 절대 참조), 네 번 누르면 E13(원래의 상대 참조) 상태로 돌아온다.(예 $A1, $B2, $C3)

ROUND 함수로 휴가비 정산하기

	A	B	C	D	E	F	G	H	I	J	K	L
	SUM		✗ ✓ fx	=ROUND(J6*E6/25,-1)								
1												
2				연월차 휴가 연말 정산표								
3												
4	2011년	12월	현재									
5	사번	이름	입사년도	입사월	평균임금	연차일수	월차일수	합계	사용일수	미사용	휴가정산	
6	111	김말년	2006년	3	1700000	14	12	26	11	15	*E6/25,-1)	
7	132	구애정	2008년	2	1300000	12	12	24	15	9		
8	145	김삼순	2010년	8	1200000	10	12	22	17	5		
9	150	박정현	2006년	10	1100000	14	12	26	13	13		
10	167	김자혜	2007년	6	1300000	13	12	25	12	13		
11	170	차보리	2005년	8	1400000	15	12	27	12	15		
12	177	이영현	2007년	9	1600000	13	12	25	3	22		
13	합계				9600000							
14												
15												

제9장 연월차 휴가 연말 정산표 작성하기

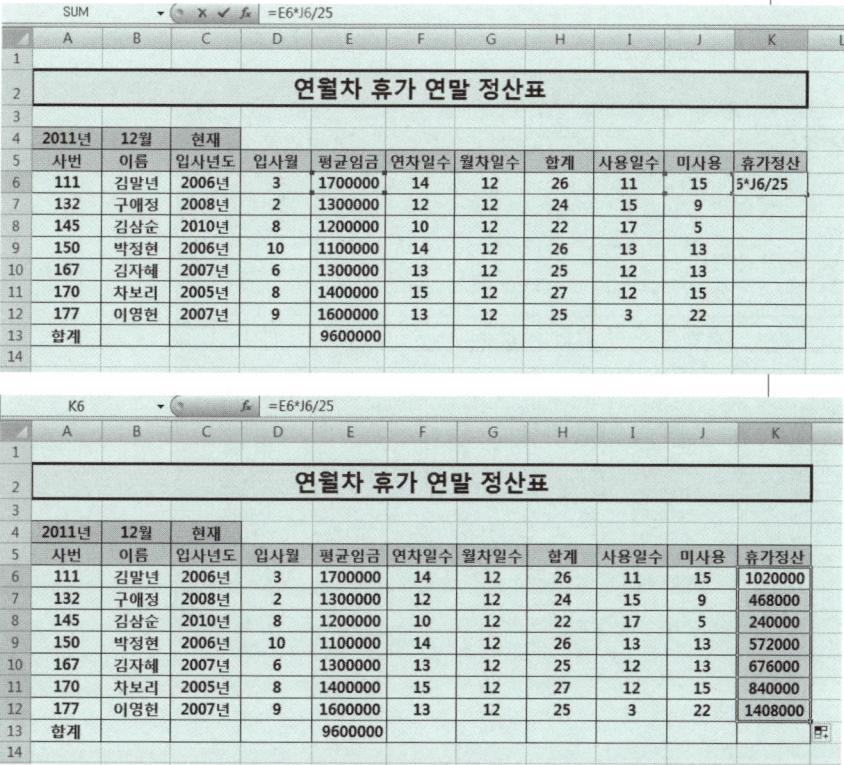

01 K6셀에 수식 "ROUND (J6*E6/25,-1)"을 입력한 후 채우기 핸들을 K12셀까지 드래그하여 수식을 복사한다.(위의 수식은 월 평균 임금(E6셀)을 '25'로 나눈 후 연월차 미사용 일수(J6셀)를 곱하여 사용하지 않은 휴가를 임금으로 계산하는 수식이다. 'num_digits'를 -1로 지정했기 때문에 소수점 이하 첫째 자리 왼쪽에서 반올림하여 정수값만 구할 수 있다.)

02 다른 방법으로는 연월차수당=월급여액×미사용일수÷월평균근무일수가 있다. 연월차수당=휴가정산, 월급여액=평균임금이므로 "ƒx = E6*J6/25"를 입력한 후 채우기 핸들을 K12셀까지 드래그하여 수식을 복사한다.(여기서 25라는 숫자는 주5일 근무인 회사는 월평균 근무 일수가 21일이고 토요일 격주 휴무인 회사는 월평균 근무 일수가 25일인데 토요일 격주 휴무인걸로 계산해서 넣은 숫자다.)

기업실무 엑셀

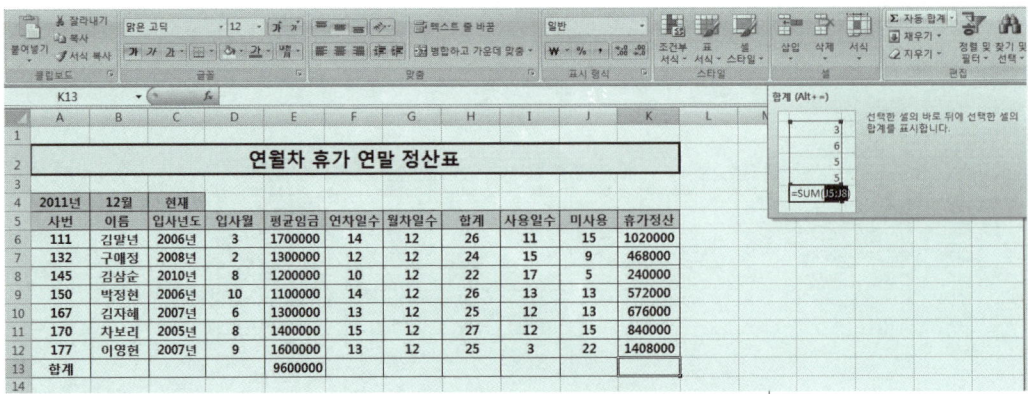

03 K13셀을 선택한 후 [표준 도구 모음] – [자동 합계]를 클릭하여 '휴가 정산' 항목의 합계를 구하거나 "=SUM(K6:K12)"를 입력한다. 이제 연월차 휴가 연말 정산표 작성이 모두 완성되었다.

※ 완성화면 ※

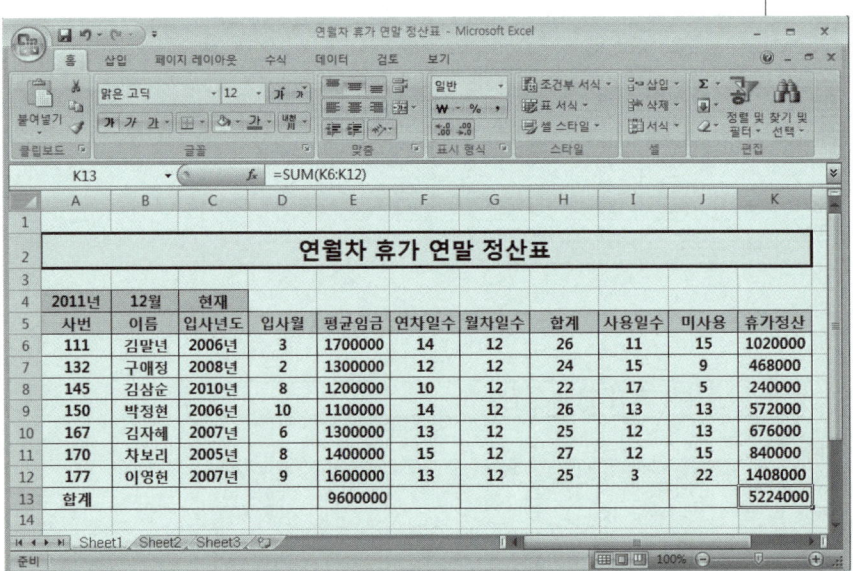

ROUND 함수 이해하기

ROUND 함수는 업무를 위한 문서나 표에서 수치를 반올림할 때 사용하는데, ROUND 함수 의 형식은 다음과 같다.

ROUND 함수
◇ 구문 : ROUND(number, num_digits)
- number : 반올림할 수다.
- num_digits : 반올림할 number의 자릿수다.

'num-digits'이 0보다 크면 지정한 소숫점 이하 자릿수로 반올림하고, 0이면 지정한 가장 가까운 정수로 반올림 한다. 반면 0보다 작으면 지정한 소수점 이상 자릿수 왼쪽에서 반올림 한다. 그리고 0에 가까운 방향으로 내림할 때는 ROUNDDOWN 함수를, 0에서 먼 방향으로 올림할 때는 ROUNDUP 함수를 사용한다.

[활용 예]

∫x =ROUND(2.15,1)	2.15를 소수점 이하 첫째 자리까지 반올림하므로 결과는 2.2
∫x =ROUND(-1.475,2)	-1.475를 소숫점 이하 둘째 자리까지 반올림하므로 결과는 -1.48
∫x =ROUND(21.5,-1)	21.5를 소수점 왼쪽 한 자리로 반올림하므로 결과는 20
∫x =ROUNDDOWN(3.4972,2)	3.4972를 소숫점 이하 셋째 자리에서 버림하여 소숫점 이하 둘째 자리까지 나타내므로 결과는 3.49
∫x =ROUNDUP(3.4972,3)	3.4972를 소숫점 이하 넷째 자리에서 올림하여 소숫점 이하 셋째 자리까지 나타내므로 결과는 3.498

기업실무 엑셀   EXCEL

CHAPTER 10
일별·월별·연간 예산집행 현황시트 작성
일별/월별간의 시트 연결, 잔액 함수 설정, 틀 고정

일별 예산집행 현황시트 작성   EXCEL

기업이 수익을 남기기 위해서는 매출 증가나 예산 절감 등이 이루어져야 한다. 예산 절감을 위해서는 예산이 어떤 항목으로 어떻게 지출되었는지를 정확하게 파악해야 한다. 이를 위해서는 일별·월별로 예산집행 내역을 분류 및 집계해야 한다. 일별·월별 집계를 위해서는 엑셀의 시트를 서로 연결하는 관리기법을 알아야 한다.

예산항목과 집행경비현황 작성하기

각 회사에서 사용하는 예산항목을 작성하면 된다.

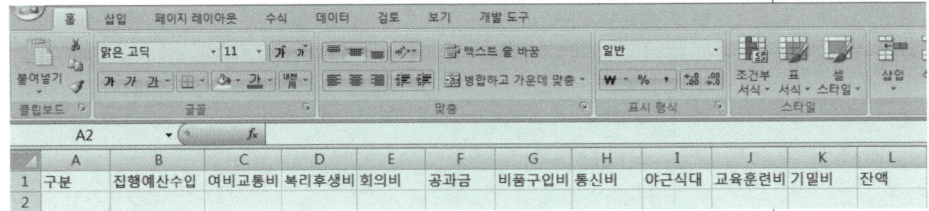

일자의 자동입력

A2셀에 "1일"을 입력한 후 오른쪽 가장자리에 +모양의 포인터를 마우스 왼쪽 버튼을 누른 채로 "31일"이 될 때까지 드래그한다.(A32셀까지 드래그하면 된다.)

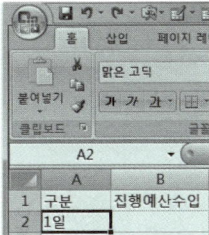 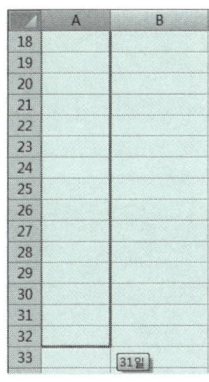

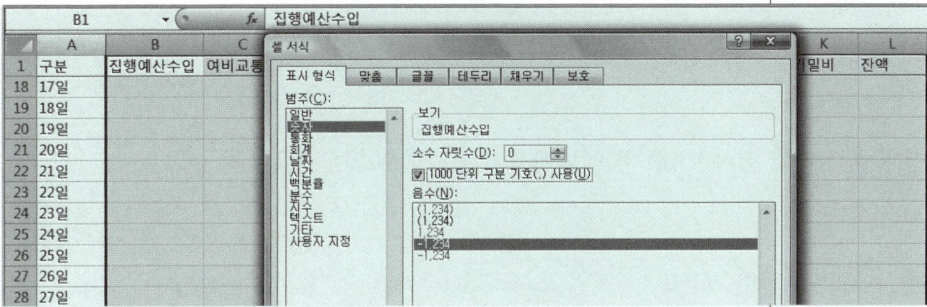

예산집행 항목이 많은 경우에는 [틀 고정]을 이용하기

예산집행 항목이 많은 경우에는 항목들을 모두 화면 전체에 나타내기 어렵겠죠?
이 때 [틀 고정] 기능을 이용하면 왼쪽의 기준항목은 고정한 채 오른쪽의 예산집행 항목들을 파악할 수 있다.

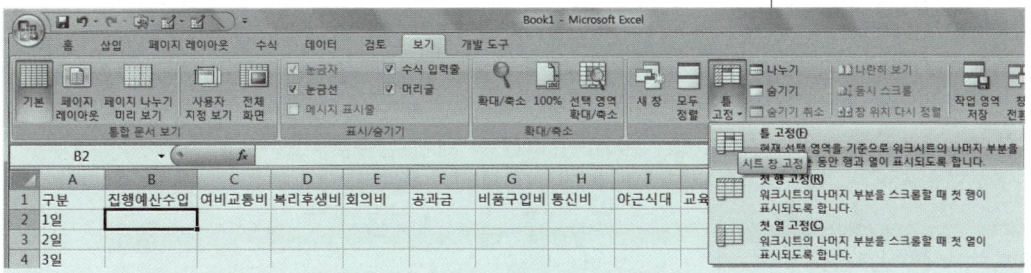

[틀 고정]을 하기 위해서는 B2셀에 커서를 두고 메뉴바에 있는 [보기] 메뉴를 클릭하고 [틀 고정]을 클릭한다.

☞ 엑셀 2000 버전을 사용하시는 분은 메뉴바에서 [창] – [틀 고정]을 클릭하면 된다.

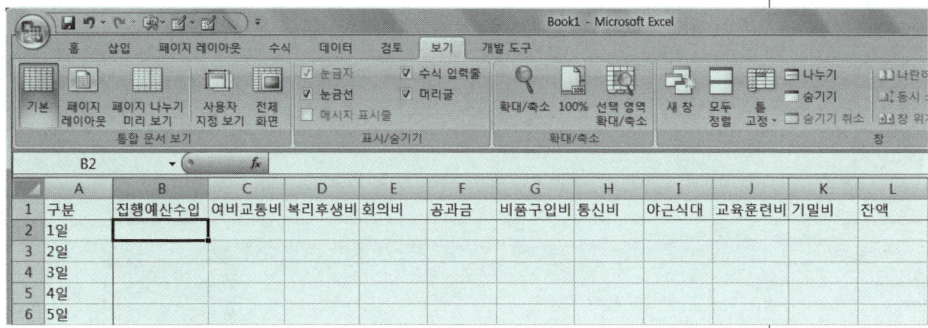

※ [틀 고정]을 취소하고 싶다면 [보기] 메뉴에서 [틀 고정 취소]를 클릭한다.

금액 입력 데이터 셀의 지정

__01__ 집행예산수입 B2셀부터 잔액 셀의 끝인 L32셀까지 영역을 드래그하고 마우스 오른쪽 버튼을 눌러 [셀 서식]을 선택한다.

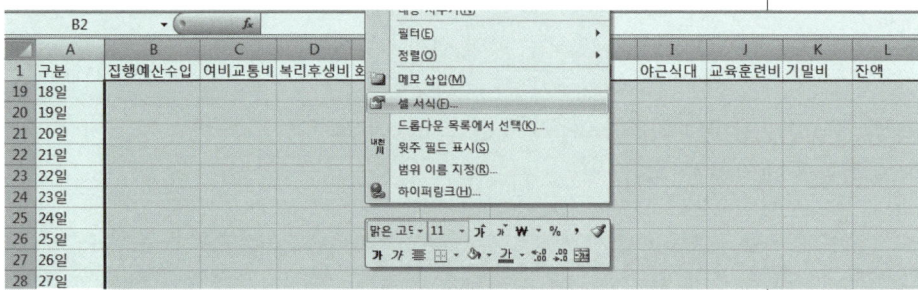

__02__ [셀 서식] 대화상자에서 [표시형식] – [숫자]를 선택한 후 '1000단위 구분 기호 사용'란을 클릭한다. '음수' 표기형식은 [-1234]를 선택하고 [확인]을 클릭한다.

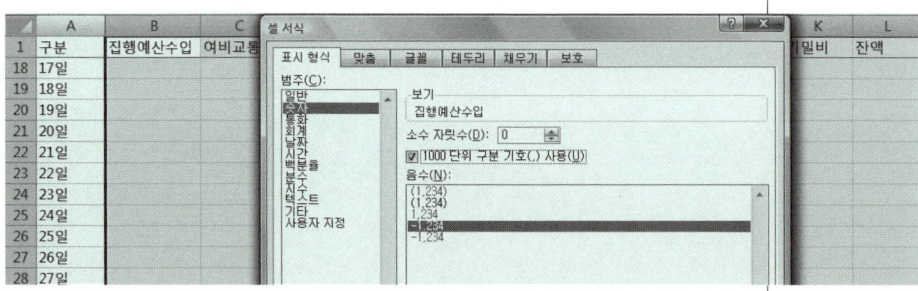

잔액란 수식의 입력

1_ 첫번째 셀에 집행예산수입에서 각종 경비를 공제한 잔액을 하나의 식으로 입력한다.
2_ 두 번째 셀에는 첫번째 셀의 잔액을 포함한 잔액의 식을 입력해야 한다.
※ 첫번째 셀과 두 번째 셀의 식이 다르다는 것을 명심하세요!

01 첫번째 셀의 식 = B2-SUM(C2 : K2)
위의 식은 '집행예산수입 - 지출항목의 총계'라는 의미다.

02 두 번째 셀의 식 = (L2 +B3)-SUM(C3: K3)
위의 식은 '(전일 잔액 + 금일 집행예산수입) - 금일 지출 항목의 총계'라는 의미다.
※ 결과가 "0"인 이유는 아직 입력한 자료가 없기 때문이다.

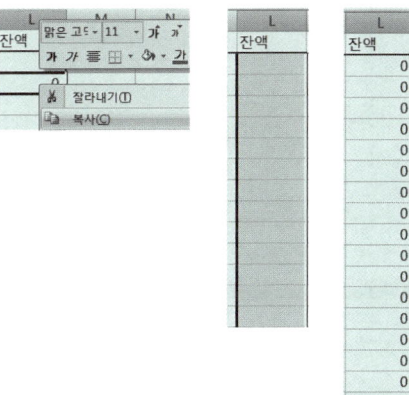

03 L3의 식은 L4부터 똑같이 적용된다. 따라서 L3 셀을 클릭한 후 마우스 오른쪽 버튼을 클릭하여 복사한다. 그리고 L4부터 L32까지 영역 지정 후 붙여넣기를 한다.

기업실무 엑셀　　　　　　　　　　　　　　　　　　　EXCEL

개별 항목의 월 합계 수식 입력

각 항목의 1개월간 합계를 계산하는 수식을 입력해야 한다.

01 A33셀에 "월합계"를 입력 후 B33셀에 커서를 두고 자동합계 아이콘을 클릭한다. 그 후 B2셀에서 B32셀까지 드래그하고 엔터를 친다.

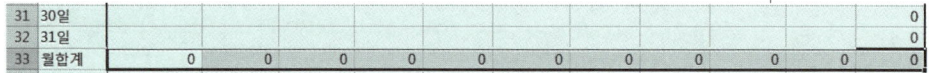

02 B33셀 오른쪽 하단 끝에 + 표시가 나타나면 B33셀부터 L33까지 드래그한다.

03 위의 시트가 완성되면 33행을 메뉴바의 [테두리] - [테두리 그리기] 를 클릭하여 테두리선을 추가시킨다.

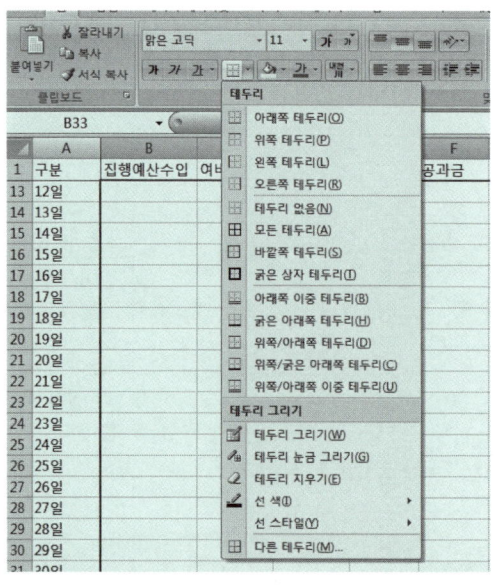

168

12개월치 시트의 완성 방법

1개월치의 예산집행 현황표가 작성되었다. 이를 활용하여 1년치 예산집행 현황표를 만들어야 한다. 이럴 땐 1개월 시트를 12개로 만들면 된다. 먼저 복사하고자 하는 시트인 sheet1을 Ctrl키를 누른 상태에서 마우스를 클릭한다.

그 상태로 옆으로 드래그 후 [Ctrl]키와 마우스를 놓으면 sheet1(2)로 복사가 된다.

같은 방법으로 12개의 시트를 만든다.

그리고 이름을 "1월예산" ~ "12월예산" 으로 바꾼다.

이름을 바꾸는 방법은 sheet1에 마우스 커서를 놓고 마우스 오른쪽 버튼을 클릭한 후 [이름 바꾸기]를 클릭한다. "1월예산"이라고 쓰고 엔터를 친다.

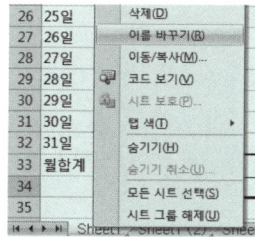

1년치 통합 시트의 작성

1 _ 이젠 12개월분을 통합하는 시트를 만들어 모든 데이터를 집계해야 한다. 우선 데이터 집계표를 만들어야 한다.

01 '1월예산' 시트에서 마우스 오른쪽 버튼을 클릭한 후 [삽입]을 선택한다.

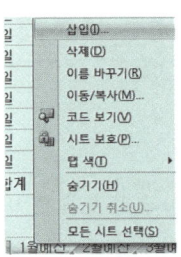

02 대화상자에서 'worksheet' 아이콘을 선택하면 sheet가 하나 추가된다.

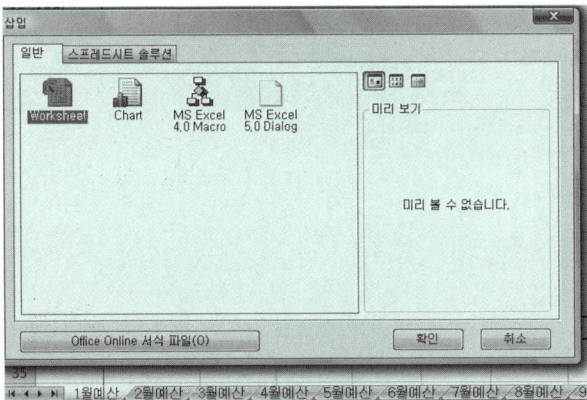

03 "1월예산" 앞에 있는 새로운 시트 이름을 "예산집행현황"으로 바꾼다.

04 예산집행현황 시트에 항목을 입력하기 위해 "1월예산" 시트에서 항목행인 1행을 클릭한 후 마우스 오른쪽 버튼을 클릭하여 [복사]한다.

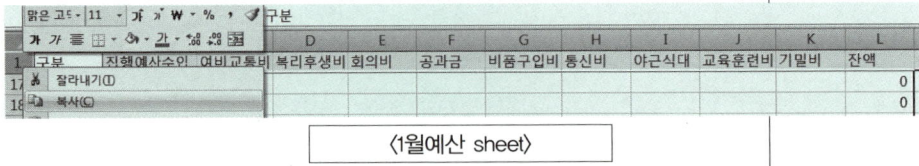

〈1월예산 sheet〉

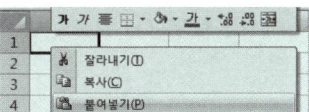

05 예산집행현황으로 와서 'A1'에 [붙여넣기]를 한다.

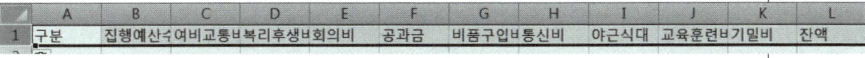

〈예산집행현황 sheet〉

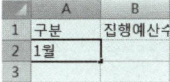

06 1월부터 12월까지 입력하기 위해 A2셀에 "1월"을 입력하고 A2셀 오른쪽 아래에 +키를 클릭한 후 A13셀까지 드래그하면 1월부터 12월까지 입력된다.

07 A14셀에 "연간총예산"을 입력한다.

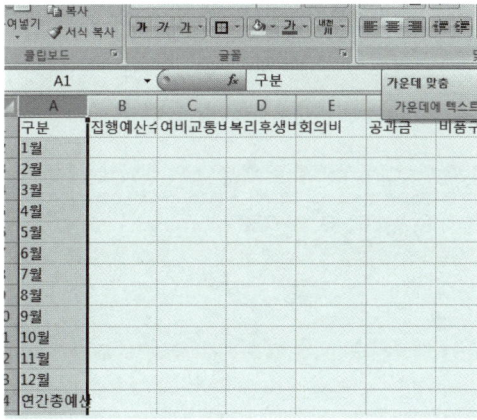

08 A열을 클릭한 후 메뉴바에서 가운데 맞춤을 클릭한다.

09 테두리선을 그리기 위해 A1부터 L14까지 드래그하여 범위를 설정한다. 그리고 메뉴바에서 테두리를 클릭한 후 테두리선을 선택한다.

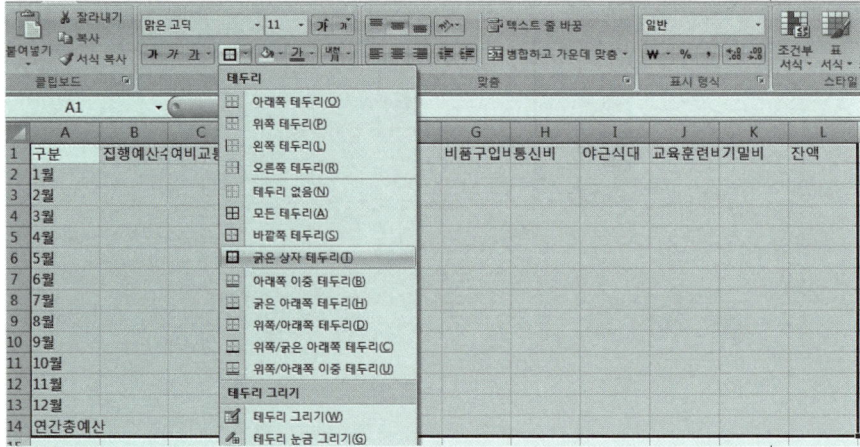

〈예산집행현황 sheet〉

예산집행현황 시트와 월별 예산 시트 연결하기

1 _ 이젠 각 '월별예산시트'를 '예산집행현황시트'에 연결시켜야 한다.

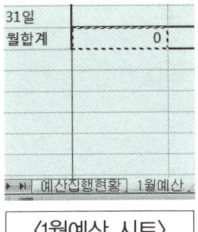
〈1월예산 시트〉

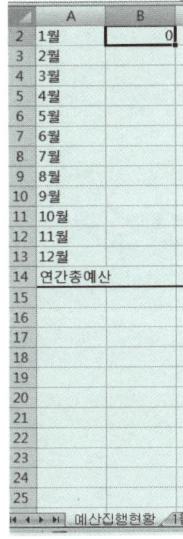
〈예산집행현황 시트〉

01 '예산집행현황' 시트의 셀 B2를 선택하고 "="를 입력한다. 이것은 다른 시트의 셀을 불러오게 한다.

02 '1월예산' 시트를 클릭하고 1월예산의 월합계인 B33셀을 선택하고 엔터를 친다. 이 때 깜빡거리는 B33셀에서 엔터를 치면 자동입력이 된다.

03 같은 방법으로 12월까지 연결한다.

04 B14셀인 '연간총예산'을 [SUM] 아이콘을 이용해 총합계액을 구한다.

기업실무 엑셀   EXCEL

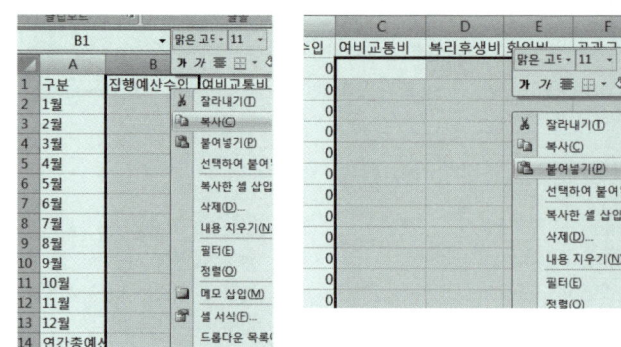

05 B열의 내용을 "잔액"열을 제외한 시트 전체(C2 : K14)로 [복사] – [붙여넣기] 한다.

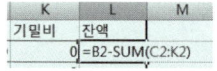

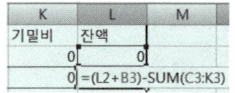

06 "잔액"란 역시 1월예산부터 12월예산의 잔액란과 같은 방식으로 입력한다.

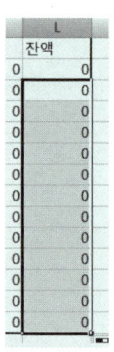

07 L3셀 오른쪽 아래 + 기호를 이용해 L13까지 자동입력시킨다.

예 제

아래의 자료를 입력해봅시다.

1일	–	집행예산수입	5,000,000	2일	–	여비교통비	12,000
		복리후생비	50,000			회의비	20,000
		회의비	30,000			야근식대	40,000
		야근식대	20,000			통신비	150,000
		여비교통비	5,000			교육훈련비	100,000
		비품구입비	250,000				
		기밀비	100,000				

제10장 일별·월별·연간 예산집행 현황시트 작성

⟨1월 예산 시트⟩

	A	B	C	D	E	F	G	H	I	J	K	L
1	구분	집행예산수입	여비교통비	복리후생비	회의비	공과금	비품구입비	통신비	야근식대	교육훈련비	기밀비	잔액
2	1일	5,000,000	5,000	50,000	30,000		250,000		20,000		100,000	4,545,000
3	2일		12,000		20,000			150,000	40,000	100,000		4,223,000
4	3일											4,223,000
5	4일											4,223,000
6	5일											4,223,000
7	6일											4,223,000
8	7일											4,223,000
9	8일											4,223,000
10	9일											4,223,000
11	10일											4,223,000
12	11일											4,223,000
13	12일											4,223,000
14	13일											4,223,000
15	14일											4,223,000
16	15일											4,223,000
17	16일											4,223,000
18	17일											4,223,000
19	18일											4,223,000
20	19일											4,223,000
21	20일											4,223,000
22	21일											4,223,000
23	22일											4,223,000
24	23일											4,223,000
25	24일											4,223,000
26	25일											4,223,000
27	26일											4,223,000
28	27일											4,223,000
29	28일											4,223,000
30	29일											4,223,000
31	30일											4,223,000
32	31일											4,223,000
33	월합계	5,000,000	17,000	50,000	50,000	0	250,000	150,000	60,000	100,000	100,000	

⟨예산집행현황 시트⟩

	A	B	C	D	E	F	G	H	I	J	K	L
1	구분	집행예산수입	여비교통비	복리후생비	회의비	공과금	비품구입비	통신비	야근식대	교육훈련비	기밀비	잔액
2	1월	5000000	17000	50000	50000	0	250000	150000	60000	100000	100000	4223000
3	2월	0	0	0	0	0	0	0	0	0	0	4223000
4	3월	0	0	0	0	0	0	0	0	0	0	4223000
5	4월	0	0	0	0	0	0	0	0	0	0	4223000
6	5월	0	0	0	0	0	0	0	0	0	0	4223000
7	6월	0	0	0	0	0	0	0	0	0	0	4223000
8	7월	0	0	0	0	0	0	0	0	0	0	4223000
9	8월	0	0	0	0	0	0	0	0	0	0	4223000
10	9월	0	0	0	0	0	0	0	0	0	0	4223000
11	10월	0	0	0	0	0	0	0	0	0	0	4223000
12	11월	0	0	0	0	0	0	0	0	0	0	4223000
13	12월	0	0	0	0	0	0	0	0	0	0	4223000
14	연간총예산	5000000	17000	50000	50000	0	250000	150000	60000	100000	100000	8446000

CHAPTER 11

함수를 이용한 급여명세서
SUM함수 및 기타수식, 하이퍼링크 삽입 방법

기업의 관리업무는 업무보고서와 품의서 그리고 협조문 등이 대부분이다. 이러한 문서에서는 합계, 최고, 최저 등의 함수를 이용한다. 엑셀에서도 계산을 위한 다양한 함수기능이 포함되어 있다.
우선 기업 실무에서 많이 사용하고 있는 급여명세서를 만들어가면서 함수를 설명하기로 한다.

함수를 이용한 급여명세서 완성화면

	A	B	C	D	E	F	G	H	I	J
1	구분	산정율	이상신	서용호	이종규	선희경	강창우	박상묵	김경아	이재홍
2	기본급		1,000,000							
3	책임수당	0.20	200,000							
4	연장및휴무수당		200,000							
5	연구개발수당	0.20	200,000							
6	월차수당		100,000							
7	교통비		200,000							
8	식대		100,000							
9	총급여		2,000,000							
10	회비등		10,000							
11	대출등		150,000							
12	급여지급예정액		1,840,000							
13	급여총액		2,000,000							
14	비과세소득		300,000							
15	근로소득계		1,700,000							
16	부양가족수		4							
17	갑근세(간이세액표)	간이세액표	440							
18	주민세	0.10	44							
19	건강보험료	0.028	47,940							
20	국민연금	0.045	76,500							
21	고용보험료	0.0045	9,000							
22	공제액계		293,924							
23	급여실제지급액		1,706,076							

제11장 함수를 이용한 급여명세서   EXCEL

사용순서

급여 항목 데이터의 입력

아래와 같이 기본 데이터를 입력한다.

산정율의 서식과 콤마(,) 표시 서식 지정

책임수당, 연구개발수당 등은 급여액의 몇 %로 계산된다. 따라서 산정율이 필요하다.

산정율은 소수점으로 표시되기 때문에 셀 서식을 지정해야 한다. 아울러 급여액은 "금액"이기 때문에 세 자리 마다 콤마(,)를 지정해야 한다. 다음과 같은 방법으로 한다.

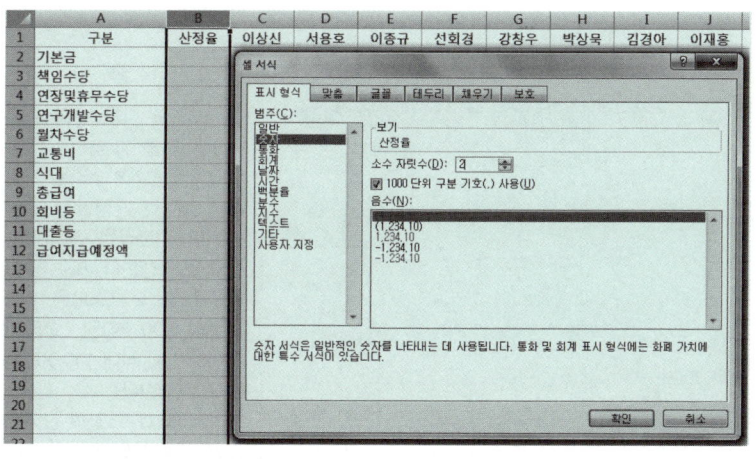

01 "B"열을 클릭한다. 마우스 오른쪽 버튼을 클릭하여 [셀 서식]을 선택한다.

02 [셀 서식] - [표시 형식] - [숫자]의 순서로 선택한다. [소수 자릿수]에는 2를 입력한다. 클릭하여 금액에 대한 숫자를 오른쪽으로 정렬한다.

기업실무 엑셀   EXCEL

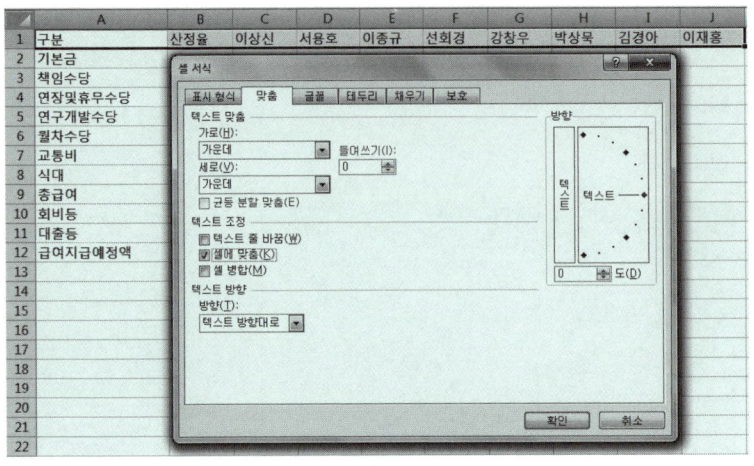

03 [셀 서식] – [표시 형식] – [숫자] – [1000 단위 구분기호(,) 사용]을 클릭한다. 마지막으로 [확인] 버튼을 클릭한다.

04 다음으로 제목행의 항목들을 셀의 가운데에 보기 좋게 위치시키기 위해서 앞에서 배웠듯이, 항목들을 드래그한 후, [셀 서식] 대화상자에서 [맞춤] 탭을 클릭하여 원하는 무늬를 선택한다.

05 [맞춤] 탭을 클릭하여 텍스트 맞춤에서 [가로]는 '가운데', [세로]는 '가운데'를 선택하고, [텍스트 조정]에서 [셀에 맞춤]을 선택하여 [확인] 버튼을 클릭한다.

급여 데이터의 입력 – 합계 : SUM(Σ) 함수

01 C열에 다음과 같이 급여 데이터를 입력한다. 책임수당과 연구개발수당은 기본급의 20%로 가정한다. 이상신 씨의 기본급은 1,000,000원으로 가정한다. 또한 연장휴무수당 200,000원, 월차수당 100,000원, 교통비 200,000원, 식대 100,000원으로 가정한다.
따라서 B3과 B5열의 산정율 란에 20%를 입력한다. 그리고 C3셀에는 "=C2*B3", C5셀에는 "=C2*B5"를 입력하고 Enter 키를 친다.

02 총급여를 나타내는 C9셀에는 급여의 합계액을 나타내야 하기 때문에 자동합계한다.

03 회비(10,000원)와 대출(150,000원) 등과 같이 급여에서 공제하는 항목과 금액 데이터를 입력한다. 그리고 C12셀에 총급여에서 공제금액을 차감한 내용인 '급여지급예정액'에 대한 산식을 입력한다. 산식은 "=C9-C10-C11"이 된다.

원천징수 내역의 입력

지급예정액에서 원천징수분을 차감해야 실제 지급액이 된다. 원천징수분을 계산하는 방법은 다음과 같다.

01 데이터의 LINK 방법 익히기
근로소득을 구하기 위해서는 급여총액-비과세소득=근로소득이 된다. 따라서 급여총액은 총급여란의 C9셀의 금액을 그대로 가져오면 된다. 따라서 급여총액란인 C13셀에서 "=C9"라고 입력한다.

기업실무 엑셀

	A	B	C	D	E	F	G	H	I	J
1	구분	산정율	이상신	서용호	이종규	선희경	강창우	박상묵	김경아	이재홍
2	기본금		1,000,000							
3	책임수당	0.20	200,000							
4	연장및휴무수당		200,000							
5	연구개발수당	0.20	200,000							
6	월차수당		100,000							
7	교통비		200,000							
8	식대		100,000							
9	총급여		2,000,000							
10	회비등		10,000							
11	대출등		150,000							
12	급여지급예정액		1,840,000							
13	급여총액		2,000,000							
14	비과세소득		=C8+C7							

↓

02 비과세소득은 세법에서 200,000원 이하의 교통비와 회사에서 제공하는 식사제공을 받지 않은 사람으로서 100,000원 이하의 식대는 비과세다. 따라서 C14의 비과세소득 셀에 "C7+C8"을 입력한다.

	A	B	C	D	E	F	G	H	I	J
1	구분	산정율	이상신	서용호	이종규	선희경	강창우	박상묵	김경아	이재홍
2	기본금		1,000,000							
3	책임수당	0.20	200,000							
4	연장및휴무수당		200,000							
5	연구개발수당	0.20	200,000							
6	월차수당		100,000							
7	교통비		200,000							
8	식대		100,000							
9	총급여		2,000,000							
10	회비등		10,000							
11	대출등		150,000							
12	급여지급예정액		1,840,000							
13	급여총액		2,000,000							
14	비과세소득		300,000							

↓

	A	B	C	D	E	F	G	H	I	J
1	구분	산정율	이상신	서용호	이종규	선희경	강창우	박상묵	김경아	이재홍
2	기본금		1,000,000							
3	책임수당	0.20	200,000							
4	연장및휴무수당		200,000							
5	연구개발수당	0.20	200,000							
6	월차수당		100,000							
7	교통비		200,000							
8	식대		100,000							
9	총급여		2,000,000							
10	회비등		10,000							
11	대출등		150,000							
12	급여지급예정액		1,840,000							
13	급여총액		2,000,000							
14	비과세소득		300,000							
15	근로소득계		=C13-C14							

03 C15셀의 근로소득계 셀에는 급여총액 – 비과세소득을 산식으로 나타내는 "=C13-C14"를 입력한다.

↓

	A	B	C	D	E	F	G	H	I	J
1	구분	산정율	이상신	서용호	이종규	선희경	강창우	박상묵	김경아	이재홍
2	기본금		1,000,000							
3	책임수당	0.20	200,000							
4	연장및휴무수당		200,000							
5	연구개발수당	0.20	200,000							
6	월차수당		100,000							
7	교통비		200,000							
8	식대		100,000							
9	총급여		2,000,000							
10	회비등		10,000							
11	대출등		150,000							
12	급여지급예정액		1,840,000							
13	급여총액		2,000,000							
14	비과세소득		300,000							
15	근로소득계		1,700,000							

04 C15셀에 부양가족수, C16셀에 갑근세(간이세액표)를 입력한다.

일반급여자의 소득을 세법에서는 갑종근로소득이라 한다. 갑종근로소득에 대한 소득세는 1년에 한 번 연말정산과정을 거친다. 이 때 연말정산을 신고하는 다음해 1월에 1년치를 한꺼번에 공제하면 급여자에게는 무리가 될 수 있다. 예를 들어, 정산을 치르는 1월의 급여 전부를 소득세로 지불하는 데 사용될 수 있다. 따라서 급여자는 매월 지급하는 급여에서 1년 지급하는 소득세를 12개월로 나누어 미리 공제해 둔다. 이것을 원천징수라 한다. 이 때의 소득세계산은 복잡한 과정을 거치지 않는다. "간이세액표"라는 국세청에서 발행한 대략적인 원천징수세액표가 있다. 이것을 링크를 해두면 다른 사원들의 경우도 웹 사이트에 즉시 연결될 수 있는 것이다.

05 갑종근로소득세를 입력하기 위하여 국세청의 간이세액표 사이트를 링크한다.

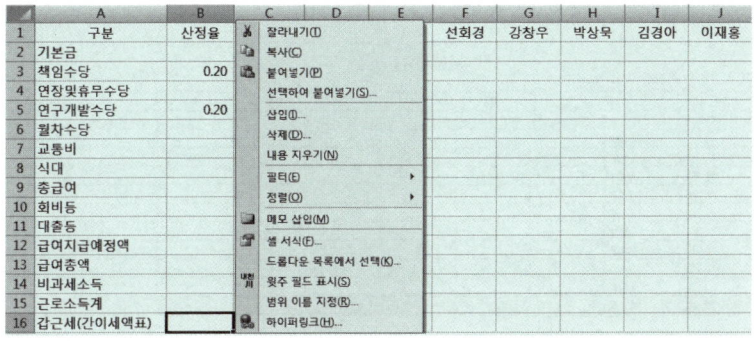

05 ① 우선 국세청의 『간이세액표 조회』 메뉴를 연결하기 위하여 B17셀에서 마우스 오른쪽버튼을 클릭하고 하이퍼링크를 선택한다.

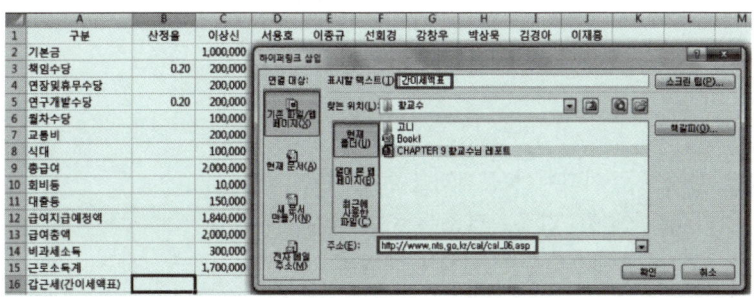

05 ② [하이퍼링크 삽입] 대화상자의 [주소] 탭에 『근로소득간이세액표 조회』 주소인 "http://www.nts.go.kr/cal/cal_06.asp"를 입력한다.

05 ③ [하이퍼링크 삽입] 대화상자의 [표시할 텍스트] 탭에 "간이세액표"를 입력한다. 이것은 웹사이트 링크를 한글로 바꾸기 위함이다.

기업실무 엑셀

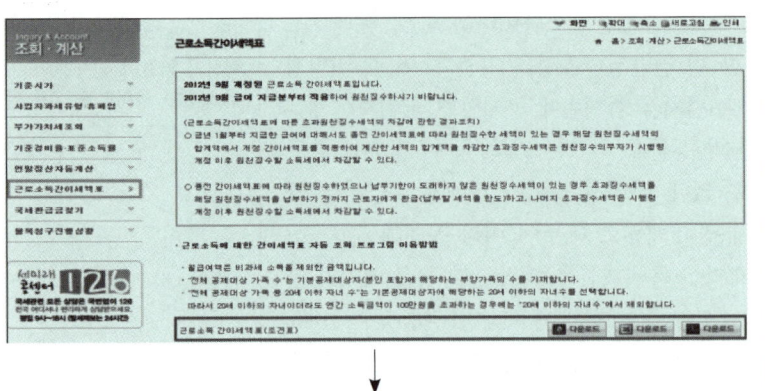

05 ④ "간이세액표" 하이퍼링크를 클릭하여 웹 사이트상의 근로소득 간이세액표(조견표)를 업로드하여 근로소득 1,700,000원, 부양가족 4명일 경우의 간이세액을 찾아 C17셀의 갑근세 셀에 입력한다.(1,240원)

주 의

- 간이세액표에 대한 설명

기업에서 월 급여를 지급할 때에는 급여액에서 공제액을 차감하고 실지급액을 직원에게 지급한다. 공제액 중 "갑종근로소득세"의 계산이 문제가 된다. 1년에 한 번 세무서에 납부하는 조세를 12개월로 나누어 계산하면 된다. 하지만, 세법은 매년 유동적이기 때문에 작년도의 조세를 12개월로 나눌 수는 없다. 또한 부양가족이 늘어날 수도 있는 것이다. 그렇다고 매월 세금계산에 매여 있을 수도 없다.

☞ 이러한 문제점을 해결하기 위해 필요한 것이 "간이세액표"다. 간이세액표는 매월 급여액에 대한 매월의 예상되는 갑종근로소득세를 나타낸 표다. 이 표에는 월 급여가 얼마이고 부양가족이 몇 명일 경우의 월급에 대한 갑종근로소득세가 나타나 있다. 일반적으로 기업체에서 이 간이세액표에 의하여 직원들의 월급 계산시 간단하게 세액계산을 기록하고 있다.

제11장 함수를 이용한 급여명세서

	A	B	C	D	E	F	G	H	I	J
1	구분	산정율	이상신	서용호	이종규	선회경	강창우	박상묵	김경아	이재홍
2	기본금		1,000,000							
3	책임수당	0.20	200,000							
4	연장및휴무수당		200,000							
5	연구개발수당	0.20	200,000							
6	월차수당		100,000							
7	교통비		200,000							
8	식대		100,000							
9	총급여		2,000,000							
10	회비등		10,000							
11	대출등		150,000							
12	급여지급예정액		1,840,000							
13	급여총액		2,000,000							
14	비과세소득		300,000							
15	근로소득계		1,700,000							
16	갑근세(간이세액표)	간이세액표	1,240							
17	주민세	0.10	=C16*B17							

06 주민세의 계산
주민세는 갑근세의 10%이다. B18셀에 10%를 입력한다. 그리고 C18셀에 "=C17*C18"을 입력한다.

↓

	A	B	C	D	E	F	G	H	I	J
1	구분	산정율	이상신	서용호	이종규	선회경	강창우	박상묵	김경아	이재홍
2	기본금		1,000,000							
3	책임수당	0.20	200,000							
4	연장및휴무수당		200,000							
5	연구개발수당	0.20	200,000							
6	월차수당		100,000							
7	교통비		200,000							
8	식대		100,000							
9	총급여		2,000,000							
10	회비등		10,000							
11	대출등		150,000							
12	급여지급예정액		1,840,000							
13	급여총액		2,000,000							
14	비과세소득		300,000							
15	근로소득계		1,700,000							
16	갑근세(간이세액표)	간이세액표	1,240							
17	주민세	0.10	124							

각종 공제항목의 계산

건강보험료의 계산 - 건강보험율 필요

건강보험료계산은 표준보수월액에서 적용된다. 표준보수월액은 건강보험관리공단에서 발행된 "2011년도 건강보험료 산정 방법"에 의한다.

2011년도 건강보험료 산정 방법

☐ 직장가입자 건강보험료

○ 건강보험료율 : 5.64%

(단위 : %)

구 분	계	가입자부담	사용자부담	국가부담
근 로 자	5.64(100)	2.82(50)	2.82(50)	-
공 무 원	5.64(100)	2.82(50)	-	2.82(50)
사립학교교직원	5.64(100)	2.82(50)	1.692(30)	1.128(20)

○ 가입자부담(50%) 건강보험료 산정 = 보수월액 × 보험료율(2.82%)
  - 보수월액(월평균보수) = 연간 총보수액 ÷ 근무월수
  - 1인 총 건강보험료(가입자부담 50% + 사용자부담 50%) = 가입자 부담보험료(10원미만 단수 버림) × 2

(비과세소득을 제외한 월소득 총액 X 2.82%) (의료보험요율은 계속 변경되고 있다. 여기서는 5.64%를 적용된다. 그러면 직원부담률은 2.82%가 된다)

01 웹사이트에서 [건강보험관리공단]-[서식자료실]-"산정 방법"을 검색하여 "2011년도 건강보험료 산정 방법"을 확인한다. 즉 갑근세와 마찬가지로 하이퍼링크를 연결하거나 다운로드 받으면 된다. - (표준보수월액 : [근로소득계])

위의 이상신 씨의 급여명세서에서 C15셀의 근로소득계가 1,700,000원이다. 따라서 이상신 씨의 건강보험료는 근로소득계의 2.82%에 해당한다.

	A	B	C	D	E	F	G	H	I	J
1	구분	산정율	이상신	서용호	이종규	선회경	강창우	박상묵	김경아	이재홍
2	기본금		1,000,000							
3	책임수당	0.20	200,000							
4	연장및휴무수당		200,000							
5	연구개발수당	0.20	200,000							
6	월차수당		100,000							
7	교통비		200,000							
8	식대		100,000							
9	총급여		2,000,000							
10	회비등		10,000							
11	대출등		150,000							
12	급여지급예정액		1,840,000							
13	급여총액		2,000,000							
14	비과세소득		300,000							
15	근로소득계		1,700,000							
16	갑근세(간이세액표)	간이세액표	1,240							
17	주민세	0.10	124							
18	건강보험료	0.03	=C15*B18							

02 B18셀에 산정율 2.82%를 입력하고 C18셀에 "=C15*B18"을 입력한다.

	A	B	C	D	E	F	G	H	I	J
1	구분	산정율	이상신	서용호	이종규	선회경	강창우	박상묵	김경아	이재홍
2	기본금		1,000,000							
3	책임수당	0.20	200,000							
4	연장및휴무수당		200,000							
5	연구개발수당	0.20	200,000							
6	월차수당		100,000							
7	교통비		200,000							
8	식대		100,000							
9	총급여		2,000,000							
10	회비등		10,000							
11	대출등		150,000							
12	급여지급예정액		1,840,000							
13	급여총액		2,000,000							
14	비과세소득		300,000							
15	근로소득계		1,700,000							
16	갑근세(간이세액표)	간이세액표	1,240							
17	주민세	0.10	124							
18	건강보험료	0.03	47,940							

	A	B	C	D	E	F	G	H	I	J
1	구분	산정율	이상신	서용호	이종규	선회경	강창우	박상묵	김경아	이재홍
2	기본금		1,000,000							
3	책임수당	0.20	200,000							
4	연장및휴무수당		200,000							
5	연구개발수당	0.20	200,000							
6	월차수당		100,000							
7	교통비		200,000							
8	식대		100,000							
9	총급여		2,000,000							
10	회비등		10,000							
11	대출등		150,000							
12	급여지급예정액		1,840,000							
13	급여총액		2,000,000							
14	비과세소득		300,000							
15	근로소득계		1,700,000							
16	부양가족수		4							
17	갑근세(간이세액표)	간이세액표	1,240							
18	주민세	0.10	124							
19	건강보험료	0.028	47,940							
20	국민연금	0.045	=C15*B20							

03 국민연금의 계산
국민연금은 비과세소득을 제외한 총급여액의 4.5%가 직원부담이고, 4.5%가 회사부담이 된다. 따라서 B20셀에 4.5%를 입력한다. 이 셀은 소수 셋째 자리까지 셀 서식을 한다. C20셀에 "=C15*B20"을 입력한다.

제11장 함수를 이용한 급여명세서

	A	B	C	D	E	F	G	H	I	J
1	구분	산정율	이상신	서용호	이종규	선회경	강창우	박상묵	김경아	이재홍
2	기본금		1,000,000							
3	책임수당	0.20	200,000							
4	연장및휴무수당		200,000							
5	연구개발수당	0.20	200,000							
6	월차수당		100,000							
7	교통비		200,000							
8	식대		100,000							
9	총급여		2,000,000							
10	회비등		10,000							
11	대출등		150,000							
12	급여지급예정액		1,840,000							
13	급여총액		2,000,000							
14	비과세소득		300,000							
15	근로소득계		1,700,000							
16	부양가족수		4							
17	갑근세(간이세액표)	간이세액표	1,240							
18	주민세	0.10	124							
19	건강보험료	0.028	47,940							
20	국민연금	0.045	76,500							
21	고용보험료	0.0045	=C9*B21							

04 고용보험료의 계산
근로자의 고용보험료 부담분은 비과세소득까지 포함된 총급여액의 0.45%이다. B21셀에 0.45%를 입력한 후 C21셀에 "=C9*B21"로 입력한다.

↓

	A	B	C	D	E	F	G	H	I	J
1	구분	산정율	이상신	서용호	이종규	선회경	강창우	박상묵	김경아	이재홍
2	기본금		1,000,000							
3	책임수당	0.20	200,000							
4	연장및휴무수당		200,000							
5	연구개발수당	0.20	200,000							
6	월차수당		100,000							
7	교통비		200,000							
8	식대		100,000							
9	총급여		2,000,000							
10	회비등		10,000							
11	대출등		150,000							
12	급여지급예정액		1,840,000							
13	급여총액		2,000,000							
14	비과세소득		300,000							
15	근로소득계		1,700,000							
16	부양가족수		4							
17	갑근세(간이세액표)	간이세액표	1,240							
18	주민세	0.10	124							
19	건강보험료	0.028	47,940							
20	국민연금	0.045	76,500							
21	고용보험료	0.0045	9,000							

05 공제액계의 계산
총급여액−공제액=급여실제지급액이 된다. 따라서 공제액 셀인 C22셀에 "=C10+C11+C17+C18+C19+C20+C21"를 입력한다.

	A	B	C	D	E	F	G	H	I	J
1	구분	산정율	이상신	서용호	이종규	선회경	강창우	박상묵	김경아	이재홍
2	기본금		1,000,000							
3	책임수당	0.20	200,000							
4	연장및휴무수당		200,000							
5	연구개발수당	0.20	200,000							
6	월차수당		100,000							
7	교통비		200,000							
8	식대		100,000							
9	총급여		2,000,000							
10	회비등		10,000							
11	대출등		150,000							
12	급여지급예정액		1,840,000							
13	급여총액		2,000,000							
14	비과세소득		300,000							
15	근로소득계		1,700,000							
16	부양가족수		4							
17	갑근세(간이세액표)	간이세액표	1,240							
18	주민세	0.10	124							
19	건강보험료	0.028	47,940							
20	국민연금	0.045	76,500							
21	고용보험료	0.0045	9,000							
22			=C10+C11+C17+C18+C19+C20+C21							

기업실무 엑셀

	A	B	C	D	E	F	G	H	I	J
1	구분	산정율	이상신	서용호	이종규	선희경	강창우	박상묵	김경아	이재홍
2	기본금		1,000,000							
3	책임수당	0.20	200,000							
4	연장및휴무수당		200,000							
5	연구개발수당	0.20	200,000							
6	월차수당		100,000							
7	교통비		200,000							
8	식대		100,000							
9	총급여		2,000,000							
10	회비등		10,000							
11	대출등		150,000							
12	급여지급예정액		1,840,000							
13	급여총액		2,000,000							
14	비과세소득		300,000							
15	근로소득계		1,700,000							
16	부양가족수		4							
17	갑근세(간이세액표)	간이세액표	1,240							
18	주민세	0.10	124							
19	건강보험료	0.028	47,940							
20	국민연금	0.045	76,500							
21	고용보험료	0.0045	9,000							
22	공제액계		294,804							

(최종) 급여실제지급액계의 계산

총 급여에서 공제액계를 차감하여 산출한다. "C9-C22를 입력한다.

	A	B	C	D	E	F	G	H	I	J
4	연장및휴무수당		200,000							
5	연구개발수당	0.20	200,000							
6	월차수당		100,000							
7	교통비		200,000							
8	식대		100,000							
9	총급여		2,000,000							
10	회비등		10,000							
11	대출등		150,000							
12	급여지급예정액		1,840,000							
13	급여총액		2,000,000							
14	비과세소득		300,000							
15	근로소득계		1,700,000							
16	부양가족수		4							
17	갑근세(간이세액표)	간이세액표	1,240							
18	주민세	0.10	124							
19	건강보험료	0.028	47,940							
20	국민연금	0.045	76,500							
21	고용보험료	0.0045	9,000							
22	공제액계		294,804							
23	급여실제지급액		=C9-C22							

제11장 함수를 이용한 급여명세서

4	연장및휴무수당		200,000	
5	연구개발수당	0.20	200,000	
6	월차수당		100,000	
7	교통비		200,000	
8	식대		100,000	
9	총급여		2,000,000	
10	회비등		10,000	
11	대출등		150,000	
12	급여지급예정액		1,840,000	
13	급여총액		2,000,000	
14	비과세소득		300,000	
15	근로소득계		1,700,000	
16	부양가족수		4	
17	갑근세(간이세액표)	간이세액표	1,240	
18	주민세	0.10	124	
19	건강보험료	0.028	47,940	
20	국민연금	0.045	76,500	
21	고용보험료	0.0045	9,000	
22	공제액계		294,804	
23	급여실제지급액		1,705,196	

기업실무 엑셀　　　　　　　　　　　　　　　　　　　　　　　EXCEL

CHAPTER 12

손익계산서와 재무제표의 작성
셀 서식, 도형 서식, 시트 삽입

재무제표와 손익계산서는 각 기업의 전산실에서 자체 회계 프로그램으로 개발되어 운용되고 있다. 또한 중소기업에서는 회계 패키지 프로그램을 구입하여 활용하고 있다.

만들어진 회계 프로그램은 회계담당자가 아닌 전산담당자에 의하여 만들어진 것이다.

새로운 회계변경에 대처하기 위해서는 전산담당자에게 부탁을 해야 수정할 수 있는 것이다.

회계 패키지는 일반적인 제조기업에 적합한 회계 프로그램이다. 각 기업들은 저마다 특징이 있다. 각 기업들이 회계 패키지를 사는 순간 개성 있는 그들 기업의 회계 프로그램은 존재하지 않는 것이다. 각 기업들은 회계 패키지에 맞추어 회계처리를 해야 하는 것이다. 이러한 문제점을 해결할 수 있는 것이 Excel 인 것이다. 전산담당자가 아닌 회계 기업의 개성에 맞게 재무제표와 손익계산서를 만들어 낼 수 있는 것이다. 앞의 각 장에서는 부분적인 장부들을 만드는 과정을 설명하였다. 이제는 이들을 연결하여 손익계산서와 재무제표를 만들어 보겠다.

여러분이 신입사원으로 입사했을 때 Excel에 의하여 손익계산서와 재무제표를 만들 줄 안다고 한다면 IT 회계접목을 원하는 회계담당 선배들은 굉장한 후배가 입사했다고 반가워 할 것이다. 분명한 사실은 Excel 에 의한 손익계산서와 재무제표작성은 소규모의 중소기업에 한하여 움직여져야 한다. Excel은 비정형적인 업무의 개발활용이 주요 타켓이 되는 것이다.

저자가 밝히고 싶은 것은 Excel이 비정형적인 업무에 활용되다 보면 정형적인 업무의 개발은 불가능하다고 생각할 수도 있다는 것이다. Excel에서는 통계처리도 가능하다. 즉 Excel에는 회계 및 경영분야에 접목시킬 수많은 기능이 존재하고 있다는 것이다.

제12장 손익계산서와 재무제표의 작성   EXCEL

한마디로 Excel은 모든 분야에 가능하다는 것을 여러분에게 보여주고 있는 것이다.
"영원한 Excel" 그 단어들을 기억해야 할 것이다.

손익계산서의 작성

여기서는 Excel에 의한 손익계산서 양식을 만들어 간다. 손익계산서 내의 각 항목과 연결되는 세부적인 장부는 이미 앞장들에서 설명하였다. 따라서 각 항목 중 급여대장과의 연결정도만 기술하고자 한다. 그러면 손익계산서의 나머지 항목도 연결이 가능할 것이다.

사용순서

1 _ 손익계산서의 양식 틀을 만들기 위하여 기업회계기준 별지 제 3호 서식을 만든다.(이 장의 뒷부분에 손익계산서와 재무제표 양식을 참고할 것)

2 _ 이제부터 기업회계기준 손익계산서 양식을 Excel에 입력시켜 간다.

3 _ 우선 손익계산서의 큰 틀을 만들기 위하여 다음과 같이 손익계산서 도표를 만든다.

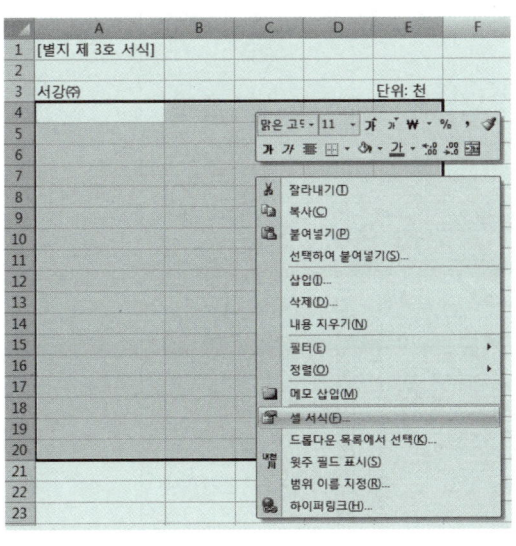

01 손익계산서의 각 항목이 입력될 크기를 대략적으로 [범위설정 블록] - [드래그] 한다.

02 [마우스 오른쪽 버튼 클릭] - [셀 서식] - [테두리]를 선택하여 도표 양식을 만든다. E3에 단위 천원도 삽입한다.

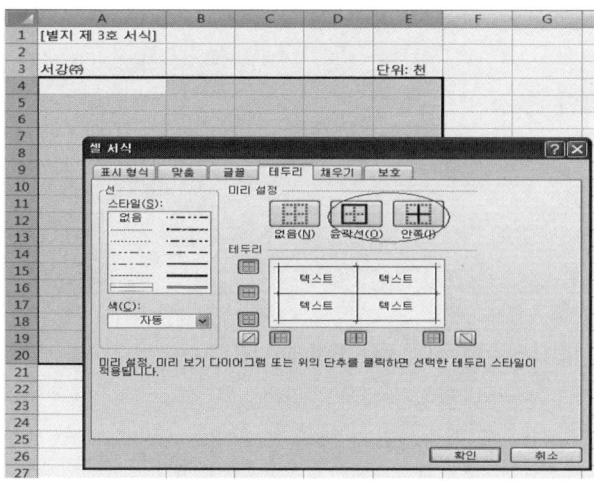

4 _ "과목" 항목을 기입하기 위하여 A4 A5를 하나로 만든다. 즉, A4와 A5를 범위설정 후 [홈] – 맞춤에 있는 [병합하고 가운데 맞춤]을 선택하여 하나의 셀로 만들어 준다.

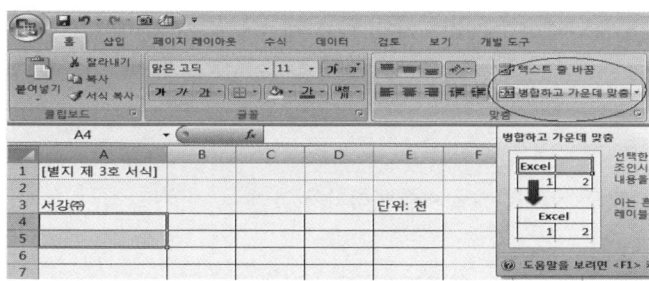

5 _ 손익계산서 "이름"과 "기간"을 입력하기 위해 "2행"을 병합하고 늘린다. 셀을 늘리기 위해서는 홈 리본메뉴 오른쪽 끝 즈음에 [서식] – [행 높이]를 눌러 조정한다.
그리고 [삽입]메뉴 탭을 눌러 [텍스트상자] – [가로 텍스트 상자]를 눌러 "2행"에 삽입한다.

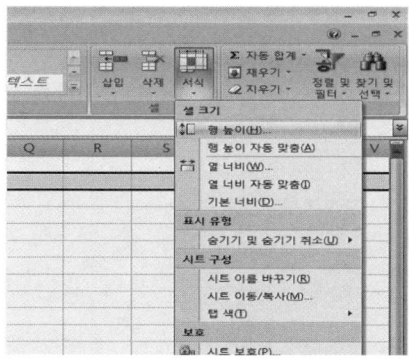

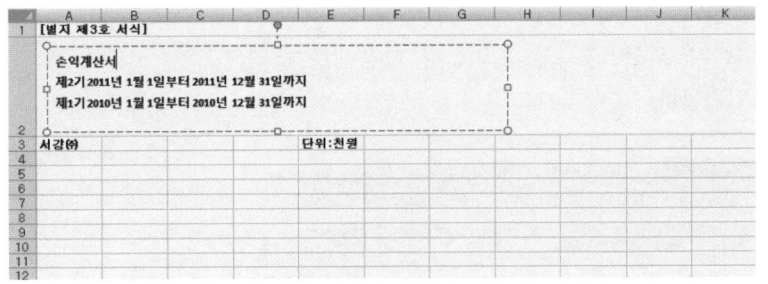

6 _ 입력된 텍스트 상자의 외곽선을 실선으로 바꿔준 후 마우스 오른쪽 버튼을 클릭 하여 [도형서식] – [선색] – [선없음]을 눌러주면 외곽선이 사라진다.

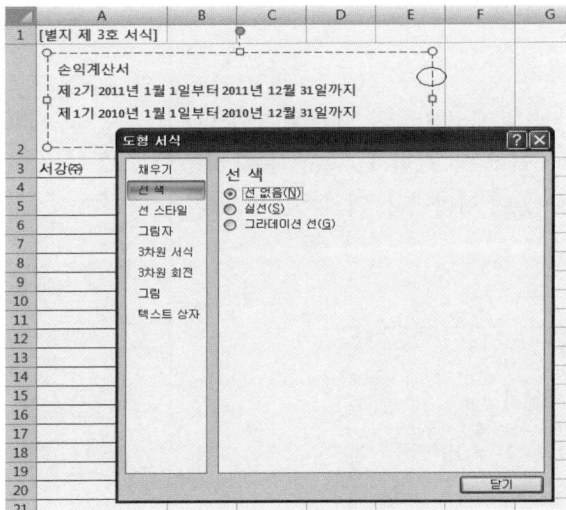

7 _ 그렇게 텍스트 상자가 나오면 "이름"과 "기간"을 넣어준 후에 보기좋게 이름만 글꼴을 바꿔준다. [돋움] – [굵게] – [18포인터] 정도로 해준다.

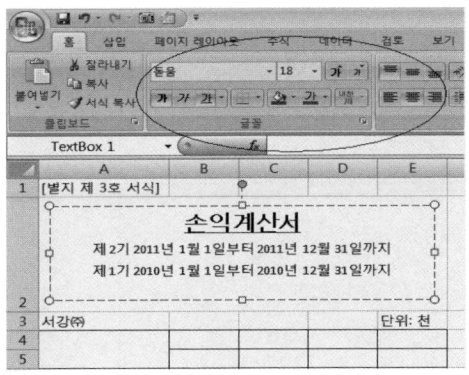

8 _ 항목의 입력

제목이 되는 각 항목을 입력한다. 우선 "과목"을 입력한다. 다음에는 "제2(당)기"와 "제1(전)기"를 입력한다.

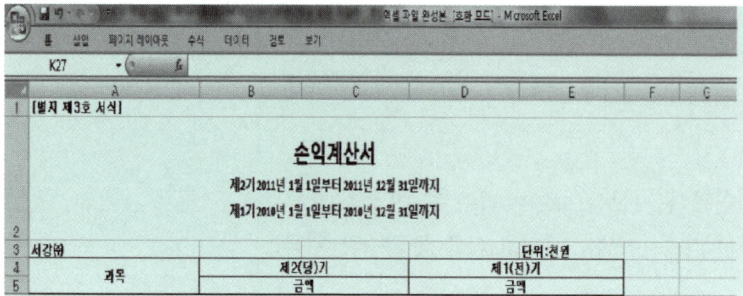

9 _ 계정과목의 입력과 균형

계정과목의 입력을 위해서는 계정과목 앞에 로마숫자 표기를 해야 한다. 로마숫자 표기를 위해서는 한글[지]을 입력 후 한자 키를 누른다. 그러면 그림과 같이 오른쪽 하단에 테이블이 나타난다. 여기서 방향키를 클릭하면 로마숫자 I을 선택한다.

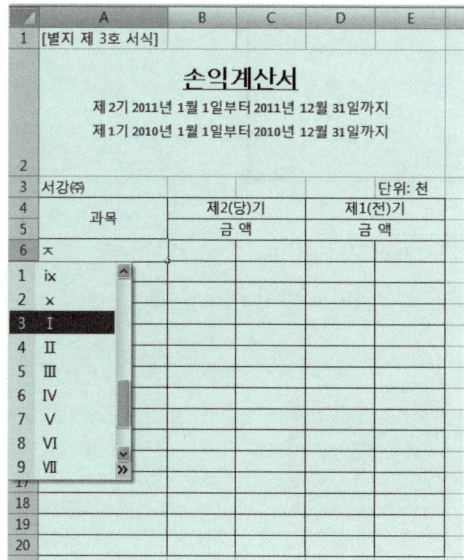

제12장 손익계산서와 재무제표의 작성

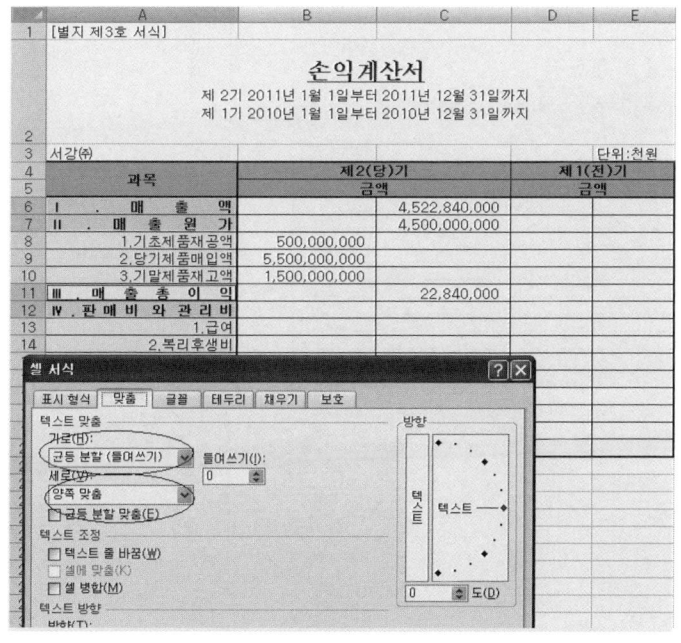

일단 계정과목은 입력되었다. 하지만 각 항목들 이름이 한 셀에 양쪽을 균형 잡히지 않고 들쭉날쭉 하다. 이것은 [셀 서식] - [맞춤] - [텍스트 맞춤] - [가로/가운데] - [세로/양쪽맞춤]을 이용하면 잘 정돈된다. 우선 같은 형태로 정돈해야 될 항목들을 설정한다. 설정방법은 Ctrl + 마우스클릭 하여 설정한다. 그리고 마우스 오른쪽 버튼을 클릭 하여 [셀 서식] - [맞춤] - [텍스트맞춤] - [가로/균등분할] - [세로-양쪽맞춤]을 차례로 클릭 한다. 그리고 [확인] 버튼을 클릭 한다. 여기서 균등분할 옆에는 "들여쓰기" 라고 숫자를 입력하는 곳이 있는데 그 곳에 숫자 1을 입력하면 양쪽에 한 칸씩, 2를 입력하면 두 칸씩 띄어져 보기 좋게 작업할 수 있다.

10 _ 금액의 입력

가. 다른 시트와의 연결

이제 금액을 입력해 보도록 하자. 손익계산서는 각 계정과목별로 총 계정원장을 운영하고 있다. 이들 장부와 손익계산서의 계정과목을 연결하면 자동으로 손익계산서의 금액은 기록되어진다. 시트연결을 위하여 sheet2에 아래와 같이 작성해보자.

손익계산서에 연결시키는 방법은 "=sheet명! 셀 주소"이다. 즉, 여기서 손익계산서 매출액의 금액란인 B12셀에 클릭 하여 "=지역별매출현황!B12"를 입력하면 된다.(sheet 2의 마우스 오른쪽버튼을 누르고 이름바꾸기 항목을 선택 '지역별매출현황' 으로 바꿔준다.)

Sheet2의 지역별매출현황의 합계금액이 변하면 자동으로 손익계산서 매출액도 변하는 것을 알 수 있다. 만약 제주도의 매출액이 늘어나면 손익계산서도 자동으로 변하게 된다.

11 _ 각 항목의 계산

매출액-매출원가=매출총이익이 된다. 또한 매출원가= 기초제품재고액 +당기제품매입액- 기말재고액이 된다. 이들은 SUM함수를 이용하여 해결하면 된다. 매출원가는 C7의 매출원가 셀에 "=B8+B9-B10"으로 입력하면 된다.

기초제품재고액을 500,000,000, 당기제품매입액을 5,500,000,000, 기말제품재고액을 1,500,000,000으로 하여서 매출원가와 매출 총이익을 계산해보자.

1. 기초제품제공액, 2. 당기제품매입액, 3. 기말제품재고액(B8:B10)란에 숫자를 입력한다.

기업실무 엑셀

C11에 대입된 공식에 의하여 매출액-매출원가=매출총이익이 나오는지 확인을 한다.

이러한 식으로 손익계산서를 완성시키면 되는 것이다. 손익계산서의 마지막 단계로 각항목과 도표를 글꼴, 맞춤, 테두리 등을 이용하여 보기 좋게 만들면 된다.

코드	회사명	시장	업종	산업명	자산총계 (200803) 누적	자산총계 (200712)	자산총계 (200709)	자산총계 (200706)	자산총계 (200703)	유동자산 (200803) 누적	유동자산 (200712)	유동자산 (200709)	유동자산 (200706)	유동자산 (200703)
A000040	S&T모터스(주)	거래소	제조업	기타 운송장비 제	96,277	102,258	129,929	118,243	108,407	56,020	58,719	92,818	69,472	61,140
A000041	(주)경방	거래소	제조업	섬유제품 제조업	556,451	561,332	528,722	535,604	551,835	80,872	85,505	78,282	86,084	106,187
A000070	(주)삼양사	거래소	제조업	음·식료품 제조업	1,125,122	1,125,630	1,167,114	1,143,484	1,130,857	307,803	269,765	284,937	262,995	265,160
A000100	(주)유한양행	거래소	제조업	화합물 및 화학제	990,541	972,625	965,821	939,180	942,870	370,272	336,875	345,628	328,546	346,557
A000120	대한통운(주)	거래소	제조업	육상 운송 및 파	5,116,036	1,394,849	1,461,397	1,453,020	1,397,703	4,011,055	314,355	417,631	395,674	409,634
A000140	하이트맥주(주)	거래소	제조업	음·식료품 제조업	2,746,737	2,766,797	2,840,252	2,757,514	2,692,549	460,319	488,038	556,532	486,792	431,483
A000150	(주)두산	거래소	제조업	음·식료품 제조업	2,225,826	2,205,574	2,596,819	2,539,275	2,489,218	667,581	599,577	657,333	625,111	650,071
A000180	성창기업(주)	거래소	제조업	목재 및 나무제품	249,944	253,091	0	0	0	58,430	61,029	0	0	0
A000210	대림산업(주)	거래소	제조업	종합 건설업	5,887,194	5,642,881	5,177,390	4,934,370	4,783,273	3,517,509	3,208,771	2,833,950	2,603,395	2,378,886
A000240	한국타이어(주)	거래소	제조업	고무 및 플라스틱	2,432,784	2,358,979	2,362,297	2,310,725	2,209,433	750,386	693,148	718,674	661,439	612,960
A000270	기아자동차(주)	거래소	제조업	자동차 및 트레일	13,189,192	12,853,763	12,344,515	12,170,856	12,080,840	3,373,920	3,232,967	3,052,277	2,970,509	2,995,462
A000300	앰앤에스	거래소	제조업	자동차 및 트레일	103,790	102,405	106,186	109,147	112,336	35,453	33,393	35,458	36,638	37,071
A000320	(주)디피아이홀딩스	거래소	제조업	화합물 및 화학제	206,274	198,897	197,698	192,720	191,598	17,936	9,330	6,613	10,857	13,067
A000360	삼환기업(주)	거래소	제조업	종합 건설업	1,023,523	1,043,056	916,422	938,487	954,483	491,735	517,230	422,649	460,404	489,293
A000390	삼화페인트공업(주)	거래소	제조업	화합물 및 화학제	240,575	227,180	246,350	227,419	215,980	167,171	153,411	172,648	155,436	143,544
A000420	(주)로케트전기	거래소	제조업	기타 전기기계 및	64,301	63,278	64,331	58,823	59,901	27,283	26,054	29,591	25,036	25,706
A000430	대원강업(주)	거래소	제조업	자동차 및 트레일	346,157	323,334	315,042	332,983	325,102	90,648	75,731	67,947	91,032	88,346
A000480	조선내화(주)	거래소	제조업	비금속광물제품	576,338	611,837	649,007	518,363	480,788	125,448	122,138	128,707	130,890	118,888
A000490	대동공업(주)	거래소	제조업	기타 기계 및 장비	352,491	299,814	316,877	321,453	344,638	190,303	138,433	153,174	155,694	176,543
A000500	가온전선(주)	거래소	제조업	기타 전기기계 및	373,255	317,142	344,731	337,996	325,883	247,489	193,392	221,228	213,647	200,982

위에 손익계산서를 완성했다면 재무제표는 손익계산서의 작성방법과 같다. 중요한 것은 손익계산서와 재무제표 표준양식이 있어야 Excel에 의하여 작성할 수 있는 것이다. 한번 만들어 놓으면 오랫동안 활용 가능할 수 있다
위에 사진은 실제 기업간의 재무를 비교하는 재무제표를 Excel로 표현한 것이다.

기업실무 엑셀

CHAPTER 13

종합원가계산
계산, 도형삽입, IF함수, 스크롤막대 삽입

제조기업의 제품원가계산은 각 기업이 수행하는 생산활동의 성격에 따라 크게 개별원가계산과 종합원가계산으로 나눌 수 있다.

개별원가계산(job-order costing)은 제품의 종류나 규격이 다양한 개별적인 생산형태의 기업에 적용되는 원가계산방법이다.

이 방법은 조선업, 건설업, 기계제조업 등 특별주문이나 수요에 따라 특정제품을 개별적으로 생산하는 기업의 원가계산에 적합하다.

반면에 종합원가계산(Process costing)은 단일종류의 제품을 연속적으로 대량생산하는 업종에 사용되는 원가계산방법으로서 화학공업, 식품가공업, 제지업, 금속제조업, 전자공업 등과 같이 대량생산이 가능한 산업분야에 적용된다.

보통 기업 실무에서는 종합원가계산제도가 일반적이라고 할 수 있다. 그러므로 여기에서는 엑셀에 의해서 종합원가계산제도를 살펴보기로 하겠다.

종합원가계산에서는 제조원가를 각 공정별로 집계해야 하는데 직접재료비와 직접노무비는 특정 공정에서 직접적으로 발생한 원가이므로 쉽게 식별하여 집계 할 수 있다. 그러나 제조간접비는 특정공정에서 직접적으로 발생되었다는 것을 쉽게 식별할 수 없거나, 최종생산물까지 추적 할 수 없는 원가이기 때문에 인위적인 배부기준에 따라 각 공정에 배부해야 한다.

예를 들어, 냉장고를 만드는 회사일 경우 직접재료비와 그곳에서 일하는 근로자들의 직접노무비는 쉽게 집계할 수 있다. 하지만 사무실의 급여, 전력비 등과 같은 제조 간접비는 제품별 또는 공정별로 인위적인 배분을 해야 제조원가를 계산할 수 있는것이다. 여기서 직접노무비와 제조간접비를 '가공비'라는 명목으로 산정된다.

아래의 예제에서는 제조원가 보고서를 작성하기 위하여 재료비와 가공비요소를 계산한다. 하지만 회사는 계속적으로 가동되고 있기 때문에 투입된 재료비와 가공비가 완성되지 못한 상태에서 제조원가를 계산하는 경우가 대부분이다.

즉 기말에 제품이 되기 전의 기말재공품이 남아있는 상태에서 제조원가를 계산해야한다. 이러한 배분을 위한 방법으로 선입선출법, 후입선출법, 평균법 등을 적용한다. 이때 필요한 것이 완성률인 것이다. 이 완성률을 배분방법에 적용하게 된다.

예 제

다음의 자료에 의하여 종합원가계산 시트와 제조원가 보고서를 작성하시오.

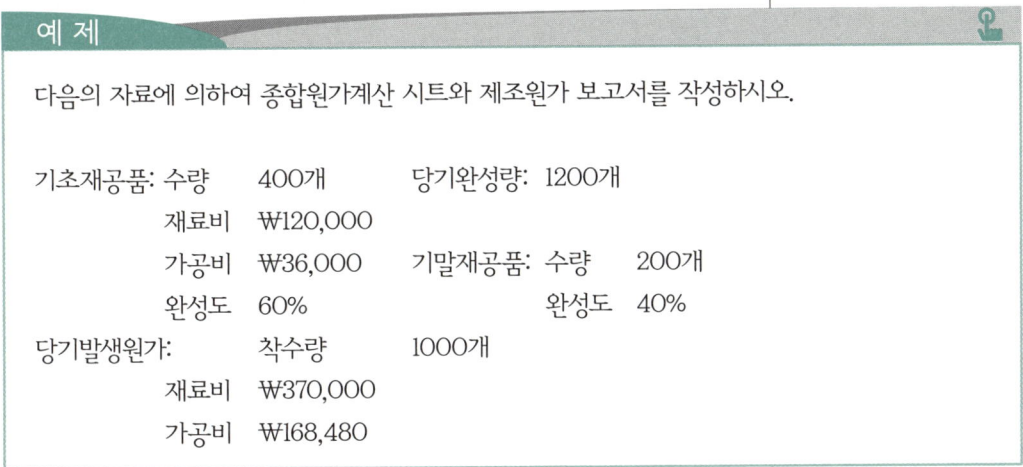

평균법(W.A.M)에 의한 종합원가계산

예제의 기초자료를 입력하고 엑셀로 나타내어 보면 다음과 같다.
즉 엑셀을 실행하고 시트(sheet)를 새로 작성한 후, 다음과 같은 기초자료를 입력시킨다.

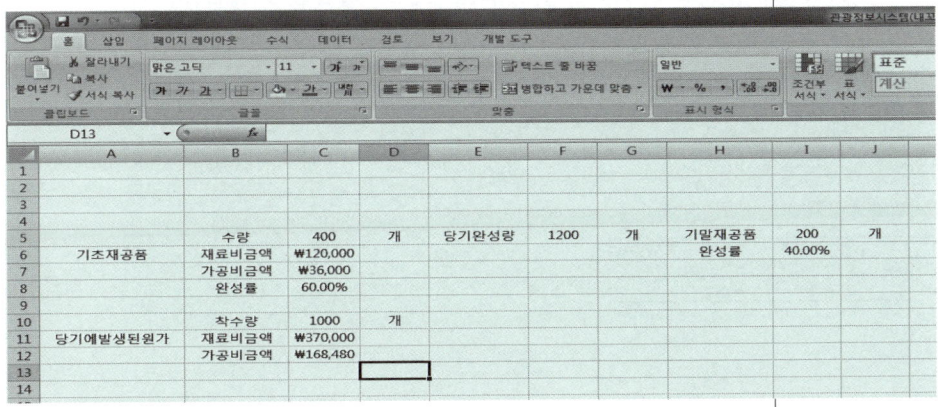

그런 다음 엑셀화면 속의 눈금선을 없애서 보기 좋게 꾸며 보자.
이 때는 메뉴판에서 [보기]를 선택한 후 표시/숨기기 부분에서 눈금선
이 체크 되어있는 곳을 클릭해서 체크를 해제시켜주면 된다.

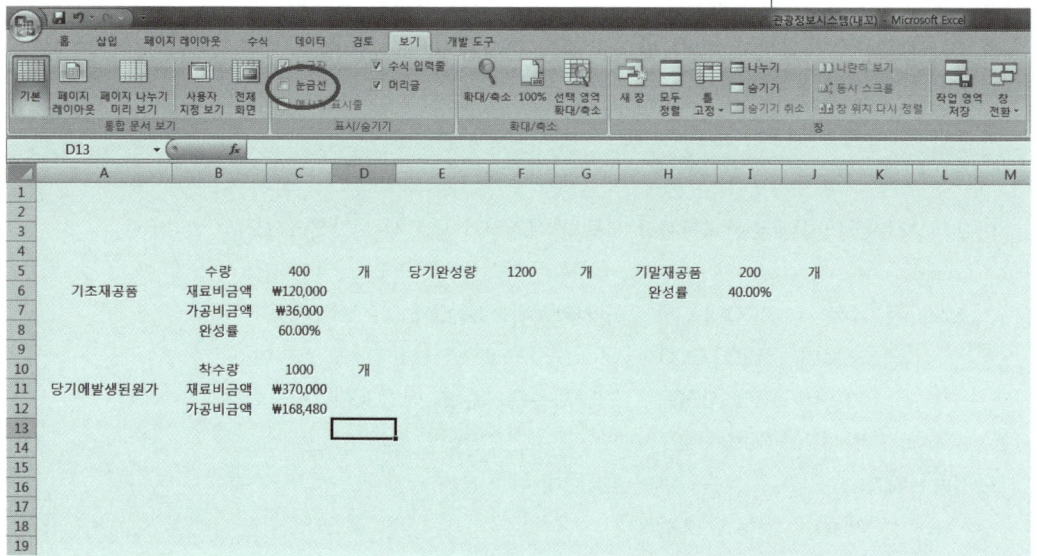

색깔을 넣어 꾸며 보려면 메뉴판에서 [홈]을 클릭하여 글꼴 부분에서
페인트보양을 선택 후, 원하는 색깔을 부분별로 드래그 한 후 선택하
여 넣어주면 된다.

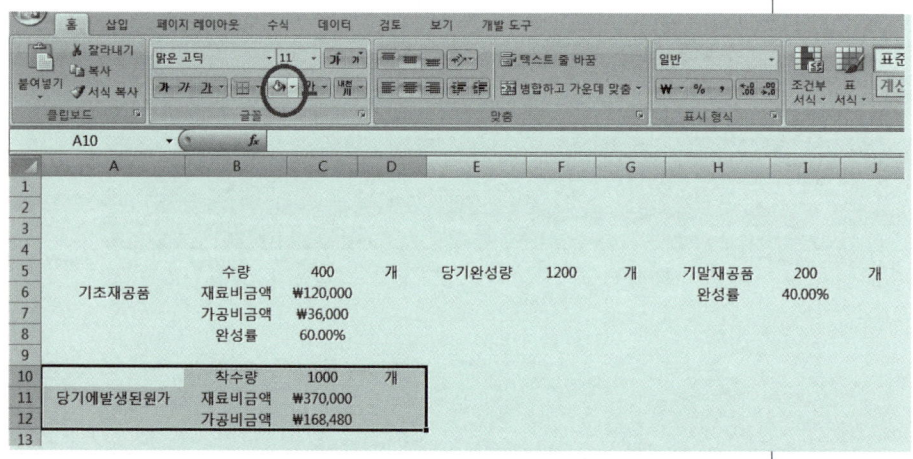

이 상태에서 제목란을 멋지게 꾸미고 싶다면 다음과 같이 해보자.
메뉴판에서 [삽입]을 선택한 후 도형을 선택하여 맨 아래 부분에 있는 설명선을 선택한 후 그 중에서 모서리가 둥근 사각설명선을 선택하여 '평균법에 의한 기초자료 입력'이라고 입력해보자.

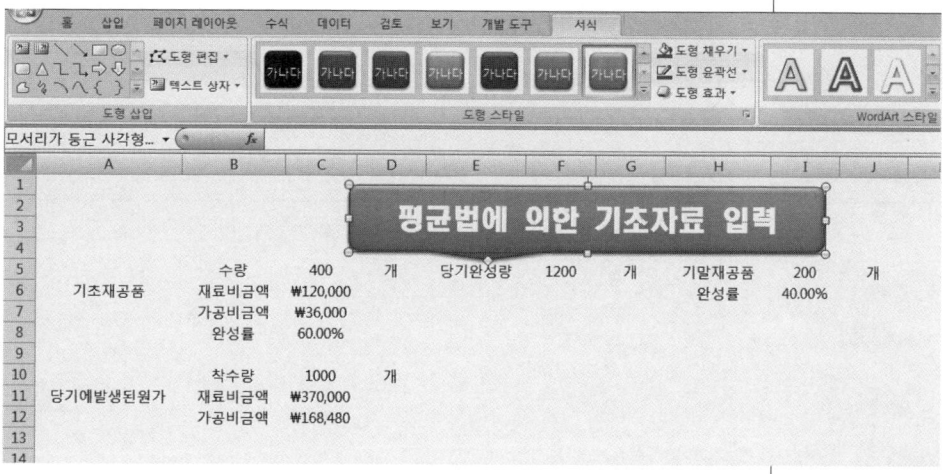

도형을 클릭한 상태에서, 메뉴판에서 [서식]을 선택하면 원하는 다양한 도형 효과를 낼 수 있다.

다음으로는 '평균법에 의한 기초자료입력'이 다른 시트(Sheet)와 혼동을 방지하기 위해서 시트의 이름을 바꾼다. 화면아래에 시트탭에 대고 마우스 오른쪽 버튼을 누른 후 [이름바꾸기]를 선택 후 '평균법'이라고 써보자.

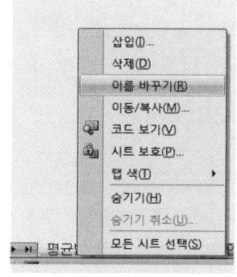

평균법에 의한 제조원가보고서 작성

제조원가보고서에서는 종합원가계산의 특징이라고 할 수 있는 원가의 정보를 세밀하게 나타내볼 수 있다. 제조원가보고서를 한 번 만들어보자.
아래와 같이 제조원가 보고서 양식자료를 입력한다.

	A	B	C	D	E	F	G	H	I
1			제조원가보고서(평균법)						
2									
3			[1단계]		재료비	[2단계]완성품환산량			
4			물량의 흐름			가공비			
5	기초재공품								
6	당기착수량								
7	계								
8	당기완성량				0		0		
9	기말재공품				0		0		
10	계				0개		0개		
11									
12	[3단계]총원가요약								합계
13	기초재공품원가								₩0
14	당기발생원가								₩0
15	합계								₩0
16									
17	[4단계] 환산량단위당원가								
18	완성품환산량				₩0 개		₩0 개		
19	환산량단위당원가								
20									
21	[5단계]원가의 배분								
22	완성품의 원가								₩0
23	기말재공품의 원가								₩0
24	합계								₩0

이제 종합원가계산대로 각 항목을 입력시키는데, 여기서 엑셀의 장점이라 할 수 있는 혼합주소에 의하여 데이터베이스(Database) 기능을 접목시키면 데이터가 변화하여도 데이터의 변화에 따라 결과치가 나온다. 제조원가 보고서의 '물량의 흐름'을 자동적으로 나타나게 하기 위하여 '평균법' 시트를 연결시키는 작업이 필요하다. 셀C5란에 [=평균법!C5]라고 친다. 여기서 평균법! 이라는 것은 평균법의 시트를 참조한다는 것이다. 평균법 시트의 셀 C5와 같은 값을 입력한다는 것이 된다.

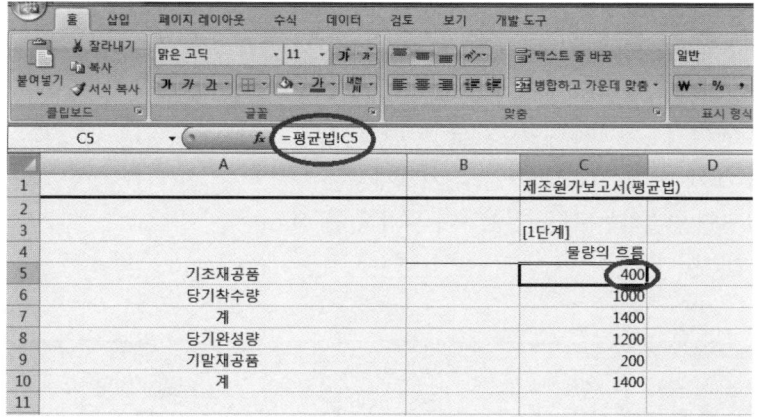

이러한 방법으로 평균법 시트와 제조원가보고서 시트의 '물량의 흐름' 셀에 입력될 자료를 연결한다.

이와 같이 제조원가보고서의 작성순서 5단계로 이루어진 내용을 이렇게 함수식이나 주소를 통해 이용하면 계산이 편리하게 된다.

여기서 주의할 사항은 완성품환산량을 계산하는 것인데, 완성품환산량이란 산출물의 완성 정도를 측정하는 개념으로써 공정에서의 모든 노력의 완성품으로 나타났을 경우 생산되었을 완성품의 개수를 의미한다.

[2단계]의 완성품환산량에 입력될 재료비와 가공비의 셀의 연결은 [1단계]의 '물량의 흐름' 자료를 셀 연결한다.

즉, 재료비의 당기완성량과 기말재공품 환산량은 '=C8'과 '=C9'를 입력하여 연결한다. 이와 같이 엑셀화면에서 완성품환산량을 계산하기 위해선 평균법 시트에 입력된 기초자료를 잘 활용해서 함수식을 써야하며, 특히 원가계산에 대한 전반적인 이해를 필요로 한다.

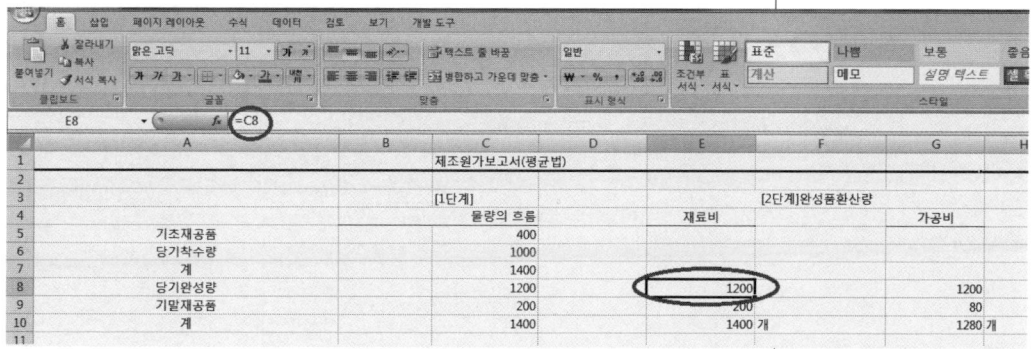

재료비는 모두 투입되어 있으나 기말에 제조원가 보고서를 작성할 당시에 제품이 미완성 상태인 기말재공품 상태가 되어 있다면, 가공비는 완성도에 따라 제조원가비용을 산정해야 하는 것이다.

따라서, 셀G9는 기말재공품의 완성도가 40%이었으므로 가공비의 기말재공품환산량은 40%×200=80개 이다. 그러므로 C9의 기말재공품 수량에서 평균법 시트의 완성도를 연결하는 식을 입력하여 결과 값을 산출한다. 그 식은 '=C9*평균법!6'이다.

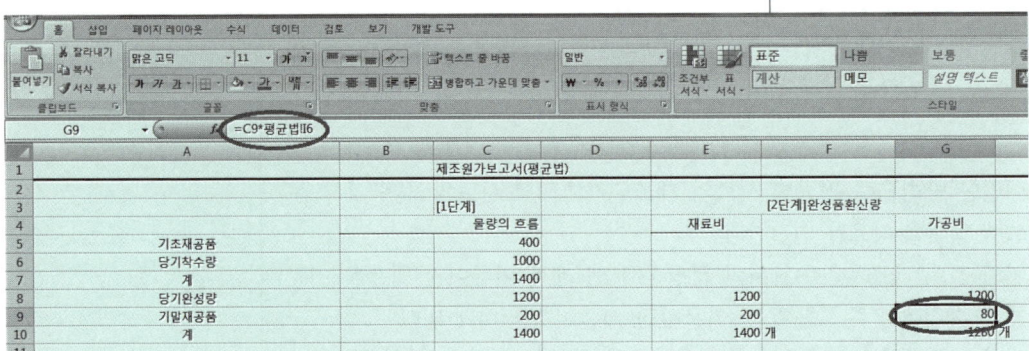

[3단계], [4단계], [5단계]의 다른 항목들도 마찬가지로 평균법에 의해서 위와 동일하게 계산을 적용하면 된다.

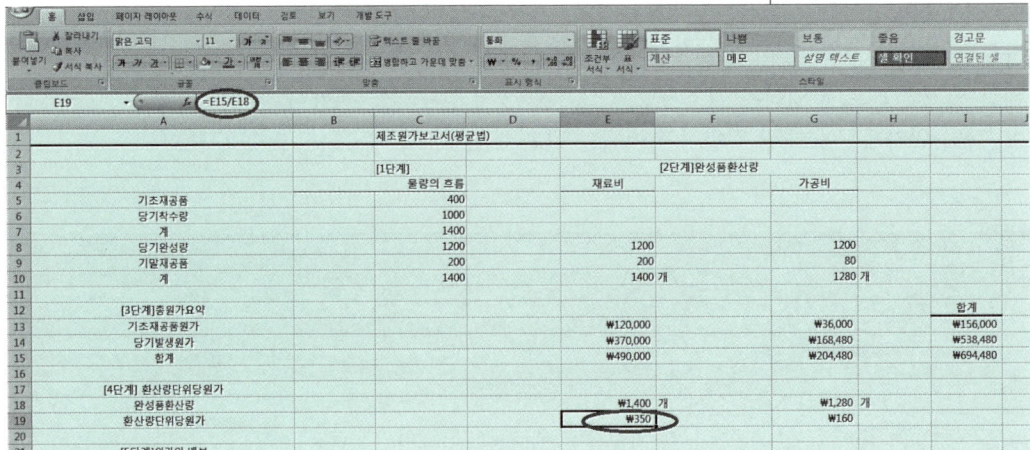

예를 들어, [4단계]의 환산량단위당원가는 'E15/E18', [5단계]의 완성품의 원가는 '=E8*E19+G8*G19' 기말재공품의 원가는 'E9*E19+G9*G19' 등을 입력하여 산출한다.

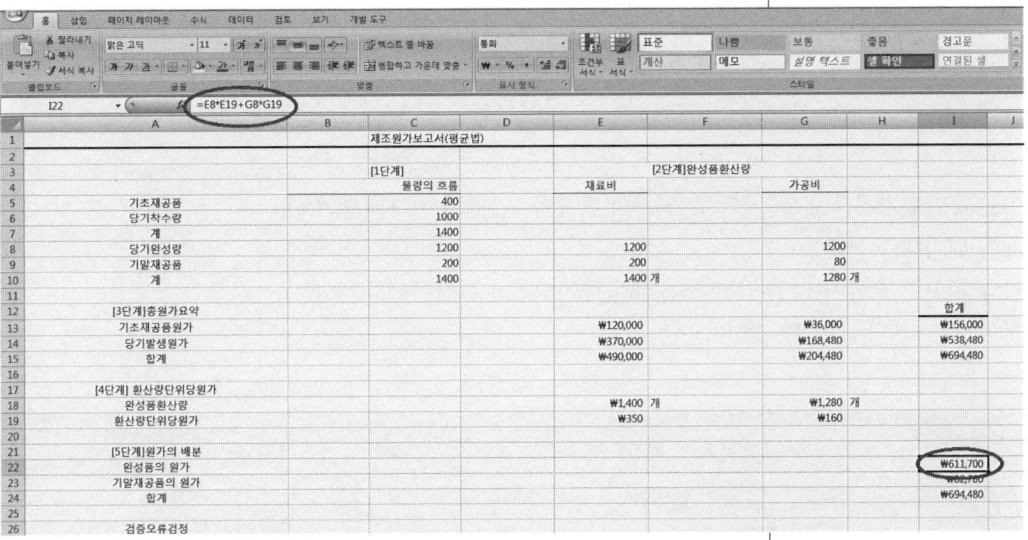

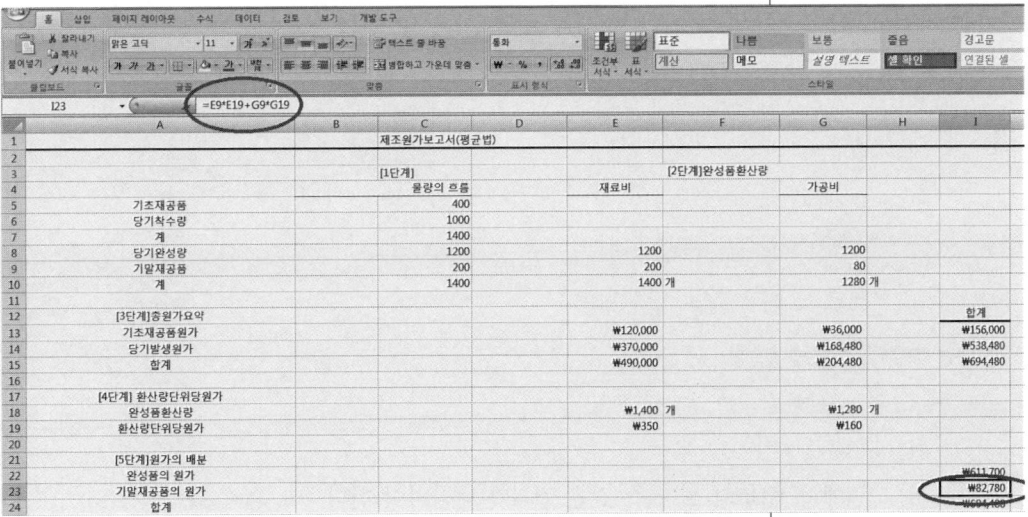

그 다음으로 평균법에 의해서 계산이 제대로 되었는지 확인하는 절차가 남아있다. 물론 엑셀로 계산하는 것은 잘못된 결과치가 나올 리가 없겠지만, 사용자가 데이터를 잘못 입력하게 된다면 그릇된 결과가 나오게 될 수도 있다.

엑셀의 화면에서 셀 A26에 '계산오류검정'이라고 입력한 후, 셀A27에 조건문함수식 IF문을사용해서 다음과 같이 입력한다.

=IF(I15=I24, '계산타당', '계산오류')

이는 종합원가계산상 3단계의 총 원가의 합계와 5단계의 원가배분의 합계가 일치해야 한다.

만약 계산이 오류가 나면 있는 사용자가 데이터입력을 잘못했다는 것이므로, 다시 수정해야 할 것이다.

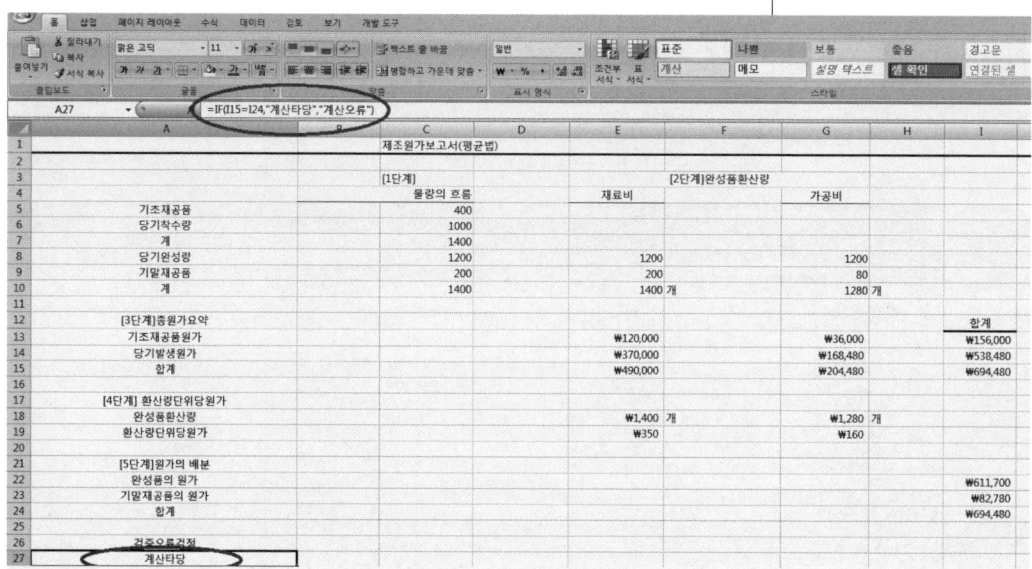

그러므로 위 그림에서 셀I15와 셀I24는 같은 결과가 나타나야 한다. 그렇기 때문에 검증오류 판단에서 결과치가 '계산타당'이 나오게 된 것이다. 다름으로는 위내용을 제공품계정으로 살펴보면 원가의 흐름을 잘 살펴볼 수 있다.

엑셀화면에서 다음과 같이 입력한다. 셀 테두리를 변경한 후, T계정으로 만든다.

그런 다음, 기초재공품의 금액은 셀I13과 같으므로, 다음과 입력한다. 직접재료비 가공비(직접노무비+제조간접비)등 기타항목들도 마찬가지로 입력하면 된다.

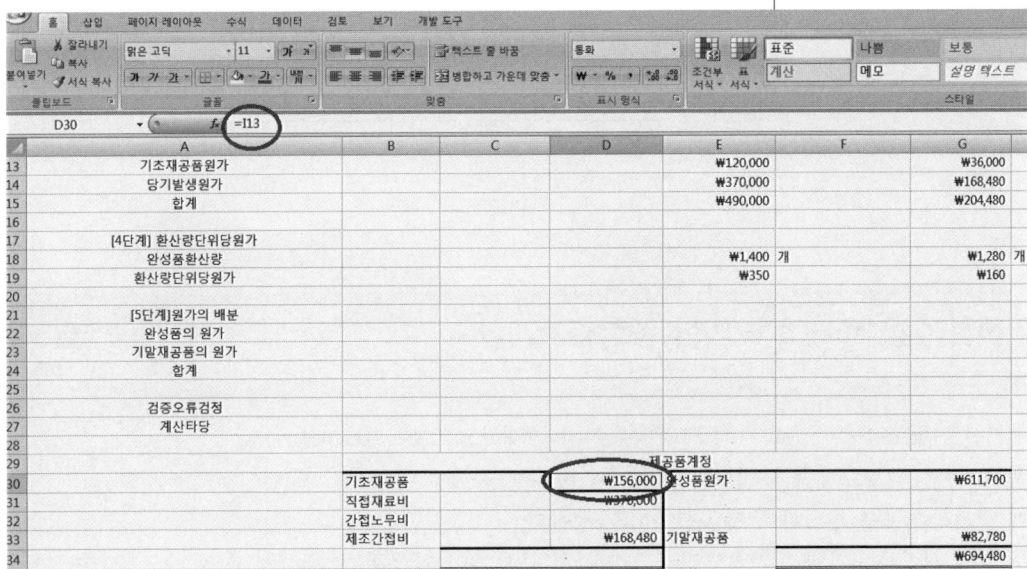

지금까지 종합원가계산제도에서 평균법에 의한 원가계산을 살펴보았다. 지금까지 한 내용을 엑셀화면으로 보면 다음과 같다.

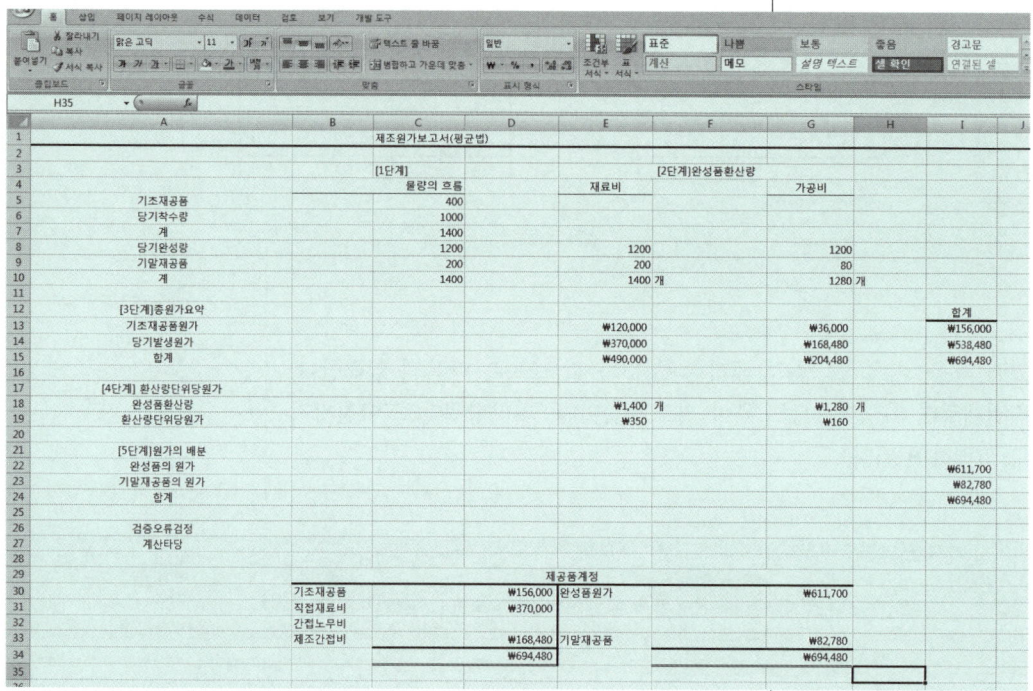

선입선출법(FIFO)에 의한 종합원가계산

선입선출법(first-in first-out, FIFO)은 이미 존재하고 있는 기초재공품을 우선 적으로 제품을 만드는 곳에 투입하여 가공하고 완성시킨 후에 당기착수량을 투입하여 가공한다고 가정한다.

즉, 기초재공품원가와 당기발생원자를 명확히 구분하여 완성품원가는 기초 재공품원가와 당기발생원가로 구성되어 있고, 기말재공품원가는 당기발생원가로만 구성되어 있다고 가정한 후, 원가계산을 하는 방법을 말한다.

사용순서

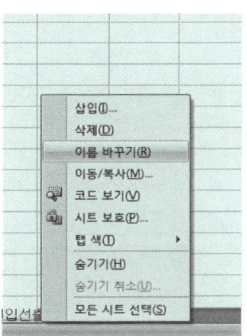

01 평균법의 기초자료 마찬가지로 엑셀시트에 다른 항복들과 혼동을 방지하기 위해서 이름을 바꾸기를 한다. '선입선출법'이라 입력한다.

02 평균법의 기초원가자료를 마찬가지로 입력시킨다. 그리고 자기취향대로 셀을 꾸려보자, 여기서 기초재공품의 완성률이나 기말재공품의 완성률의 선입선출법을 적용할때는 매우 중요한 역할을 한다. 그러므로 일일이 손수 입력하는 것보다는 스크롤막대를 활용하여 완성률에 대하여 적용하여보자.

① '스크롤 막대'를 활용하기 위해서는 [Office 단추] – [Exel옵션] [개발도구 탭추가]가 되어있어야 한다.

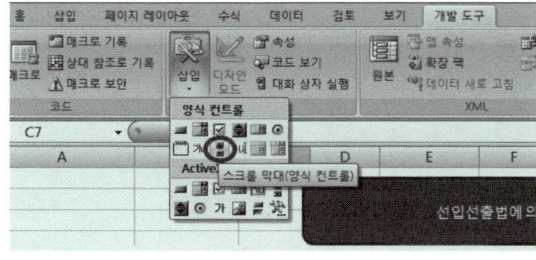

② 먼저 아래 그림과 같이 삽임에서 스크롤 막대 아이콘을 클릭하여 실행시킨다.

③ Alt키를 누른 상태에서 '선입선출법'시트에 입력한 기초자료 중 기초제공품과 기말재공품의 완성률이 있는 셀D10과 셀K8에 서 스크롤막대를 드래그해서 그려 넣으면 다음과 같은 화면이 나온다. 반드시 Alt키를 누를 상태에서 셀에다 스크롤 막대를 그려야 한다.

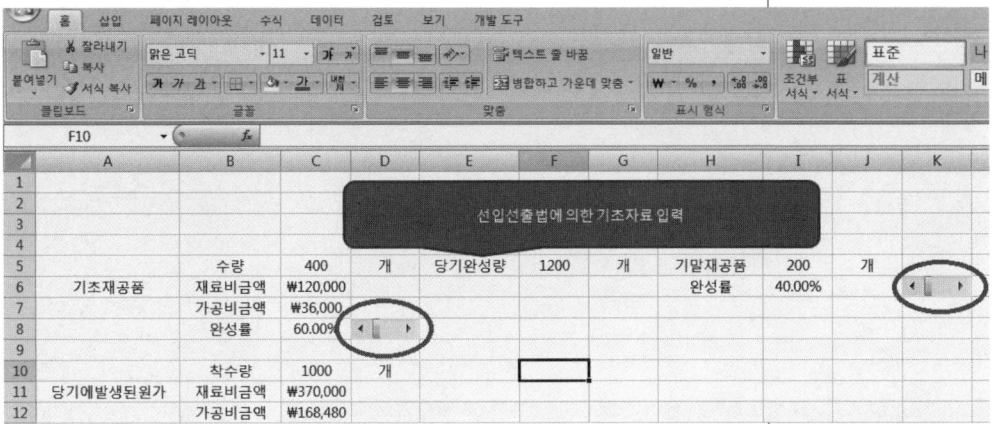

④ 기초재공품의 완성률 옆에 있는 스크롤막대가 그려진 곳에 가서 마우스 오른쪽 버튼을 누르면 다음과 같은 화면이 나온다.

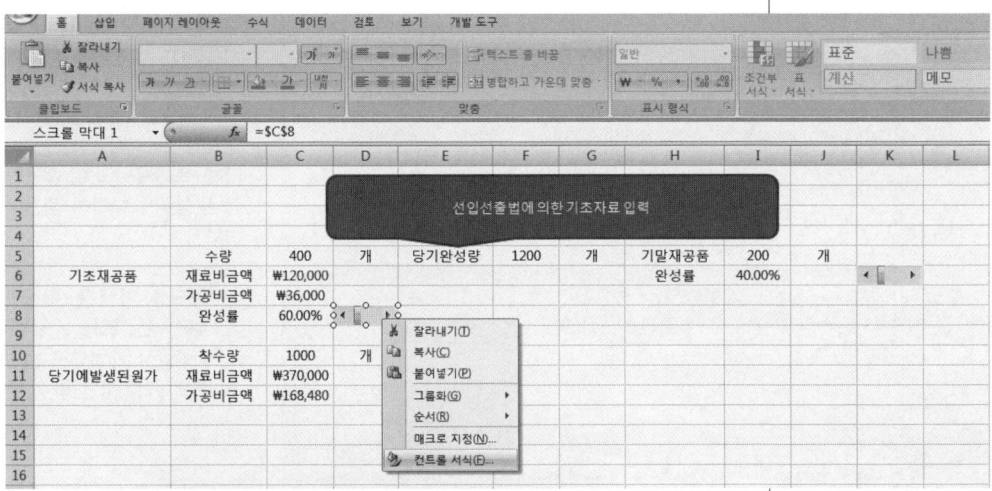

⑤ 여기서 [컨트롤서식]을 선택하면 다음과 같은 화면이 나온다.

⑥ 화면에서 컨트롤 탭상자를 클릭한 후 셀연결을 클릭한다.

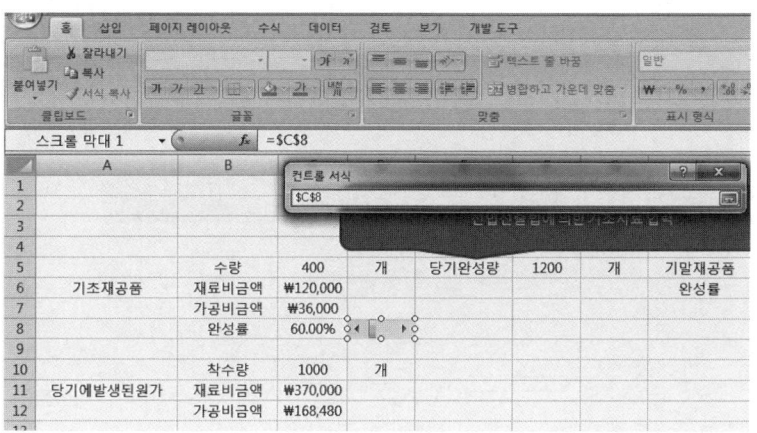

⑦ 최종적으로 완성된 화면은 다음과 같다. 완성된 스크롤 막대를 움직이면 완성률의 숫자가 계속적으로 변화되어 간다.

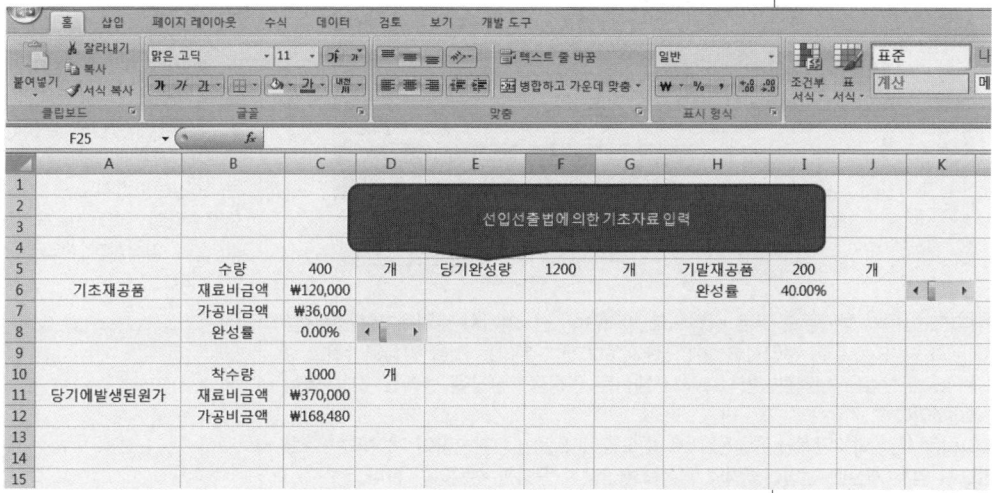

다음은 기초원가내역을 이용하여 완성품 환산량을 구하는 일이다. 이는 평균법과 달리 선입선출법상 원가의 흐름이 다르게 나올 수 있으므로 완성품환산량을 다시 구해야 한다.

선입선출법의 식에 의하여 당기완성품 환산량을 다음과 같이 입력시킨다.(기말재공품의 선입선출법에 관한 상세한 설명과 계산식은 원가계산 책을 참고하기 바란다.)

FIFO에 의한 제조원가보고서 작성

01 선입선출법에 의한 제조원가 보고서를 작성하기 위하여 양식을 다음과 같이 작성한다. 평균법과 마찬가지로 셀을 멋지게 꾸며보자.

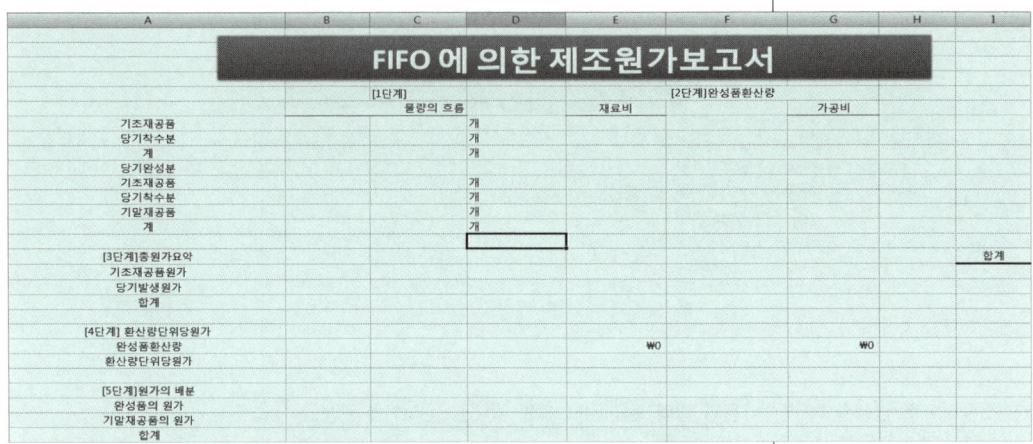

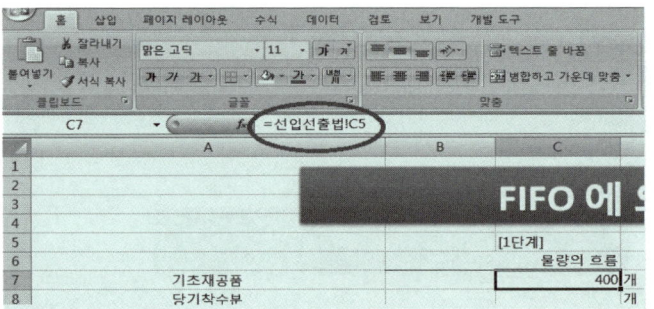

02 다음에는 기초자료의 원가내역과 완성품환산량의 정보를 제조원가보고서에 옮기는 일만 남았다. 기초 재공품의 물량의 흐름단계에서 기초재공품의 개수는 선입선출법시트의 기초재공수량과 같으므로 다음과 같이 입력한다.[선입선출법!C5]라고 입력한다.

마찬가지로 다음의 항목들도 같은 방법으로 입력한다. 단, 여기서 주의해야할 것은 당기완성분의 당기착수량은 선입선출법에 의해서 800개가 된다는 것을 명심해야하고, 2단계 완성품환산량은 선입선출법시트에서 계산된 완성품환산량을 쓴다는 것을 명심해야 할 것이다.
다음 그림은 1단계와 2단계가 완성된 시트의 모양이다. 완성품환산량이 계산되는 수량은 반드시 앞서 계산한 선입선출법의 완성품환산량과 동일한 수치여야 한다.

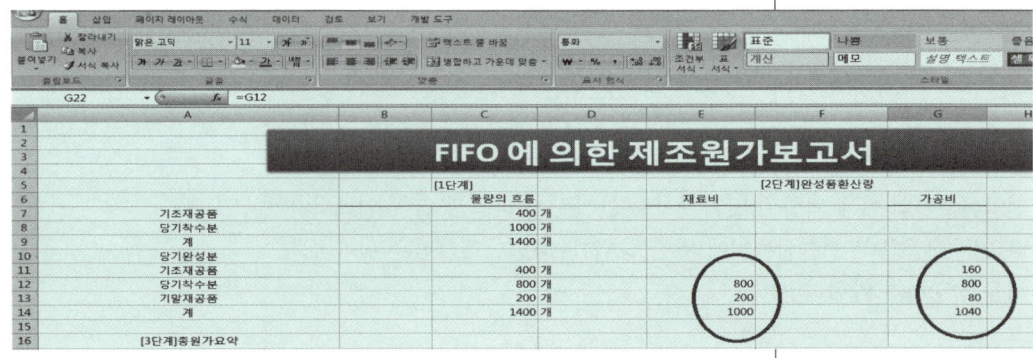

03 다음 단계인 총원가요약단계에선 기초자료정보 중 재료비와 가공비의 수치를 입력하는 단계인데 여기서 주의해야 될 것은 기초재공품의 원가는 이미 완성품원가에 포함되었기 때문에 합계란에 들어간다는 사실이다.

그러므로 합계를 계산시, 선입선출법 시트에 있는 기초원가를 합산시켜 셀I18에 입력한다.

다른 내용은 평균법의 내용과 같으므로 생략하기로 하고, 완성된 제조원가 보고서를 나타내면 다음과 같다.

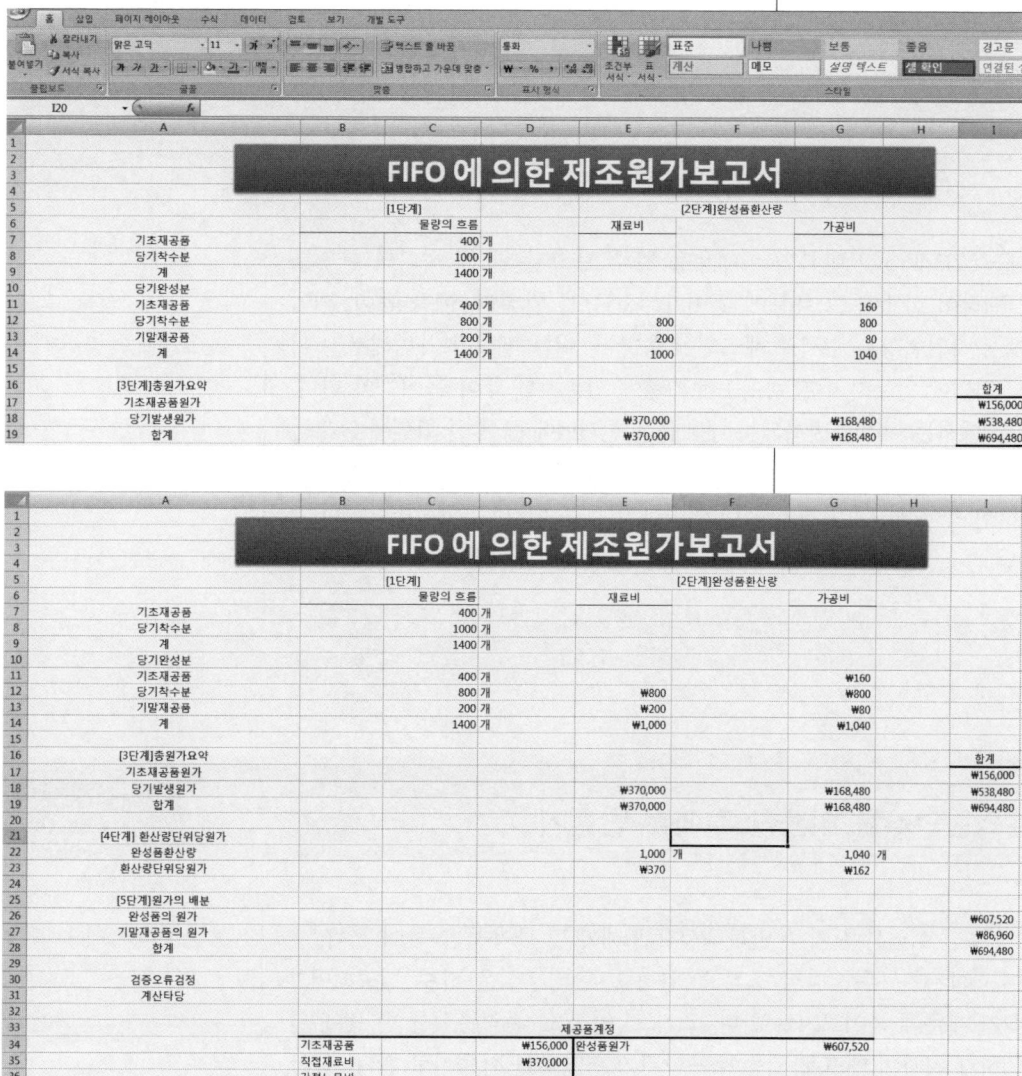

기업실무 엑셀

EXCEL

CHAPTER 14

매크로 활용 기업업무 통합 시스템
명령단추, 셀서식, 함수[Today,SUM], 계산, 하이퍼링크, 매크로 연결, 삽입

매크로(Macro)란 반복되는 내용을 자주 보고자 할 때 하나의 단추를 클릭하여 한번에 그 내용에 들어가는 기능을 말한다. 예를 들어, 기업에서 사업현황은 수시로 체크되어야 한다. 이를 체크하기 위해서는 어느 파일에 있는지 어떤 응용프로그램에 있는지를 찾아 들어가야 한다. 엑셀에서는 이러한 반복되는 내용들을 한꺼번에 묶어 한 화면에 단추들로 구성한다. 그리고 그 단추를 클릭함으로써 원하는 사업현황의 내용을 한 번에 볼 수 있게 하는데 이러한 기능을 매크로 기능이라 한다.

사용순서

명령단추를 이용한 주메뉴 만들기

EXCEL

1_ 우선 여러분은 자주 반복해서 검토해야 할 내용들을 묶어 본다.
이 예에서는 (주)서강의 조직도, 일정표, 손익분석은 자주 체크되어야 하기 때문에 묶어보기로 한다. 조직도, 일정표, 손익분석을 한 번에 클릭하기 위하여 매크로 기능이 포함된 명령단추를 만들기로 한다.

2_ 매크로 아이콘이 도구로서 나타나야 한다.
이것은 한글에서 괘선도구모음을 사용하기 편리하게 화면에 나타나게 하는 것과 같다.

① 2000버전에서는 [보기]-[도구모음]-[양식]을 클릭해서 하는 것이지만 2007버전에서는 [창에 마우스로 우 클릭]-[빠른 실행 도구 모음 사용자 지정]-[리본 메뉴에 개발 도구 탭 표시클릭]-[쉘에 드래그] 이렇게 변했다.

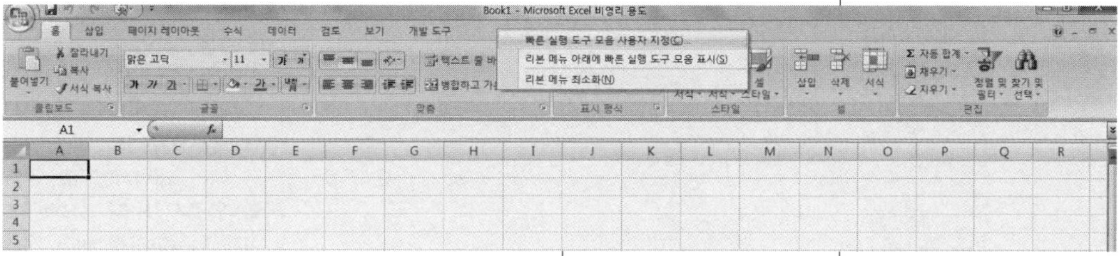

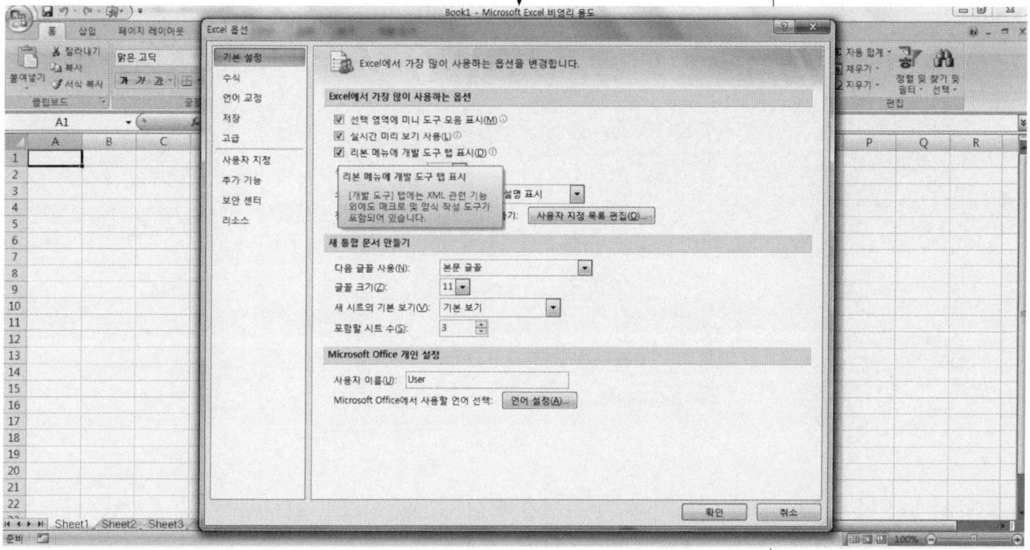

② 위와 같이 하였다면, 마우스를 [개발 도구]-[삽입]에 가져다 놓고 우 클릭 하여서 [빠른 실행 도구 모음에 추가]를 누른다. 다음과 같이 추가 아이콘이 생성된다.

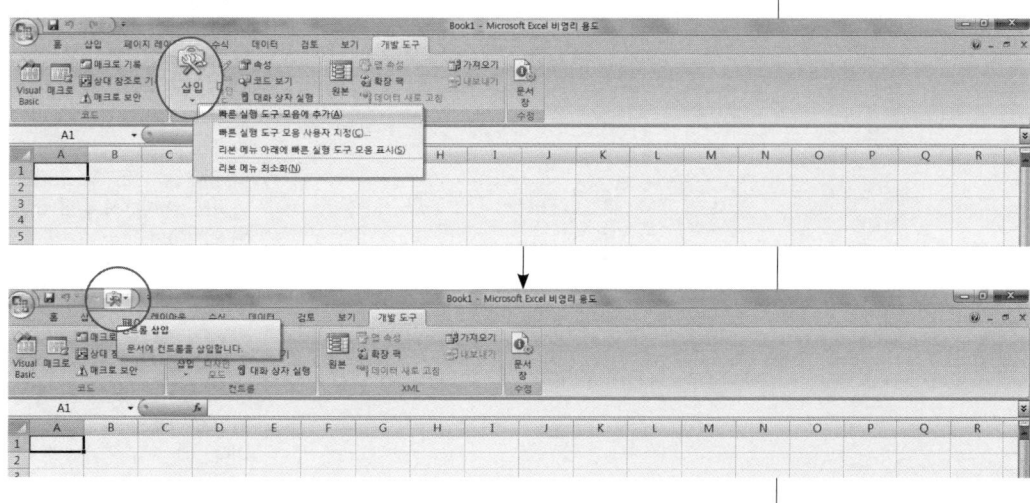

3 _ 명령단추를 만들자.
명령단추는 우선 (주)서강, 조직도, 일정표, 손익분석 등의 객체로서 정한다.

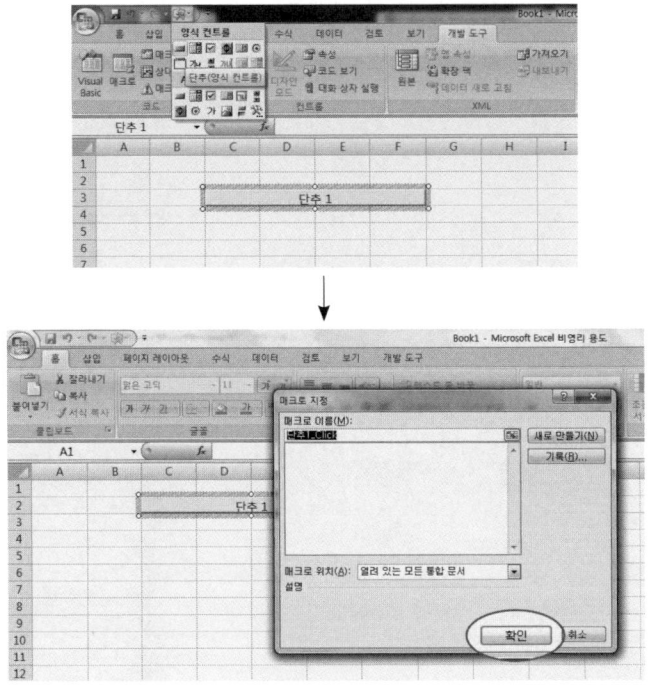

[컨트롤 삽입]을 클릭하여 화면에 적당하게 사각형을 그린다. 그러면 매크로 지정 대화상자가 나타난다. 이것은 여러 개의 매크로 단추를 연결시킬 때 사용된다. 이제 시작이므로 여러 개의 단추가 없다. 따라서 [취소] 버튼을 클릭한다. 단추1 이 나타난다. 이 부분은 2000 버전과 2007버전이 거의 흡사하다.

4 _ 단추1에서 마우스를 한번 클릭한 후 "(주)서강 통합시스템"이라고 입력한다. 같은 방법으로 조직도 명령단추를 만든다.

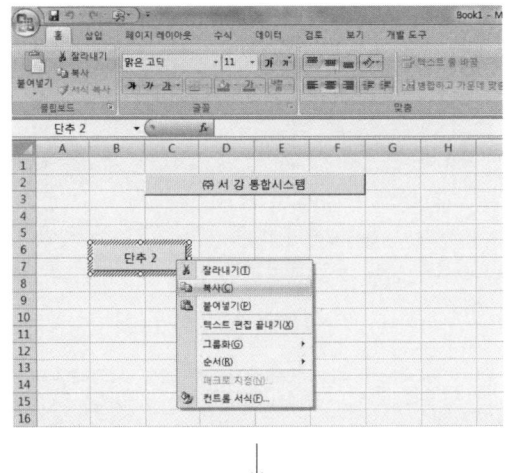

단추2가 만들어지면 일정표, 손익분석 등의 명령단추를 만들기 위하여 단추2 버튼 위에서 마우스 오른쪽을 클릭하여 [복사]를 선택한 후, 단추2와 적당한 거리를 두고 임의의 셀에서 클릭한다. 이러한 방법으로 3개의 단추를 만든 후 조직도, 일정표, 손익분석 등을 버튼에 입력한다.
주의할 것은 [붙여넣기]를 할 때, 반드시 버튼 위에서 마우스 오른쪽을 클릭한다. 그리고 붙여넣기를 할 장소에서 클릭을 먼저 한 후 [붙여넣기]를 시작한다는 것이다.

제14장 매크로 활용 기업업무 통합 시스템

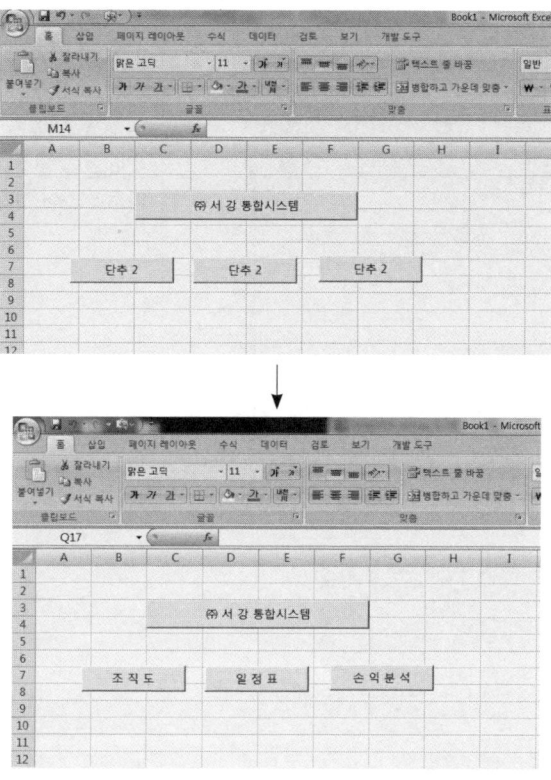

5 _ 괘선사용에 의한 조직도 완성

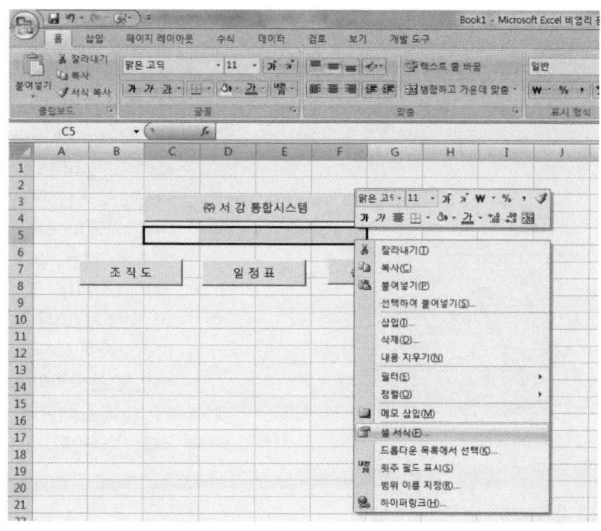

① (주)서강을 중심으로 명령단추들의 관계를 괘선으로 그려 넣는다. 순서는 다음과 같다. C5에서 F5까지 블록을 지정한 다음 마우스 오른쪽 버튼을 클릭하여 [셀 서식] 메뉴를 선택한다.

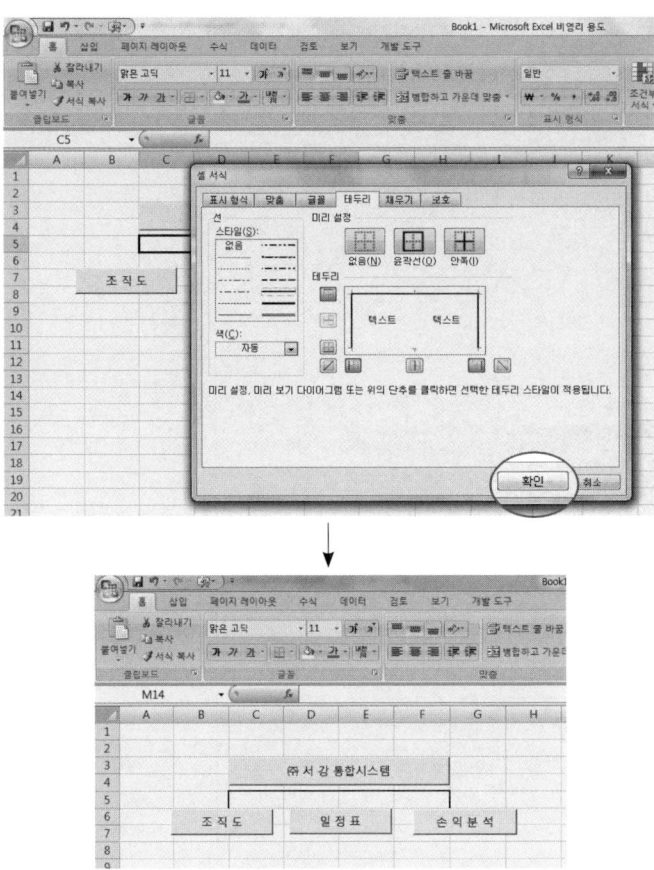

② [셀서식] 대화상자에서 [테두리] 탭을 선택하여 선이 연결되도록 테두리선을 지정한다. 선의 굵기도 약간 굵게 선택한다. 그리고 [확인]버튼을 클릭한다. 괘선이 다음과 같이 그려진다.

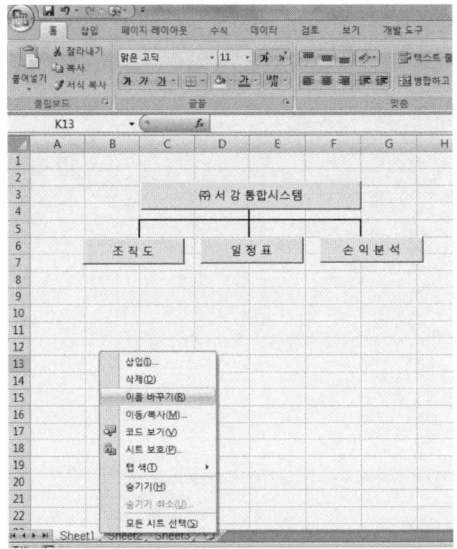

③ 나머지 괘선도 같은 요령으로 연결시킨다. 괘선연결은 오류가 나기 쉽다. 요령이 필요한 것이며, 반복 연습을 하기 바란다.

괘선으로 연결은 완성한 후에는 화면의 하단 Sheet1을 "주메뉴"라는 이름으로 이름을 바꾸어 저장한다. 이미 앞에서 배운 바와 같이 Sheet1에서 마우스 오른쪽 버튼을 클릭하여 [이름 바꾸기] 탭을 선택한 후 "주메뉴"라고 입력한다.

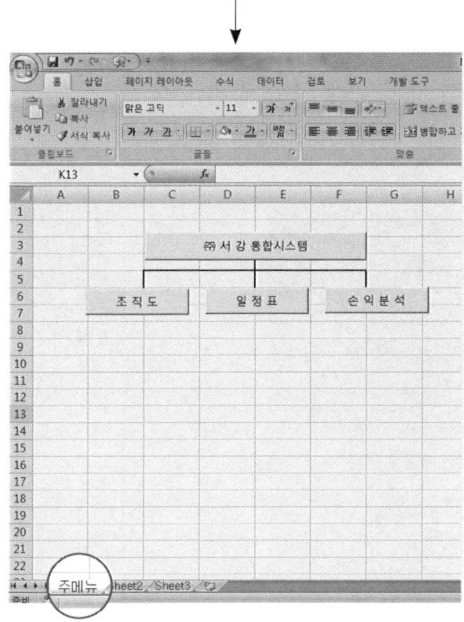

6 _ 바탕의 셀구분선 삭제

㈜서강 통합시스템이 완성되었다. 이것은 한마디로 겉표지인 것이다. 그런데 셀구분선들이 있으니 깨끗해 보이지 않는다. 셀구분선을 없애 보자.

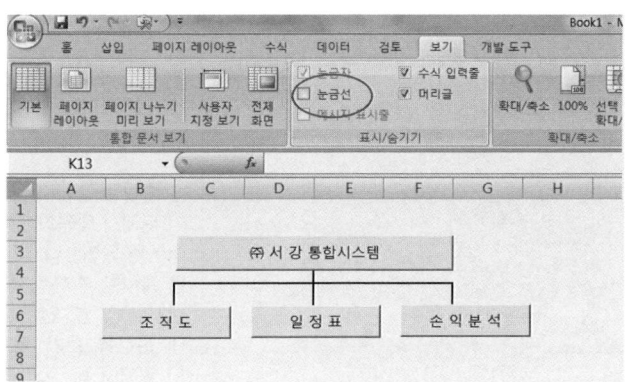

2000에서 셀구분선을 없애기 위해서는 [도구]-[옵션]을 클릭하고 창옵션으로 가서 눈금선에 표시된 체크(V) 표시를 한번 클릭한 후 [확인]버튼을 클릭한다. 2007에서 셀구분선을 없애기 위해서는 [보기]-[눈금선 클릭] 눈금선이 없어진다.

기업실무 엑셀

7 _ 안내문구의 작성

깨끗한 주메뉴가 나타났다. 이제는 화면의 제일 위에 (주)서강의 홍보 자료(IR)이라는 내용을 표시해 보자. 이를 위해서는 우선 행을 삽입해야 한다.

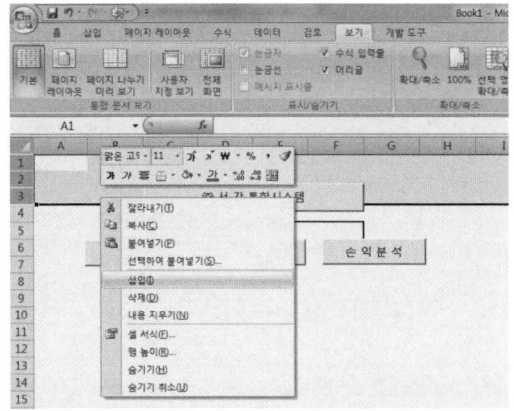

① 1,2,3,행과 열 전체를 지정한 다음 마우스 오른쪽 버튼을 클릭한 후에, [삽입]을 선택한다. 그러면 3칸이 삽입된다.

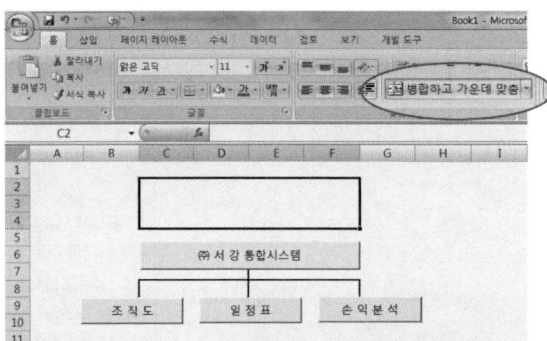

② 삽입된 칸에 문구가 들어갈 수 있도록 사각형을 만들어야 한다. 그림과 같이 셀 범위를 드래그하여 지정한다. 그리고 상단의 도구모음에서 [병합하고 가운데 맞춤] 버튼을 클릭한다.

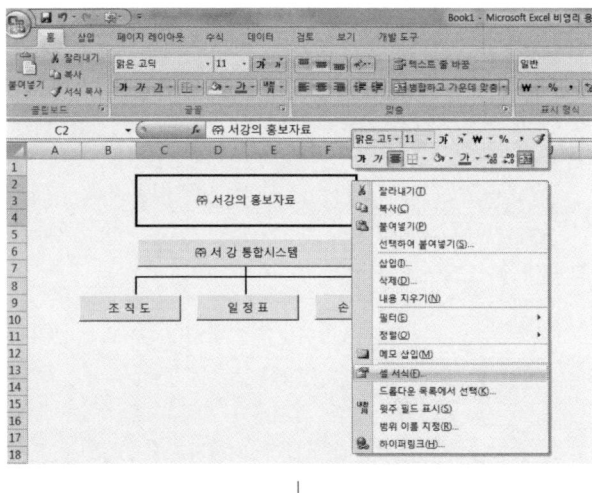

③ 병합된 셀에 괘선을 그리기 위해서 다음과 같이 괘선 버튼을 클릭한다. 그리고 셀을 클릭한 후 "(주)서강의 홍보자료(IR)"를 입력하고, 안내 문구를 보기 좋게 만들기 위해서 마우스 오른쪽을 클릭하여 [셀서식]을 선택한다. [맞춤탭]에서 문자열을 가운데로, [글꼴탭]에서는 다양한 글자(여기서는 HY견고딕)를 선택한다. 글자크기도 선택한다(여기서는 20으로 한다.) 그리고 [무늬탭]에서는 원하는 무늬도 선택한다. 마지막으로 [확인]버튼을 클릭한다.

제14장 매크로 활용 기업업무 통합 시스템

EXCEL

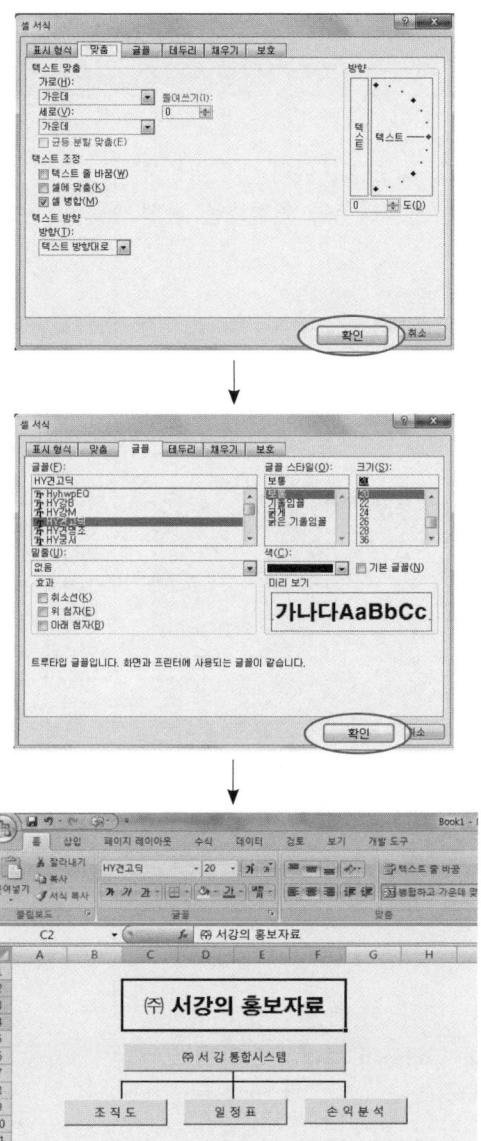

221

기업실무 엑셀　　　　　　　　　　　　　　　　　　EXCEL

세부내용의 작성

주메뉴는 완성되었다. 이제는 조직도, 일정표, 손익분석의 세부내용을 만드는 단계이다. 세부내용이 만들어지면 명령단추와 연결하는 작업이 진행된다.

1 _ 제일 먼저 조직도를 작성한다.
이것은 Sheet2에 작성한다. 편의상 이 (주)서강은 중소기업으로 "관리부","영업부","경리부" 만을 갖추고 있는 것으로 간주한다.

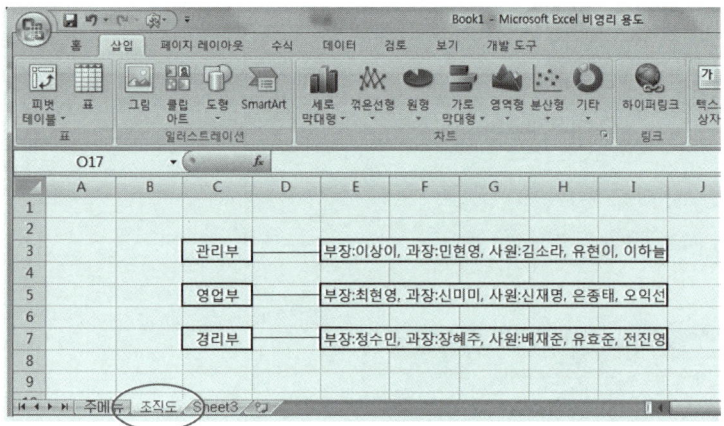

조직도 Sheet는 셀을 선택한 후, 셀 병합 버튼을 클릭하여 셀을 넓힌다. 그리고 괘선을 선택하여 박스를 그린다. 셀에서 마우스 오른쪽 버튼을 클릭하여 [셀서식]을 정한다. 또한 Sheet2는 조직도로 이름 바꾸기를 한다.

2 _ 일정표는 Sheet3에 다음과 같이 나타낸다. 이 때 날짜를 기록하는 란에 Today( )함수를 사용하면 날짜를 입력하지 않더라도 항상 오늘 날짜를 나타낸다는 것은 이미 설명한 바와 같다.

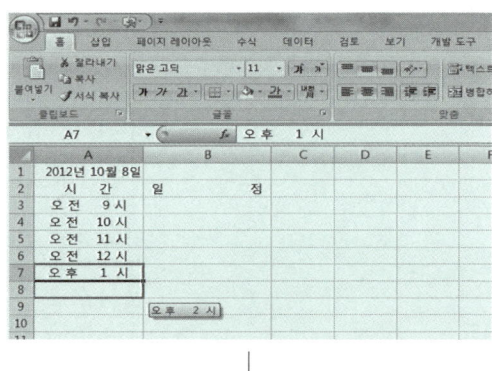

셀에 "=Today( )"를 입력한 후 날짜형태가 마음에 들지 않으면 마우스 오른쪽을 [클릭]-[셀서식]-[표시형식]-[날짜]에서 형식을 바꾸어 주는 것도 이미 설명하였다.
또한 시간별 기록은 시작 시간을 기록한 후, 셀의 오른쪽 하단의 +키에서 밑으로 드래그 하는 것도 이미 설명했을 것이다.

제14장 매크로 활용 기업업무 통합 시스템

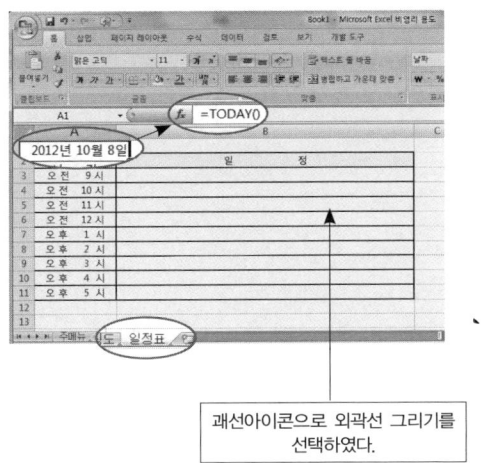

괘선아이콘으로 외곽선 그리기를 선택하였다.

제목 셀은 [셀서식]-[무늬]에서 색깔을 넣는다. 또한 일정표 테두리를 긋기 위해서 괘선아이콘에서 하나를 선택하여 표를 그린다.
Sheet3은 일정표로 이름 바꾸기를 한다.

3 _ 손익분석 Sheet 만들기

Sheet4 연도별 손익분석표를 만들기로 한다. 매출액-매출원가=영업이익이다.

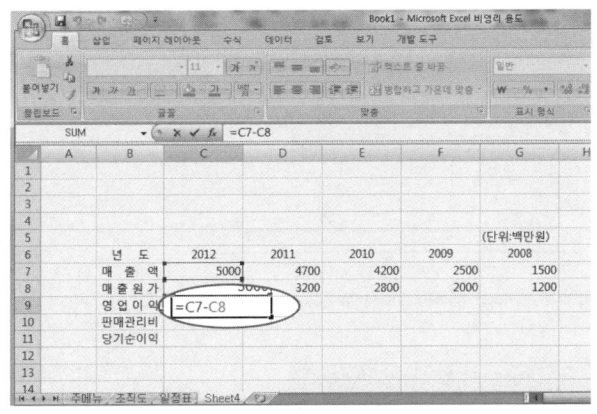

① 영업이익은 셀에서 "=C7-C8" 이라는 식을 입력하여 계산한다. 또한 영업이익-판매관리비=당기순이익이다. 당기순이익 셀에도 ="C9-C10"을 입력한 후 엔터하면 자동으로 계산된다.

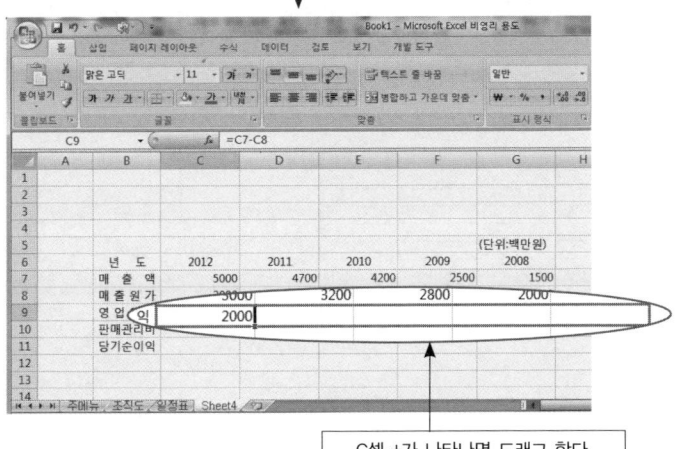

C셀 +가 나타나면 드래그 한다.

② 2012년도 영업이익과 당기순이익은 산식을 입력하였다. 나머지 연도는 영업이익과 당기순이익의 각각의 셀에서 클릭하여 오른쪽 하단에 마우스를 갖다놓으면 +키가 나타난다. 이때 2012~2008까지를 드래그하면 산식이 복사된다. 이 방법은 앞의 함수부분에서 이미 학습하였던 것을 다시 한 번 복습하는 것이다.
마지막으로 Sheet4 셀을 손익분석으로 이름 바꾸기를 하면 된다.

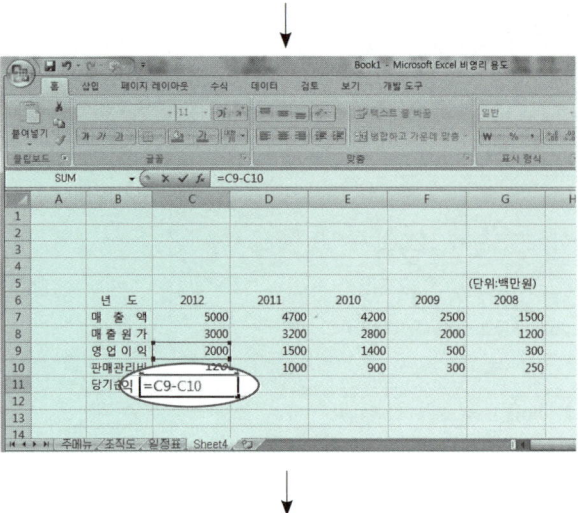

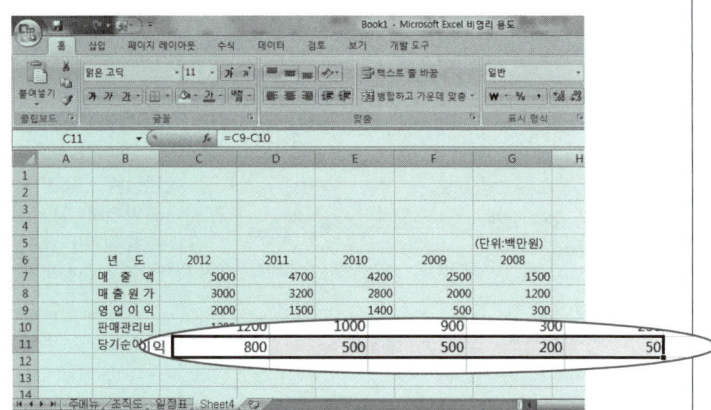

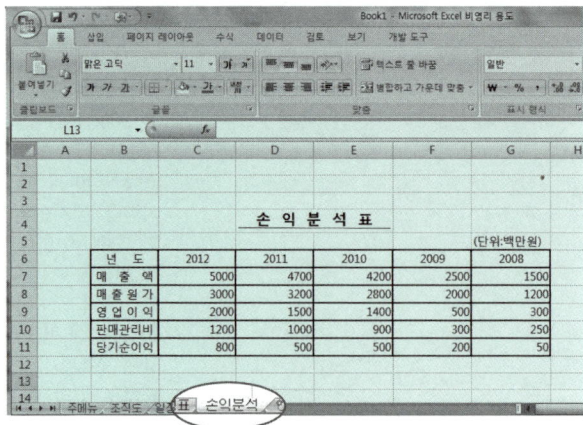

③ 손익분석표가 완성되었다. 손익분석표라는 제목을 붙이고 괘선에서 박스를 만드는 것은 여러분에게 맡기겠다. 완성된 화면은 다음과 같다.

매크로 연결하기

'1. 명령단추를 이용한 주메뉴 만들기', '2. 세부내용의 작성' 등에서 매크로를 연결할 준비가 되었다. 여기서는 드디어 매크로를 연결시켜 보겠다.

조직도의 매크로 연결

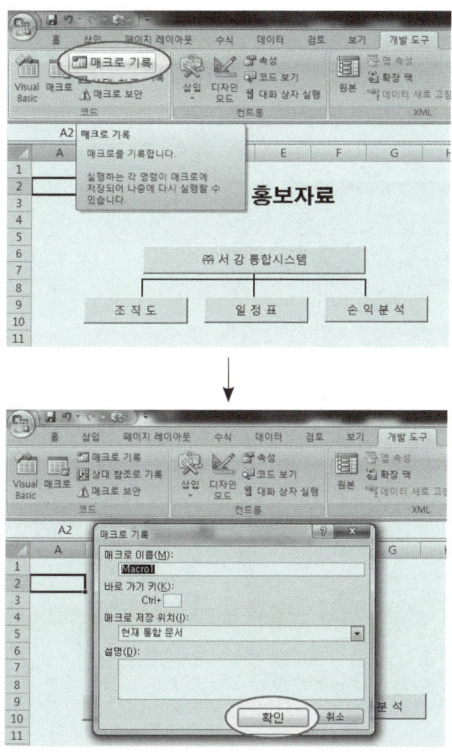

01 주메뉴에서 [개발 도구]-[매크로 기록]을 클릭하면, 매크로 기록 대화상자가 나타난다. Macro1이라는 이름이 자동으로 입력되어 있다. [확인]버튼을 클릭한다. 이제 오디오 녹음이 시작된 것이다.

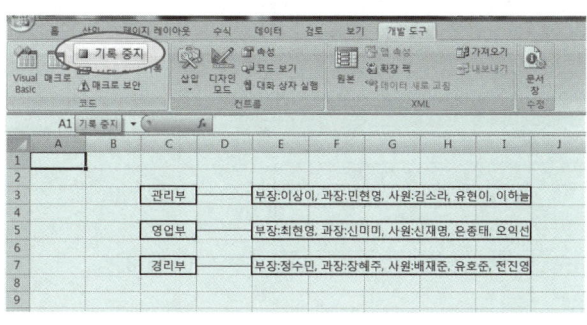

02 주메뉴에서 매크로 기록을 확인하였으므로 이제는 매크로가 연결될 조직도로 간다. 여기서 [개발 도구]에 있는 매크로 [기록 중지] 아이콘 버튼을 누른다.

기업실무 엑셀

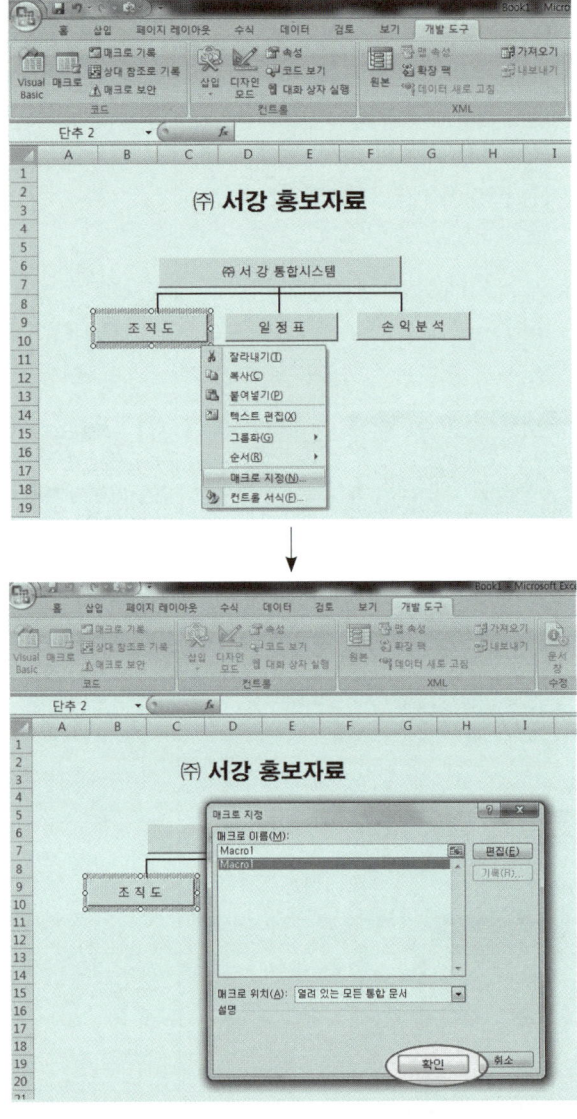

03 이제는 정확하게 "조직도" 아이콘에 매크로를 지정시켜야 한다. 다시 주메뉴로 간다.
주메뉴에서 조직도 아이콘을 우 클릭 후 [매크로 지정]에 들어간다. 매크로 지정 대화상자가 나타나면 Macro1을 선택한 후, [확인] 버튼을 누른다. 그리고 주메뉴에서 조직도에 마우스 커서를 가져가면 "손모양"으로 바뀐다.

04 주메뉴에서 조직도 단추를 클릭한다. 조직도 Sheet로 이동하는 것을 볼 수 있다.

조직도에서 주메뉴로 매크로 지정하기

주메뉴의 조직도 단추를 클릭하면 조직도 세부내용이 나타난다. 조직도 세부내용에서도 주메뉴로 이동할 수 있다. 주메뉴에서 하던 방법을 다시 한 번 해보도록 하자.

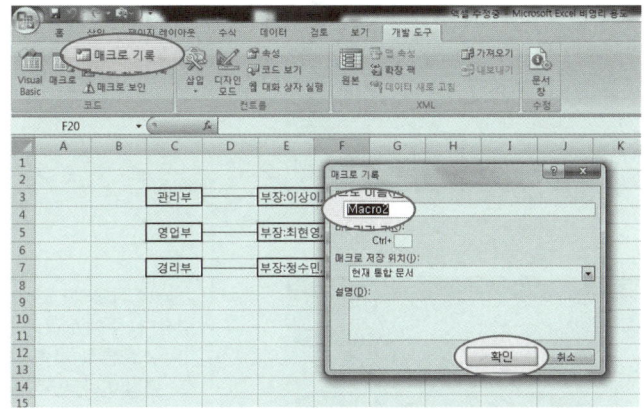

01 조직도 세부내용에서 [매크로 기록] 아이콘을 클릭하고, 대화상자가 나타나면 Macro2로 입력한다. 그리고 [확인] 버튼을 누른다.

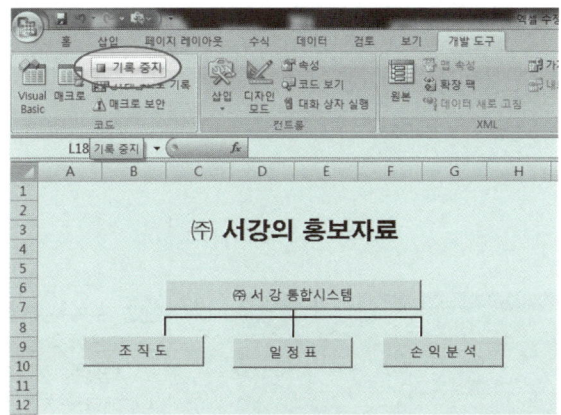

02 주메뉴로 넘어간 후 [기록중지] 클릭 후 다시 조직도로 넘어온다.

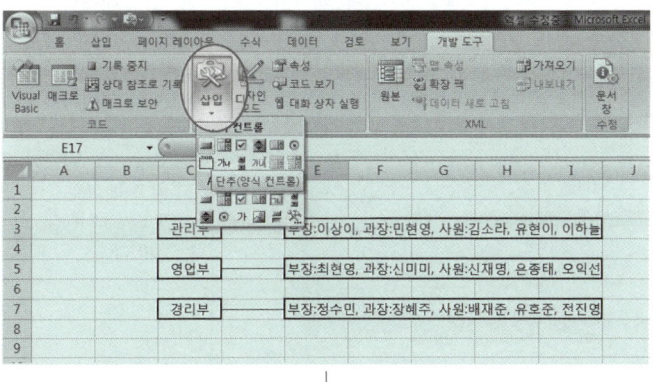

03 조직도에서 [개발 도구]-[삽입]-[단추(양식 컨트롤) 아이콘]을 적당한 위치에 하나를 만든다. 대화상자에서 매크로 지정을 Macro2로 선택한 후 [확인] 버튼을 클릭한다.

기업실무 엑셀

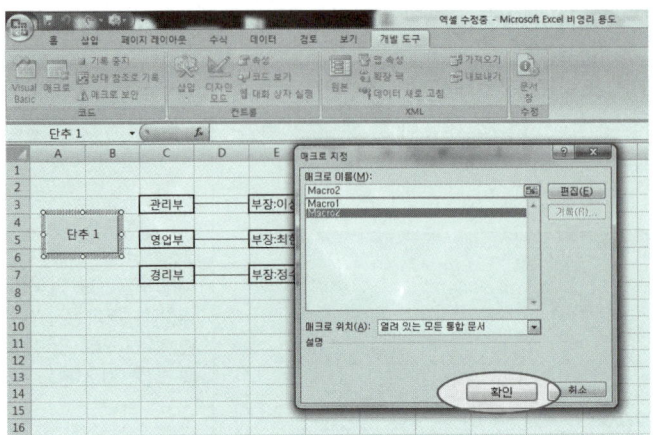

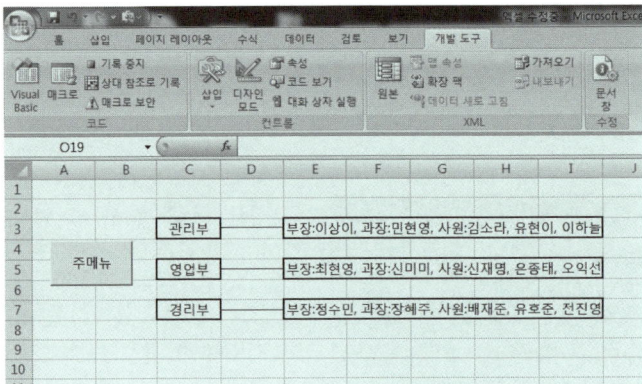

04 조직도의 단추1을 클릭하여 '주메뉴'라고 고친다. 마우스오른쪽 클릭 후 [텍스트 편집]이나 단추1에서 마우스왼쪽을 두 번 클릭 후 빗금이 쳐져있을 때 글을 고칠 수 있다.

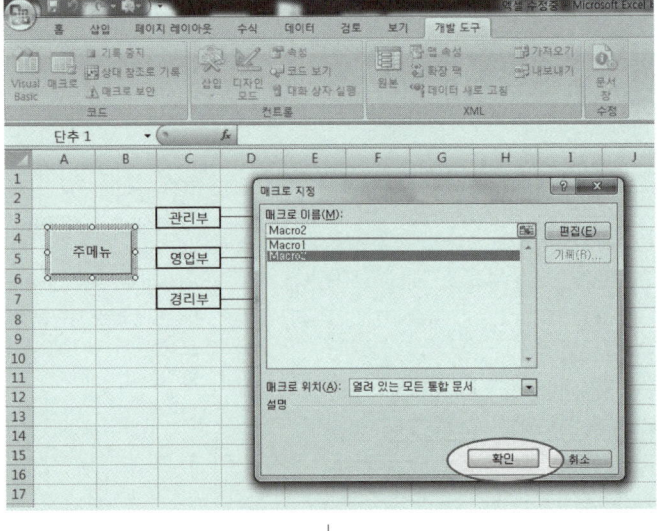

05 주메뉴 단추에서 마우스 오른쪽을 클릭하여 [매크로 지정]을 선택하고 클릭한다. 매크로 지정 대화상자가 나타나면 Macro2를 선택한 후 [확인]버튼을 클릭한다. 그리고 주메뉴 단추에 마우스를 갖다 대면 손모양이 나타난다. 클릭하면 바로 주메뉴로 이동된다. 이제부터는 Sheet를 일일이 클릭하지 않고 매크로 단추를 클릭하면 Sheet이동을 할 수 있는 것이다.

제14장 매크로 활용 기업업무 통합 시스템   EXCEL

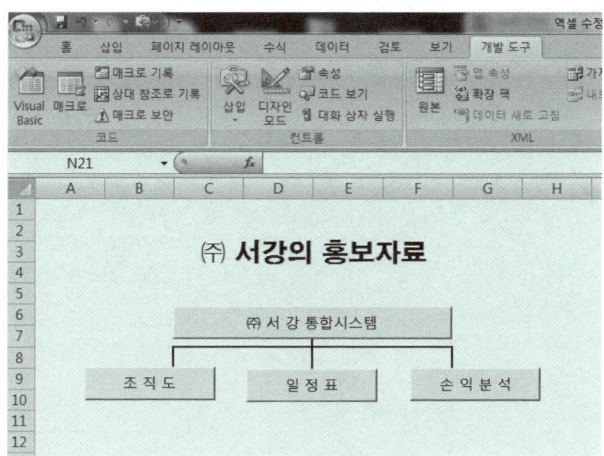

나머지 일정표, 손익분석 등도 스스로 해보기 바란다. 이것은 조직도와 일정표, 일정표와 손익분석 그리고 조직도와 손익분석 사이도 매크로 연결이 가능하다. 또한 세부내용에서 다른 여러 개의 세부내용을 만들어 얼마든지 매크로를 연결할 수 있는 것이다. 예를 들어, 손익분석에서 손익분석표 외에 그래프를 Sheet로 만들어 매크로 연결을 할 수 있을 것이다. 더불어 일정표에서 일간일정표 외에 주간일정표도 만들어 주간일정표의 날짜와 일간일정표를 매크로로 연결할 수도 있는 것이다.

어떻든 엑셀의 매크로 기능은 개별 Sheet들을 연결할 수 있는 기능이다. 기업 실무에서는 기업의 전체적인 업무 process를 연결하여 한 눈에 파악할 수 있도록 네트워크시킨 결과물을 만들어 낼 수 있는 것이 매크로 기능인 것이다.

배경화면 꾸미기   EXCEL

매크로에 의한 (주)서강의 배경화면이 만들어 졌으면, 이제는 배경화면을 삽입하여 보다 보기 좋은 화면을 구성해야 할 것이다.
배경화면을 삽입하기 위하여 (주)서강과 관련된 화면을 웹에서 찾거나 (주)서강의 홈페이지에서 찾아 복사하여 가져온다.
또한 (주)서강의 홈페이지에 바로 클릭할 수 있게 하이퍼링크를 만들기로 한다. 하이퍼링크를 만드는 방법은 이미 "함수를 이용한 급여 명세서" 만들기에서 설명하였다.

기업실무 엑셀

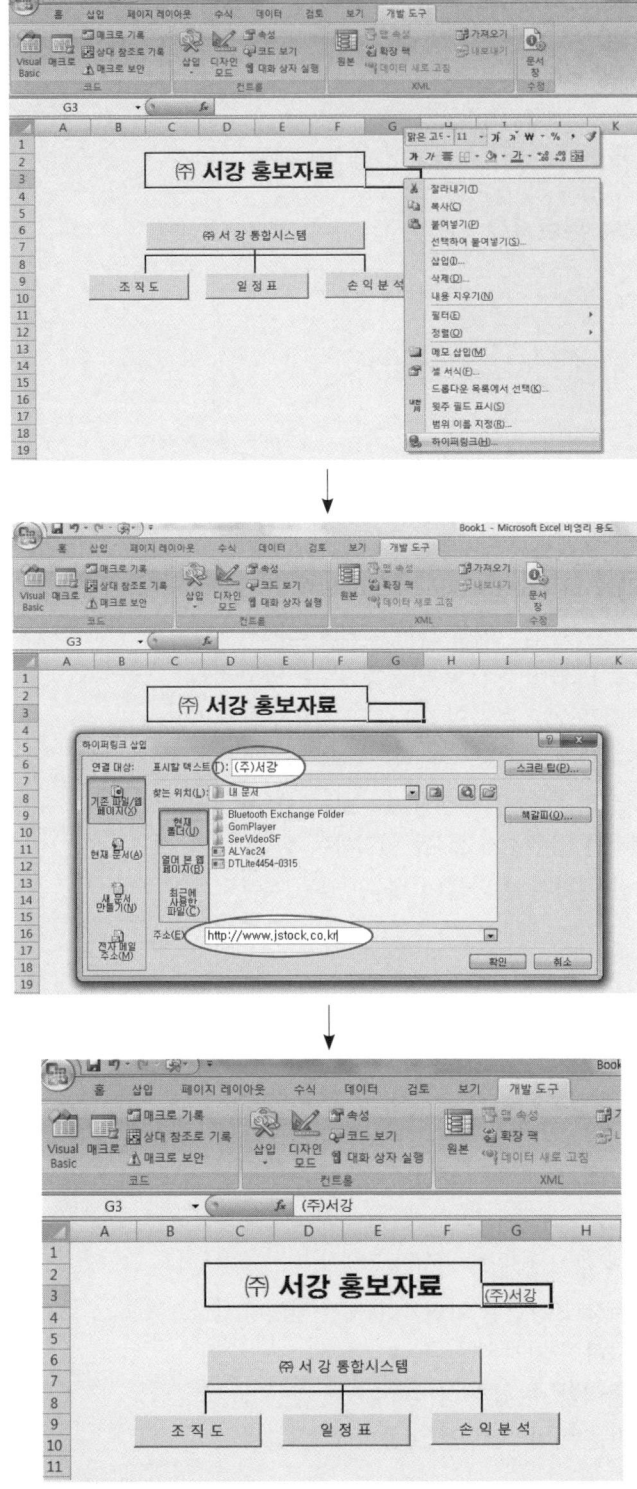

01 마우스 오른쪽 버튼을 클릭하여 [하이퍼링크] 탭을 클릭하고 [웹페이지] 탭을 클릭하여 웹사이트를 찾는다. 찾아낸 웹사이트를 한글로 보기 좋게 나타내기 위하여 [표시할 텍스트]란에서 (주)서강이라 입력하고 [확인]버튼을 클릭한다.

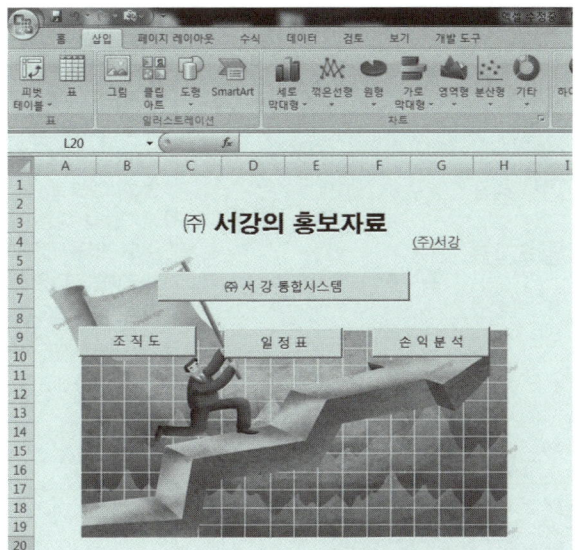

02 웹사이트에서 필요한 그림을 선택한 후 마우스 오른쪽 버튼을 클릭하여 [복사]하고, 매크로 화면에서 마우스 오른쪽 버튼을 클릭하여 [붙여넣기]를 선택함으로써 배경화면이 삽입된다. 그리고 삽입된 배경화면 모서리의 화살표를 드래그 하여 화면을 확대한다.

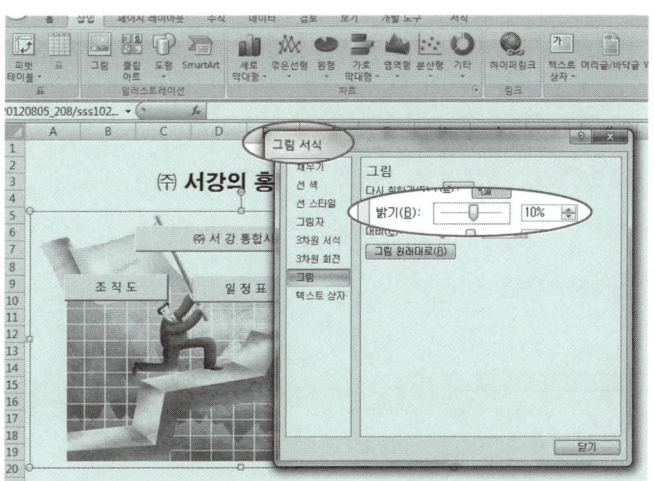

03 2000버전에서는 그림을 넣게 되면 양식 컨트롤이 뒤로 감춰지는 것에 반해 2007버전에서는 그림을 넣기만 해도 양식 컨트롤을 그림 앞으로 저절로 빼내어준다. 그러므로 여기서는 그림 크기와 위치만 잡아주고 그림을 [그림 서식]-[그림]-[밝기]로 색을 여리게 바꿔준다.

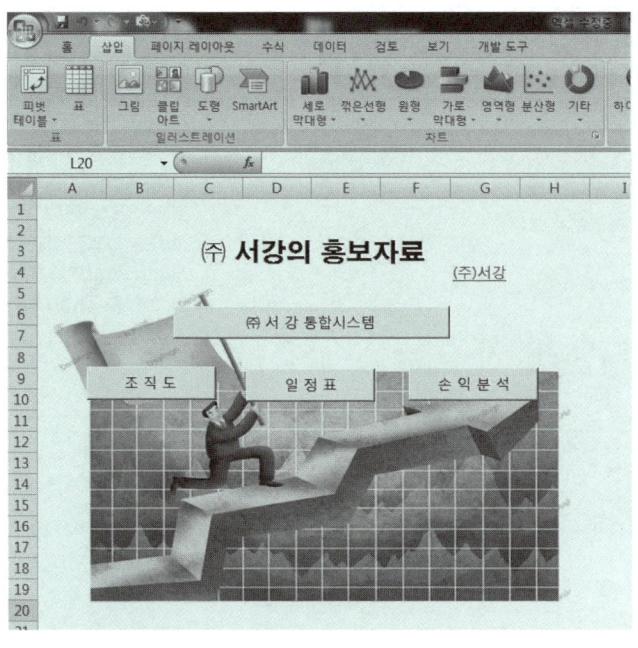

04 배경화면을 삽입하면 아래 그림처럼 명령단추들의 관계선이 나타나지 않는다. 이를 위하여 [삽입]-[도형]-[선]으로 관계선을 나타낸다. 물론 매크로 단추상자들의 글자들을 다른 색으로 만들 수도 있을 것이다. 매크로 화면에는 다양한 하이퍼링크와 회사로고 등의 그림들을 삽입할 수 있는 것이다.

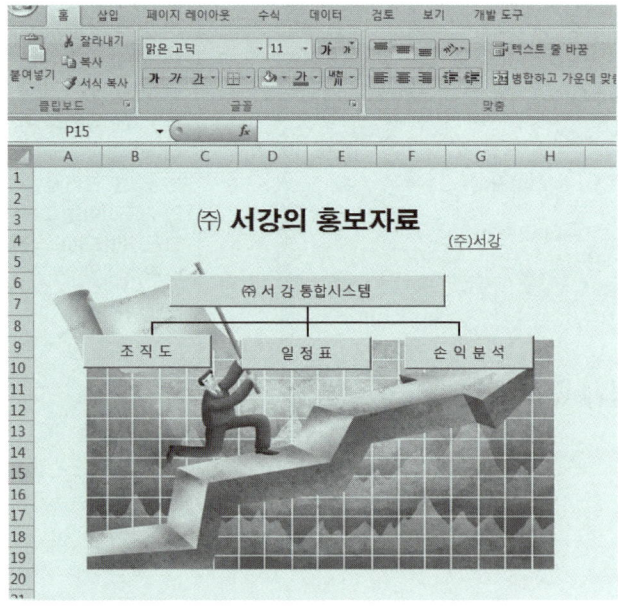

매크로(Macro) 아이콘 모양 바꾸기

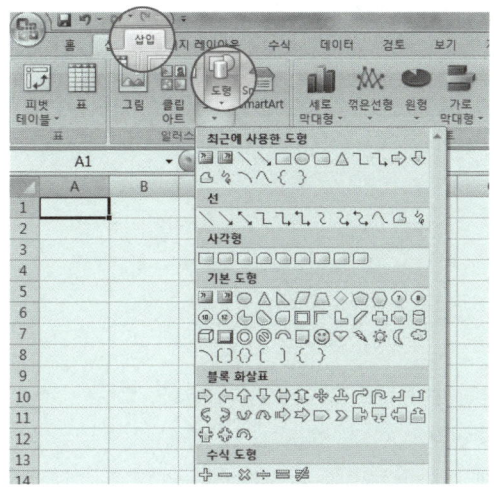

(주)서강 통합시스템, 조직도, 일정표, 손익분석 등의 아이콘의 색깔이 칠해져있지 않는 것이 문제이다. 이 아이콘들을 2000버전에서는 [도형]-[다른도형]-[배너] 등을 클릭하는 것에 반해 2007버전에서는 [삽입]-[도형]에 들어가서 원하는 그림을 선택한다. 그리고 그 아이콘에 (주)서강 통합시스템, 조직도, 일정표, 손익분석 등의 내용을 입력한 후 색칠을 하고 매크로 지정을 하면 되는 것이다.

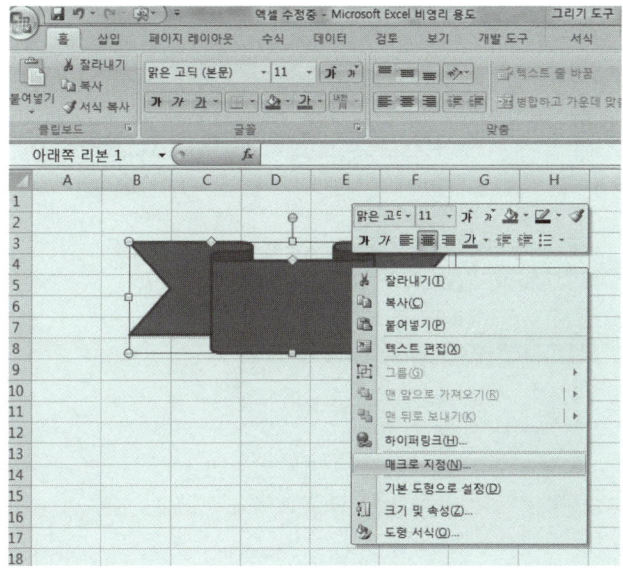

기업실무 엑셀

EXCEL

CHAPTER 15

시나리오 활용 최고·최저가격 예측, 공동구매 예측, 회사별 비용 예측
견적서의 최고·최저가격 예측, 공동구매 예측, 회사별 비용 예측

엑셀에서는 표에서 두세 가지의 값을 변경하여 목표 값이 어떻게 변화하는지 알아내는 과정을 '시나리오 작성'이라고 한다. 예를 들어, 총예산과 제작 원가에 따라 순이익이 어떻게 변화하는지를 가정과 예측의 시나리오로 살펴보는 것 등이 해당됩니다. 엑셀의 시나리오 기능은 상품을 개발할 때 어느 부분에 집중 투자할 것인지를 결정하는 데 훌륭한 판단 기준을 제공하기 때문에 잘 익혀 두도록 한다.

예제

다음의 표를 작성하세요.

뚜레쥬르 품종 견적서

제품	수량	단가	세액	금액
단팥빵	1	828	72	900
소보로빵	1	828	72	900
커피카야번	1	1,104	96	1,200
호박고구마크림빵	1	920	80	1,000
헤이즐넛모카빵	1	2,300	200	2,500
가나슈크림빵	1	1,104	96	1,200
코코아 초코칩 쿠키	1	1,840	160	2,000
맘모스빵	1	2,300	200	2,500
프랑스바게트	1	1,656	144	1,800
플레인 베이글	1	1,380	120	1,500
생크림 케이크	1	23,000	2,000	25,000
그린티 쉬폰	1	18,400	1,600	20,000
딸기롤케익	1	14,720	1,280	16,000
크로크무슈	1	1,656	144	1,800
샌드위치	1	3,680	320	4,000
초코롤케익	1	15,640	1,360	17,000
땅콩크림빵	1	1,196	104	1,300
합계			92,552	8,048	100,600
예산					150,000
차액					49,400

234

시나리오 작성하기

EXCEL

'최고가격' 시나리오 작성하기

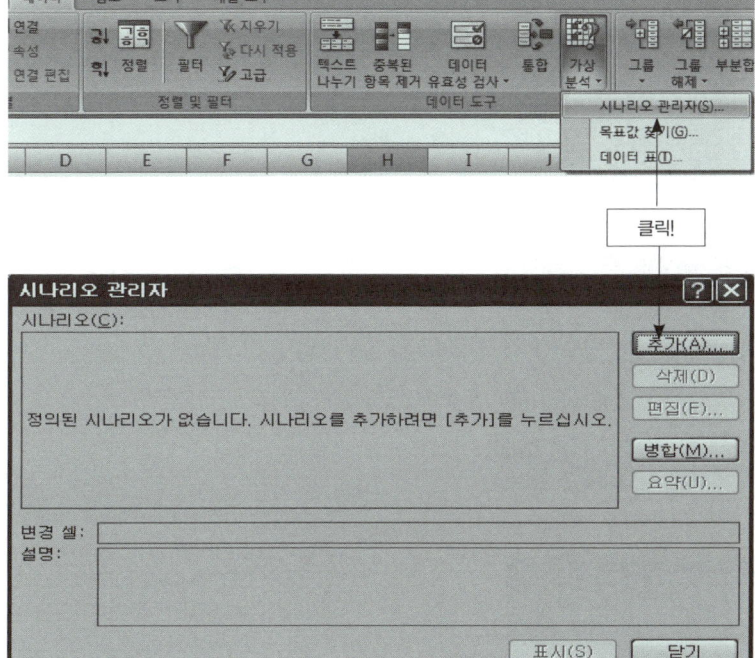

01 '견적서' 워크시트를 보면, 예산을 나타내는 F4셀과 금액을 나타내는 F5셀 값에 따라 F25셀의 차액이 변하게 되어 있다. 우선 [데이터]- 가장분석 - 시나리오 관리자 메뉴를 선택한다.

02 ② '시나리오 관리자'대화상자가 열립니다. 이 통합 문서에서는 시나리오를 작성하지 않았기 때문에 '정의된 시나리오가 없습니다. ……'라는 메시지가 나타납니다. 새로운 시나리오를 작성하기 위해 〈추가〉를 클릭한다.

03 '시나리오 추가' 대화상자가 열리면, '시나리오 이름'입력 상자에 '최고가격'을 입력한다. 그런 다음, '변경 셀' 입력 상자의 오른쪽에 있는 단추를 클릭한다.

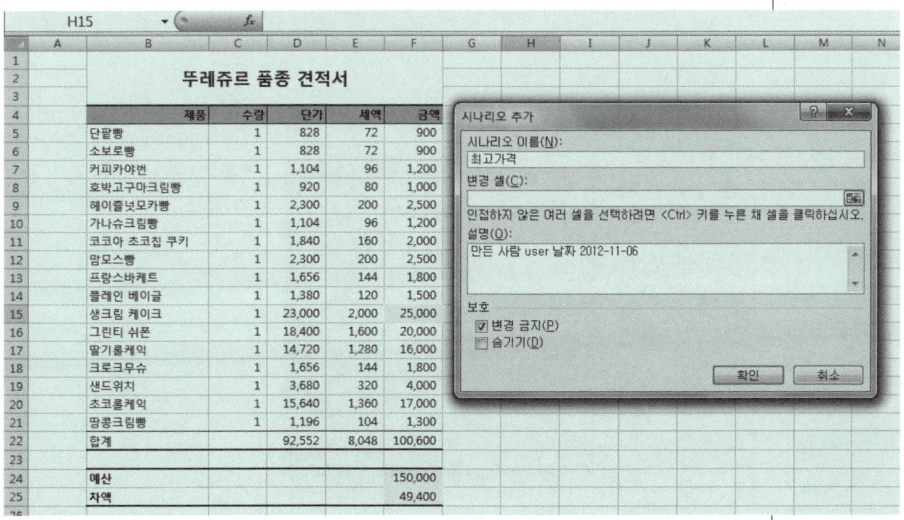

235

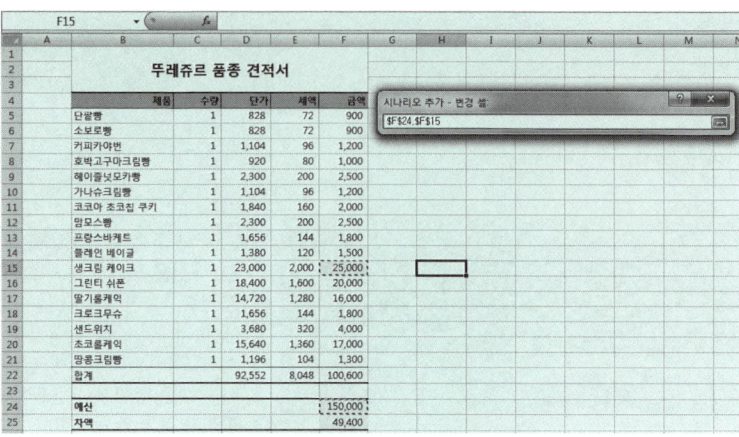

04 그 후 예산 금액과 품종 생크림 케이크 품목을 나타내는 F24셀과 F15의 주소를 절대 참조한 형태인 '$F$24,$F$15'로 지정한다.

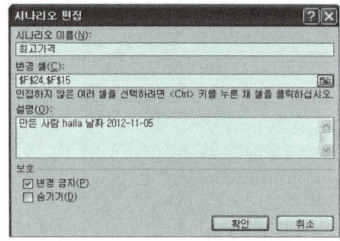

05 '시나리오 편집' 대화상자로 돌아오면, [확인]을 클릭한다.

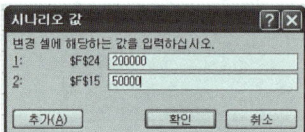

06 '시나리오 값' 대화상자가 열리면, 첫 번째 변경 셀($F$24)의 입력 상자에는 예산을 늘린 금액인 '200,000'을, 두 번째 변경 셀($F$5셀)의 입력 상자에는 구입을 원하는 품목의 최고 금액인 '50,000'을 입력한 후 [확인]을 클릭한다.

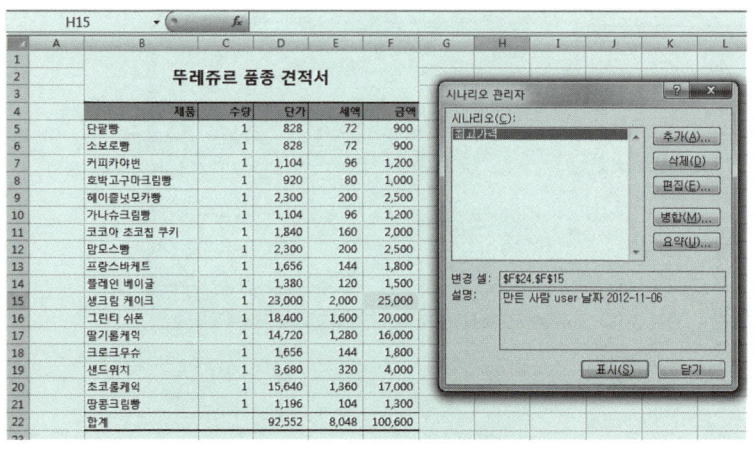

07 이제 예산을 늘린 최고 가격의 CPU를 구입하는 '최고가격' 시나리오가 완성되었다.

'최저가격' 시나리오 작성하기

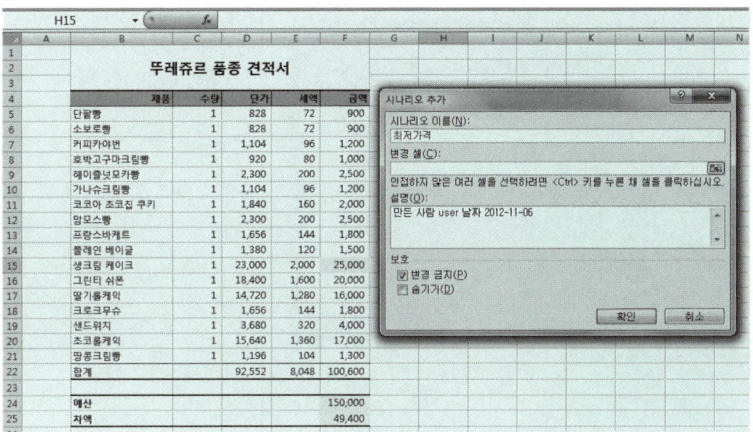

01 '시나리오 추가' 대화상자가 열리면, '시나리오 이름' 입력 상자에 '최저가격'을 입력한다. 그런 다음, '변경 셀' 입력상자의 오른쪽에 있는 단추를 클릭한다.

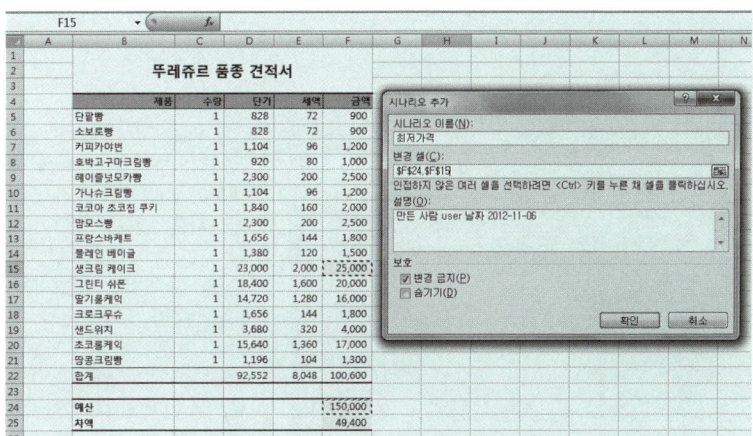

02 예산 금액과 생크림 케이크 품목 금액을 나타내는 F24과 F15셀의 주소를 절대참조의 형태인 '$F$24,$F$15'로 지정한다. '시나리오 편집' 대화상자로 돌아오면, [확인]을 클릭한다.

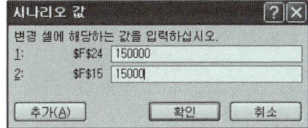

03 '시나리오 값' 대화상자가 나타나면, 첫 번째 변경 셀($F$24)의 입력 상자에 입력된 '150,000'은 그대로 두고, 두 번째 변경 셀($F$15셀)의 입력 상자에는 구입을 원하는 생크림 케이크 품목 가격의 최저금액인 '15,000'을 입력한 후 [확인]을 클릭한다.

기업실무 엑셀

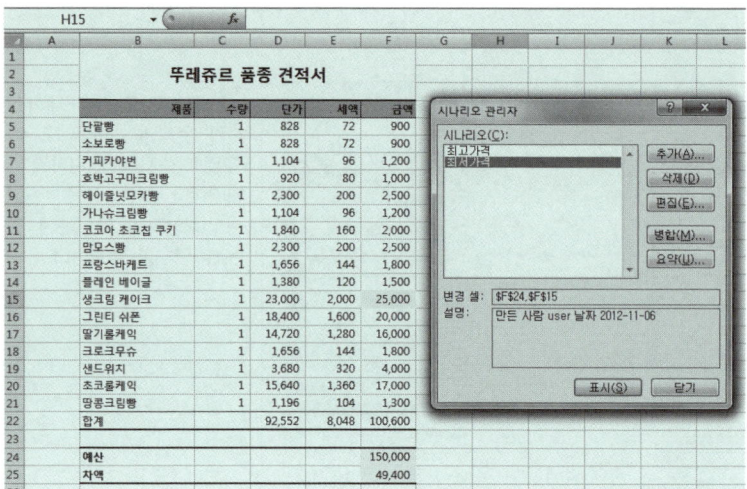

04 이제 예산을 낮춘 최저가격의 생크림 케이크 품목 가격의 생크림 케이크를 구입하는 '최저가격'시나리오가 완성되었다.

작성한 시나리오 실행하기

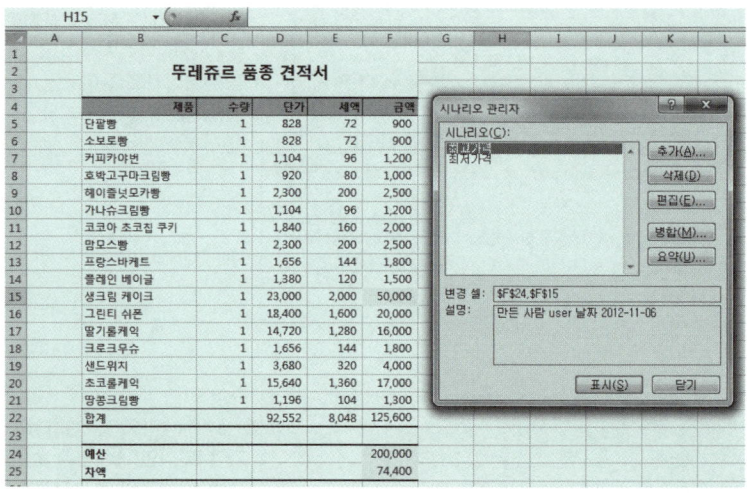

01 [데이터]- 가상분석 - 시나리오 관리자 메뉴를 선택하여 '시나리오 관리자' 대화상자를 열고, '최고가격' 시나리오를 선택한 후 〈표시〉를 클릭한다. '최고가격' 시나리오가 실행되면서 첫 번째 변경 셀인 F24셀의 '예산' 금액이 '200,000'으로, 두 번째 변경 셀인 F15셀의 "생크림 케이크" 금액이 '50,000'으로 바뀝니다. 따라서 '차액'을 나타내는 F25셀의 값도 '74,400'으로 바뀝니다.

제15장 시나리오 활용 최고·최저가격 예측, 공동구매 예측, 회사별 비용 예측   EXCEL

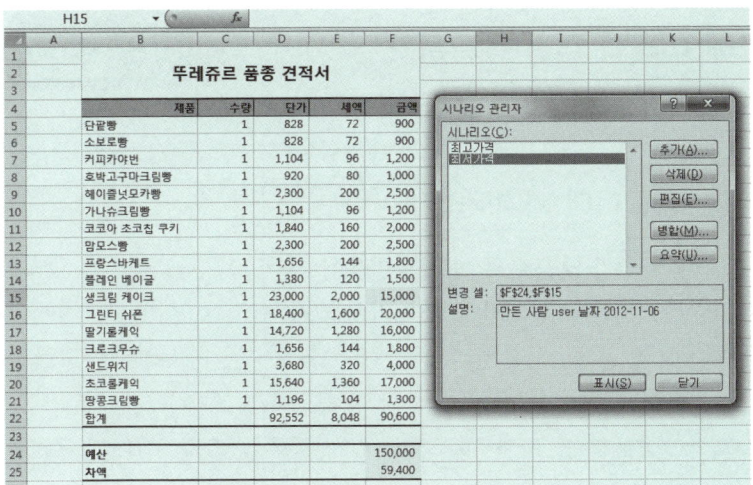

02 이번에는 '시나리오 관리자' 대화상자에서 '최저가격' 시나리오를 선택한 후 〈표시〉를 클릭한다. '최저가격' 시나리오가 실행되면서 첫 번째 변경 셀인 F24셀의 '예산' 금액은 그대로 있고, 두 번째 변경 셀인 F15셀의 생크림 케이크 금액이 '15,000'으로 바뀝니다. 또한 '차액'을 나타내는 F25셀의 값도 '59,400'으로 바뀝니다.

시나리오 요약 보고서 만들기

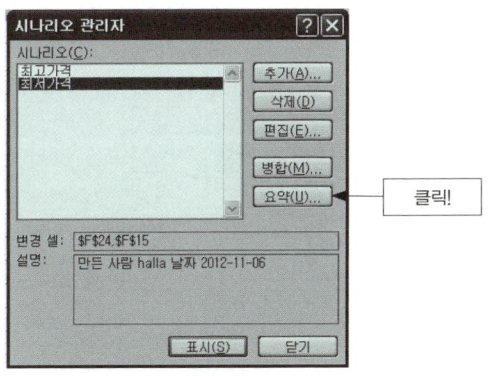

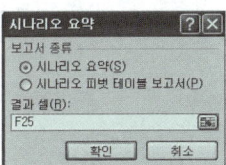

01 견적서에 실행해 본 시나리오들은 보고서의 형식으로 정리해 두면, 시나리오를 매번 실행할 필요 없이 누구나 쉽게 보고서를 이해할 수 있게 됩니다. F25셀을 선택한 상태에서 '시나리오 관리자' 대화상자의 〈요약〉을 클릭한다.

02 '시나리오 요약' 대화상자가 열리면, '결과 셀' 입력상자에 'F25'가 입력된 것을 확인한 후 〈확인〉을 클릭하세요.

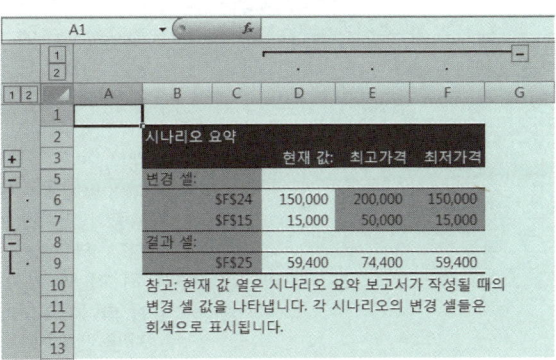

03 '시나리오 요약'이라는 새로운 시트 탭이 생기면서 변경 셀 값의 변동에 따른 결과 셀 값의 변화를 한눈에 볼 수 있게 간결하게 시나리오 요약 보고서가 나타납니다. 이제 최적의 '뚜레쥬르 품종 견적서 시나리오' 작성이 모두 완성되었다.

239

기업실무 엑셀

EXCEL

시나리오 기능 이용해 미래의 결과 예측하기

구입수량에 따라 달라지는 공동구매 가격구하기

일반적으로 공동구매 가격은 구매 개수가 많을수록 높은 할인율이 적용됩니다. 구매 개수에 따라 변하는 할인율, 할인가격, 판매가격을 시나리오 기능을 이용해 구해보겠다.

예 제

다음의 표를 작성하세요.

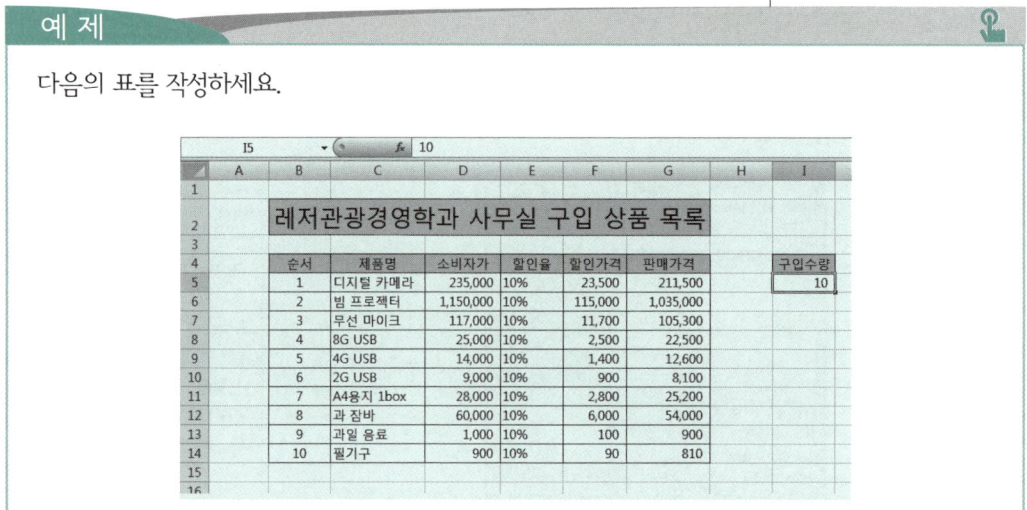

사용순서

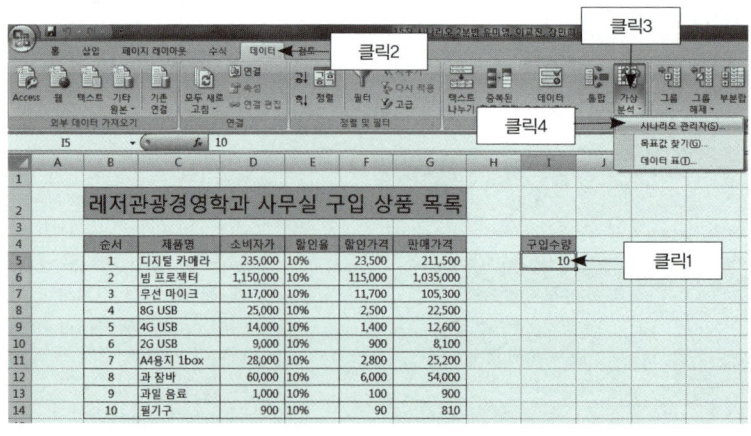

01 우선, 할인율 셀에는 =IF(I5=10," 10%" ,IF(I5=20," 15%" ,IF(I5=30," 20%"))) 입력하고, 판매가격 G5셀에 =D5*(1-E5) 입력 후 G14까지 채우기 핸들로 드래그, 할인가격 F5셀에 =D5-G5 입력 후 F14까지 채우기 핸들로 드래그 한다.
예제 파일을 작성한 후 구입수량이 입력된 I5셀을 클릭한다. [데이터] - [데이터 도구] 그룹의 [가상 분석] 도구를 클릭하고 [시나리오 관리자]를 선택한다.

240

제15장 시나리오 활용 최고·최저가격 예측, 공동구매 예측, 회사별 비용 예측

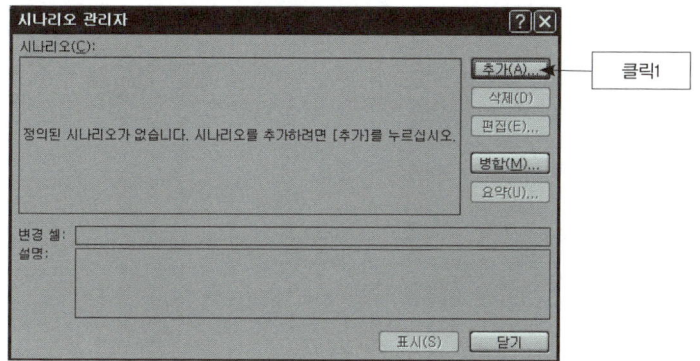

02 [시나리오 관리자] 대화상자가 나타나면 〈추가〉 단추를 클릭한다.

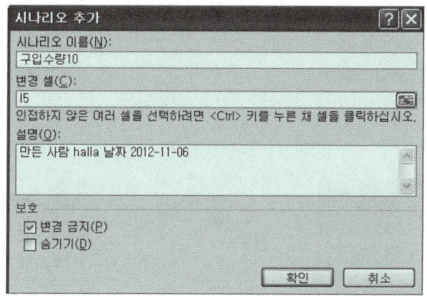

03 [시나리오 추가] 대화상자가 나타나면 [시나리오 이름] 입력란에 '구입수량 10'을 입력하고 변경 셀이 I5 셀인지 확인한 후 〈확인〉 단추를 클릭한다.

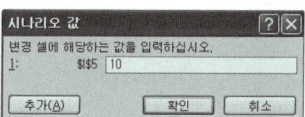

04 [시나리오 값] 대화상자가 나타나면 구입수량을 나타내는 '10'이 입력되었는지 확인하고 〈확인〉 단추를 클릭한다.

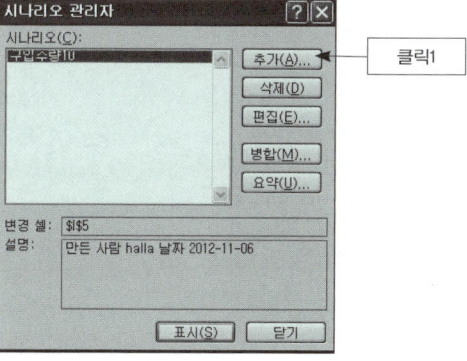

05 [시나리오 관리자] 대화상자에 '구입수량 10' 시나리오가 등록되었다. 다시 〈추가〉 단추를 클릭한다.

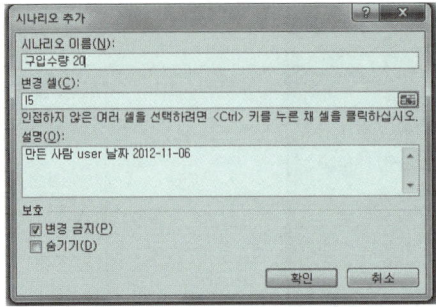

06 같은 방법으로 '구입수량 20'을 입력하고 〈확인〉 단추를 클릭한다.

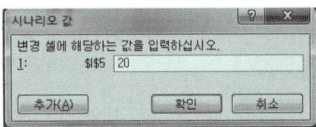

07 [시나리오 값] 대화상자가 나타나면 구입수량을 나타내는 '20'을 입력하고 〈확인〉 단추를 클릭한다.

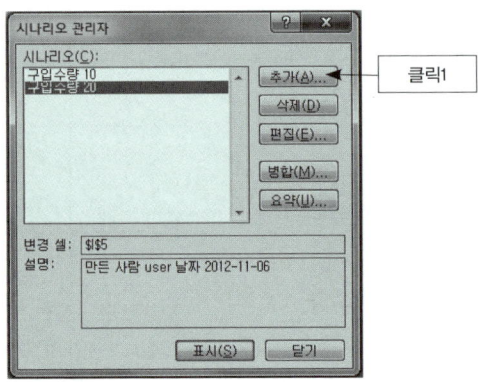

08 '구입수량 20'이 [시나리오 관리자] 대화상자에 추가되었으면 '구입수량 30'시나리오를 추가하기 위해 〈추가〉 단추를 클릭한다.

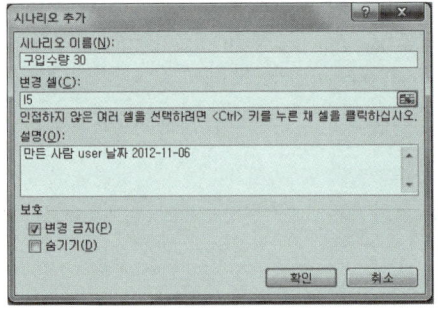

09 그림처럼 같은 방법으로 '구입수량 30'시나리오를 추가하고 〈확인〉 단추를 클릭한다.

10 '구입수량 30'의 시나리오 값은 '30'을 입력하고 〈확인〉 단추를 클릭하면 시나리오 설정이 완료됩니다.

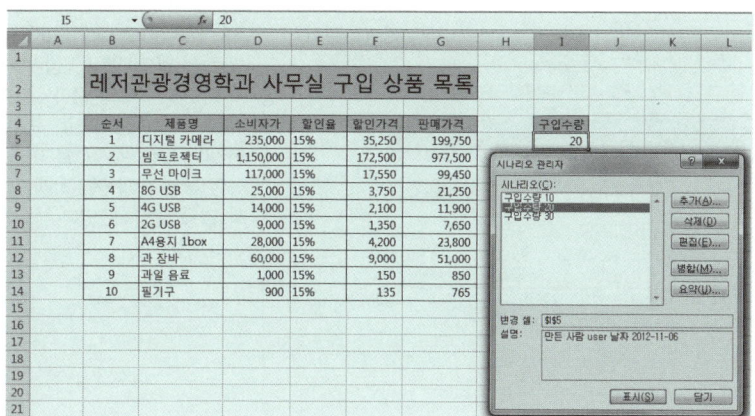

11 '구입수량 20'시나리오를 선택하고 〈표시〉 단추를 클릭한다. I5셀에 입력된 데이터가 '20'으로 바뀌면서 할인율, 할인가격, 판매가격에 해당하는 E5:G14셀의 데이터까지 모두 변경됩니다.

한눈에 파악되는 시나리오 요약하기

'시나리오 요약'을 이용하면 각 시나리오에 따른 결과 값이 표로 정리되어 변경된 셀과 결과 셀의 변화를 한눈에 파악할 수 있다.

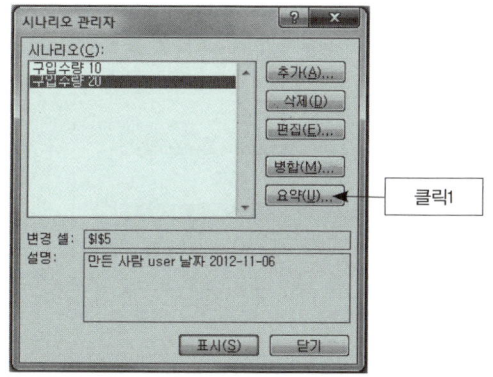

01 [시나리오 관리자] 대화상자가 실행된 사이에서 〈요약〉 단추를 클릭한다.

02 [시나리오 요약] 대화상자가 나타나면 [보고서 종류]에서 [시나리오 요약]을 선택하고 E5:G5 셀 영역을 마우스 드래그로 선택해 [결과 셀]에 입력한 후 〈확인〉 단추를 클릭한다.

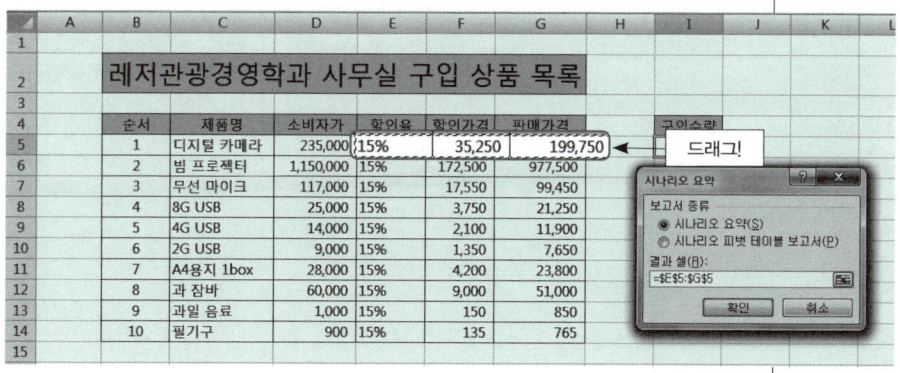

03 [시나리오 요약]이라는 새로운 워크시트가 생기면서 각 시나리오의 결과 값이 비교되어 표 형식으로 표시되었다. 왼쪽 윤곽선을 이용하면 부분 합과 동일하게 행과 열을 숨길 수 있다.

새로운 상황에 대한 시나리오 추가하기

회사의 홈페이지를 제작하려는데 각 업체마다 제시하는 인건비가 다릅니다. 시나리오 기능을 이용해 각 회사에서 제시한 금액에 따라 홈페이지 제작비용의 예산안을 비교해 봅시다.

01 예제 파일을 불러옵니다. '현수막'과 '차량 운반비', '홍보비'는 고정 비용이라 값을 미리 입력해 놓았습니다. 하지만 회사별'비용'항목은 각 업체마다 금액 차이가 있어 셀을 비워놨습니다. 각 업체에서 제시한 금액인 F3:I9셀을 참고해 시나리오를 작성하겠습니다.

02 예제에서 변수로 이용할 셀인 B5:C9셀 영역의 이름을 지정해놓으면 편리하다. B5:C9셀 영역을 블록으로 지정한 후 [수식] - [정의된 이름] 그룹에서 [선택 영역에서 만들기] 도구를 클릭한다.

제15장 시나리오 활용 최고·최저가격 예측, 공동구매 예측, 회사별 비용 예측

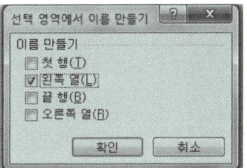

03 [선택 영역에서 이름 만들기] 대화상자가 나타나면 [왼쪽 열]의 체크 표시를 확인하고 〈확인〉 단추를 클릭한다.

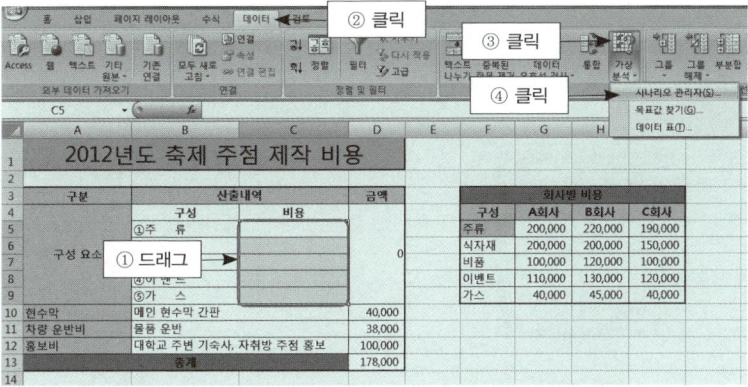

04 값이 입력되지 않은 C5:C9셀 영역을 블록으로 지정한 후 [데이터] – [데이터 도구] 그룹의 [가상 분석] 도구를 클릭하고 [시나리오 관리자]를 선택한다.

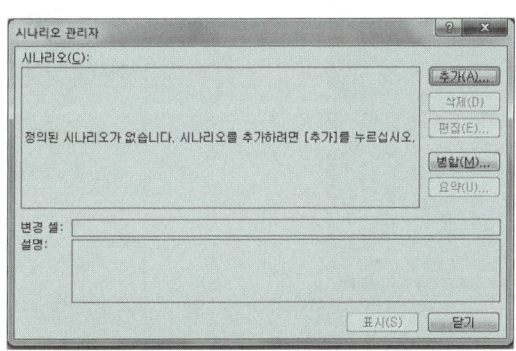

05 [시나리오 관리자] 대화상자가 나타나면 〈추가〉 단추를 클릭한다.

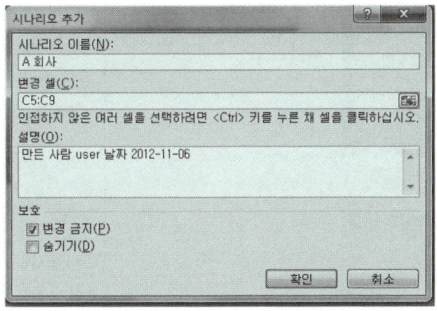

06 [시나리오 추가] 대화상자가 나타나면 [시나리오 이름]에 'A 회사'를 입력하고 [변경 셀]이 'C5:C9'로 입력되었는지 확인한 후 〈확인〉 단추를 클릭한다.

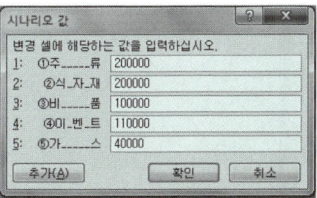

07 [시나리오 값] 대화상자가 나타나면 각각의 항목에 그림과 같이 A 회사에 해당하는 값을 G5:G9셀을 참고해 입력하고 〈추가〉 단추를 클릭한다.

245

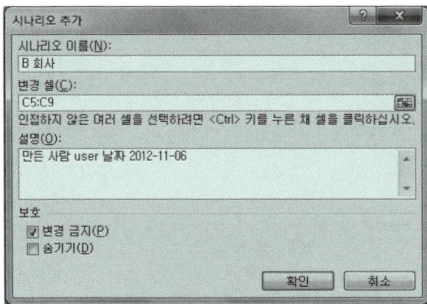

08 [시나리오 추가] 대화 상자가 나타나면 그림과 같이 B 회사 시나리오도 추가한다.

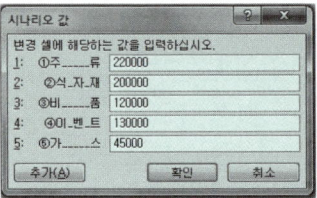

09 [시나리오 값] 대화상자에서 B 회사 시나리오도 추가한다.

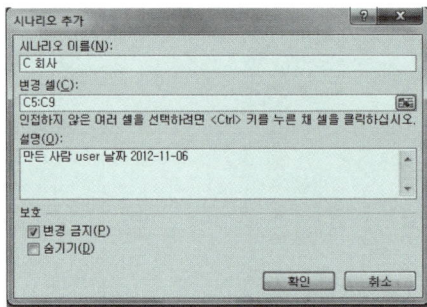

10 [시나리오 추가] 대화 상자에서 같은 방법으로 C 회사 시나리오도 추가한다.

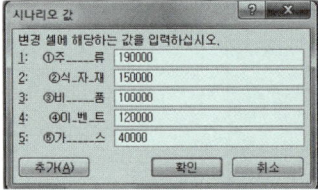

11 [시나리오 값] 대화상자가 나타나면 각 항목별로 C 회사에 해당하는 값을 I5:I9셀을 참고해 입력하고 〈확인〉 단추를 클릭한다.

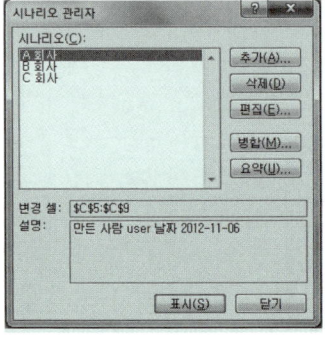

12 [시나리오 관리자] 대화상자에서 A, B, C 회사의 시나리오가 모두 등록되었다. 목록에서 'A 회사'를 선택하고 〈표시〉 단추를 클릭한다.

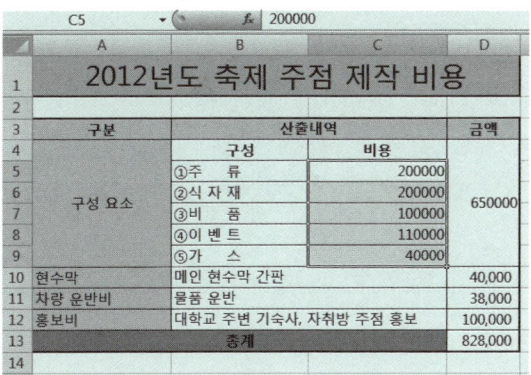

13 C5:C9셀 영역에 A 회사에 해당하는 값이 입력되고 동시에 인건비 금액과 총계가 표시됩니다.

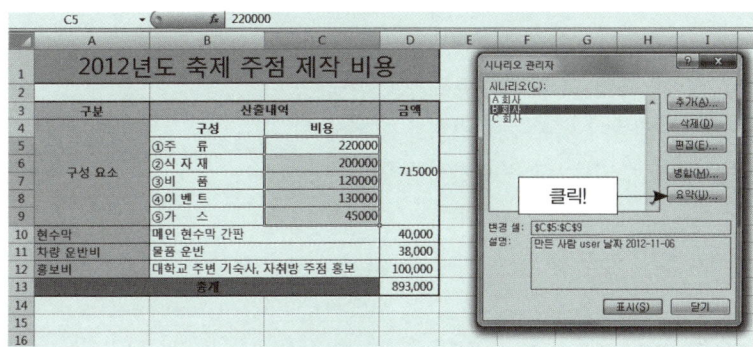

14 이번에는 'B 회사'시나리오를 선택하고 〈표시〉 단추를 클릭한다. C5:C9셀 영역에 B 회사에 해당하는 값이 입력되었다. 〈요약〉 단추를 클릭해 시나리오 요약 워크시트를 만들어 보겠다.

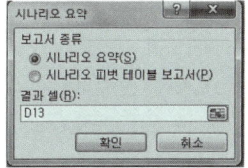

15 [시나리오 요약] 대화상자가 나타나면 [결과 셀]에 D13셀이 입력된 걸 확인하고 〈확인〉 단추를 클릭한다.

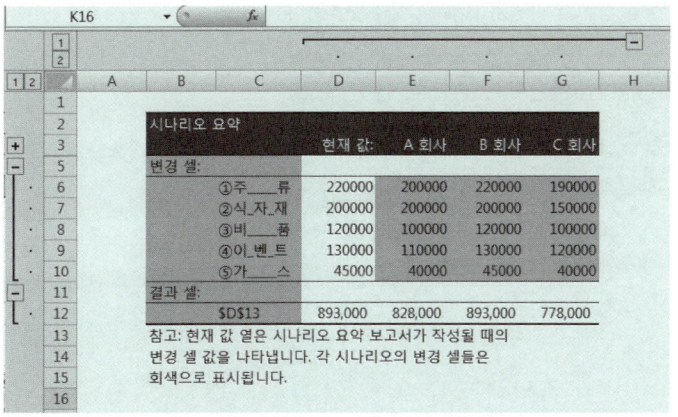

16 [시나리오 요약] 워크시트가 생기면서 표 형식으로 회사별 인건비 금액과 제작비용 총계가 표시됩니다.

기업실무 엑셀

EXCEL

CHAPTER 16

인턴사원 교육평가서 만들기

이번 장에서는 인턴으로 입사한 사원들의 교육 평가등급을 나타낸 평가서와 인턴 기간 동안의 성적표를 만들어, 주민등록번호를 이용해 인턴 사원의 교육 평가표를 한 눈에 볼 수 있는 교육 평가서를 만드는 방법을 배워볼 것이다.

사용순서

	A	B	C	D	E	F	G	H
1								
2		성명	주민등록번호	소속부서	본적	입사	퇴사	평가
3		허자회	800912-1666453	영업부	경기	2011-03-02	2011-08-30	C
4		은종태	820912-1146735	총무부	서울	2011-03-02	2011-08-30	B
5		유현주	850623-2533455	경리부	경북	2011-03-02	2011-08-30	B
6		박애린	850819-2105543	개발부	서울	2011-03-02	2011-08-30	C
7		이소현	860123-2503001	개발부	전남	2011-03-02	2011-08-30	A
8		문정호	860124-1257442	영업부	서울	2011-03-02	2011-08-30	B
9		강창훈	860612-1683958	감리팀	강원	2011-03-02	2011-08-30	A
10		김병준	870123-1124321	총무부	인천	2011-03-02	2011-08-30	B
11		김슬아	870312-2196473	영업부	전남	2011-03-02	2011-08-30	B
12		민경환	870423-1205328	총무부	제주	2011-03-02	2011-08-30	B
13		유현이	880620-2951089	개발부	서울	2011-03-02	2011-08-30	A
14		김소라	880623-2896432	홍보부	강원	2011-03-02	2011-08-30	B
15		유경석	881204-1246432	경리부	경기	2011-03-02	2011-08-30	A
16		이윤영	890212-2154675	개발부	경기	2011-03-02	2011-08-30	B
17		하광일	890612-1564392	인사부	인천	2011-03-02	2011-08-30	C
18		최현영	900312-2155031	감리팀	경남	2011-03-02	2011-08-30	B
19		이상이	901202-2155335	영업부	전북	2011-03-02	2011-08-30	A
20		한충희	910125-1567438	영업부	제주	2011-03-02	2011-08-30	B
21								

01 먼저, 아래의 표와 같은 내용을 입력한다.

제16장 인턴사원 교육평가서 만들기

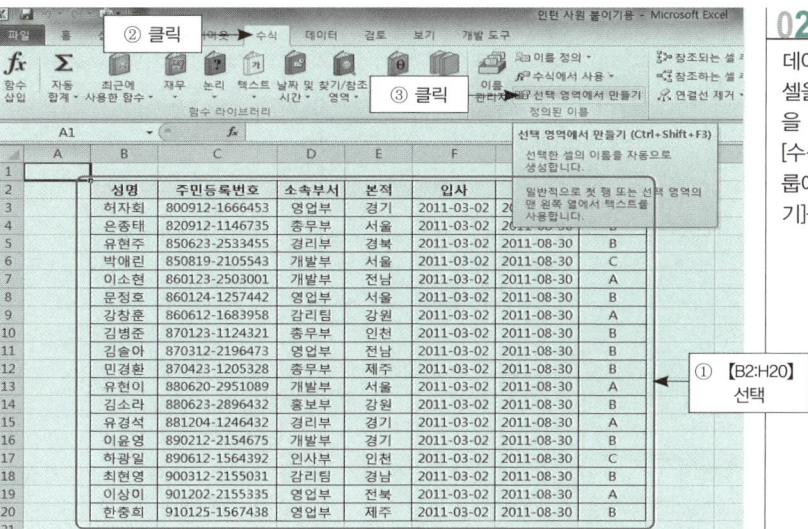

02 위의 표를 입력한 후 데이터가 입력된 【B2:H20】 셀을 선택한다. 선택된 영역을 이름으로 정의하기 위해 [수식]탭 – [정의된 이름] 그룹에서 [선택 영역에서 만들기]를 선택한다.

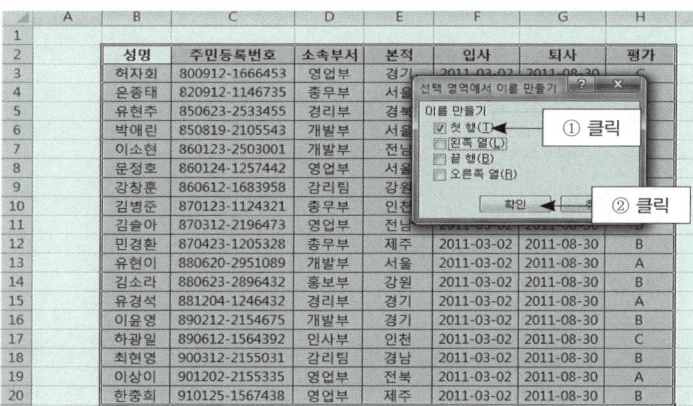

03 [선택 영역에서 이름 만들기] 대화상자가 나타나면 [이름 만들기]에서 '첫 행'만 선택하고 [확인] 버튼을 클릭한다.

04 [이름상자] 목록에서 '본적'을 선택하면 해당하는 부분이 선으로 표시되는 것을 확인할 수 있다.

249

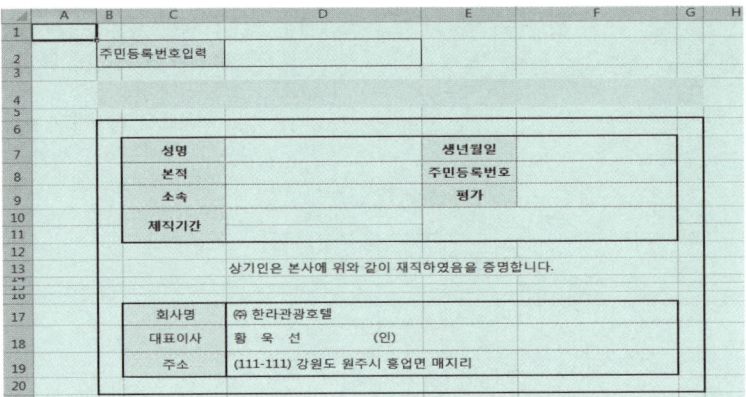

05 '교육 증명서'를 나타내기 위해 워크시트를 이동한 후 아래 내용을 작성해 준다.

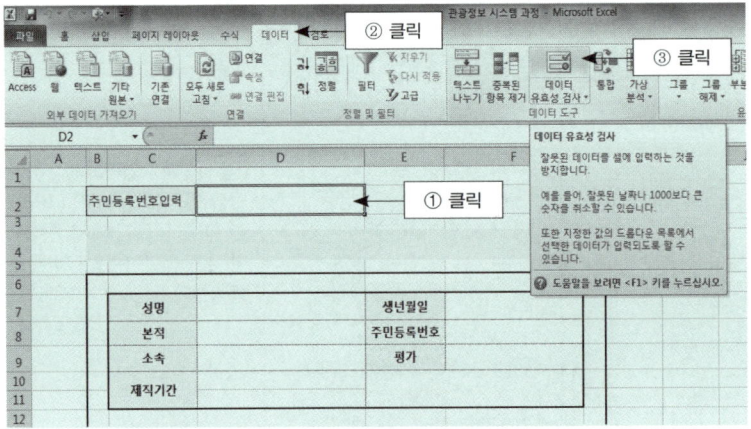

06 마우스로 【D2】셀을 선택하고, [데이터]탭 - [데이터도구] 그룹에서 [데이터 유효성 검사]를 선택한다.

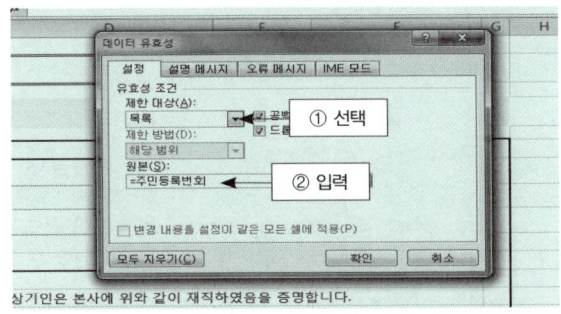

07 [데이터 유효성 검사] 대화상자의 [설정]탭에서 [제한 대상]을 '목록'으로 선택하고 원본 입력란에 "=주민등록번호"를 입력한다.

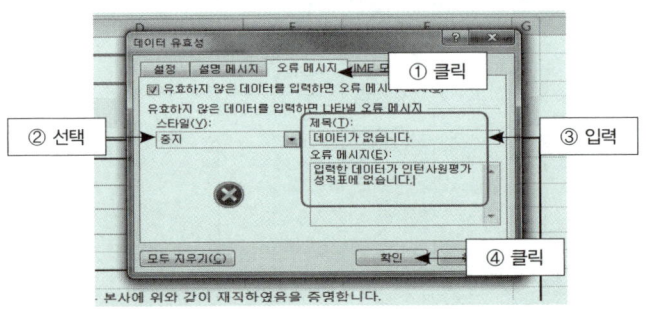

08 [오류 메시지]탭을 선택하고 [스타일]을 '중지'로 선택하고 [제목]과 [오류 메시지]에 그림과 같이 내용을 입력한 후 [확인] 버튼을 클릭한다.

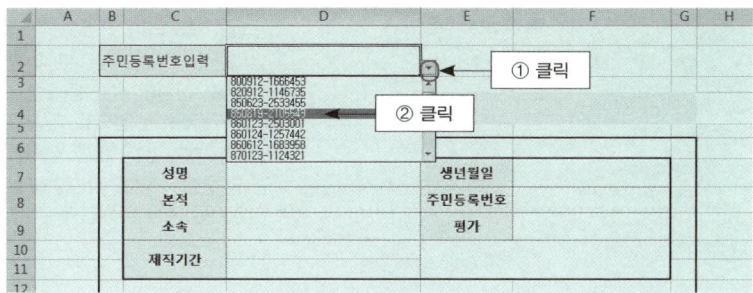

09 [데이터 유효성] 설정이 끝나면 【D2】셀 오른쪽에 목록 단추가 나타난다. 목록 단추를 클릭하여 '인턴사원명단' 워크시트에 입력되어 있는 주민등록번호가 모두 표시되면 임의의 주민등록번호를 클릭한다.

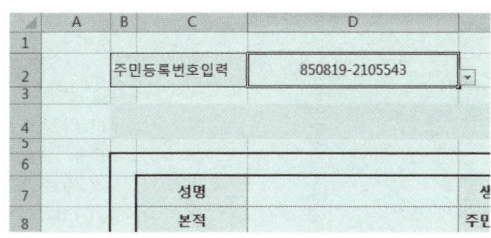

10 【D2】셀에 입력한 주민등록번호가 자동으로 입력된다.

주민등록번호로 데이터 추출하기

EXCEL

이제, 주민등록번호를 기준으로 데이터를 검색하여 가져오는 방법을 알아보겠다. LOOKUP 함수를 이용하면 특정한 데이터를 찾은 후 같은 행이나 열에 있는 다른 데이터를 추출하여 가져올 수 있다.

사용순서

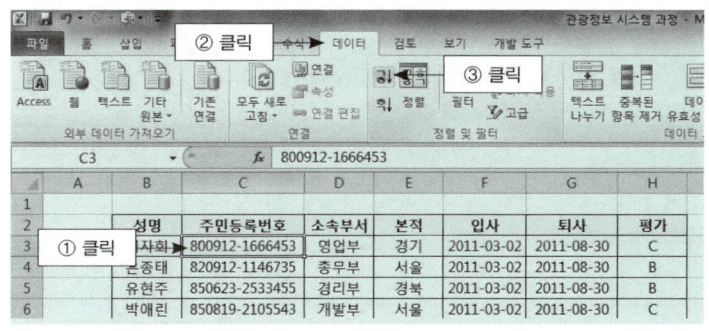

01 먼저 검색할 주민등록번호 범위를 정렬하기 위해 '퇴직사원명단' 워크시트 【C3】셀을 선택한 후 [데이터 탭 - 정렬 및 필터] 그룹에서 [숫자 오름차순 정렬]을 클릭한다.

숫자가 입력된 셀 위에서 정렬을 실행해야 [숫자 오름차순 정렬]이 나타난다.

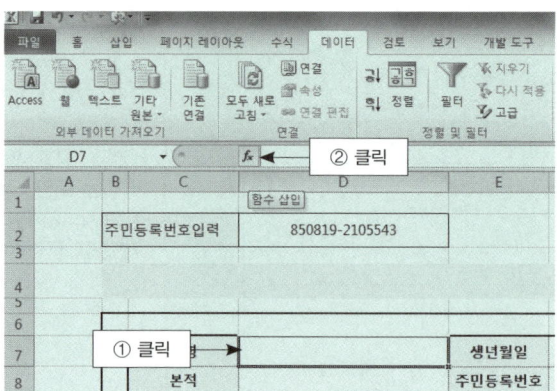

02 데이터가 정렬되면 '경력증명서' 워크시트로 이동하고 선택한 주민등록번호에 해당하는 성명을 추출하기 위해 【D7】셀을 선택하고 수식 입력 줄의 [함수 삽입]아이콘을 클릭한다.

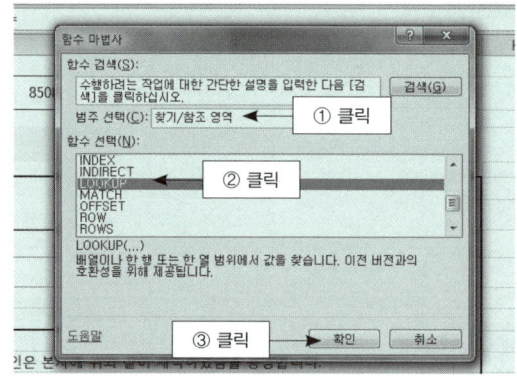

03 [함수 마법사] 대화상자가 나타나면 [범주 선택]에서 '찾기/참조 영역'의 LOOKUP 함수를 선택하고 [확인]버튼을 클릭한다.

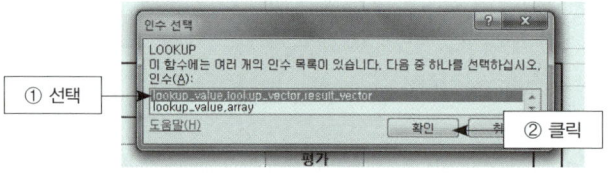

04 [인수 선택] 대화상자가 표시되면 '인수'에서 아래와 같이 선택한 후 [확인]버튼을 클릭한다.

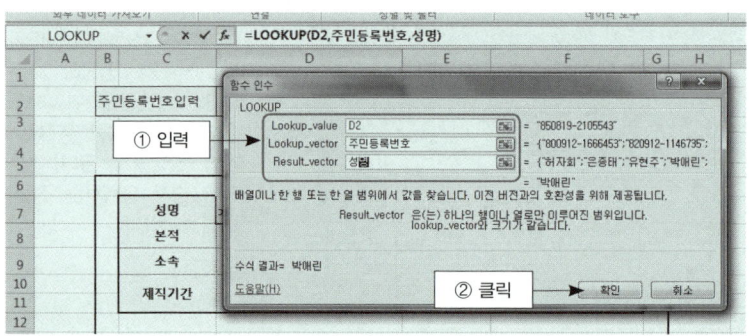

05 [함수인수] 대화상자에서 [Lookup_value]에 'D2' [Lookup_vector]는 '주민등록번호', [Result_vector]는 '성명'을 입력하고 [확인]버튼을 클릭한다.

함수 마법사를 사용하지 않고 【D8】셀에 '=LOOKUP(D2,주민등록번호,성명)'을 직접 입력해도 된다.

제16장 인턴사원 교육평가서 만들기

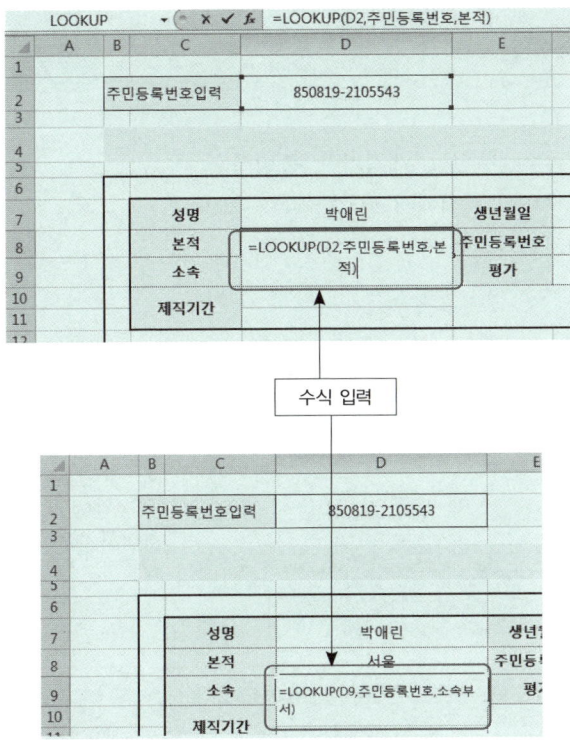

수식 입력

06 【D8】셀에 【D2】셀의 주민등록번호에 해당하는 퇴직자 성명이 표시됩니다. 본적 데이터를 추출하여 가져오기 위해 【D8】셀에 '=LOOKUP(D2,주민등록번호,본적)'을 입력하고 ENTER를 누른다.

> 셀에 입력된 함수를 복사해서 붙여 넣은 후 수정해서 사용해도 된다.

07 소속 데이터를 추출하여 가져오기 위해 【D9】셀에 '=LOOKUP(D2,주민등록번호,소속부서)'를 입력하고 ENTER를 누른다.

08 직급 데이터를 추출하여 가져오기 위해 【F9】셀에 '=LOOKUP(D2,주민등록번호,평가)'를 입력하고 ENTER를 누른다.

09 【D2】셀에 입력된 주민등록번호를 가져오기 위해 【F8】셀에 '=D2'를 입력한다.

> 셀에 입력된 데이터만 가져올 때는 해당하는 셀 주소를 입력한다.

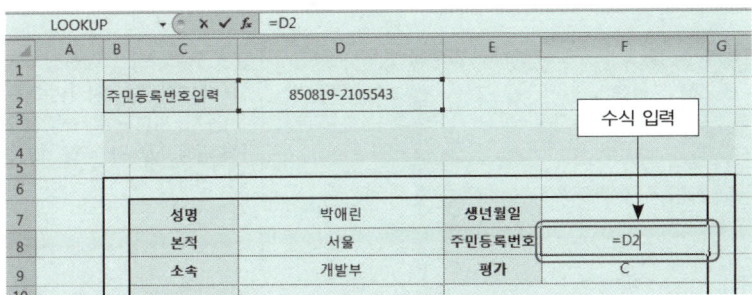

10 각 데이터를 추출하여 가져와 시트에 모든 데이터가 자동으로 입력되어 있는 것을 확인할 수 있다. 【D2】셀의 목록에서 다른 주민등록번호를 선택하면 데이터가 자동으로 변경된다.

날짜 데이터 입력과 추출하기

경력증명서에서 날짜와 관련된 부분은 생년월일, 재직기간, 증명서 작성일 등을 입력하는 부분이다. 경력증명서 서식에서 필요한 날짜를 입력하는 DATE, TODAY 함수를 알아보겠다.

사용순서

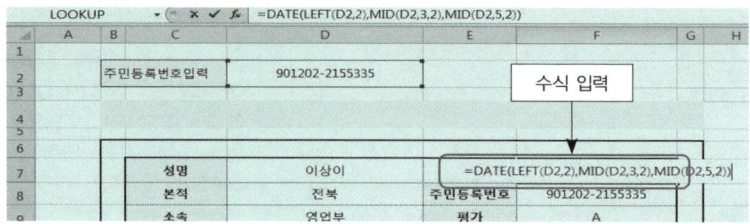

01 생년월일을 구하기 위해 【F7】셀에 '=DATE(LEFT(D2,2),MID(D2,3,2),MID(D2,5,2))'를 입력하고 ENTER를 누른다.

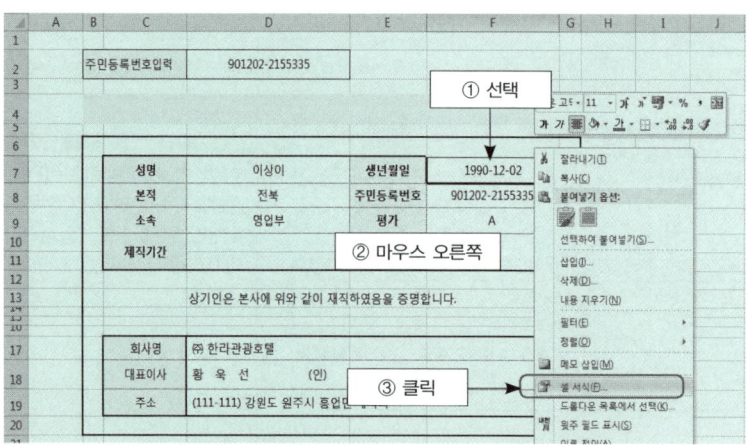

02 【D2】셀에 입력된 주민등록번호에서 생년월일을 추출한 것을 확인할 수 있다. 입력된 데이터 형식을 변경하기 위해 【F7】셀을 선택하고 마우스 오른쪽 버튼을 클릭하여 나오는 메뉴에서 [셀서식]을 선택한다.

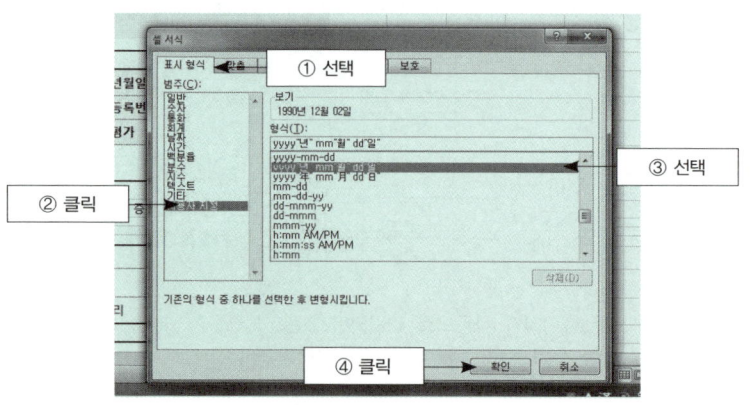

03 [셀서식] 대화상자의 [표시 형식]탭에서 [범주]를 '사용자 지정'으로 선택하고 [형식]에 'yyy년 m월 dd일'을 입력한 후 [확인]버튼을 클릭한다.

'y'는 연도(year), 'm'은 월(month), 'd'는 일(day)을 나타낸다.

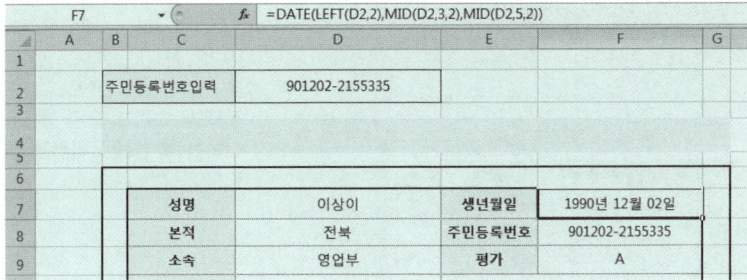

04 【F7】셀에 DATE 함수로 구한 생년월일이 변경한 셀 서식에 맞게 표시된다.

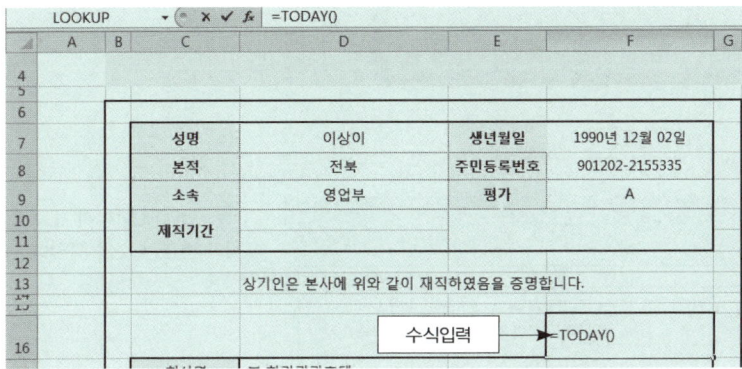

05 오늘 날짜를 자동으로 입력하기 위해 【F16】셀을 선택하고 '=TODAY()'를 입력한 후 ENTER를 누른다.

> TODAY를 이용하여 입력되는 날짜는 사용자 컴퓨터에 설정된 날짜를 기준으로 계산한다.

06 자동으로 오늘 날짜가 입력된 것을 확인할 수 있다. 표시된 날짜 형식을 변경하기 위해 【F16】셀을 선택하고 마우스 오른쪽 버튼을 클릭하여 나오는 메뉴에서 [셀서식]을 선택한다.

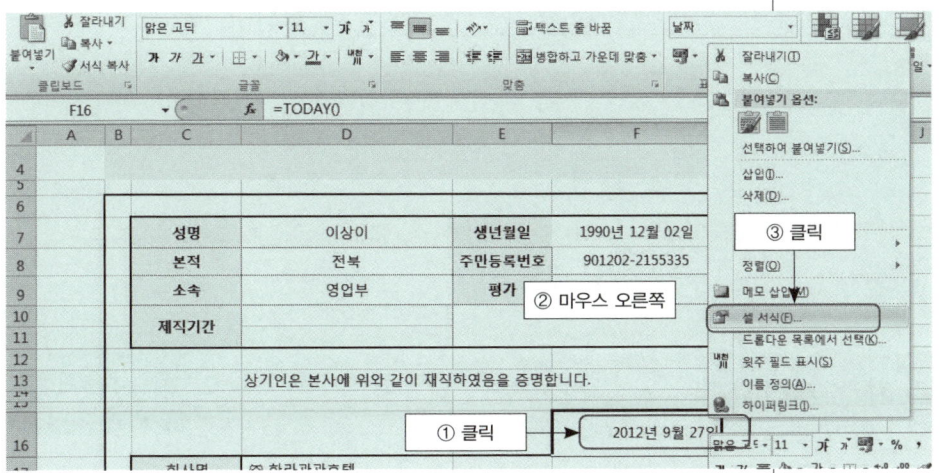

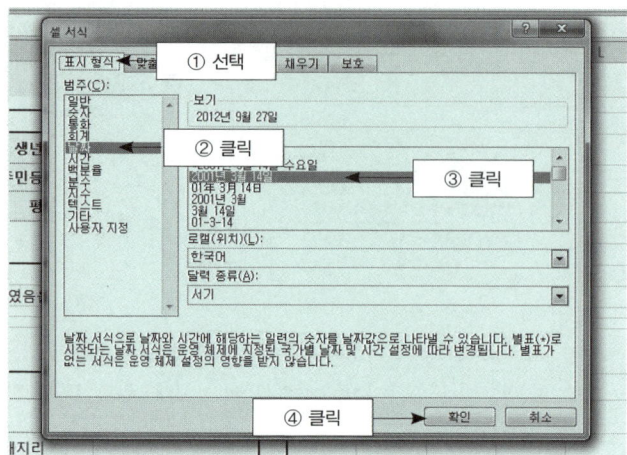

07 [셀서식] 대화상자의 [표시 형식] 탭에서 [범주]를 '날짜' 로 선택하고 [형식]에서 그림과 같은 형식을 선택한 후 [확인] 버튼을 클릭한다.

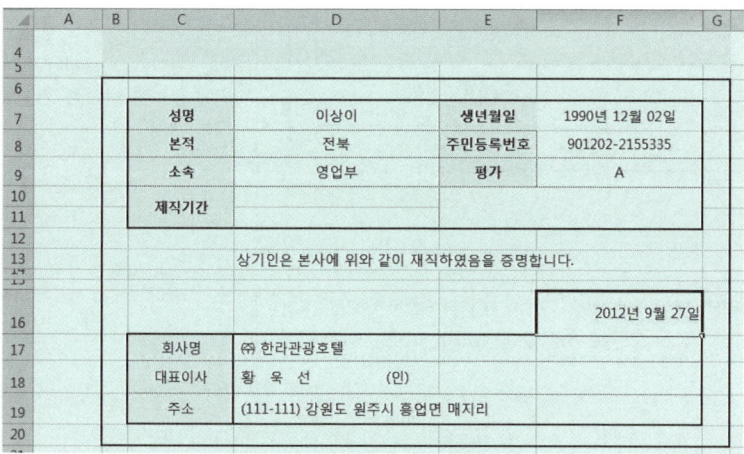

08 입력된 날짜의 표시 형식이 변경된 것을 확인할 수 있다.

날짜로 기간 계산하기

EXCEL

특정한 범위에서 원하는 데이터를 가져올 때 LOOKUP 함수를 많이 사용한다. LOOKUP 함수를 이용하여 입사일과 퇴사일을 가져온 후 DATEDIF 함수로 재직 기간을 계산해 보겠다.

사용순서

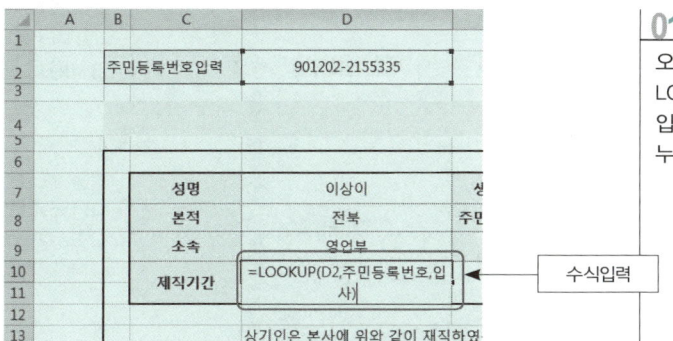

01 입사일 데이터를 가져오기 위해 【D10】셀에 '=LOOKUP(D2,주민등록번호,입사)'를 입력하고 ENTER를 누른다.

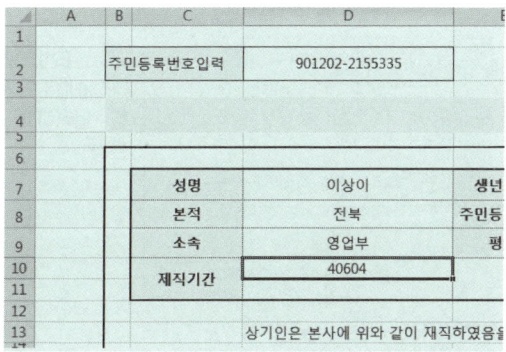

02 【D2】셀의 주민등록번호에 해당하는 데이터의 입사일을 가져온다. 미리 설정된 셀 서식에 의해 입사일이 숫자로 보인다.

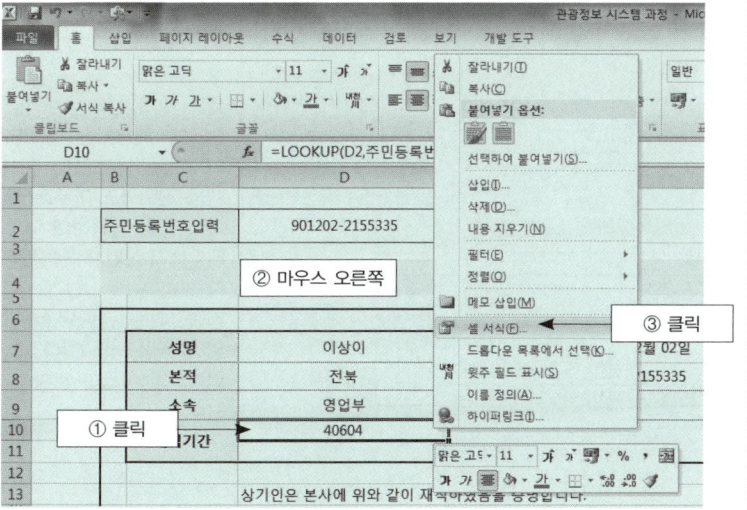

03 【D10】셀을 선택하고 마우스 오른쪽 버튼을 클릭하여 나오는 메뉴에서 [셀 서식]을 선택한다.

기업실무 엑셀

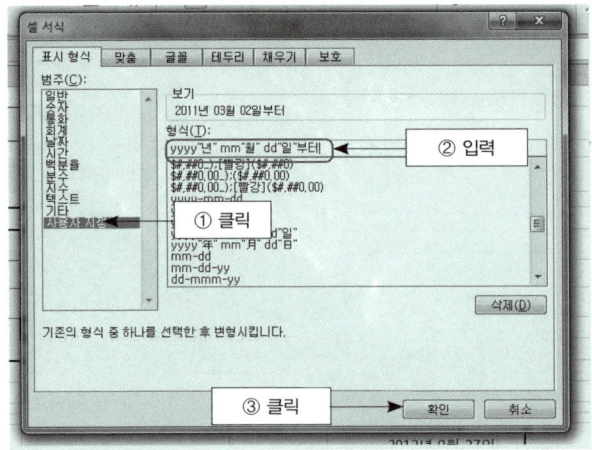

04 [표시 형식]탭에서 '사용자 지정' 범주를 선택하고 [형식]입력란에 'yyy년 m월 dd일부터'를 입력하고 [확인] 버튼을 클릭한다.

> 월을 표시하는 'm'을 하나만 삽입하면 '4', 두 개 삽입하면 '04' 와 같이 표시된다.

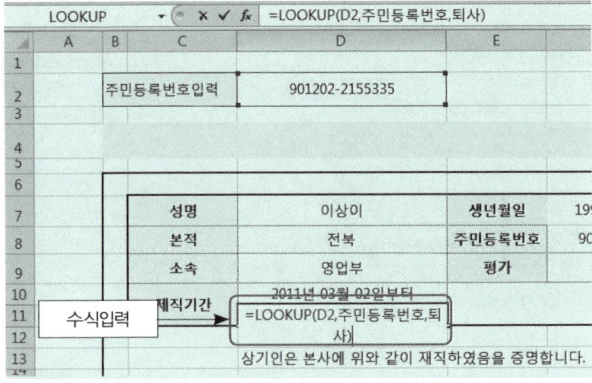

05 【D11】셀에 '=LOOK-UP (D2,주민등록번호,퇴사)'를 입력하고 ENTER를 누른다.

06 【D2】셀의 주민등록번호에 해당하는 데이터의 퇴사일을 가져오면 【D11】셀을 선택하고 마우스 오른쪽 버튼을 클릭하여 나오는 메뉴에서 [셀서식]을 선택한다.(방법은 3~4번과 같다. 입력란에는 'yyyy년 m월 dd일까지'라고 입력한다.)
입력하면 다음과 같이 나타난다.

제16장 인턴사원 교육평가서 만들기

07 이렇게 하면, 지정한 셀 서식에 맞게 입사일과 퇴사일을 가져온 것을 확인할 수 있다. 재직기간을 계산하기 위해 【E11】 셀에 '=" ("& DATEDIF(D10,D11," Y")&" 년" & DATEDIF(D10,D11," M")&" 개월" &DATEDIF(D10,D11," D") +1&" 일간")'을 입력하고 ENTER를 누른다.

> DATEDIF는 두 개의 숫자 사이의 간격을 계산한다. 이때 'Y'는 연도, 'M'은 월, 'D'는 일을 구하는 것이다. 또 문자열을 연결할 때에는 '&'(연산자)를 이용한다.

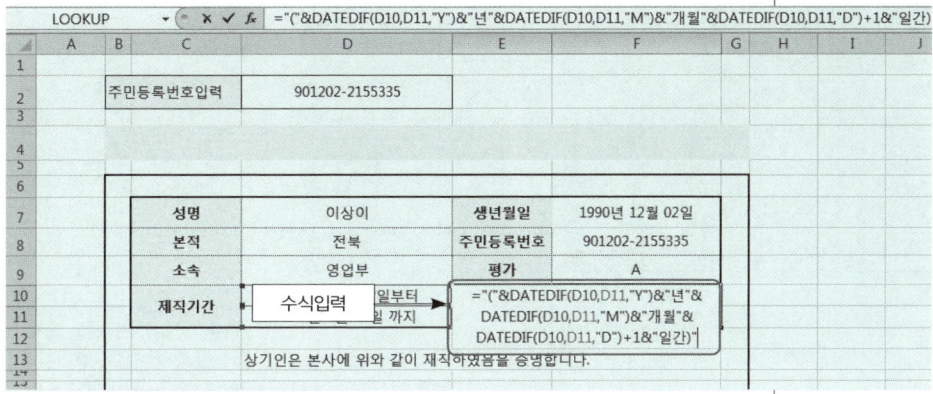

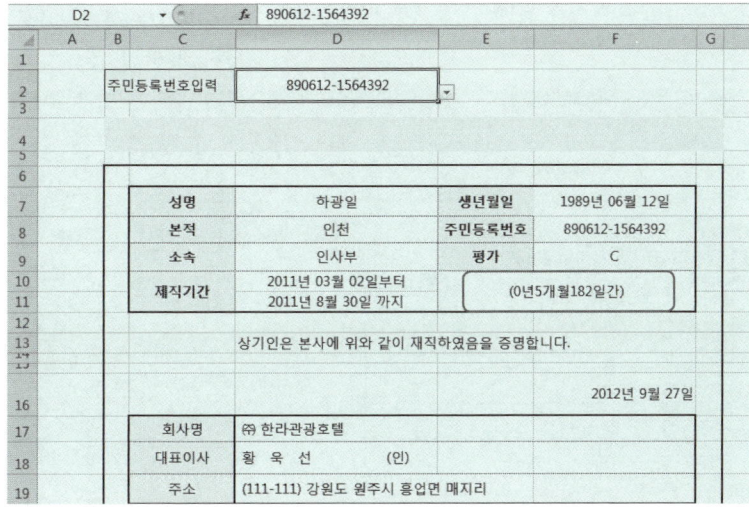

08 재직 기간이 자동으로 계산되어 입력된 것을 확인할 수 있다. 【D2】 셀에서 다른 주민등록번호를 선택하면 인턴사원 평가 성적표에 입력된 데이터들이 선택한 주민등록번호에 해당하는 데이터로 변경된다.

자동계산으로 함수 입력하기

앞의 페이지에서는 인턴사원 명단과 인턴사원 평가 성적표를 만들어 보았다. 이번 장에서는 인턴사원들의 교육 평가 등급을 알아보기 위해 교육평가 성적표를 만들어 볼 것이다.

259

사용순서

01 아래 표를 입력한다.

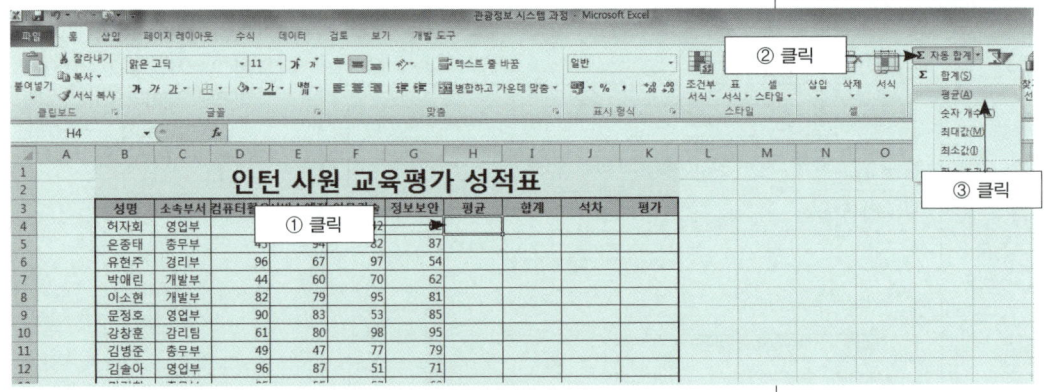

02 【H4】셀을 선택하고 [홈]탭 – [편집]그룹의 '자동 합계(∑)'의 목록 버튼을 클릭하여 함수 목록이 나타나면 '평균'을 선택한다.

자동계산이 가능한 함수는 합계, 평균, 숫자 개수, 최대값, 최소값 등이 있다. 그 이외의 함수는 직접 입력하거나 함수 마법사를 이용한다.

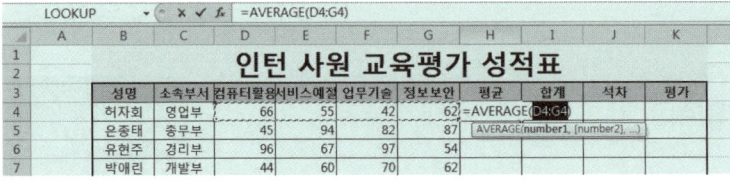

03 【H4】셀에 '=AVERAGE【D4:G4】'가 자동으로 입력되면 평균으로 구할 범위가 맞는지 확인하고 ENTER를 누른다.

계산할 범위를 블록 설정하지 않아도 선택한 셀의 왼쪽에 삽입된 숫자 열을 자동으로 선택한다.

04 【H4】셀에 평균이 구해지면 셀의 채우기 핸들을 【H21】셀까지 드래그 한다. 수식이 복사되어 계산이 자동으로 이루어 진 것을 확인할 수 있다.

05 자동계산을 이용하여 합계를 구하기 위해 【I4】셀을 선택하고 [홈]탭 – [편집] 그룹의 [자동 합계(Σ)]를 클릭한다. 【I4】셀에 'SUM【E4:H4】'가 자동으로 입력된다.

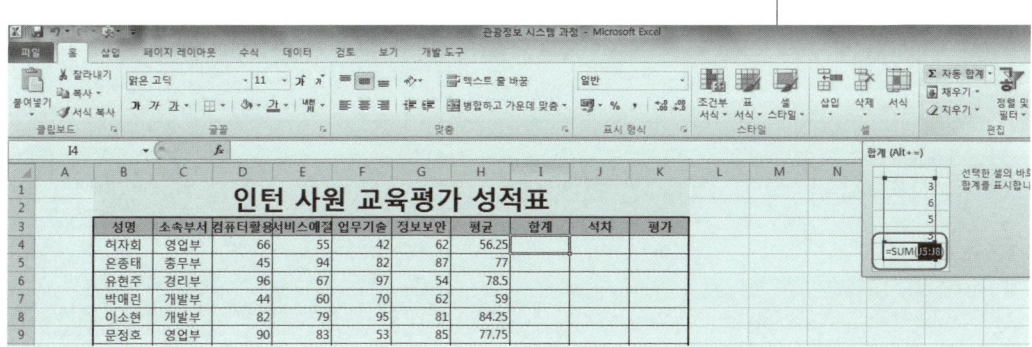

06 합계로 사용할 셀 범위를 변경하기 위해 지정된 범위(【D4:G4】)를 마우스로 드래그 하여 그림과 같이 선택되도록 만든다. 합계로 참조할 범위가 선택되면 ENTER를 눌러 합계 계산을 한다.

참조하는 셀 범위에 평균이 자동으로 포함되므로 셀범위를 변경해야 한다.

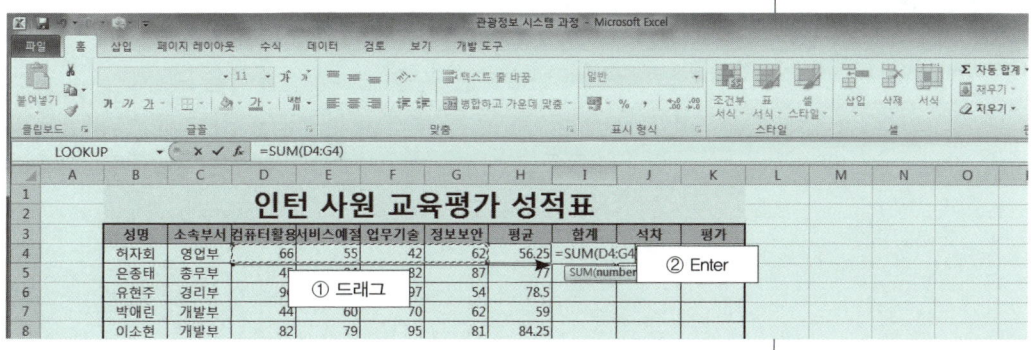

기업실무 엑셀

07 【I4】셀에 합계가 구해지면 '셀의 채우기 핸들'을 아래로 드래그 하여 【I21】까지 수식을 복사한다. 각 셀에 평균과 합계가 자동으로 구해진 것을 확인할 수 있다.

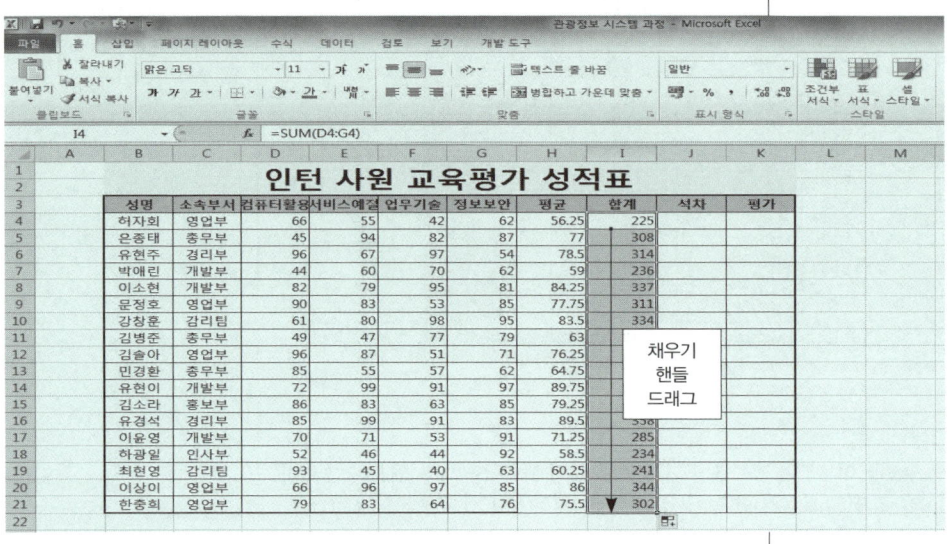

함수 마법사와 직접 함수 입력하기

사용순서

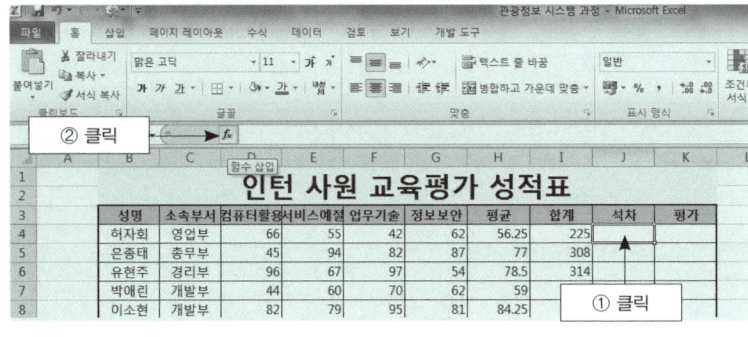

01 [함수 마법사]를 실행하기 위해 【J4】셀을 선택하고 수식 입력 줄에 있는 '함수 삽입'을 클릭한다.

제16장 인턴사원 교육평가서 만들기

02 [함수 마법사] 대화상자가 나오면 [범주 선택] 에서 '통계' 를 선택하고 [함수 선택] 의 목록에서 'RANK' 를 선택한 후 [확인] 버튼을 클릭한다.

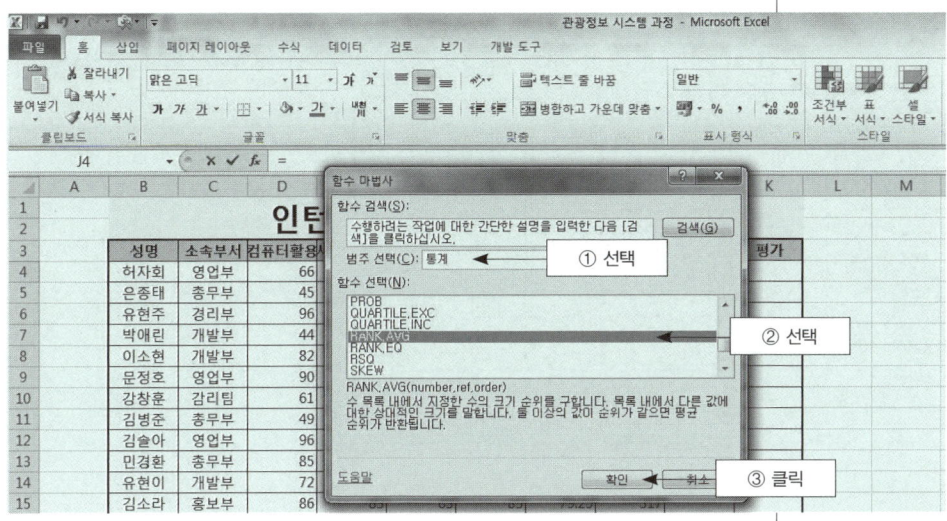

> 원하는 함수의 첫 글자 영문을 키보드로 입력하면 함수를 빨리 찾을 수 있다.

03 선택한 RANK 함수의 [함수인식] 대화상자가 나타나면 'NUMBER' 인수 입력란을 선택한 후 【H4】셀을 마우스로 클릭하여 인수를 입력한다.

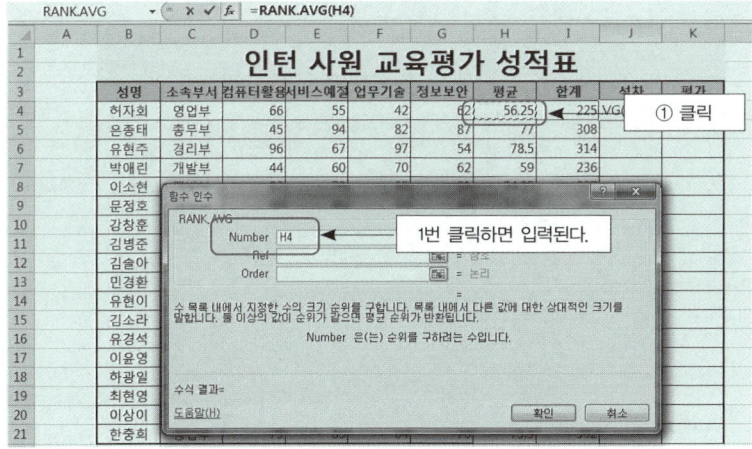

> RANK 함수는 선택한 셀이 범위 내에서 몇 번째 해당하는 값인지 순위를 계산한다.

04 순위를 구할 범위를 설정하기 위해 'REF' (두번째 입력란) 인수 입력란을 선택한 후 【H4:H21】 셀을 마우스로 드래그 하여 범위를 설정한다.

05 설정된 범위의 위치가 변경되지 않도록 인수를 블록 설정한 후 F4를 눌러 입력된 범위를 절대참조로 변경한다. 'ORDER' (세번째 입력란) 인수는 비워놓은 상태에서 [확인] 버튼을 클릭하여 대화상자를 종료한다.

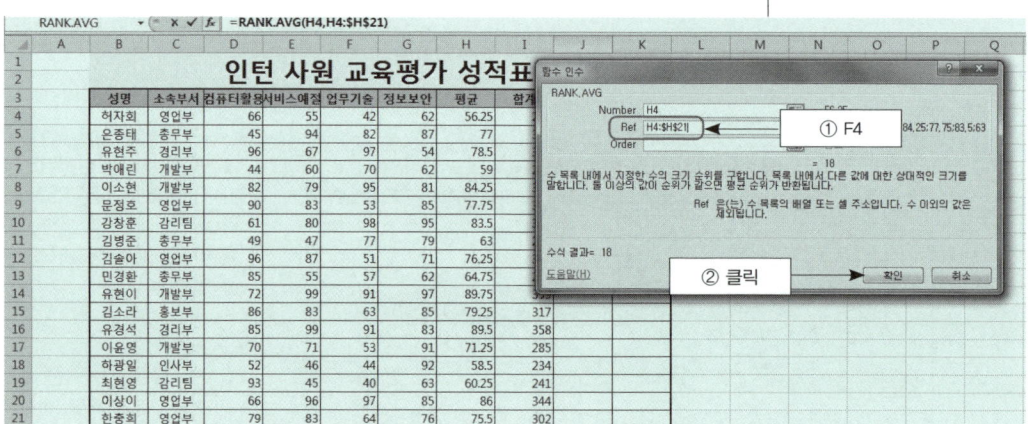

> 절대 참조로 설정한 범위는 수식을 드래그하여 다른 셀에 적용해도 절대참조로 연결된 위치를 그대로 유지한다. RANK 함수의 ORDER를 생략하거나 '0'으로 지정하면 내림차순으로 순위를 구한다.

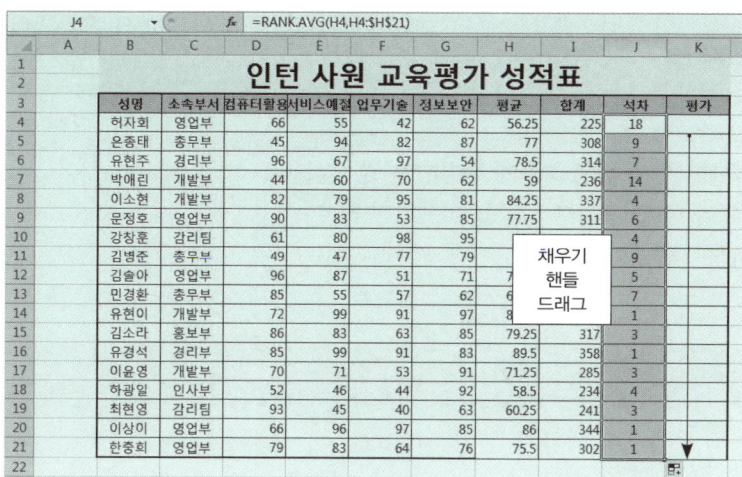

06 【J4】셀에 첫 번째 사원의 평균을 이용한 순위가 입력되면 채우기 핸들을 【J21】셀까지 드래그 하여 수식을 복사한다. 평균점수가 높은 순위부터 석차가 자동으로 계산되는 것을 확인할 수 있다.

> 석차와 같이 큰 값부터 계산해야 할 때는 내림차순을 사용한다.

07 평균 점수가 80이면 'A', 60~80점이면 'B', 나머지는 'C'을 구하는 수식을 만들기 위해 【K4】셀에 '=IF(H4)=80," A" ,IF(H4)=60," B" ," C"))'을 입력하고 ENTER를 누른다.

> 하나의 계산식에 여러 개의 함수를 사용하는 것을 중첩 함수라고 한다.

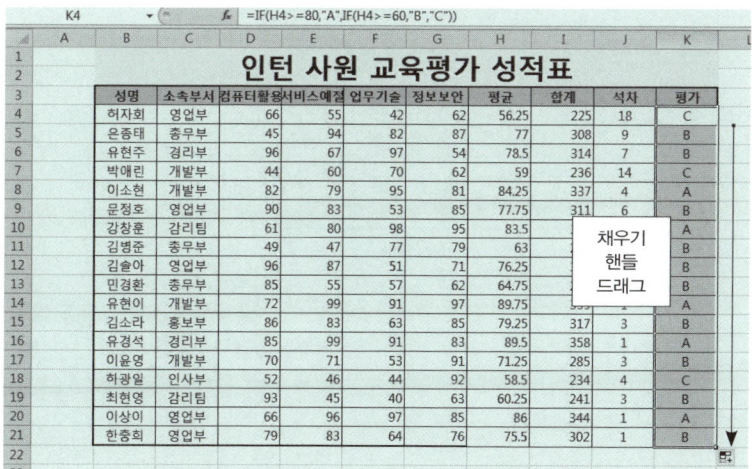

08 【K4】셀에 첫 번째 사원의 평가 결과가 입력되면 채우기 핸들을 드래그 하여 【K21】셀까지 수식을 복사한다. 평균 점수에 따라 평가 결과가 입력되는 함수가 완성된다.

기업실무 엑셀　　　　　　　　　　　　　　　　　　　　　　　EXCEL

조건부 서식 설정하기

셀에 입력되어 있는 값을 검사한 후 특정한 조건에 일치하면 셀 서식을 변경하는 것을 조건부 서식이라 한다. 조건부 서식을 이용하면 많은 셀 중에서 조건에 맞는 셀의 서식만 변경할 수 있다.

사용순서

01 'A' 인 데이터를 강조하기 위해 【B3:K21】 셀을 선택하고 [홈]탭 – [스타일]그룹 – [조건부서식]을 클릭하여 나오는 목록에서 [새규칙] 을 선택한다.

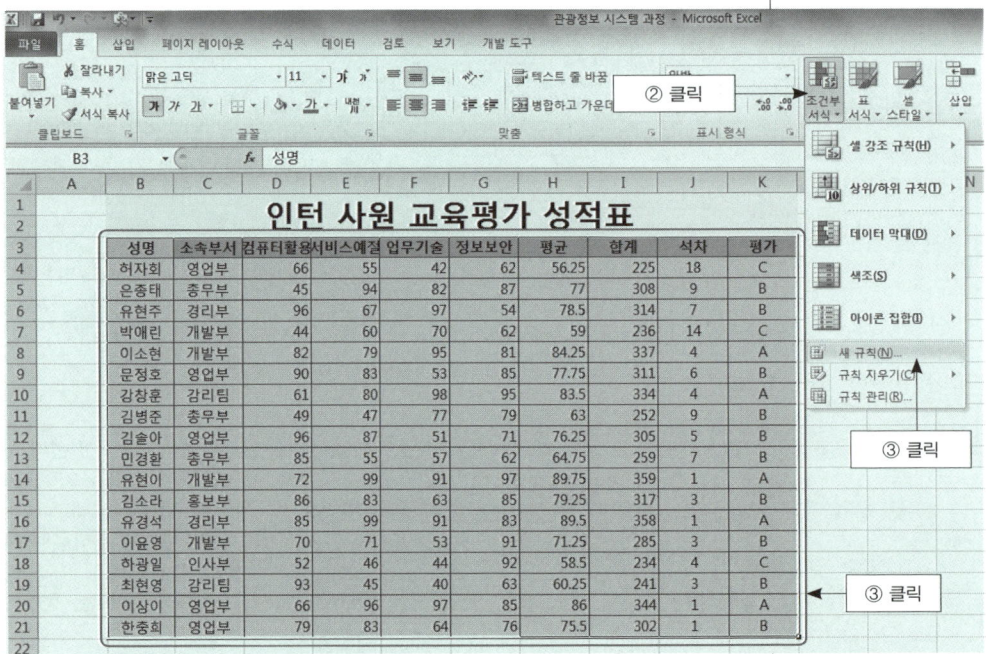

> 조건부 서식은 미리 설정된 목록에서 선택하거나 새 규칙에서 필요한 값을 지정한다.

제16장 인턴사원 교육평가서 만들기

02 [새 서식규칙] 대화상자에서 [규칙유형선택]을 '다음을 포함하는 셀만 서식 지정'으로 선택한 뒤, [규칙설명 편집]의 내용이 변경되면 [해당범위]를 '='으로 선택하고 오른쪽 입력란에 'A'를 입력하고 [서식]버튼을 클릭한다.

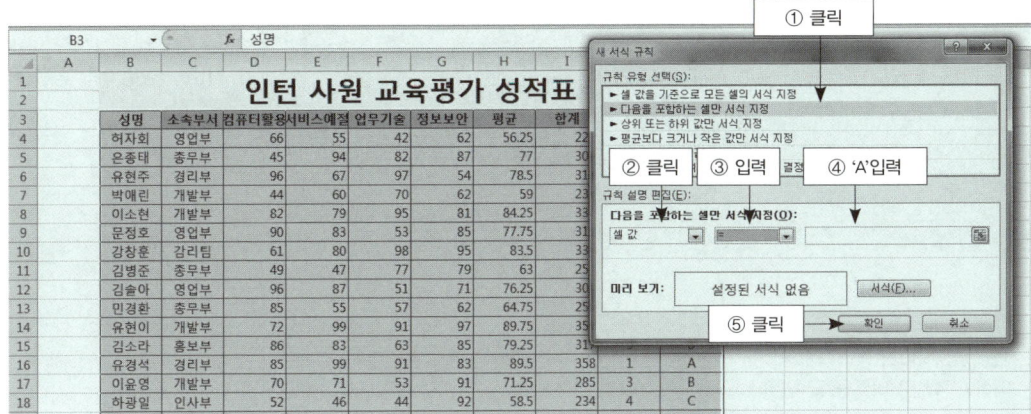

03 [셀 서식] 대화상자의 [채우기]탭에서 [배경색]을 원하는 색으로 선택하고 [확인] 버튼을 클릭한다. 다음으로 [새 서식 규칙] 대화상자를 닫으면, 조건에 맞는 셀에 선택한 서식이 적용되는 것을 확인할 수 있다.

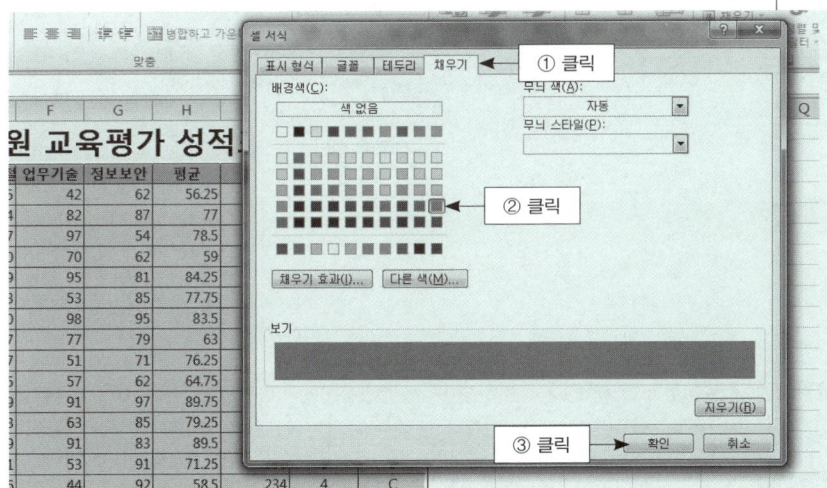

적용된 조건부 서식이 틀릴 때에는 [홈]탭 - [스타일]그룹 - [조건부 서식] - [규칙 관리]에서 수정할 수 있다.

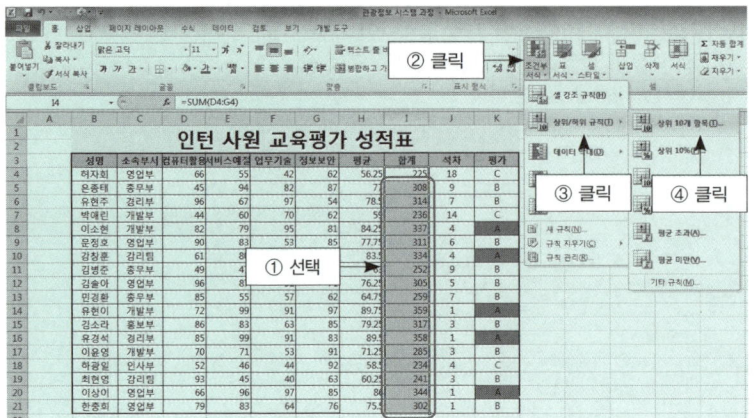

04 미리 서식과 조건이 적용된 조건부 서식을 적용하기 위해 합계가 계산된 【I4:J21】셀을 선택한다. [홈]탭 – [스타일]그룹 – [조건부 서식]을 클릭하고 나오는 목록에서 [상위/하위 규칙] – [상위10개 항목]을 선택한다.

05 [상위 10개 항목] 대화상자가 나타나면 [적용할 서식]을 '연한 빨강채우기' 로 선택하고 [확인] 버튼을 클릭한다.

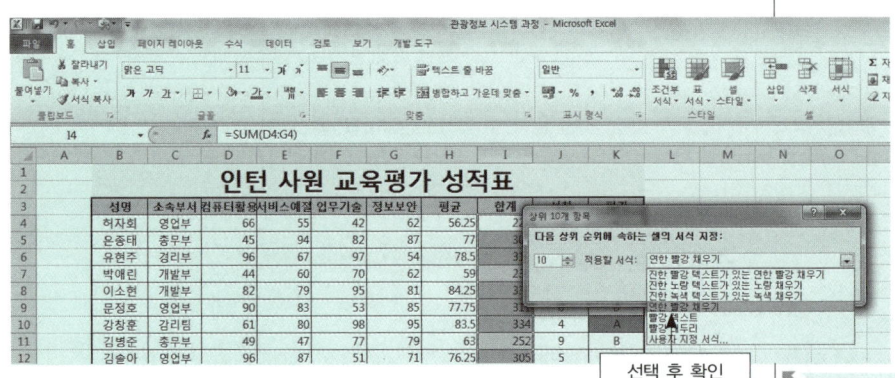

[상위 10개 항목] 대화상자에서 반드시 상위10개가 아닌 10개 이하나 이상의 값을 설정할 수도 있다.

06 합계가 상위 10개인 셀에 조건부 서식이 적용되는 것을 확인할 수 있다.

매크로와 콤보 버튼 사용하기

매크로와 콤보 버튼을 사용하여 보다 쉬운 사원 관리방법을 알아보자.

사용순서

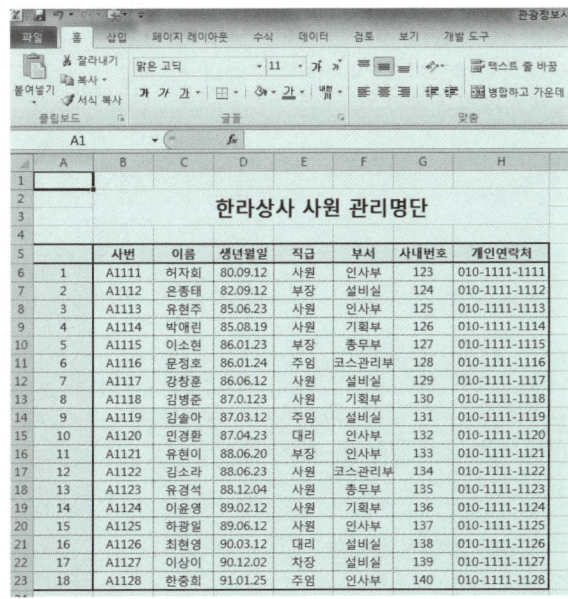

01 우선 아래의 내용을 작성해 준다.

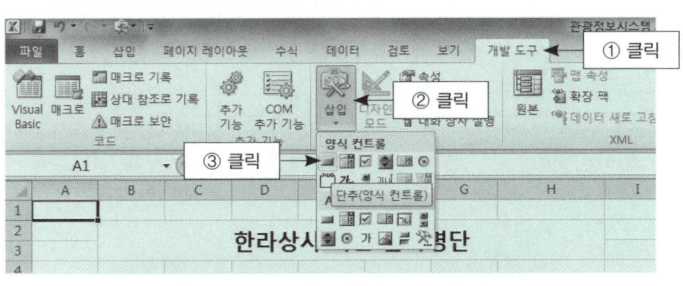

02 다른 워크시트로의 이동을 위한 '단추'를 만들려고 한다. [개발도구]탭에서 삽입 을 클릭한 뒤 '양식 컨트롤' 단추를 클릭한다.

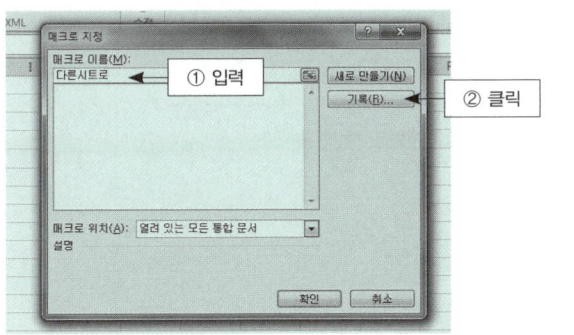

03 원하는 위치에, 원하는 크기로 단추를 만들면 [매크로지정] 대화상자가 자동으로 실행된다. [매크로 이름]에 '다른시트로'를 입력하고 매크로를 기록하기 위해 [기록]을 클릭한다.

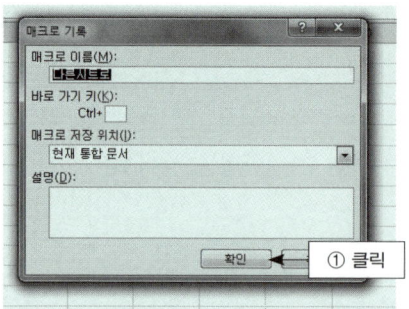

__04__ [매크로 기록] 대화상자가 나타나면 [확인] 버튼을 누른다. 필요할 경우 바로가기 키나 매크로에 관한 설명을 집어놓을 수 있다.

__05__ 창이 없어지면 매크로의 시작을 의미한다. 우선 워크시트를 이동한 후 아래 내용을 입력한 후 시트 이름을 '부서별 사원검색' 시트라고 한다.

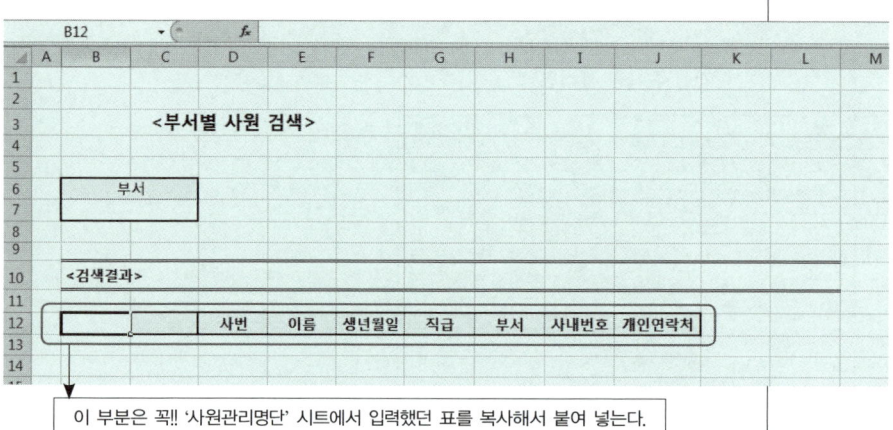

이 부분은 꼭!! '사원관리명단' 시트에서 입력했던 표를 복사해서 붙여 넣는다.

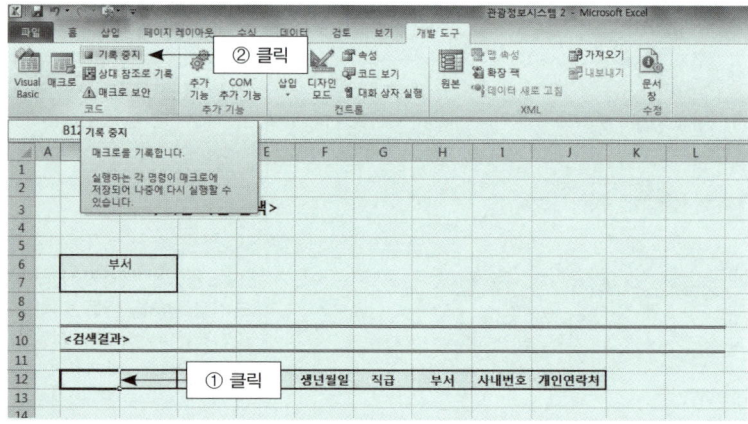

__06__ 【B12】 셀을 클릭해서 셀 포인터 위치를 선정한다. 이후에 상태 표시줄에서 '기록중지'를 클릭하여 매크로 기록을 종료한다.

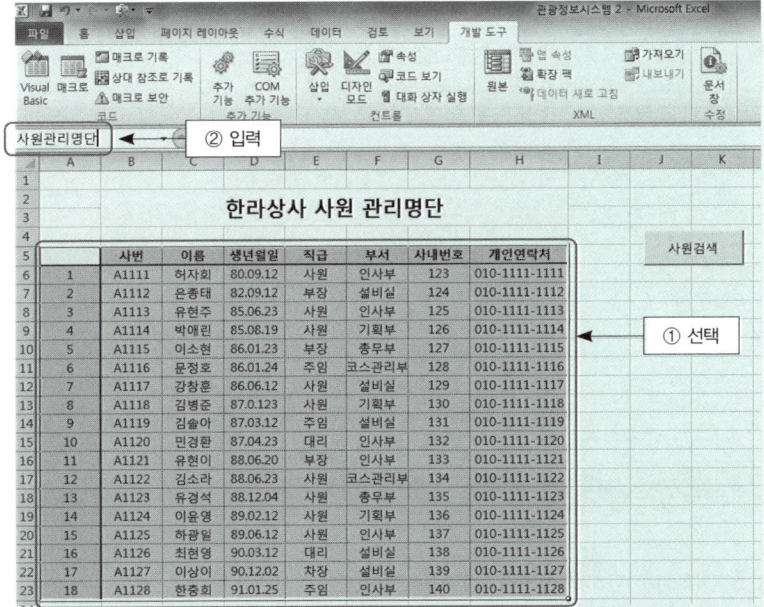

07 다시 '사원관리명단' 시트로 넘어와서 단추버튼의 텍스트를 '사원검색'으로 수정한다. 완료 후 버튼을 눌러보면 '부서별 사원검색' 시트로 이동하는 것을 볼 수 있다.

08 '사원관리명단' 시트의 【A5:H23】 셀을 드래그한 후 [이름상자]에 '사원관리명단'으로 입력하고 ENTER를 누른다.

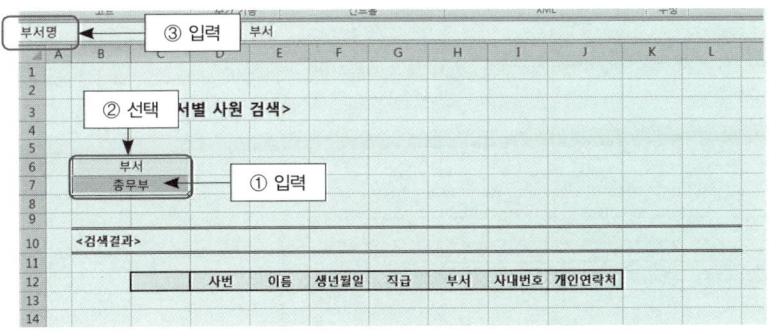

09 '부서별 사원검색' 시트로 넘어가서 【B7】 셀에 '총무부'를 입력한다. 후에 【B6:B7】 셀을 블록 지정하고 [이름상자]에 '부서명'으로 입력한 뒤 ENTER를 누른다.

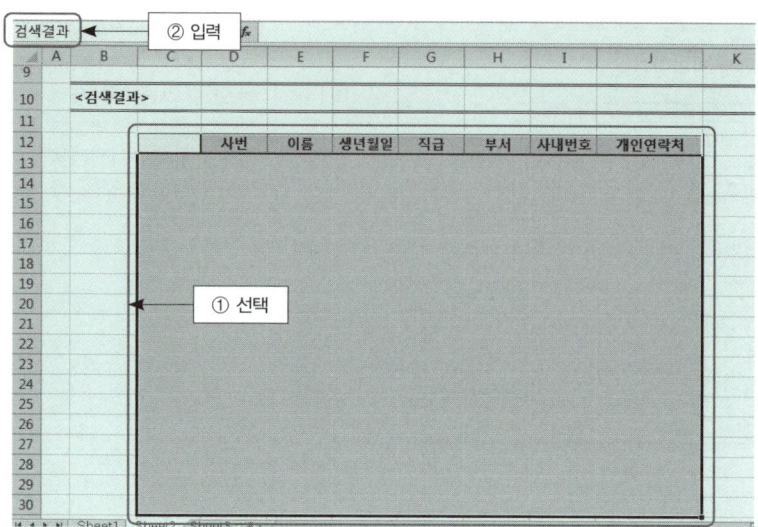

10 【C12:J30】 셀을 블록 지정 한다. 이것은 검색 결과가 보여 질 때 영역을 지정해 놓는 것이기 때문에 넉넉하게 잡아주도록 한다. 이후에 [이름상자]에 '검색결과'라고 지정한 뒤 ENTER를 누른다.

11 고급 필터로 데이터를 검색하는 과정을 매크로에 기록하도록 하겠다. 【B12】 셀을 클릭한 다음 [개발도구] - [코드] - [매크로기록]을 클릭한다. [매크로기록] 대화상자가 뜨면 매크로 이름을 '사원검색'으로 입력하고 '확인' 버튼을 누른다.

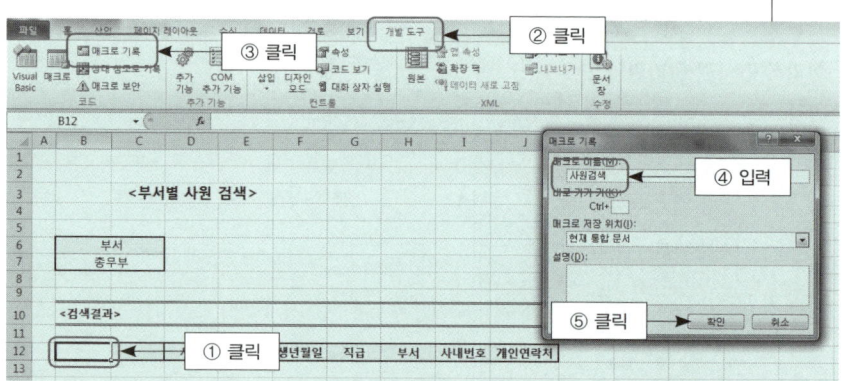

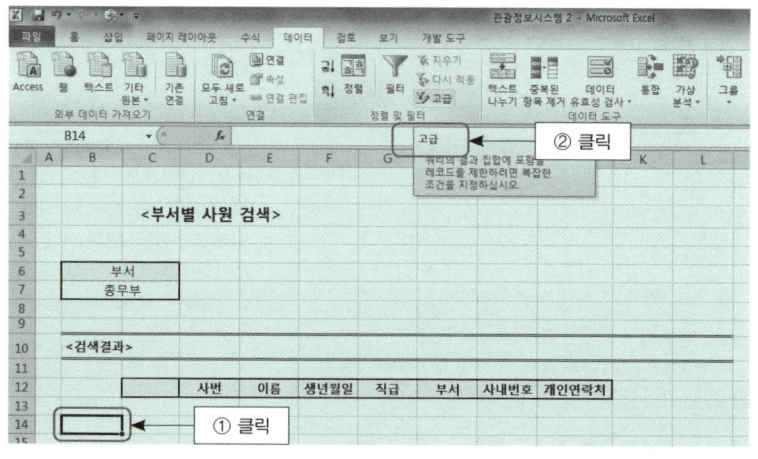

12 【B14】 셀에 커서를 두고 [데이터] - [정렬 및 필터] - [고급]을 클릭한다.

제16장 인턴사원 교육평가서 만들기

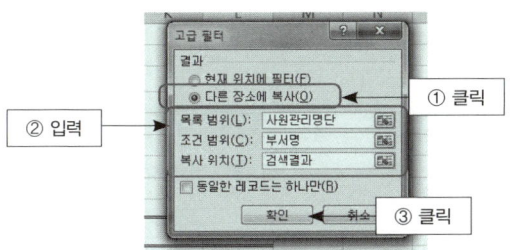

13 [고급필터] 대화상자가 뜨면 '다른 장소에 복사'를 클릭하고, 목록 범위에 '사원관리명단', 조건범위에 '부서명' 복사위치에 '검색결과'라고 입력한 다음 확인을 클릭한다.

14 [검색결과] 범위에 검색결과가 나타나면 '기록중지'를 클릭한다. 매크로의 기능을 종료하는 것이다.

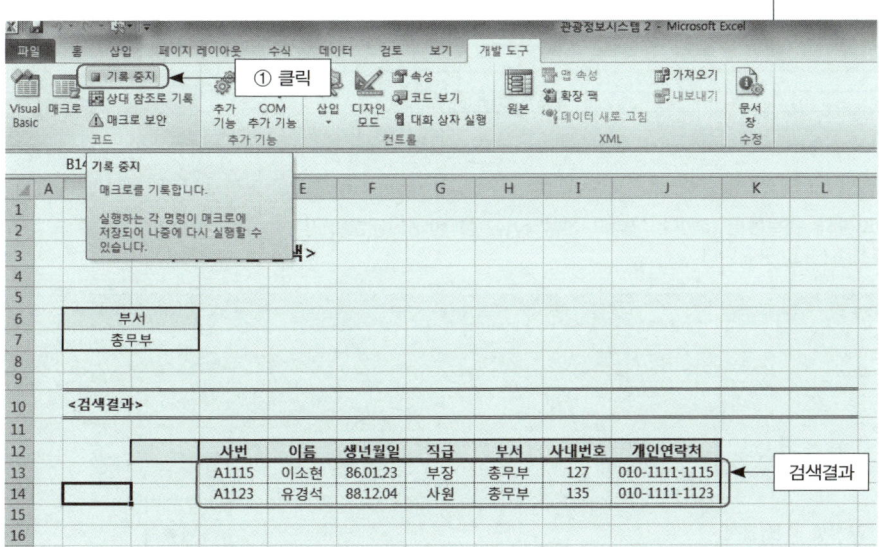

15 【L2:L7】셀에 다음과 같이 작성 후 '부서전체'라고 이름을 지정해 준다.

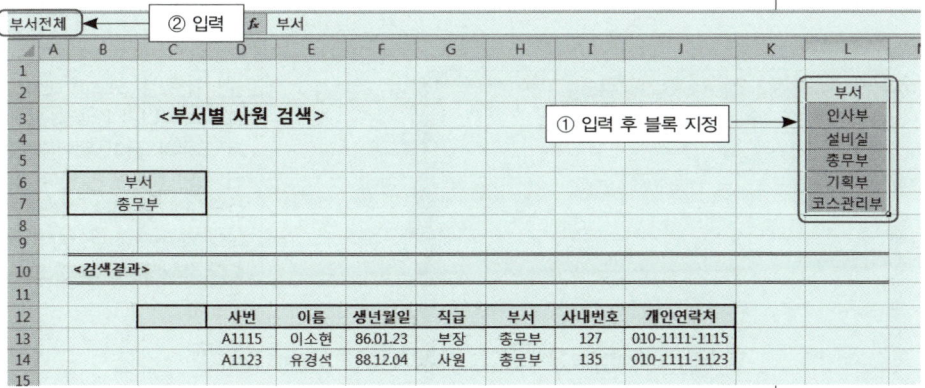

기업실무 엑셀

16 [개발도구]탭에서 [삽입]을 클릭하고 양식컨트롤 부분에 있는 '콤보상자'를 클릭한다.

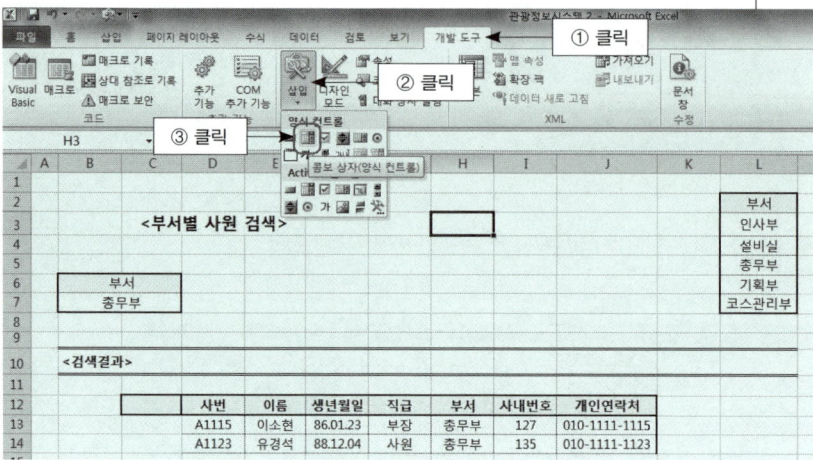

17 상단에 '콤보상자' 컨트롤을 그린다. 그리고 선택되어진 상태에서 [개발도구] – [컨트롤] – [컨트롤속성]을 클릭한다.

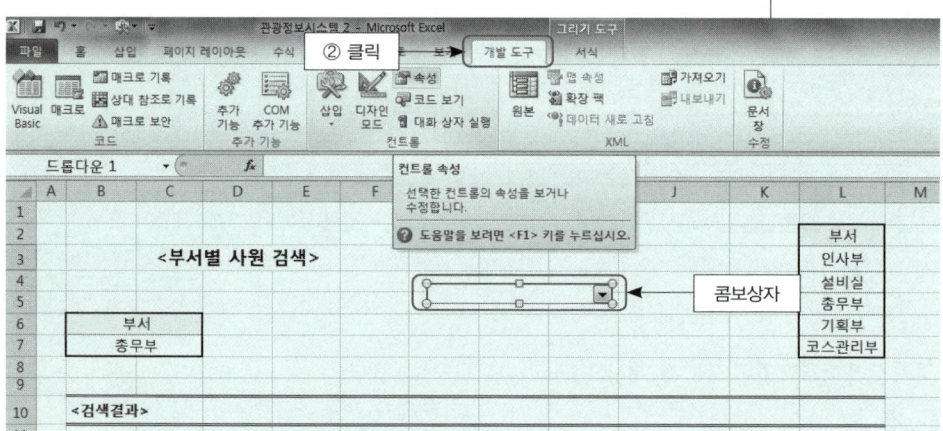

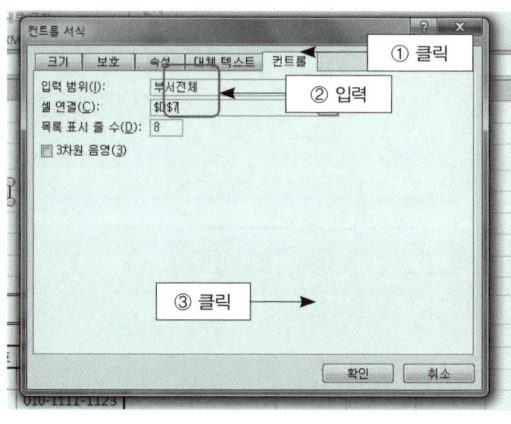

18 [컨트롤 서식] 대화상자가 나타나면 [컨트롤]탭에서 그림과 같이 입력해 준 뒤 확인 버튼을 누른다. 참고로 [셀 연결]은 입력범위 내의 몇 번째 정보인지 알려준다. (부서전체, $D$7, 8)

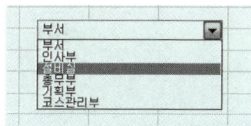

19 ESC 버튼을 눌러 선택을 풀어주고 '콤보상자'의 드롭다운 버튼을 클릭하면 부서들이 보인다.

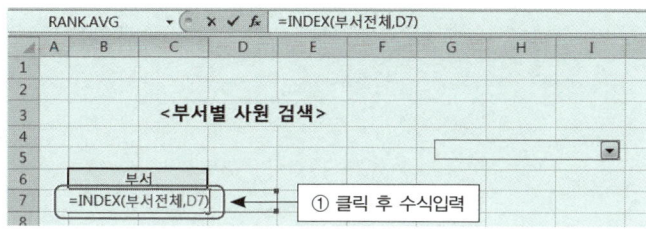

20 【B7】셀을 클릭하여 '=INDEX(부서전체,D7)'이라고 입력한다. INDEX 함수는 서로 교차하는 행렬의 값을 가져오는 함수이다. 부서전체영역에서 【D7】셀에 나오는 값을 구해주는 것이다.

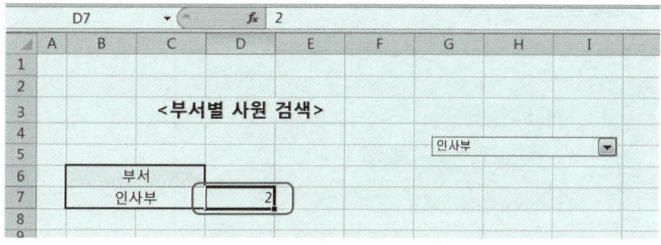

21 【D7】셀에 부서 구성원들의 숫자가 자동으로 입력되는 것을 확인할 수 있다.

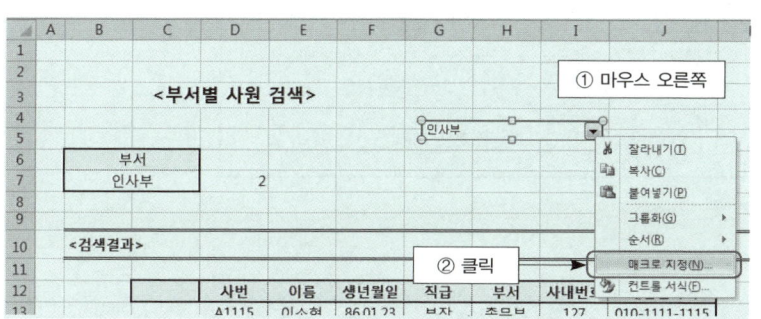

22 '콤보박스'에서 마우스 오른쪽 버튼을 클릭해 매크로를 지정한다. 자동으로 검색결과를 나타내기 위한 부분이다.

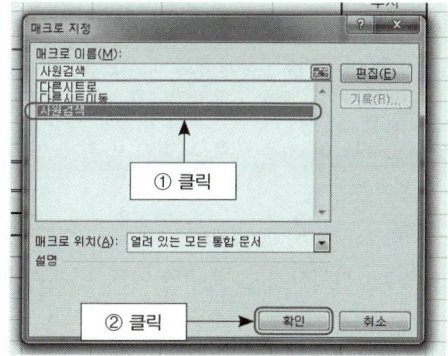

23 [매크로 지정] 대화상자가 활성화되면 [사원검색] 매크로를 클릭하고 '확인'버튼을 누른다.

24 ESC버튼을 누른 뒤 콤보박스를 클릭해서 원하는 부서를 검색하면 검색결과가 하단에 나온다.

기업실무 엑셀

EXCEL

CHAPTER 17
월별 실적분석차트 만들기
HLOOKUP 함수, 레이아웃, OFFSET 함수 사용방법

월별 실적분석차트 완성화면

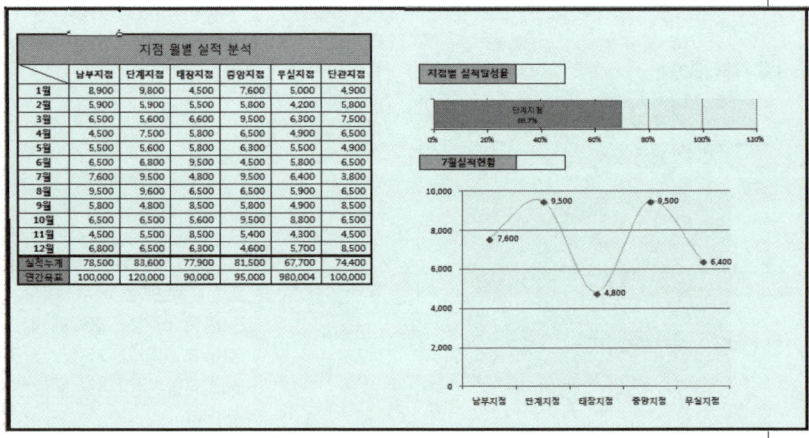

예제

원주시 최대의 여행사인 'ys관광' 영업팀에 취업한 종태와 혜림, 어느날 영업팀의 황과장님으로부터 각 지점의 월별 실적 분석 보고서를 만들어 오라는 지시를 받게 되었다.
'지점별로 매출 실적에 따른 영업 실적 분석표를 만들라니.... 매출표는 시트로 만들면 되는데, 차트까지 사입하니 각 월과 지점 데이터가 너무 많아 복잡한 차트가 되버리네... 이를 어쩌지?' 그때 문득! 엑셀을 이용하여 지점과 월을 선택할 때마다 자동으로 차트가 바뀌게 만들면 어떨까라는 생각을 떠올리게 된다.

월별 실적분석차트를 만들기 - 데이터 범위에서 선택한 값을 불러와 차트를 재구성하여 자동으로 데이터가 바뀌는 차트를 만든다.

제17장 월별 실적분석차트 만들기

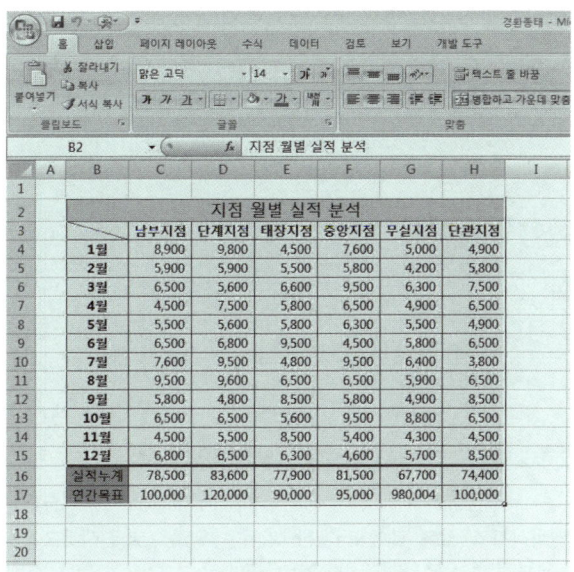

사용순서

1단계 : 목록 범위를 이용한 차트 만들기

우선 데이트 유효성 검사를 이용하여 지점을 선택하고 1월부터 12월까지 입력한 실적에 따라 자동으로 데이터 범위가 변경되는 차트를 만들어 보겠다. 특정 목록에서 데이터를 선택하게 할 때에 [데이터 유효성 검사]를 사용하는 것 아시죠?

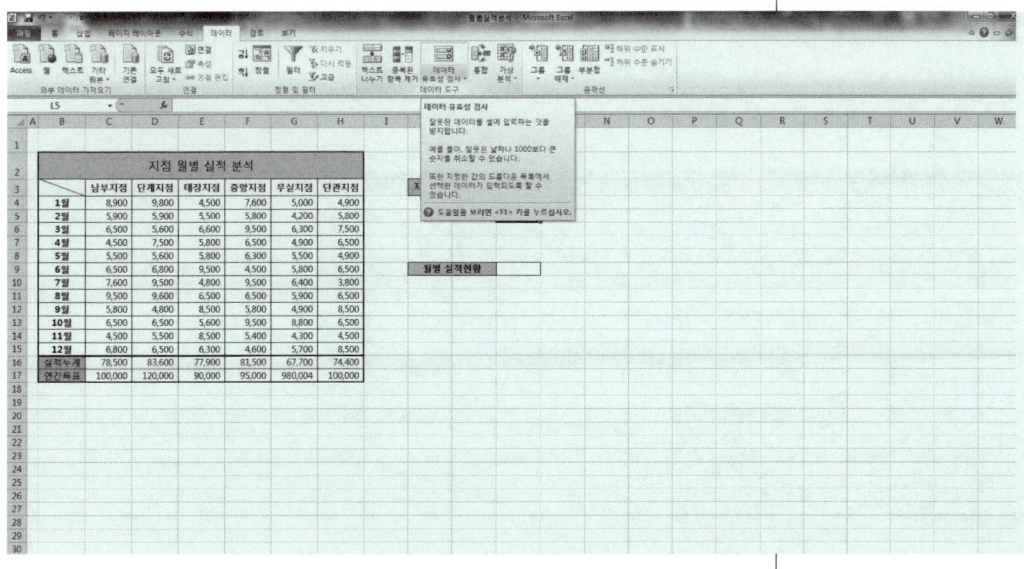

01 실적분석 워크시트의 [L3] 셀을 선택하고 [데이터] 탭 - [데이터 도구] - [데이터 유효성 검사]를 클릭한다.

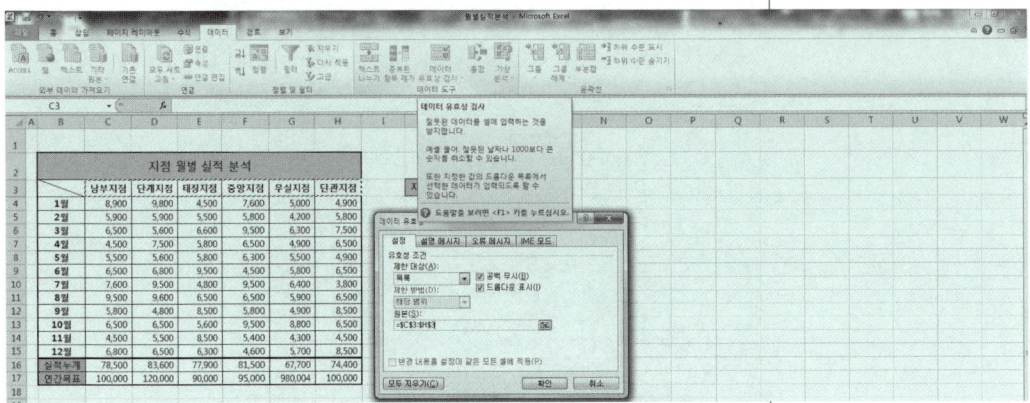

02 [데이터 유효성] 대화상자의 [설정] 탭에서 [제한 대상]을 '목록'으로 선택하고 [원본]에 '=$C$3:$H$3' 으로 입력한 후 [확인] 버튼을 클릭한다.

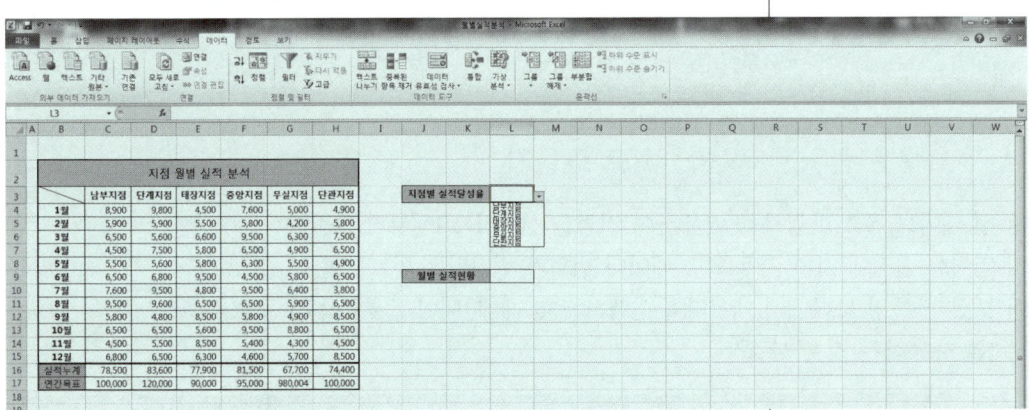

03 [L3] 셀 오른쪽에 목록 단추가 표시되고 클릭하면 지점을 선택할 수 있게 됩니다.

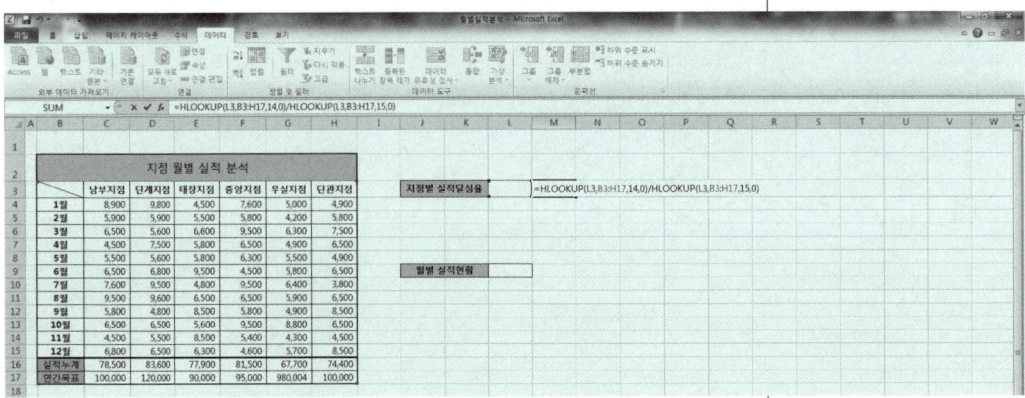

제17장 월별 실적분석차트 만들기

04 [M3] 셀에 수식 '=H LOOKUP(L3,B3:HI7,14,0)/H LOOKUP(L3,B3:HI7,15,0)'을 입력한다.
선택한 지점의 실적 누계를 연간목표로 나누어 표시하도록 하는 함수식입니다.

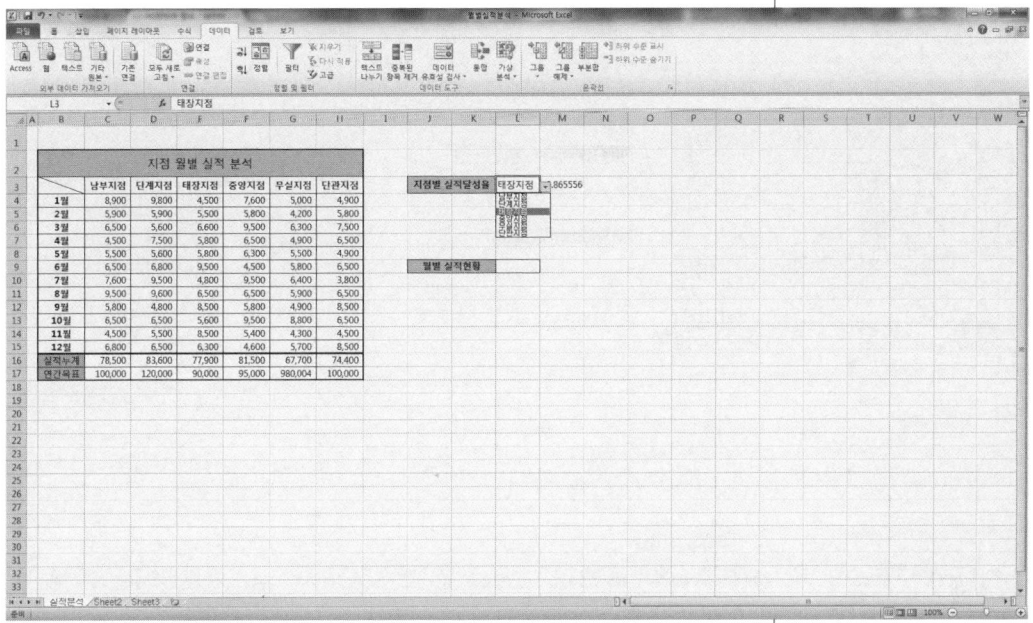

- LOOKUP 함수란? : 제품 데이터 목록에서 특정한 데이터만 추출하는 함수를 LOOKUP 라고 한다. LOOKUP 함수는 아래 방향으로 검색을 시작하는 VLOOKUP과 오른쪽 방향으로 검색을 시작하는 HLOOKUP가 있다.

- HLOOKUP : 데이터 목록의 첫 번째 행에서 찾는 값과 동일한 데이터를 검색한 후 데이터가 입력된 열에서 지정한 행 번호 위치에 입력되어 잇는 데이터를 찾아오는 함수입니다.

= HLOOKUP(Lookup_value, Table_array, Col_index_num, Range_lookup)

- Lookup_value : 검색의 기준이 되는 데이터를 입력한다.
- Table_array : 찾을 데이터가 입력되어 있는 원본 데이터 영역을 지정한다.
- Col_index_num : 원본 데이터 영역에서 찾고자 하는 데이터의 상대적인 위치의 열 번호를 지정 한다.
- Range_lookup : 검색 기준과 정확하게 일치하는 데이터를 검색하려면 '0(FALSE)', 비슷하게 일치하는 값을 찾으려면 '1(TEUE)' 또는 값을 생략한다.

05 [L3] 셀의 목록 단추를 클릭하여 지점을 선택하면 선택한 지점의 실적 달성율이 계산됩니다.

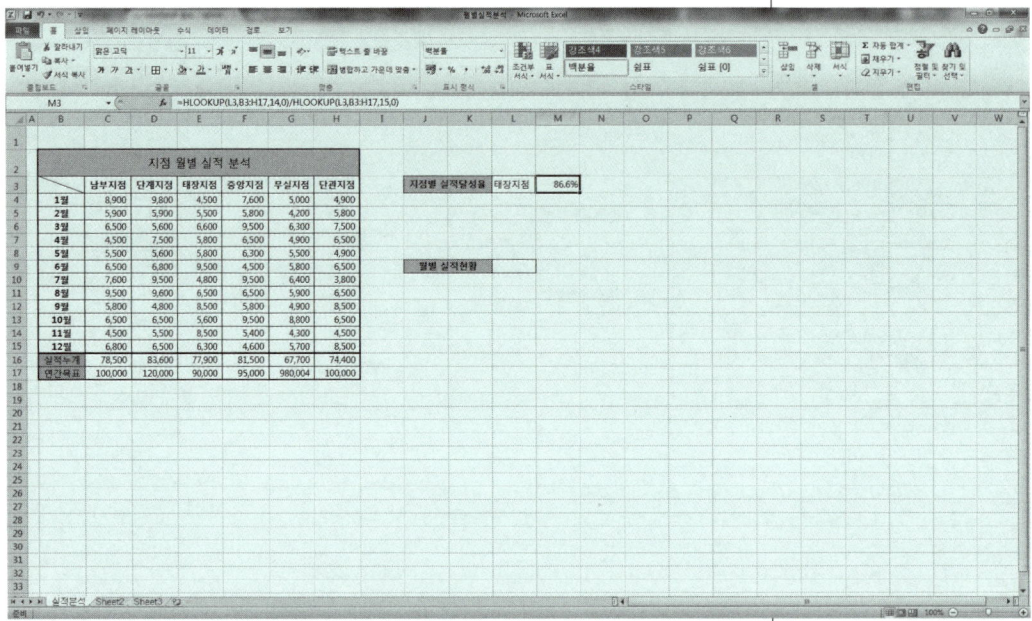

06 셀에 계산되는 값을 소수점 아래 한자리까지만 남기기 위해 [M3] 셀을 선택하고 [홈] 탭-[표시 형식] 그룹 - [자리수 늘림]을 클릭하여 소수점 GKSWKFLrk지 표시되게 한다.

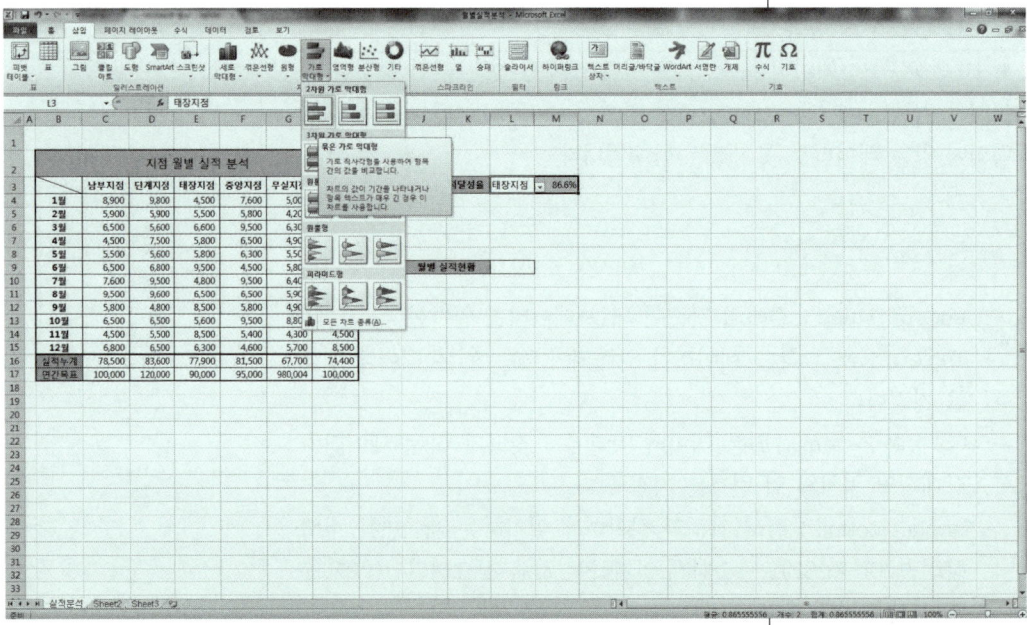

07 계산한 값으로 차트를 만들기 위해 [L3:M3] 셀을 블록 설정한 후 [삽입] 탭 – [차트] 그룹 – [가로 막대형]에서 '묶은 가로 막대형' 차트를 선택한다.

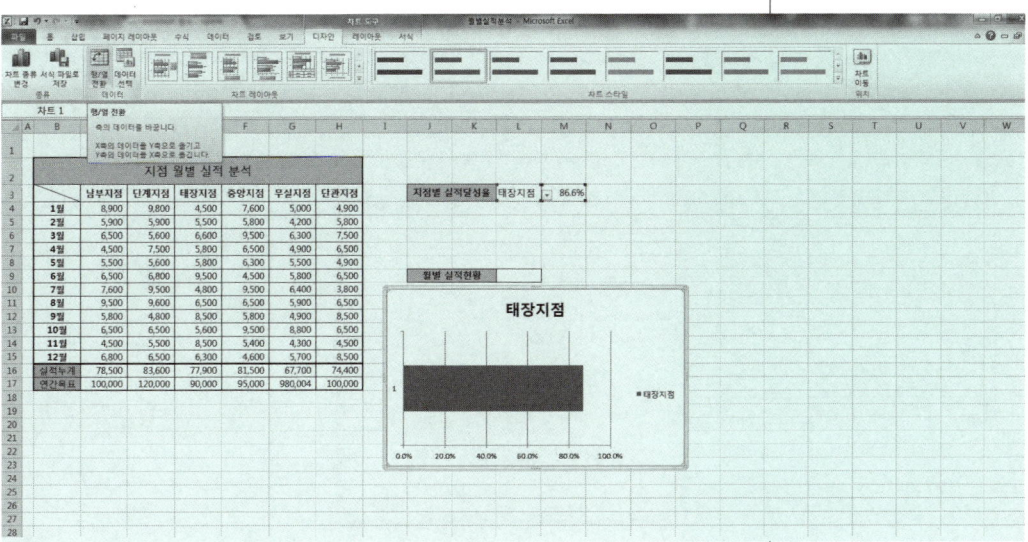

08 선택한 가로 막대형 차트가 워크 시트에 삽입됩니다. 삽입한 차트를 선택하고 [디자인] 탭– [데이터] 그룹 – [행/열 전환]을 클릭한다. 선택한 데이터 범위가 차트에 표시되지 않으면 행/열 전환을 실행한다.

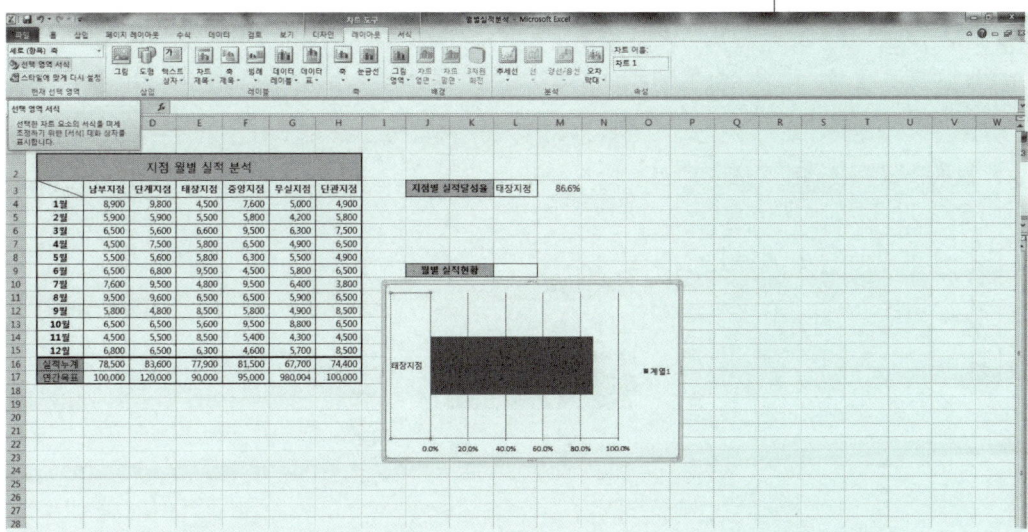

기업실무 엑셀   EXCEL

09 차트가 참고하는 데이터 방향의 행과 열이 서로 변경된 것을 확인할 수 있다. 차트의 세로 항목 축을 클릭하여 선택한 후 [레이아웃] 탭- [현재 선택 영역] 그룹- [선택 영역 서식]을 선택한다.

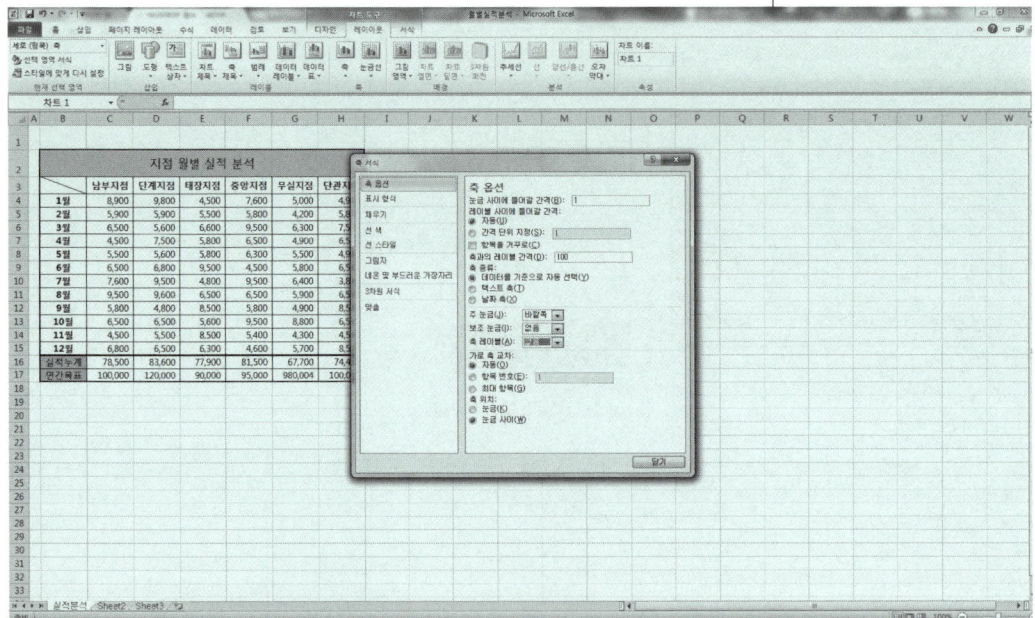

10 [축 서식] 대화상자가 나타나면 [축 옵션] 탭에서 [축 레이블]을 '없음'으로 선택하고 [닫기] 버튼을 클릭한다.

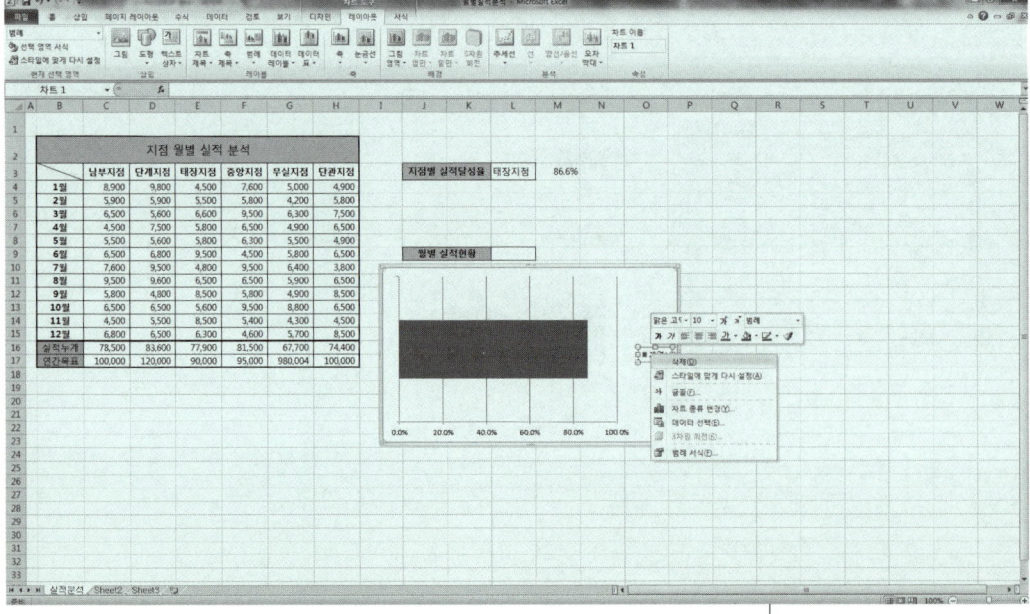

282

11 계산한 값으로 차트를 만들기 위해 [L3:M3] 셀을 블록 설정한 후 [삽입] 탭 - [차트] 그룹 - [가로 막대형]에서 '묶은 가로 막대형' 차트를 선택한다.

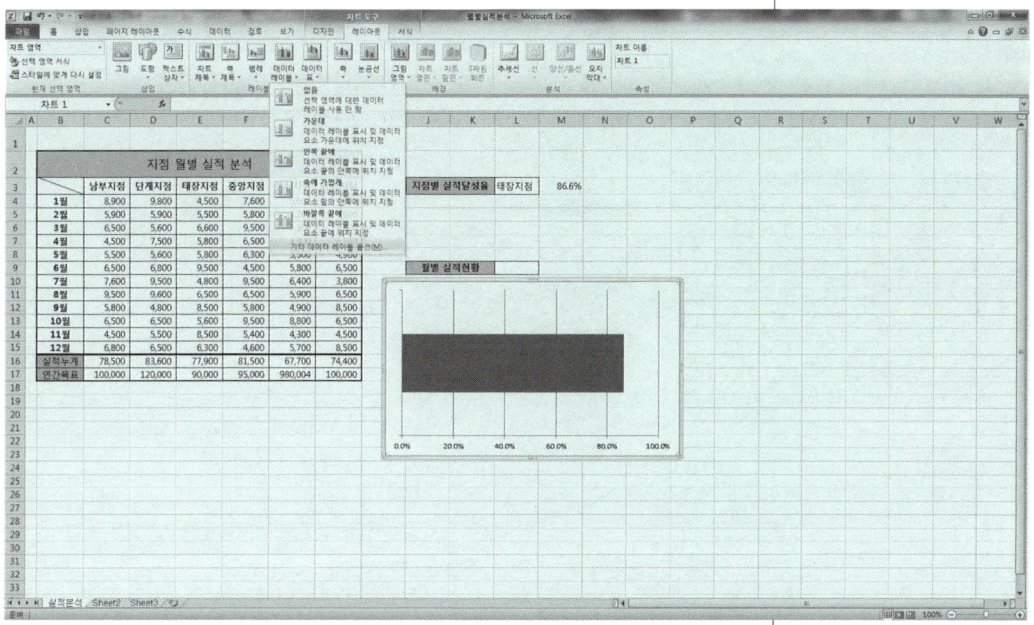

12 [레이아웃] 탭 - [레이블] 그룹 - [데이터 레이블]에서 [기타 데이터 레이블 옵션]을 선택 한다.

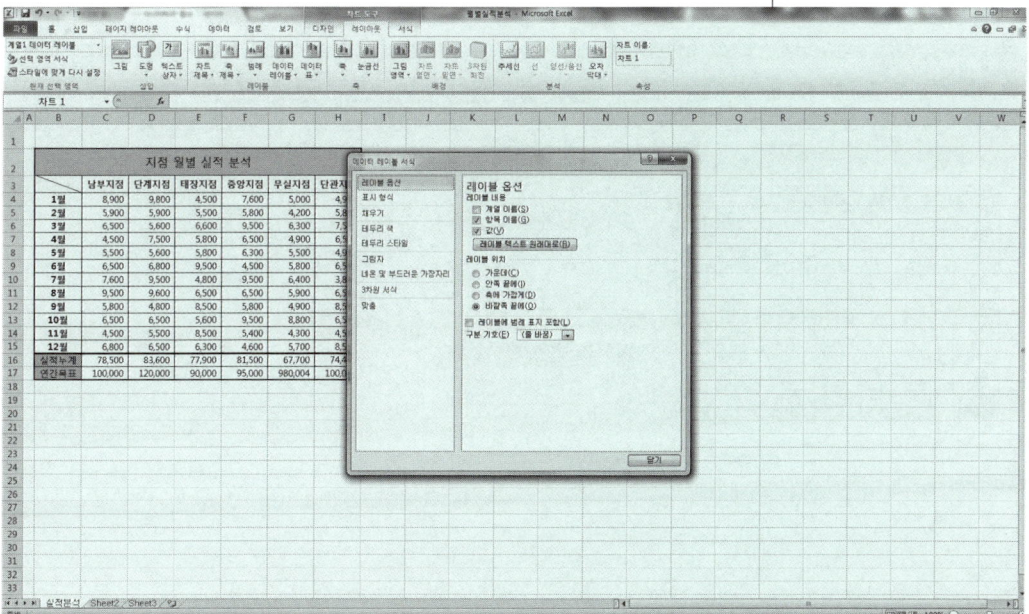

13 [데이터 레이블 서식] 대화상자가 나타나면 [레이블 옵션] 탭의 레이블 내용에서 [항목 이름]과 [값]을 클릭한 후 [구분기호]는 '(줄 바꿈)'으로 선택하고 [닫기] 버튼을 클릭한다.

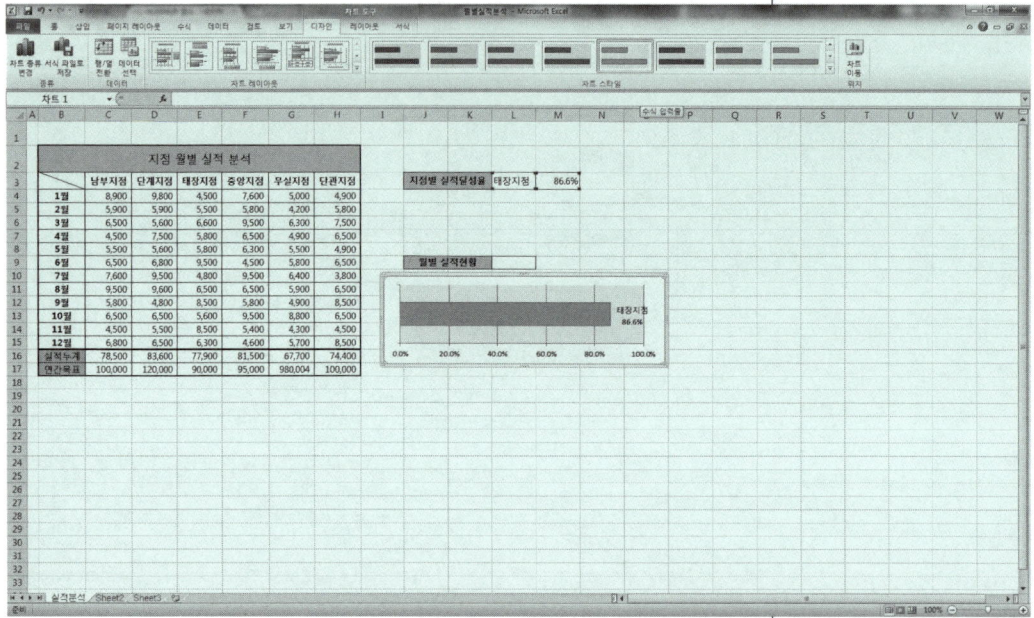

14 그림과 같이 차트 모양, 크기, 위치를 조절하여 배치한다. 차트를 선택하고 [디자인] 탭 - [차트 스타일]에서 '스타일 37'을 선택한다.

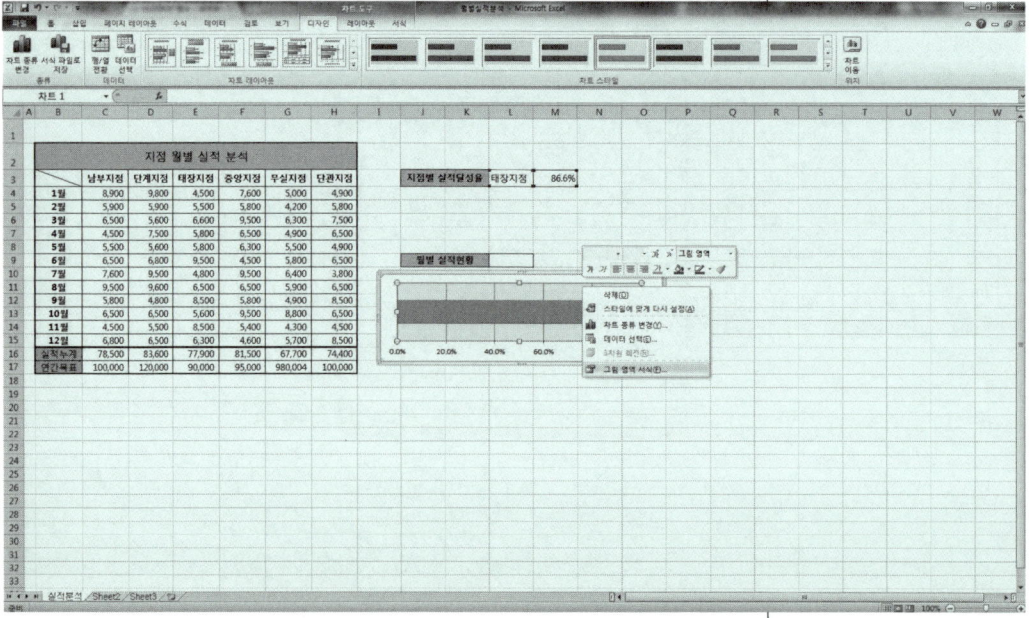

제17장 월별 실적분석차트 만들기

15 차트의 그림 영역을 클릭하고 마우스 오른쪽 버튼을 클릭하여 나오는 메뉴에서 [그림 영역 서식]을 선택한다.

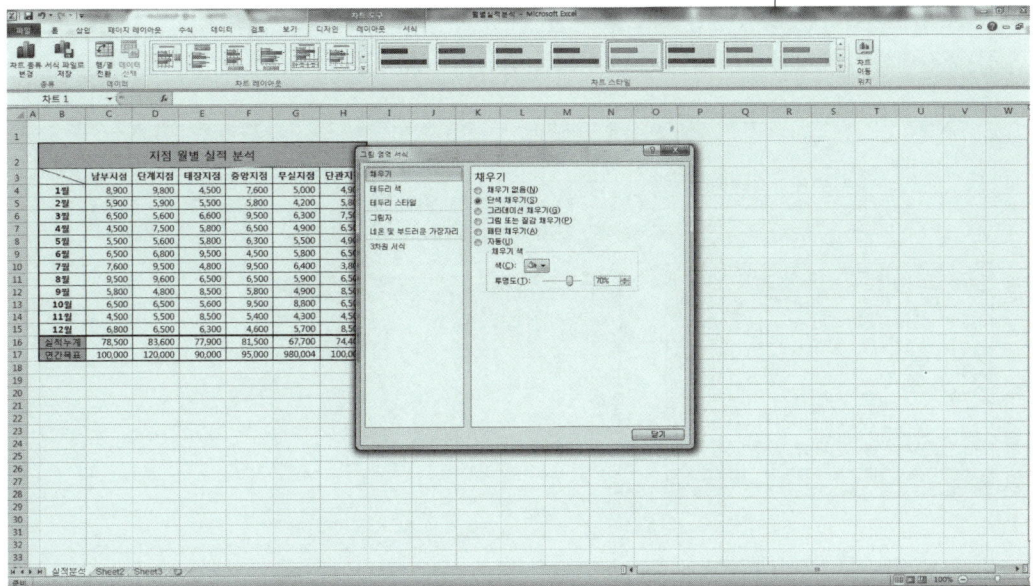

16 [그림 영역 서식] 대화상자의 [채우기] 탭에서 '단색 채우기'를 선택한 후 [색]을 '노랑', [투명도]를 '7%'로 설정하고 [닫기] 버튼을 클릭한다.

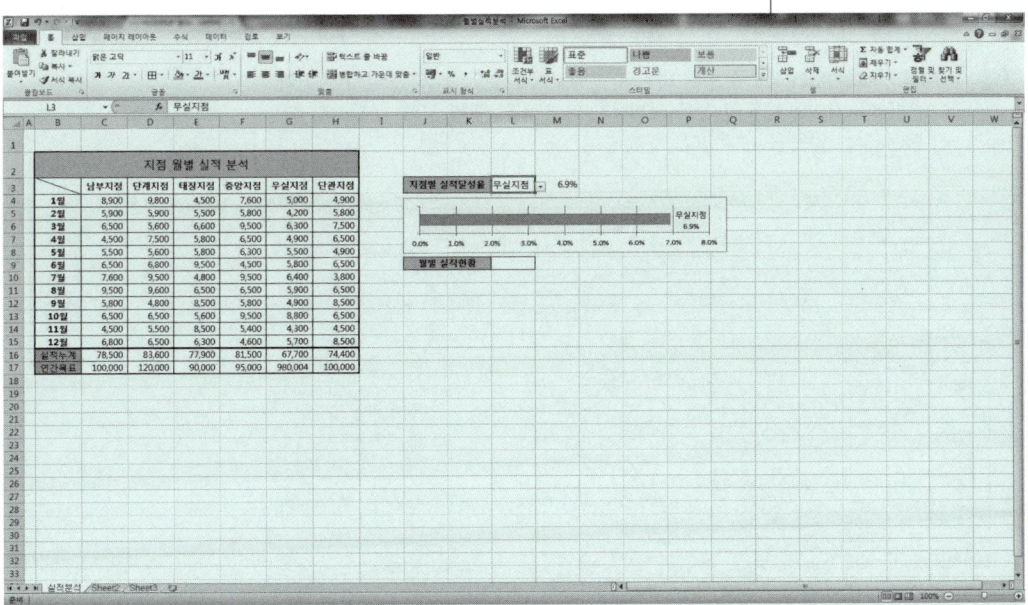

17 선택한 서식에 맞게 차트가 구성되면 [L3]셀의 목록 버튼을 클릭하여 다른 지점을 선택하면 데이터가 변경되는 것을 확인할 수 있다.

285

기업실무 엑셀   EXCEL

2단계 : 차트 디자인 설정하기

차트에 미리 설정된 디자인을 사용해도 좋지만, 시트나 다른 구성 요소에 어울리게 편집하면 보기 좋은 차트를 만들 수 있다. 차트의 구성 요소들을 선택하여 데이터의 이해를 돕는 차트를 만들어 보겠다.

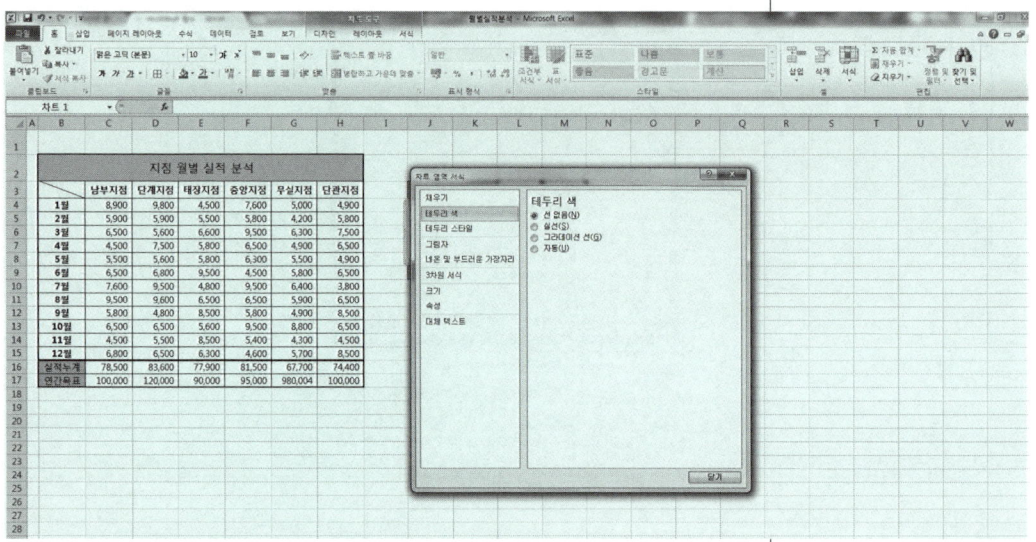

사용순서

01 차트를 선택하고 마우스 오른쪽 버튼을 클릭하여 나오는 메뉴에서 [차트 영역 서식]을 선택한다. 차트의 테두리 선을 삭제하기 위해 [차트 영역 서식] 대화상자 [테두리 색] 탭에서 '선 없음'을 선택한다.

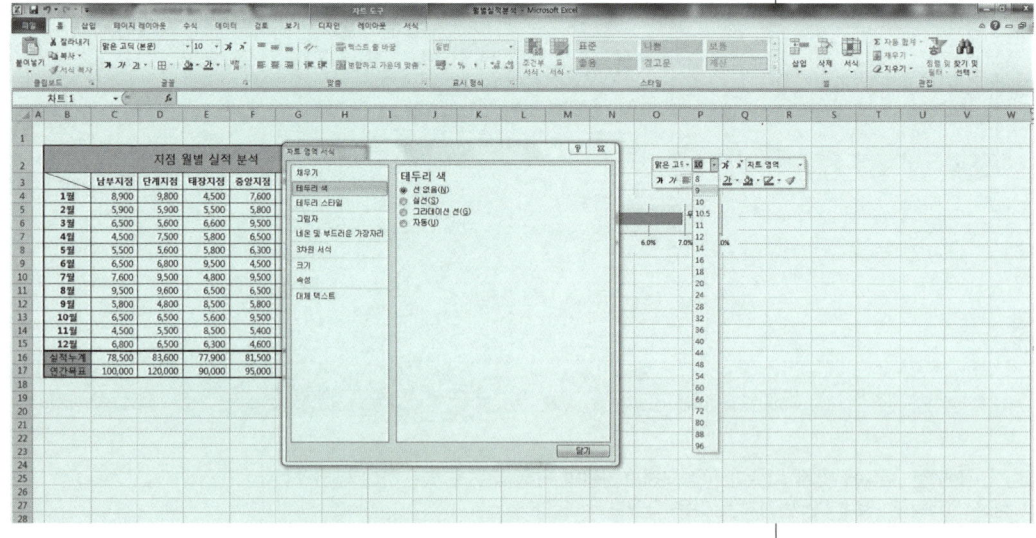

제17장 월별 실적분석차트 만들기

02 대화상자가 열린 상태에서 [차트 영역]위에서 마우스 오른쪽 버튼을 클릭하고 [글꼴 크기]를 '9pt' 로 설정한다.

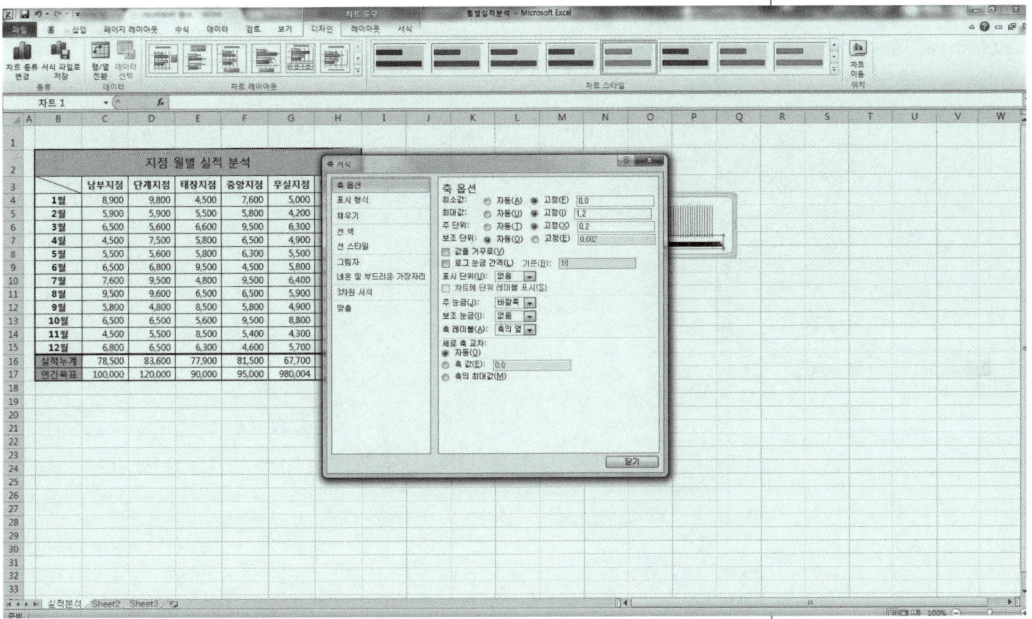

03 '가로(값) 축'을 클릭하여 [축 서식] 대화상자로 변경되면 [축 옵션] 탭에서 [최소 값]은'0', [최대 값]은 '1.2', [주 단위]는 '0.2'로 설정한다.

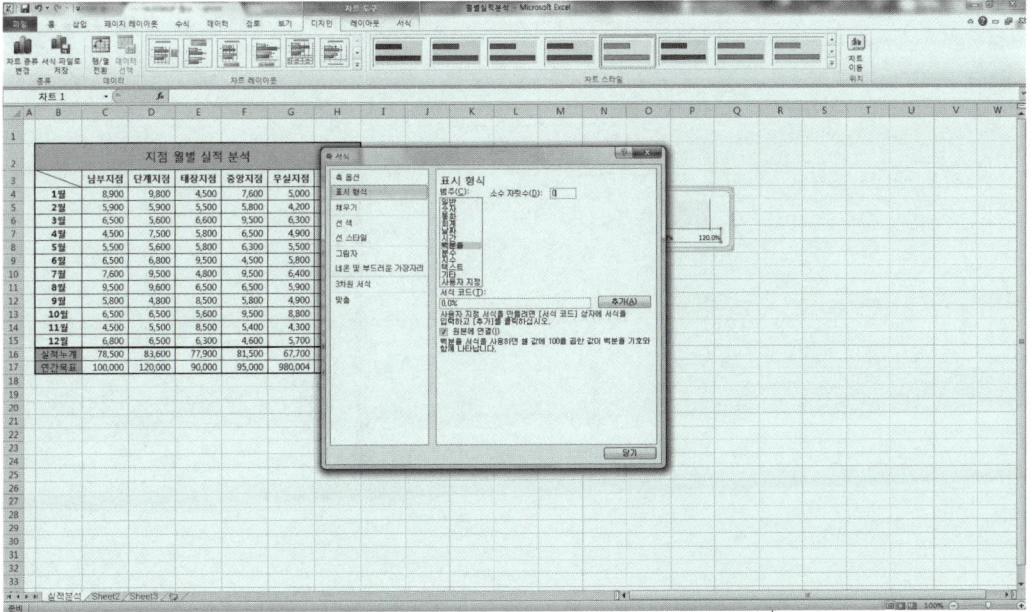

__04__ [축 서식] 대화상자의 [표시 형식] 탭에서 [범주]를 '백분율'로 선택하고 [소수 자릿수]를 '0'으로 설정한다.

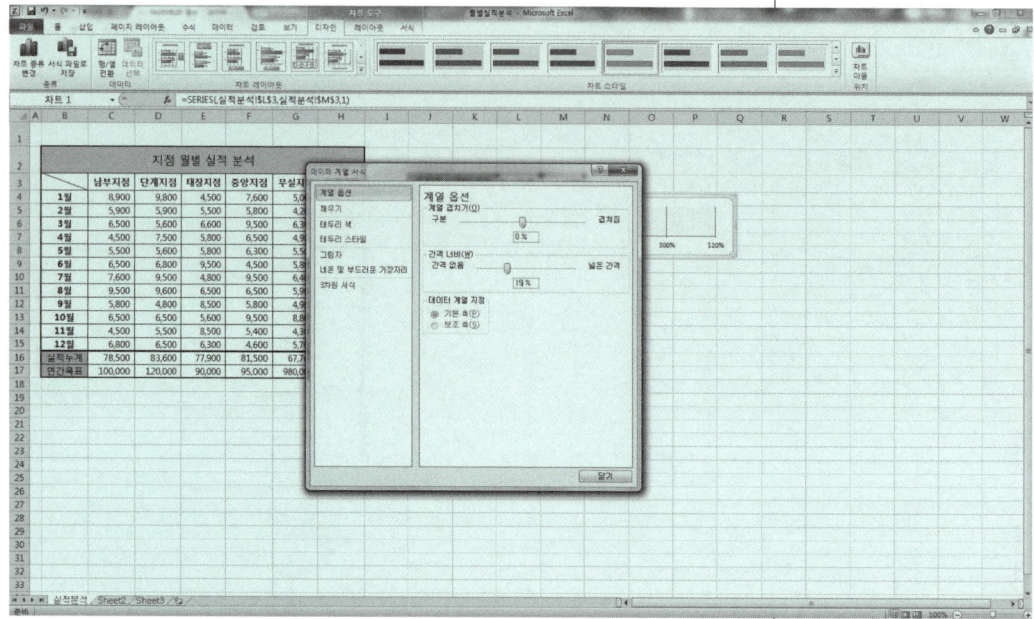

__05__ 차트의 데이터 계열을 클릭하여 [데이터 계열 서식] 대화상자로 변경되면 [계열 옵션] 탭에서 [간격 너비]를 '15%'로 설정한다. 간격 너비 값이 클수록 그림 영역의 경계선과 데이터 계열의 간격이 넓어진다.

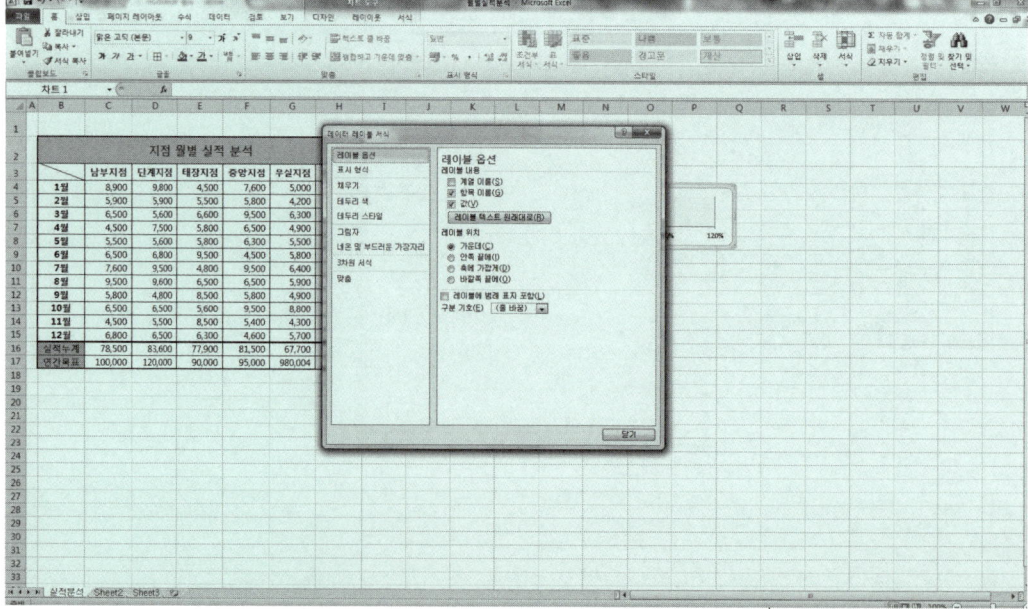

제17장 월별 실적분석차트 만들기

06 계열 데이터 레이블을 클릭하여 [데이터 레이블 서식] 대화상자로 변경되면 [레이블 옵션]탭에서 [레이블 위치]를 '가운데'로 선택한다.

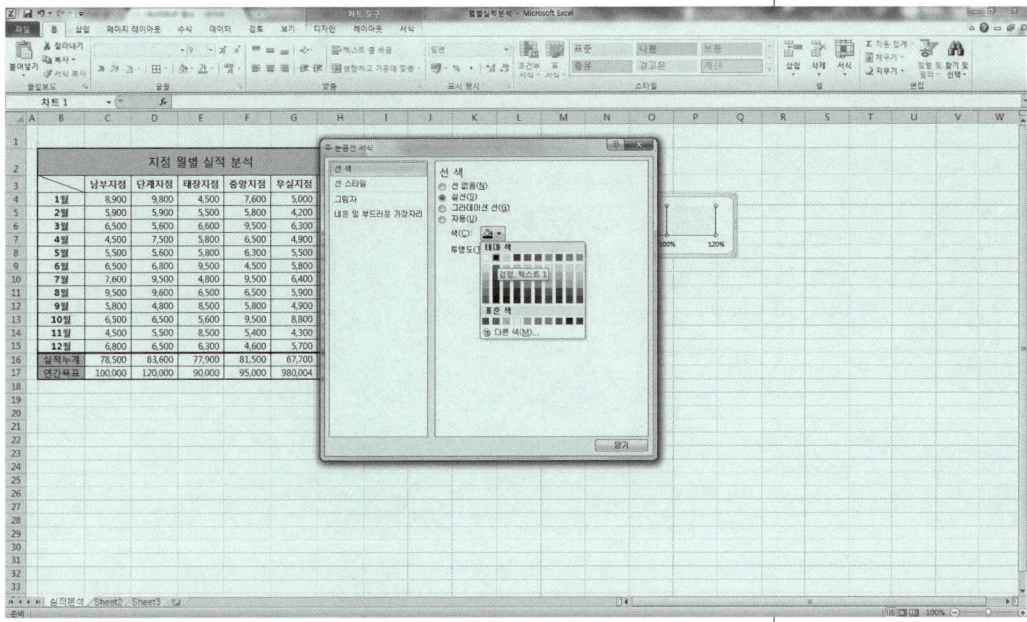

07 차트의 가로(값) 축 주 눈금선을 클릭하여 [주 눈금선 서식] 대화상자로 변경되면 [선 색] 탭에서 '실선'을 선택하고 [색]은 '검정, 텍스트1'로 선택한다.

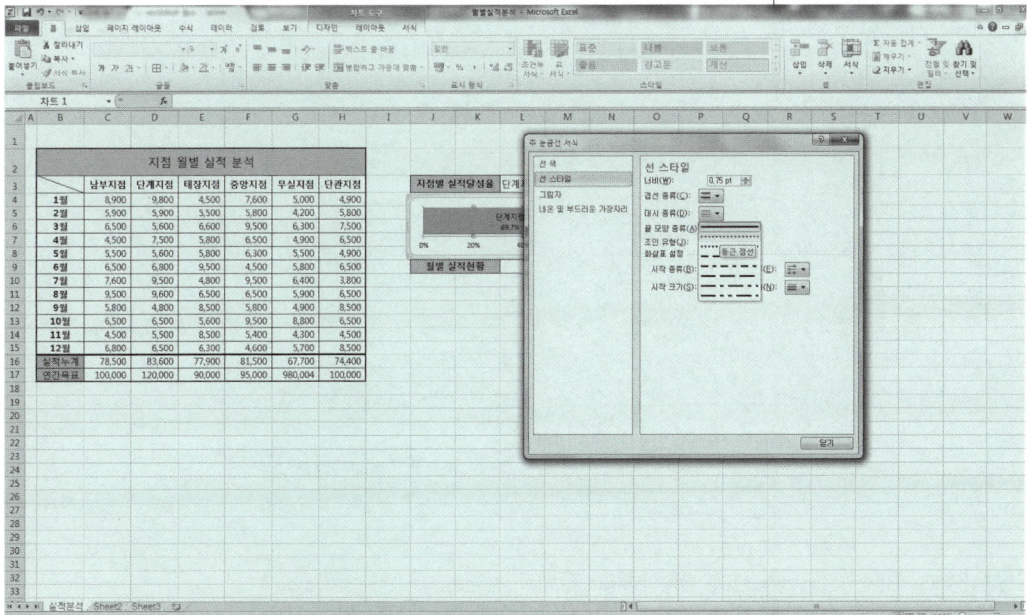

289

08 [선 스타일] 탭에서 선의 [너비]를 '0.75'로, [대시 종류]는 '둥근 점선'으로 선택하고 [닫기] 버튼을 클릭하여 대화상자를 닫는다.

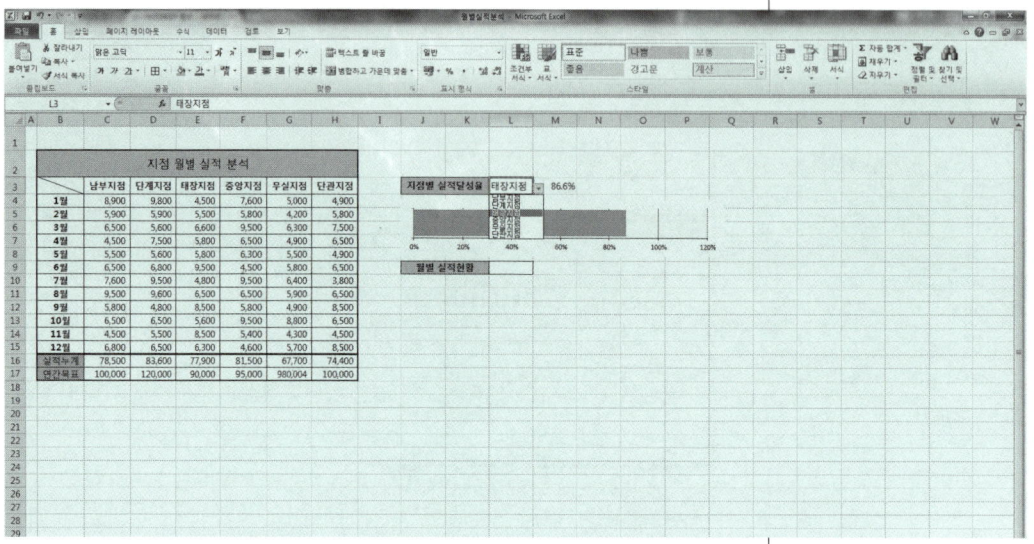

09 [L3] 셀에서 다른 지점을 선택하면 차트가 해당하는 데이터의 값에 맞게 변명되는 것을 알 수 있다.

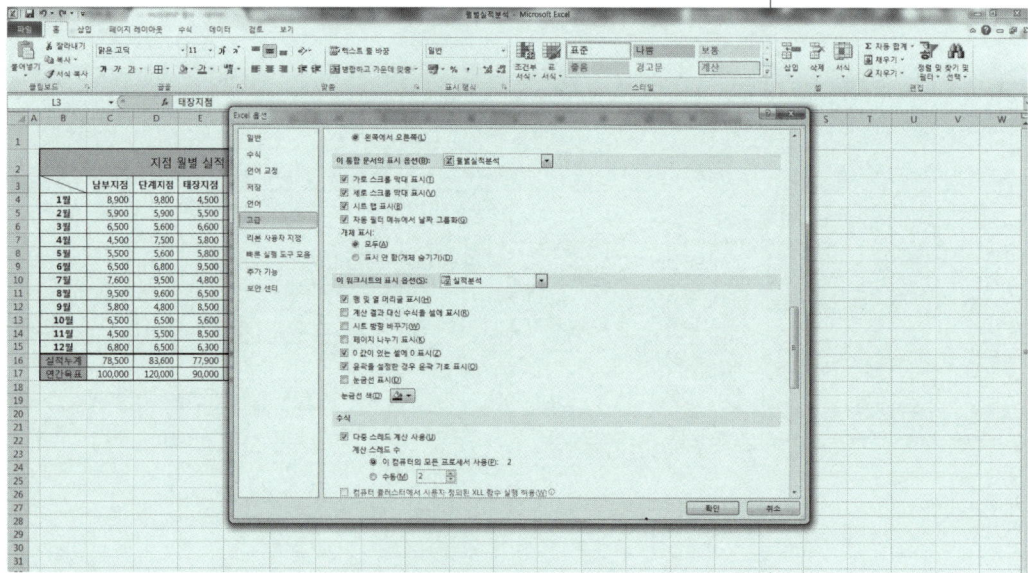

10 [Office 단추] - [Excel 옵션]을 클릭하고 [고급] 탭의 '눈금선 표시'를 해체하고 [확인] 버튼을 클릭한다. 시트의 눈금선이 감추어지고 서식과 차트만 표시되는 시트가 완성됩니다. 양식이 삽입된 통합문서는 시트에 표시되는 회색 눈금선을 숨기면 보기 편리하다.

3단계 : 차트 참조 데이터 범위 만들기

1월부터 12월까지 중 선택한 월의 실적을 보여주는 꺾은선형 차트를 만들어 보겠다. 선택한 월에 따라 달라져야 하는 원본 데이터 범위는 OFFSET 함수를 이용하여 구한다.

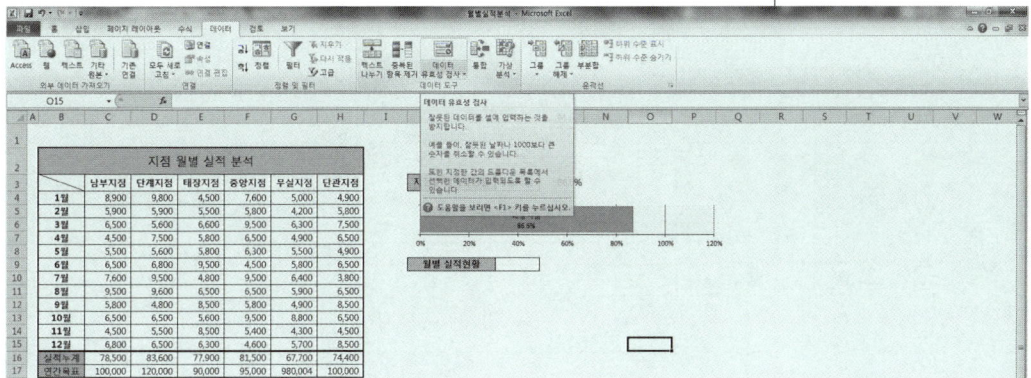

01 [L9] 셀을 선택하고 [데이터] 탭 - [데이터 도구] 그룹 - [데이터 유효성 검사]를 선택한다.

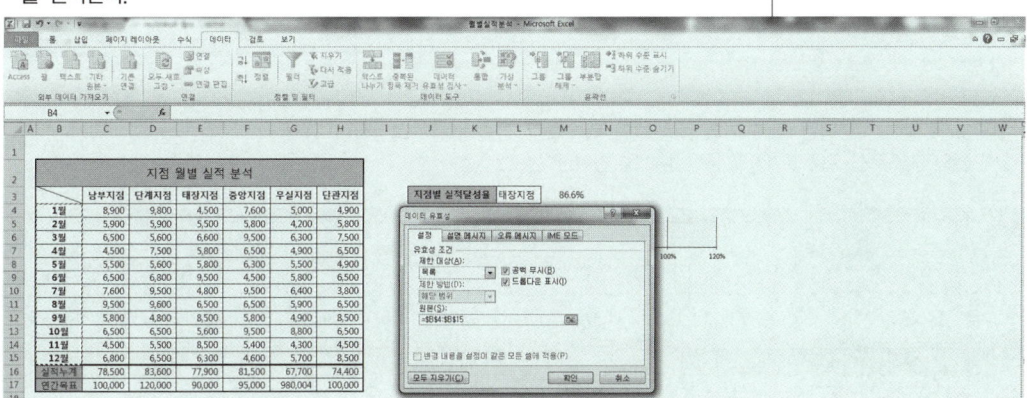

02 [데이터 유효성] 대화상자의 [설정] 탭에서 [제한 대상]을 '목록', [원본]을 '=$B#4:$B$15'로 지정한 후 [확인] 버튼을 클릭한다.

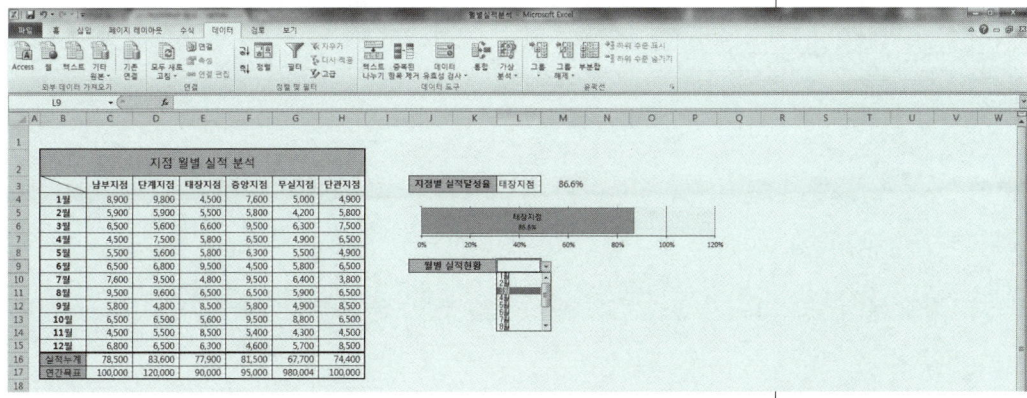

___03___ [L9] 셀의 오른쪽에 표시되는 목록 단추를 클릭하여 1월부터 12월까지 중에서 차트로 나타낼 월을 선택한다.

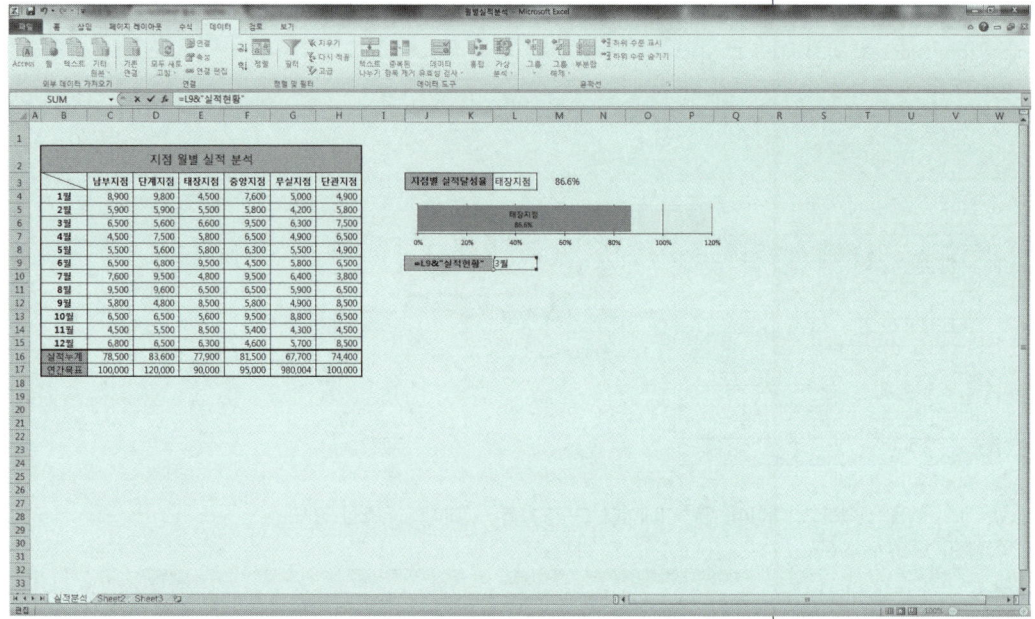

___04___ [L9] 셀에서 선택한 월에 따라 [J9] 셀의 텍스트가 연결되도록 설정하기 위해 [J9] 셀의 텍스트를 지우고 'L9&"실적현황"'을 입력한다.

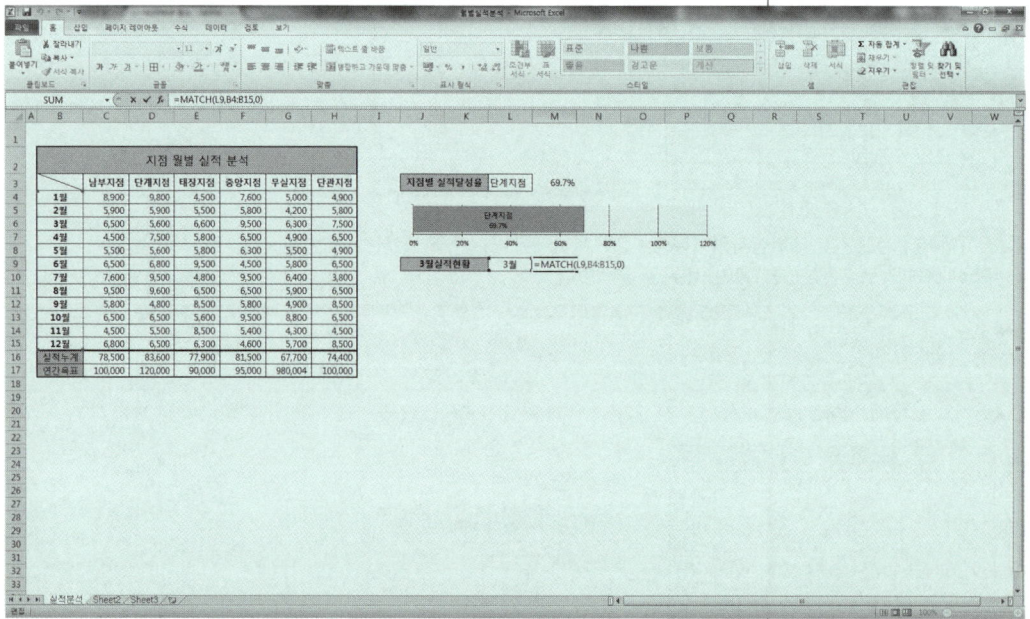

05 [L9] 셀의 값과 정확하게 일치하는 값을 찾아 위치 번호를 구하기 위해 [M9] 셀을 선택하고 'MATCH(K9, B4:B15,0)'을 입력한다.

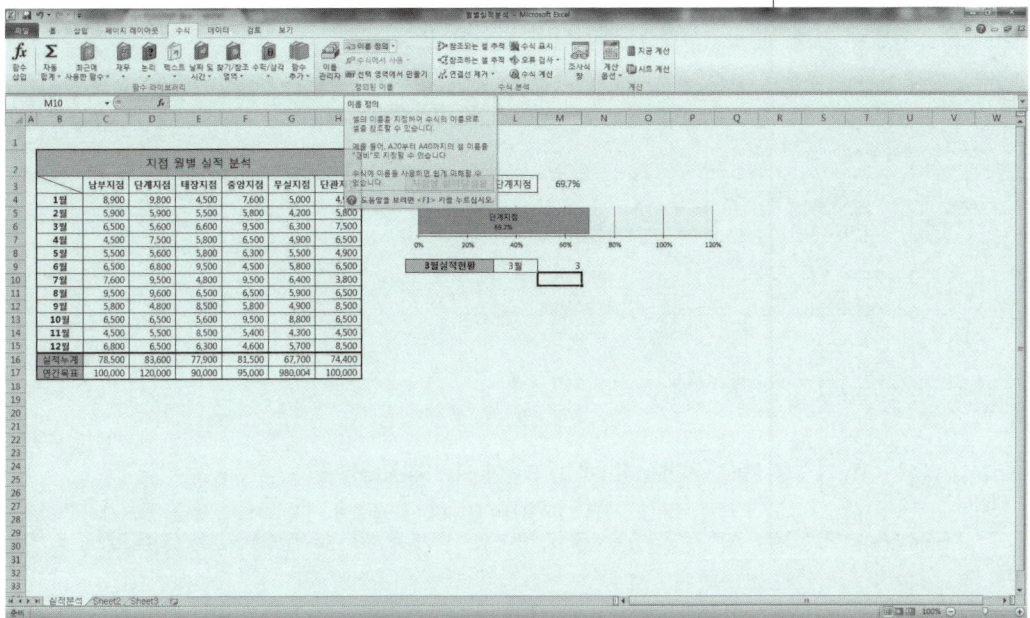

06 차트에서 참조할 영역을 이름 정의하기 위해 [수식] 탭 - [정의된 이름]그룹 - [이름 정의]를 선택한다.

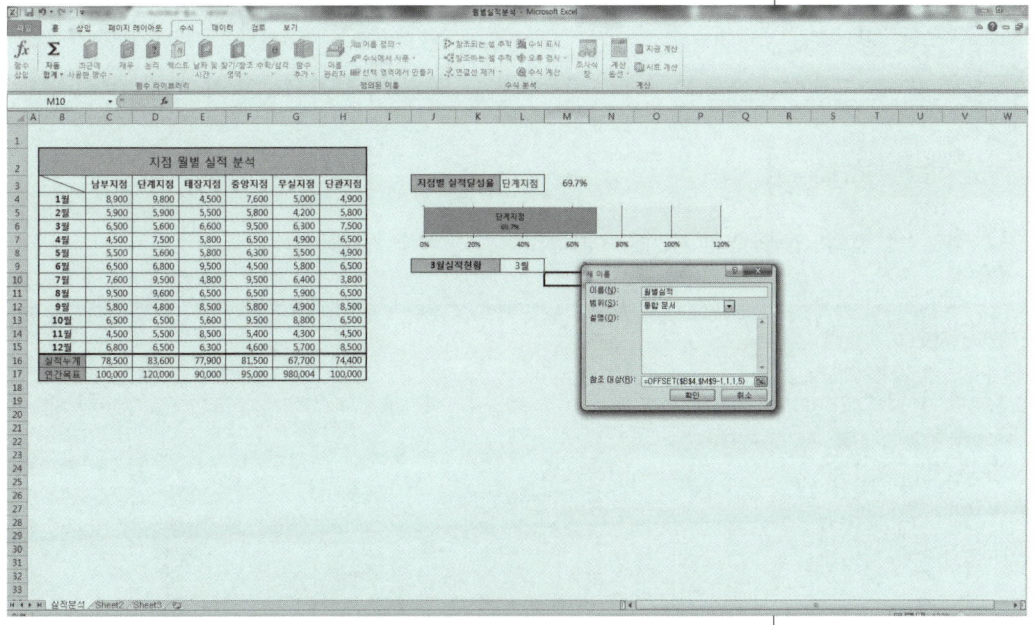

07 [새 이름] 대화상자가 나타나면 [이름]에 '월별실적'을 입력하고 [참조 대상]에 '=OFFSET($B$4,M 9-1,1,1,5)' 를 입력하고 [확인] 버튼을 클릭한다.

기업실무 엑셀

4단계: 자동으로 데이터 범위가 변경되는 차트 설정하기

이름으로 정의되어 있는 영역을 이용하여 차트를 만들어 보겠습니다. 삽입한 차트는 선택한 월에 따라 자동으로 데이터가 변경됩니다.

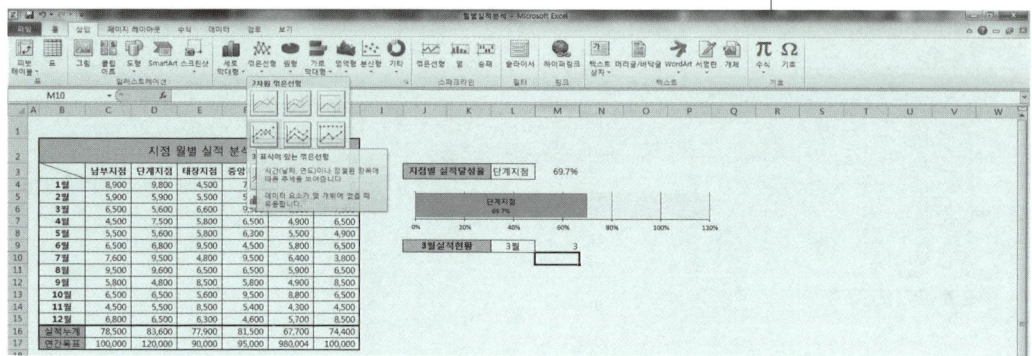

01 [삽입]탭 – [차트] 그룹 [꺾은 선형]을 클릭하고 '표식이 있는 꺾은 선형'을 선택한다.

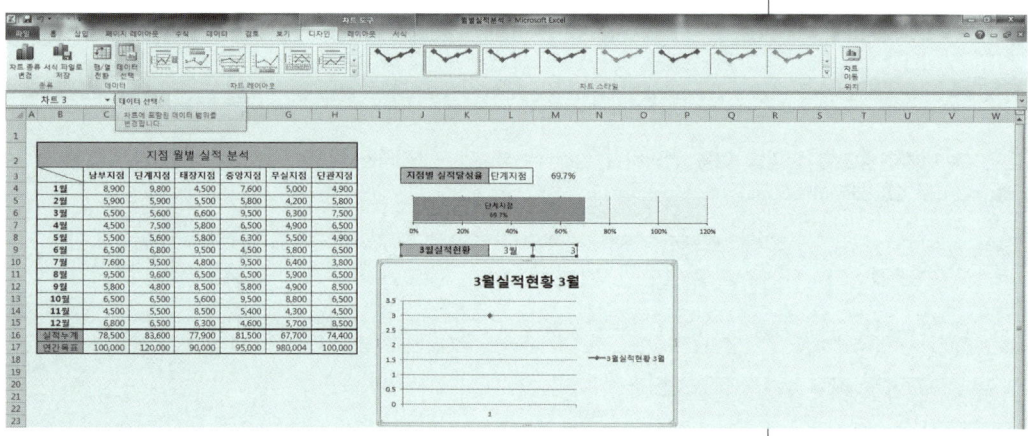

02 꺾은 선형 차트가 삽입되면 [디자인]탭 – [데이터]그룹 – [데이터 선택]을 클릭한다.

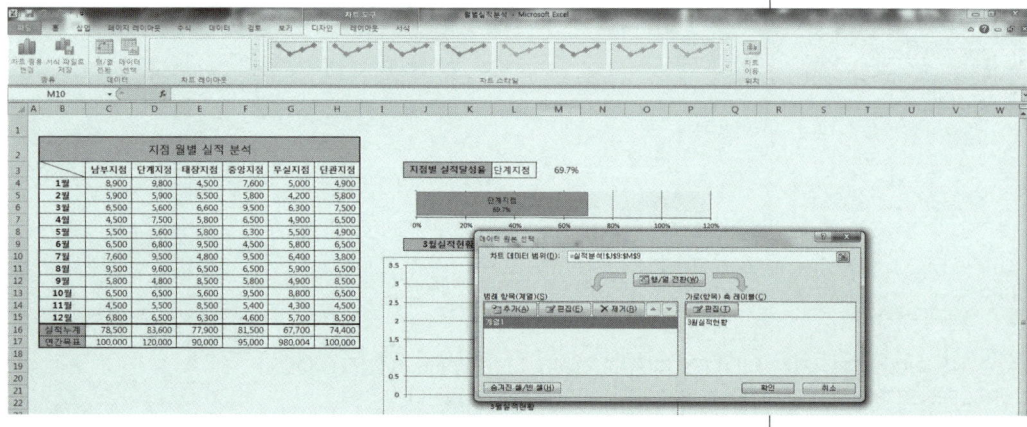

제17장 월별 실적분석차트 만들기

03 [데이터 원본 선택] 대화상자의 [행/열 전환]을 클릭하여 항목 축 레이블과 범례 항목 계열을 전환한 후 [범례 항목(계열)]의 '계열1'을 선택하고 [편집] 버튼을 클릭한다.

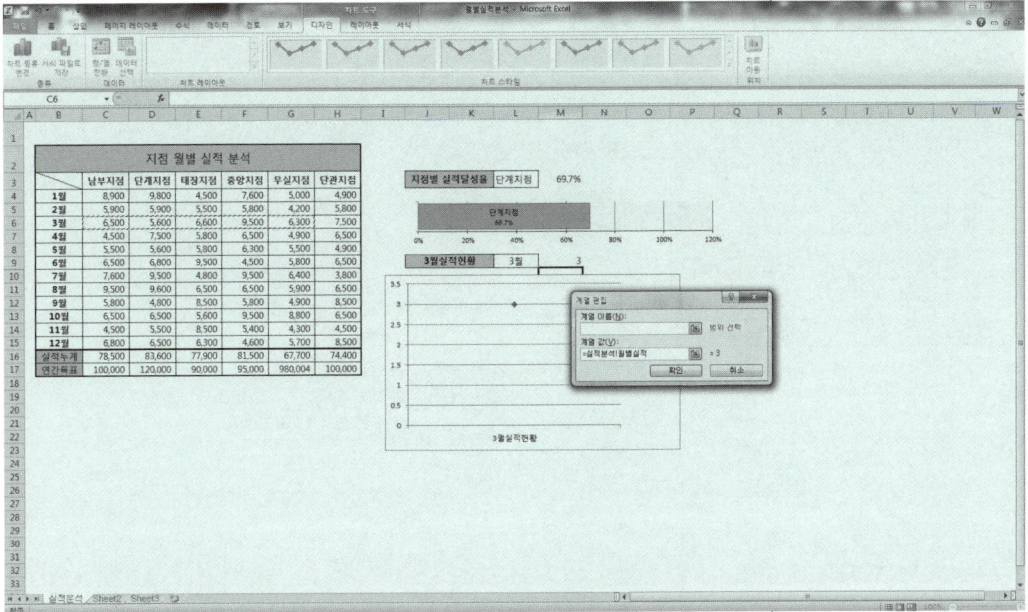

04 [계열 값]에 '=실적분석!월별실적'을 입력하고 [확인] 버튼을 클릭한다.

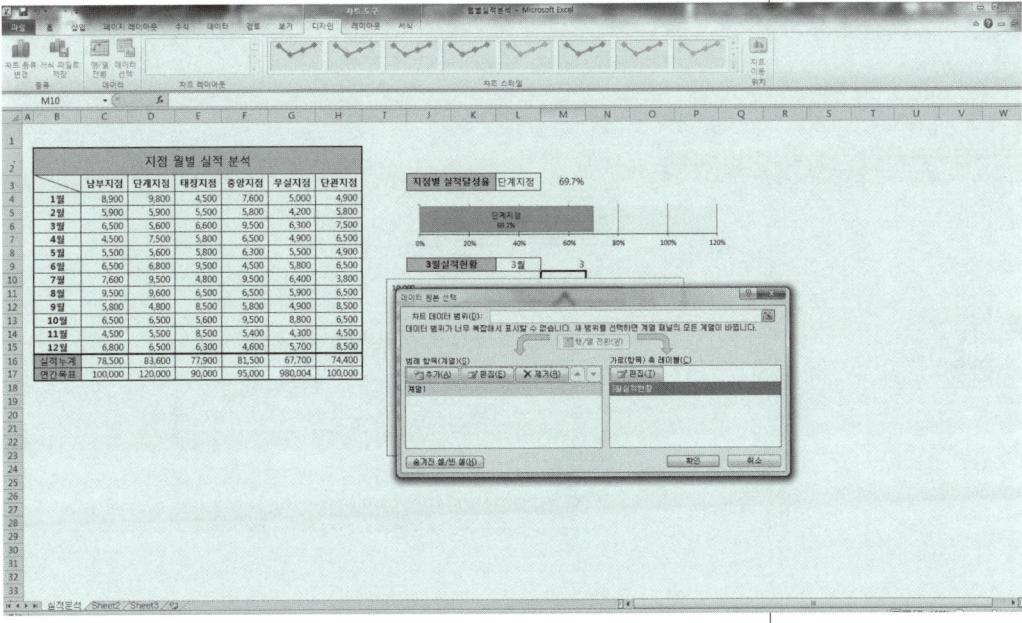

295

05 [데이터 원본 선택] 대화상자에서 가로(항목)축 레이블의 [편집]버튼을 클릭한다.

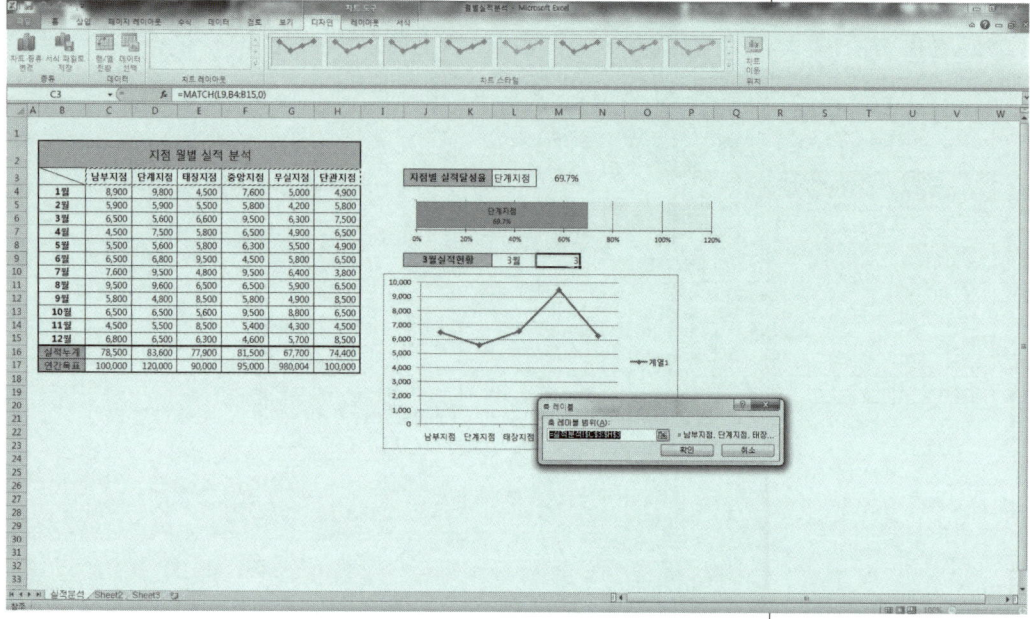

06 [축 레이블] 대화상자의 축 레이블 범위를 '=실적분석!$C$3:$H$3'으로 설정한 후 [확인] 버튼을 클릭한다.

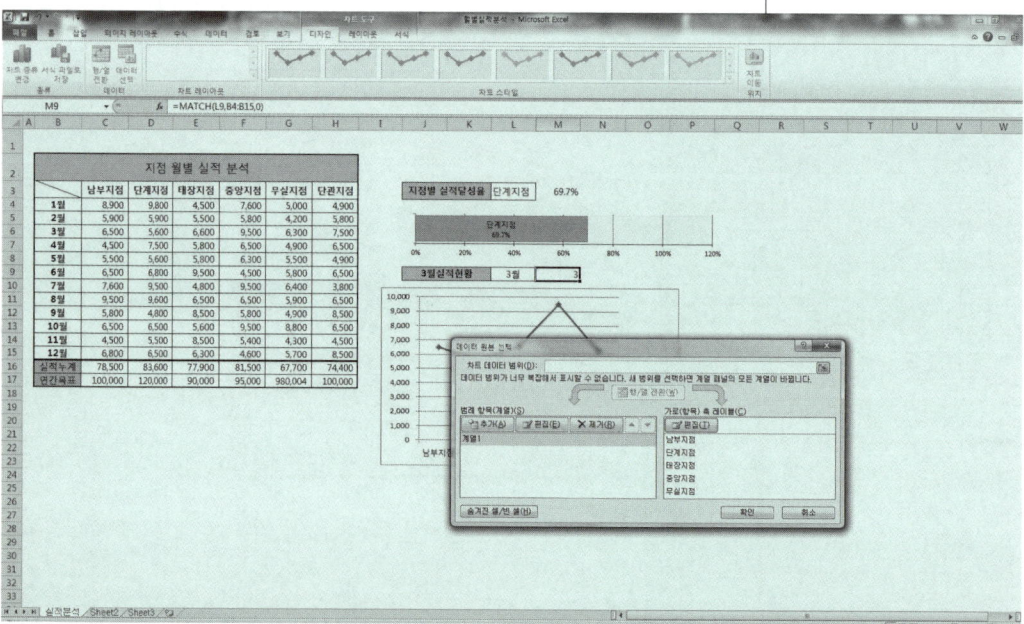

07 다시 [데이터 원본 선택] 대화상자가 표시되면 [확인] 버튼을 클릭하여 대화상자를 닫는다.

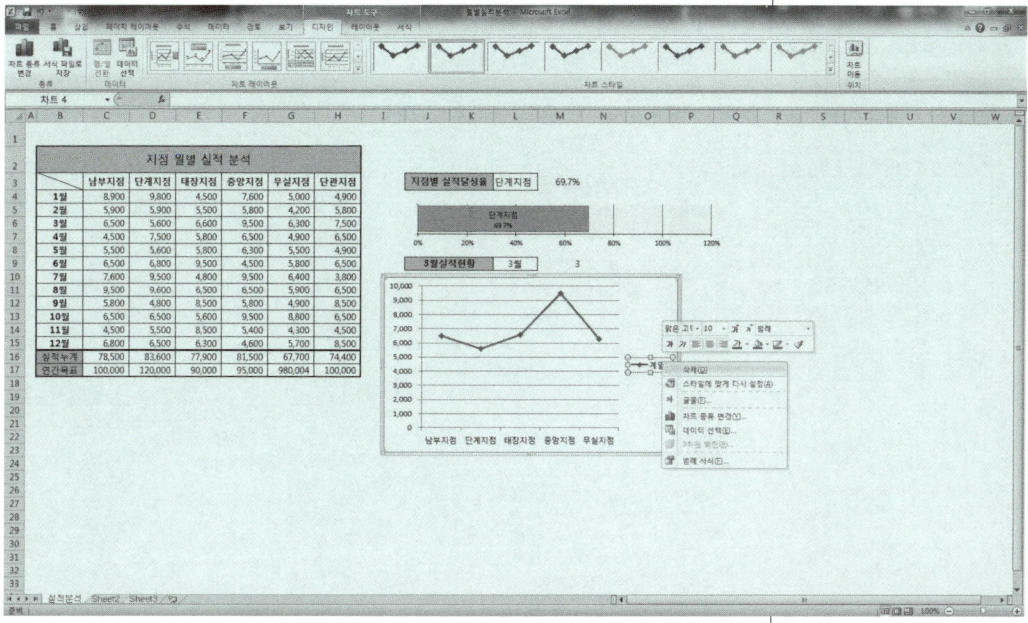

08 차트의 범례 항목을 클릭하여 선택한 후 마우스 오른쪽 버튼을 클릭하여 나오는 메뉴에서 [삭제]를 선택한다.

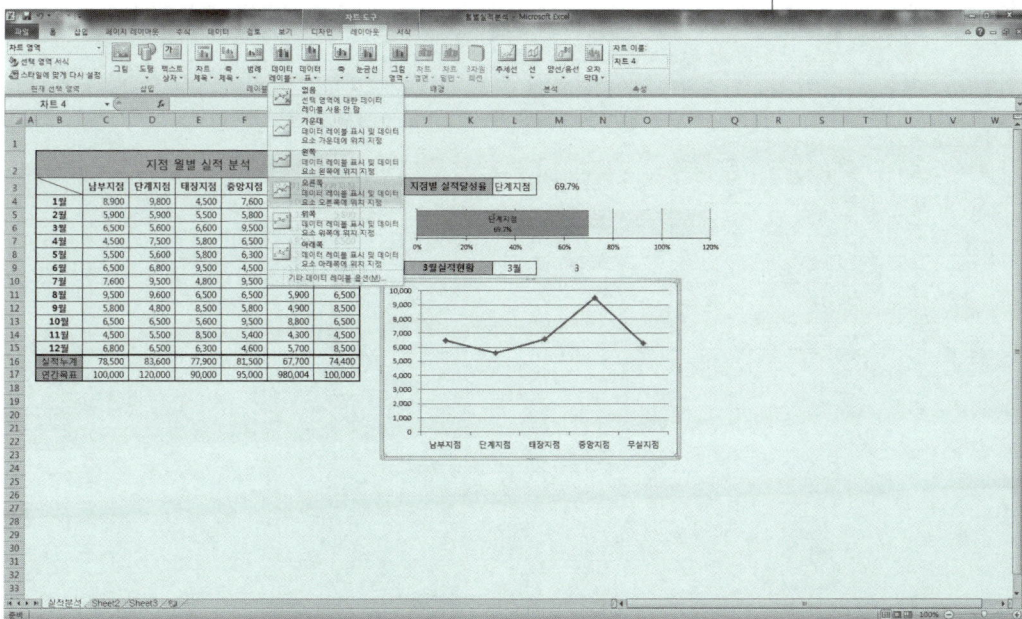

09 레이블 표시 위치를 변경하기 위해 [레이아웃]탭 – [레이블]그룹 – [데이터레이블]을 클릭하여 나오는 목록에서 [오른쪽]을 선택한다.

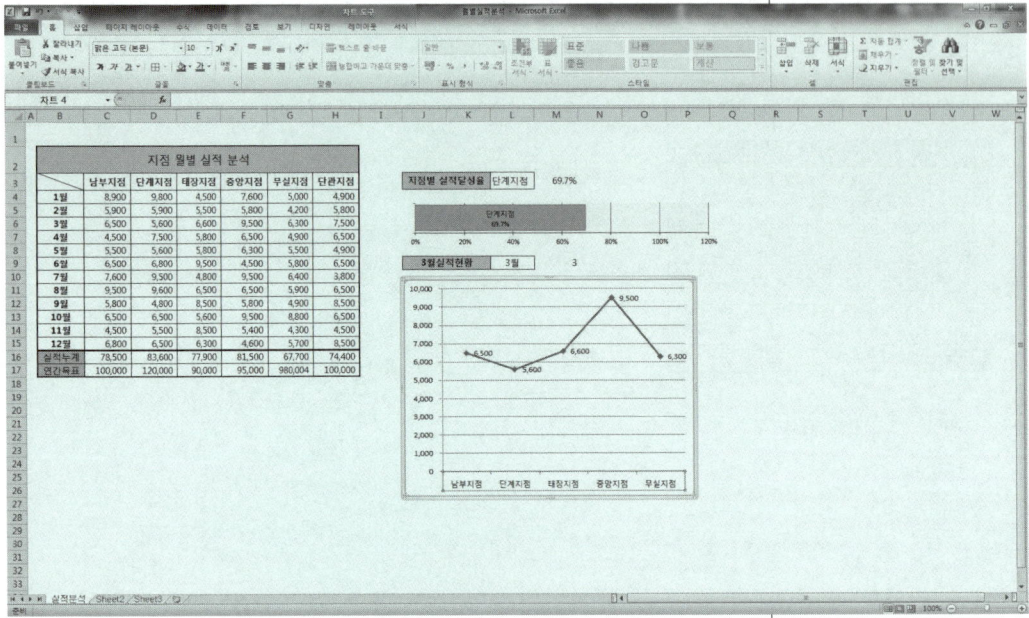

10 차트에 데이터 레이블이 표시되면 그림과 같이 차트의 위치, 크기를 조절한다.

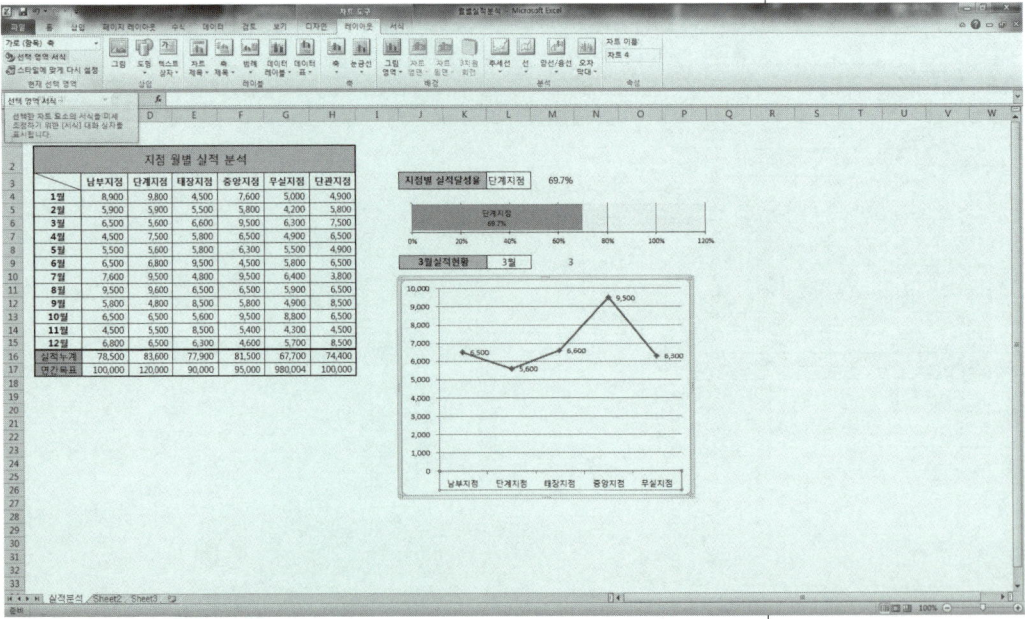

11 차트를 클릭한 후 [레이아웃]탭 - [현재 선택 영역]그룹 - [선택 영역 서식]을 선택한다.

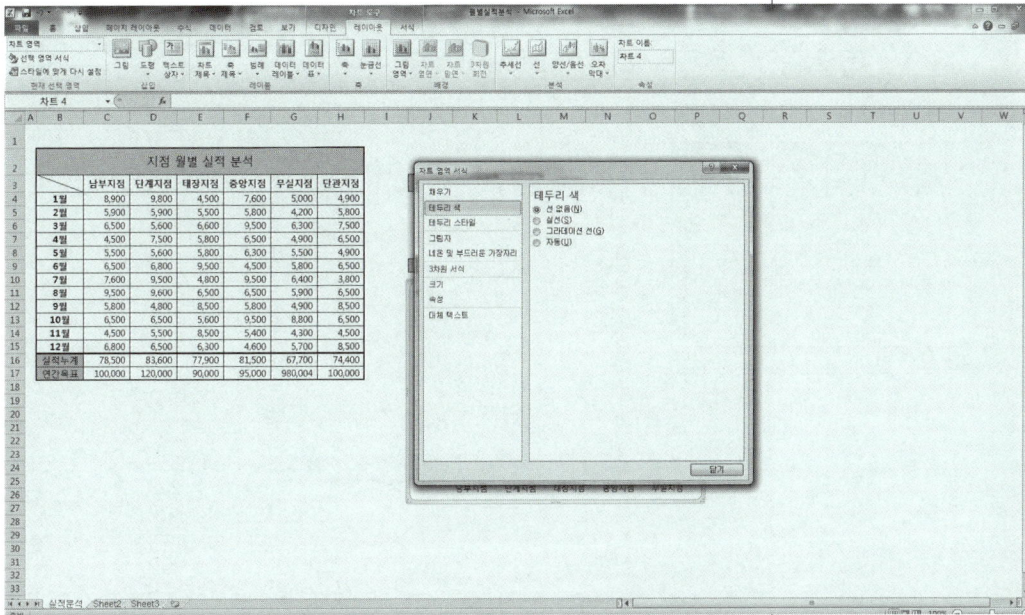

12 [차트 영역 서식] 대화상자의 [테두리 색] 탭에서 '선 없음'을 선택한다.

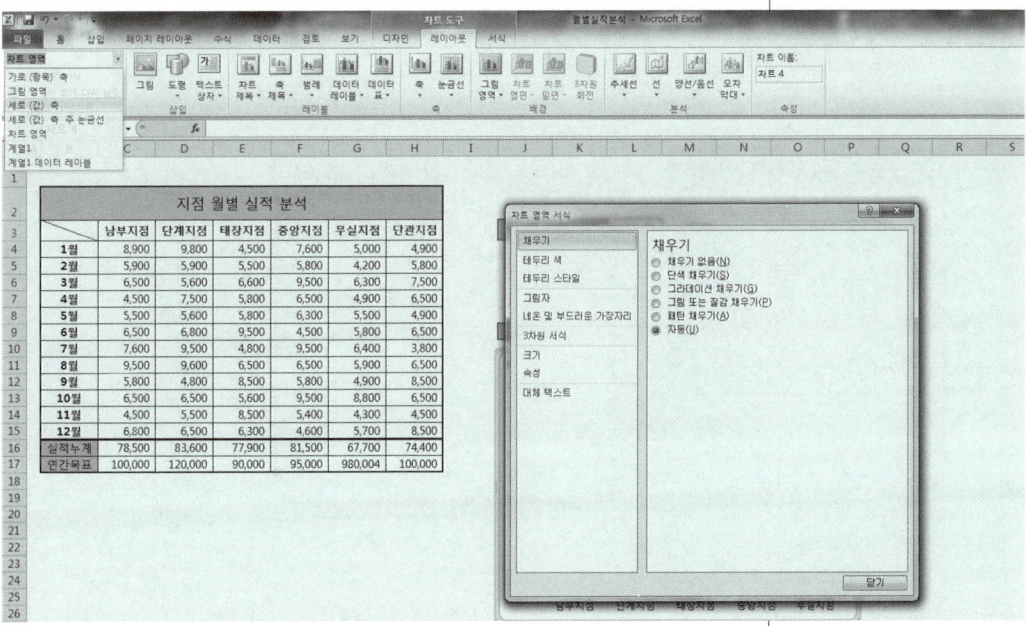

13 대화상자가 열린 상태에서 [레이아웃] 탭의 [현재 선택 영역]에서 '세로(값)축'을 선택한다.

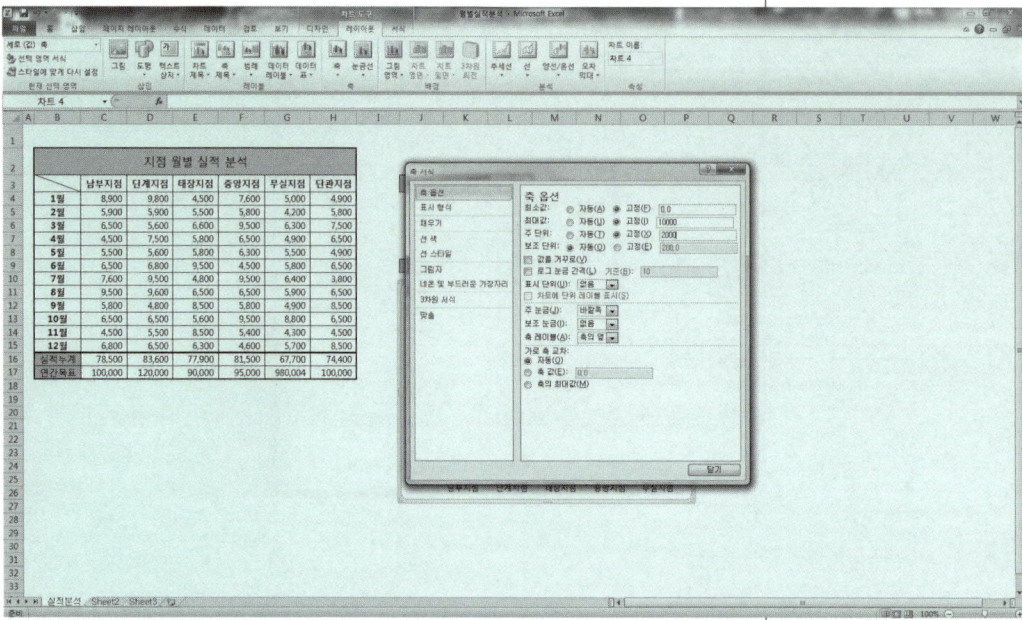

14 다시 [축 서식] 대화상자의 [축 옵션]탭을 선택하고 [최소값]을 '0', [최대값]을 '10,000', [주 단위]를 '2000'으로 입력한다.

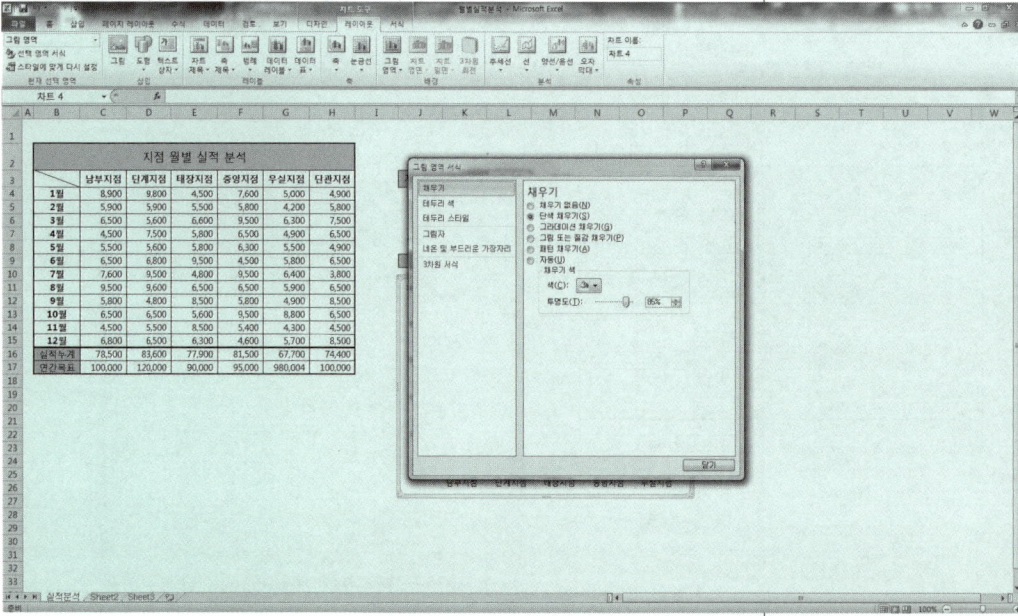

제17장 월별 실적분석차트 만들기

15 차트의 그림 영역을 선택하고 [그림 영역 서식] 대화상자의 [채우기]탭에서 '단색 채우기'를 선택하고 [색]은 '노랑', [투명도]는 '85%'로 설정한다.

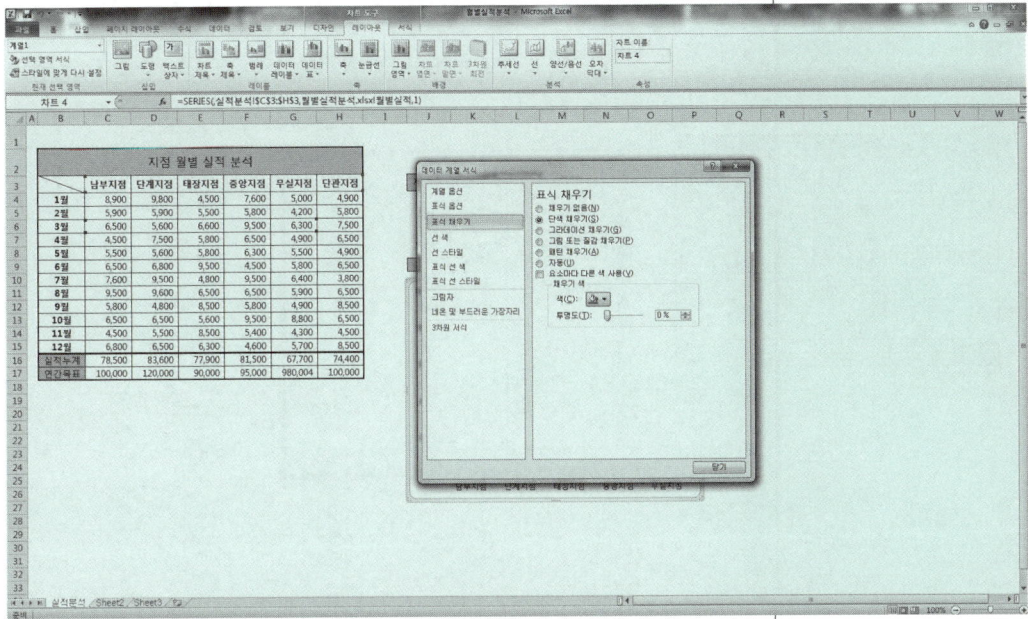

16 계열1을 선택하고 [데이터 계열 서식] 대화상자의 [표식 채우기]탭에서 '단색 채우기'를 선택하고 [색]은 '빨강'을 선택한다.

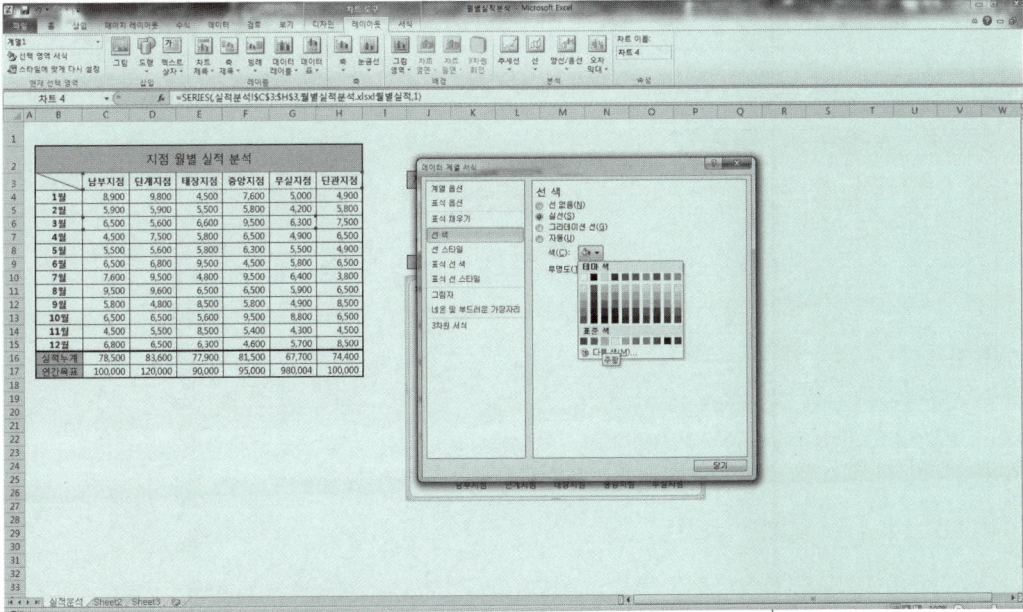

17 [선 색]탭을 클릭하여 '실선'을 선택하고 [색]은 '주황'을 선택한다.

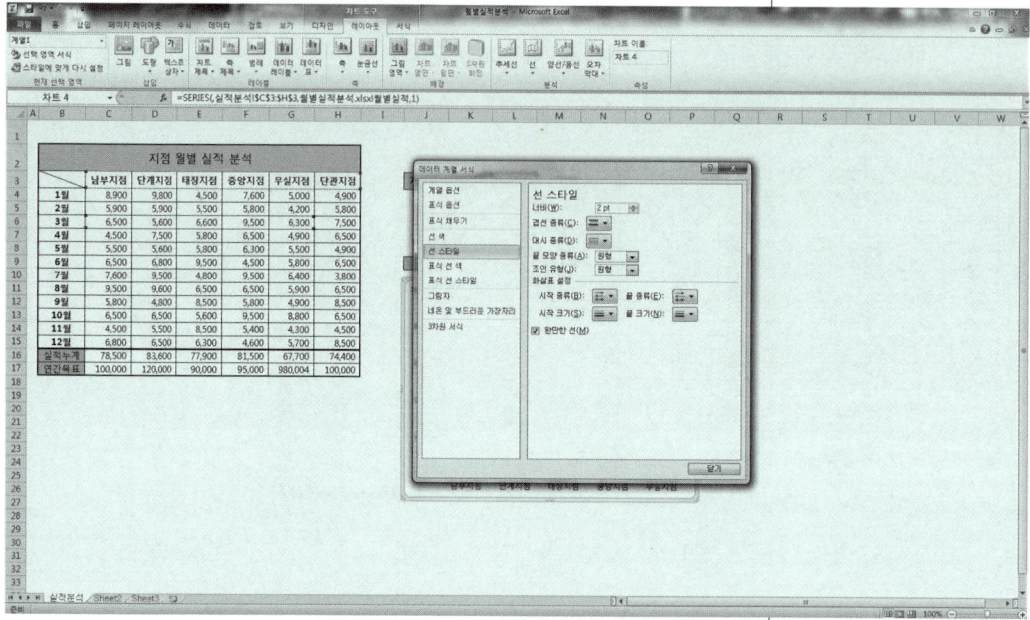

18 [선 스타일] 탭을 클릭하여 [너비]는 '2pt', '완만한 선'을 선택하고 [닫기] 버튼을 클릭합니다.

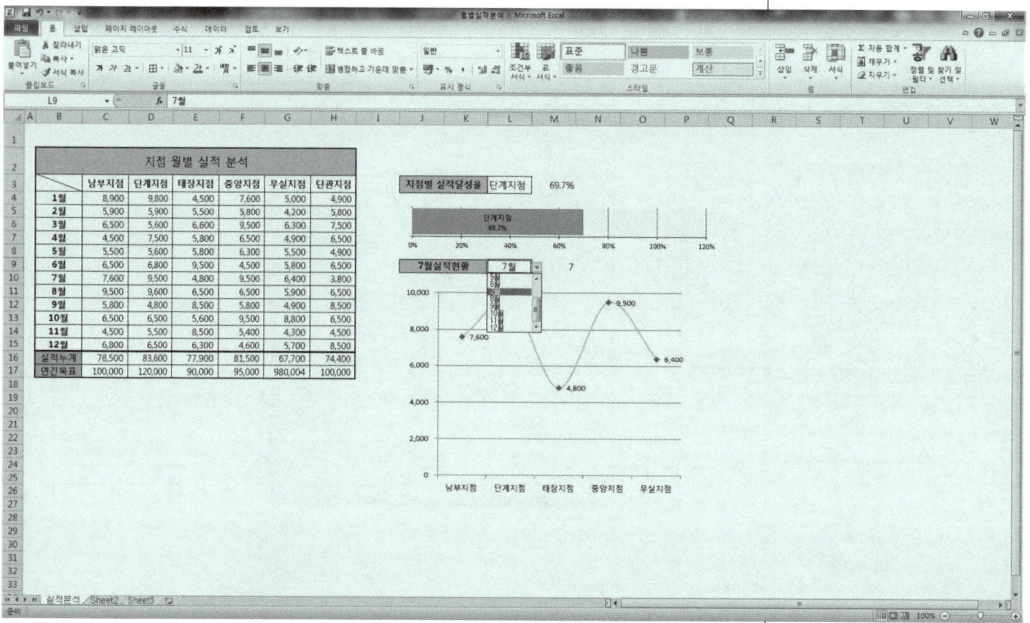

제17장 월별 실적분석차트 만들기

19 설정한 차트 서식이 설정된 것을 확인할 수 있다. [L9]셀의 월을 변경하면 차트 데이터가 선택한 월의 데이터로 자동으로 변경됩니다.

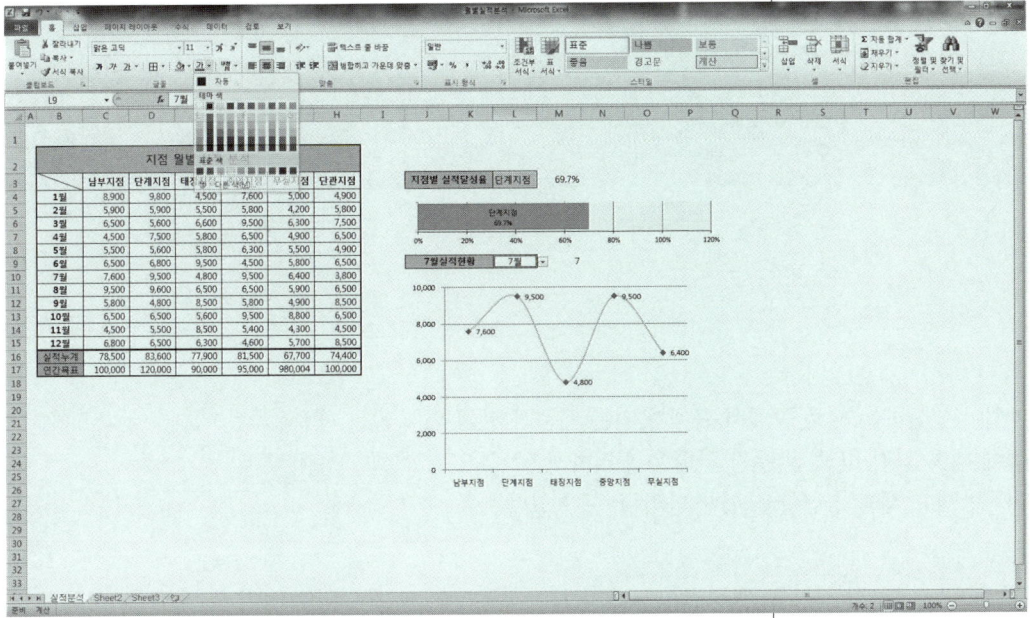

20 시트에 계산 결과가 표시되지 않도록 Ctl키을 누른 상태에서 [L3]과 [L9] 셀의 글꼴 색을 흰색으로 변경하여 숨긴다.

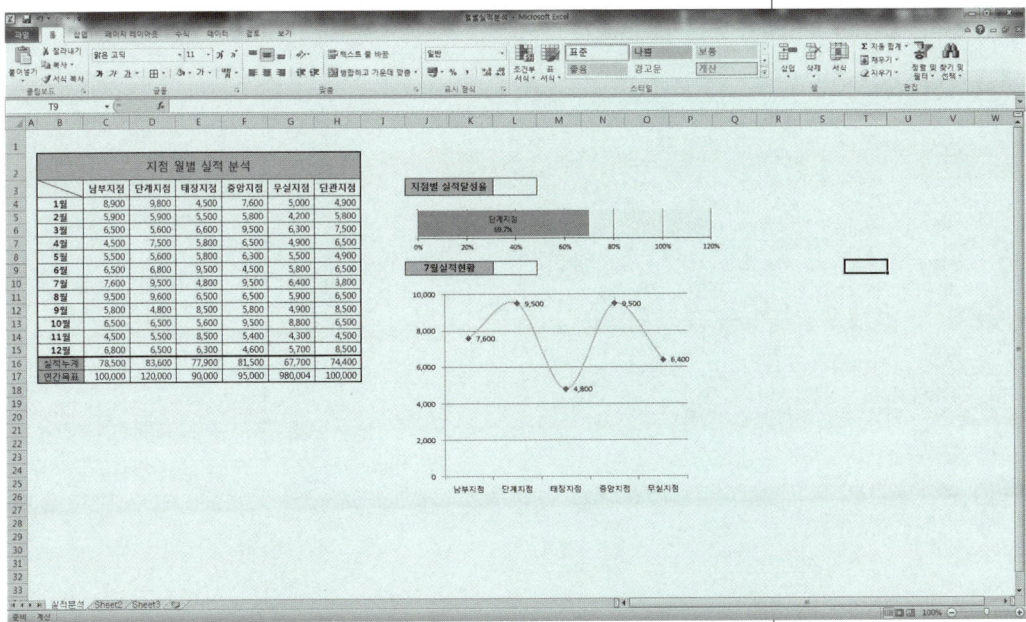

21 드디어 월별 실적 분석차트가 완성 되었다 !

303

기업실무 엑셀

CHAPTER 18

재고 제품 현황

데이터 지우기, 메크로, 데이터 필터링, 콤보상자

기업이 생산하는 제품 중에서 판매가 되는 제품과 판매 되지 않는 제품 등에 대한 가격 비교 및 수량 파악을 편리하게 할 수 있는 엑셀 기능이다. 즉 제고 제품의 현황을 쉽게 파악할 수가 있다.

데이터 지우기의 완성본

	A	B	C	D	E
1	일자	상호명	제품명	단가	금액
2	05월01일	빈폴	티셔츠	9000	50000
3	05월02일	아디다스	운동화	10000	70000
4	05월03일	아디다스	구두	20000	150000
5	05월04일	헤드	바지	7000	30000
6	05월05일	크로커다일	바지	21000	120000
7	05월06일	크로커다일	점퍼	32000	320000
8	05월07일	헤드	티셔츠	5000	20000
9	05월08일	빈폴	지갑	12000	100000
10	05월09일	빈폴	점퍼	30000	290000
11	05월10일	아.테스토니	구두	100000	1500000
12	05월11일	지오다노	운동화	15000	60000
13	05월12일	잭앤질	티셔츠	9000	40000
14	05월13일	잭앤질	운동화	22000	100000
15	05월14일	지오다노	구두	23000	100000
16	05월15일	니	티셔츠	11000	45000
17	05월16일	더노스페이스	가방	24000	125000
18	05월17일	지오다노	가방	15000	75000
19	05월18일	더노스페이스	점퍼	16000	99000
20	05월19일	빈폴	구두	23000	150000
21	05월20일	니	스웨터	11000	80000
22	05월21일	헤드	스웨터	8900	60000
23	05월22일	니	바지	6000	30000
24	05월23일	아.테스토니	가방	150000	200000

파일지우기

제18장 재고 제품 현황   EXCEL

필터링을 사용한 결과보기 완성본

	A	B	C	D	E	F	G	H	I	J	K	L
1	일자	상호명	제품명	단가	금액		상호명					
2	05월01일	빈폴	티셔츠	9000	50000		아디다스			결과2		
3	05월02일	아디다스	운동화	10000	70000							
4	05월03일	아디다스	구두	20000	150000		필터링결과					
5	05월04일	헤드	바지	7000	30000		일자	상호명	제품명	단가	금액	
6	05월05일	크로커다일	바지	21000	120000		05월02일	아디다스	운동화	10000	70000	
7	05월06일	크로커다일	점퍼	32000	320000		05월03일	아디다스	구두	20000	150000	
8	05월07일	헤드	티셔츠	5000	20000							
9	05월08일	빈폴	지갑	12000	100000							
10	05월09일	빈폴	점퍼	30000	290000							
11	05월10일	아.테스토니	구두	100000	1500000							
12	05월11일	지오다노	운동화	15000	60000							
13	05월12일	잭앤질	티셔츠	9000	40000							
14	05월13일	잭앤질	운동화	22000	100000							
15	05월14일	지오다노	구두	23000	100000							
16	05월15일	니	티셔츠	11000	45000							
17	05월16일	더노스페이스	가방	24000	125000							
18	05월17일	지오다노	가방	15000	75000							
19	05월18일	더노스페이스	점퍼	16000	99000							
20	05월19일	빈폴	구두	23000	150000							
21	05월20일	니	스웨터	11000	80000							
22	05월21일	헤드	스웨터	8900	60000							
23	05월22일	니	바지	6000	30000							
24	05월23일	아.테스토니	가방	150000	2000000							

재고 데이터 지우기 버튼

회사에서 제고품의 내용 또는 직원의 신상 기록을 엑셀을 활용하여 보관을 한다.
이와 같이 직원이 제고품의 현황을 정리할 때 데이터 지우기를 설정함으로서 데이터를 편하게 지울 수 있는 양식 버튼이 제고데이터 지우기 버튼이다.

개발도구 탭 만들기

먼저 엑셀 개발도구 메뉴를 만들려면 (엑셀 office 단추) 클릭- (엑셀옵션)단추를 클릭한다.
엑셀 옵션을 클릭 했으면 기본설정을 다음과 같이 선택한다.

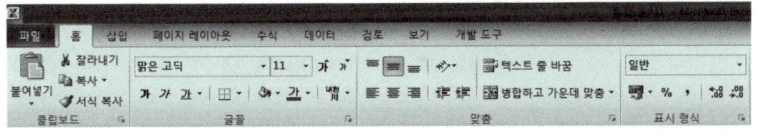

1. 선택영역에서 미니 도구 모음 표시
2. 실시간 미리보기 사용
3. 리본 메뉴에 개발도구 탭 표시

이렇게 설정을 하고 난 다음 확인 버튼을 클릭한다.

305

데이터 지우기 버튼 만들기

사용순서

	A	B	C	D	E
1	일자	상호명	제품명	단가	금액
2	05월01일	빈폴	티셔츠	9000	50000
3	05월02일	아디다스	운동화	10000	70000
4	05월03일	아디다스	구두	20000	150000
5	05월04일	헤드	바지	7000	30000
6	05월05일	크로커다일	바지	21000	120000
7	05월06일	크로커다일	점퍼	32000	320000
8	05월07일	헤드	티셔츠	5000	20000
9	05월08일	빈폴	지갑	12000	100000
10	05월09일	빈폴	점퍼	30000	290000
11	05월10일	아.테스토니	구두	100000	1500000
12	05월11일	지오다노	운동화	15000	60000
13	05월12일	잭앤질	티셔츠	9000	40000
14	05월13일	잭앤질	운동화	22000	100000
15	05월14일	지오다노	구두	23000	100000
16	05월15일	니	티셔츠	11000	45000
17	05월16일	더노스페이스	가방	24000	125000
18	05월17일	지오다노	가방	15000	75000
19	05월18일	더노스페이스	점퍼	16000	99000
20	05월19일	빈폴	구두	23000	150000
21	05월20일	니	스웨터	11000	80000
22	05월21일	헤드	스웨터	8900	60000
23	05월22일	니	바지	6000	30000
24	05월23일	아.테스토니	가방	150000	200000

위 사진과 같이 재고 제품 내용을 입력한다.

01 원하는 데이터 장소 (G4)를 클릭한다.

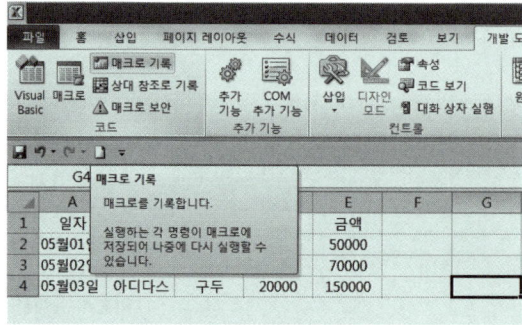

02 단메뉴에서 개발도구에 메크로 기록을 클릭한다.

제18장 재고 제품 현황 EXCEL

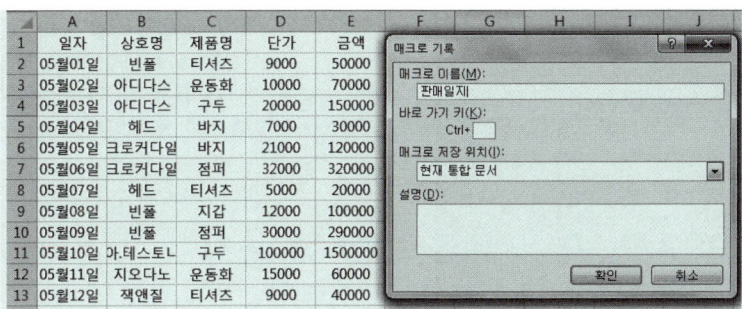

03 매크로 기록을 클릭하였으면 매크로 이름에 자신이 작성하고자 하는 이름을 설정한다.

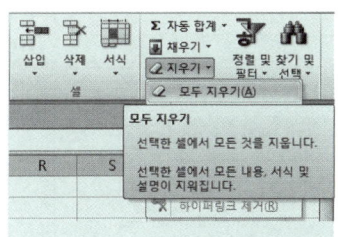

04 매크로 이름을 작성하였으면 홈메뉴 가서 지우기에 모두지우기를 클릭한다.

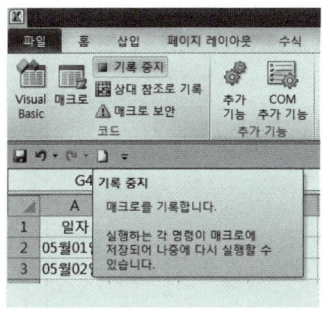

05 개발도구로 다시 돌아가서 매크로 기록중지를 클릭한다.

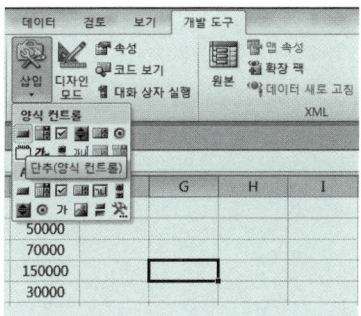

06 매크로 기록중지를 클릭하였으면 삽입의 단추를 클릭한다.

307

기업실무 엑셀

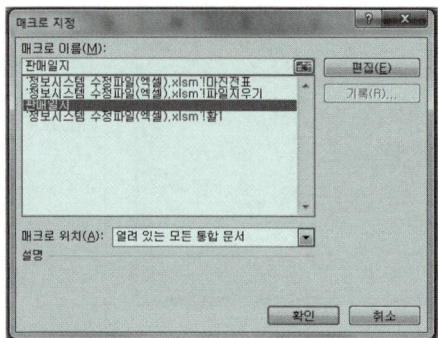

07 삽입 단추를 클릭하였으면 매크로 지정에서 매크로 이름을 그전에 작성하였던 것으로 설정을 한다.

	A	B	C	D	E	F	G	H	I
1	일자	상호명	제품명	단가	금액				
2	05월01일	빈폴	티셔츠	9000	50000				
3	05월02일	아디다스	운동화	10000	70000				
4	05월03일	아디다스	구두	20000	150000				
5	05월04일	헤드	바지	7000	30000		판매일지		
6	05월05일	크로커다일	바지	21000	120000				
7	05월06일	크로커다일	점퍼	32000	320000				
8	05월07일	헤드	티셔츠	5000	20000				
9	05월08일	빈폴	지갑	12000	100000				
10	05월09일	빈폴	점퍼	30000	290000				
11	05월10일	아.테스토니	구두	100000	1500000				
12	05월11일	지오다노	운동화	15000	60000				
13	05월12일	잭앤질	티셔츠	9000	40000				
14	05월13일	잭앤질	운동화	22000	100000				
15	05월14일	지오다노	구두	23000	100000				
16	05월15일	니	티셔츠	11000	45000				
17	05월16일	노스페이스	가방	24000	125000				
18	05월17일	지오다노	가방	15000	75000				
19	05월18일	노스페이스	점퍼	16000	99000				
20	05월19일	빈폴	구두	23000	150000				
21	05월20일	니	스웨터	11000	80000				
22	05월21일	헤드	스웨터	8900	60000				
23	05월22일	니	바지	6000	30000				
24	05월23일	아.테스토니	가방	150000	200000				
25									

08 단추를 설정하였으면 단추 글씨를 그전에 작성한 글씨로 바꾼다.

데이터 지우기 버튼이 생성이 되면 자신이 불필요한 부분을 드레그를 하고 데이터 지우기 단추만 누르면 쉽게 불필요한 부분을 지울 수가 있다.

제18장 재고 제품 현황   EXCEL

필터링을 이용한 결과보기 방식

EXCEL

기업에서 재고정리/ 수량파악/ 금액정리 등의 결과를 볼 때 필터링을 사용한 방식을 쉽게 활용하는 방식이 필터링을 이용한 결과보기 방식이다.

사용순서

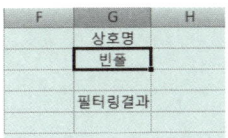

01 사진처럼 엑셀에 상호명, 브랜드명, 필터링 결과를 그림과 같이 G셀에 입력한다.

02 상호명, 브랜드명, 필터링결과를 입력하였으면 데이터로 넘어가서 고급필터를 클릭한다.

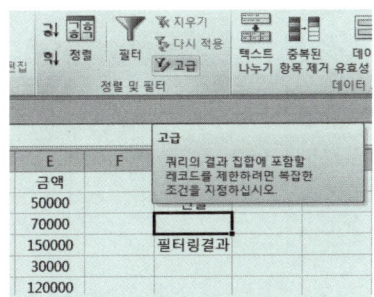

상호가 아니더라도 제품 중 티셔츠가 어느 상호에 있는지 또는 가격이 얼마인지 파악하기가 쉬우며 기업에서 많이 응용 및 활용하여 사용하고 있다.

03 고급 필터를 들어가서 목록범위는 사진과 같이 표 전체를 드래그 시켜준다.

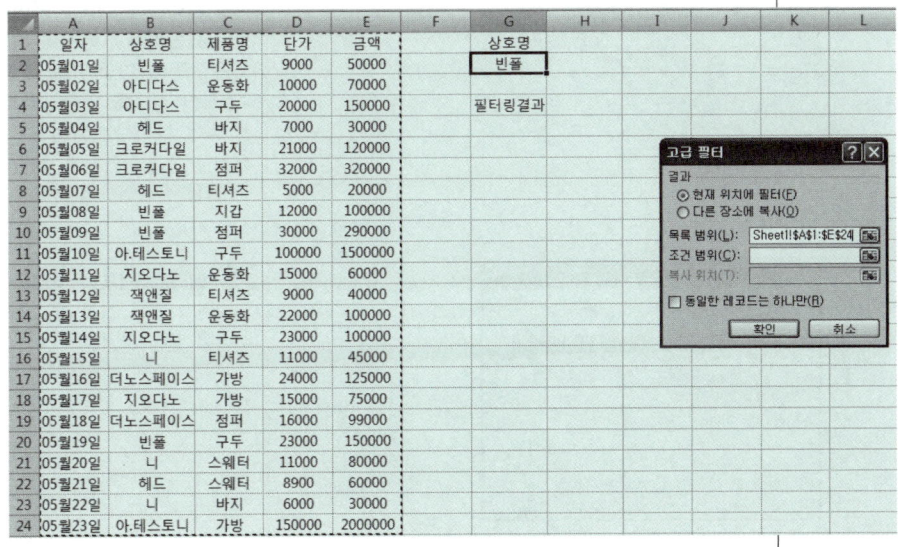

309

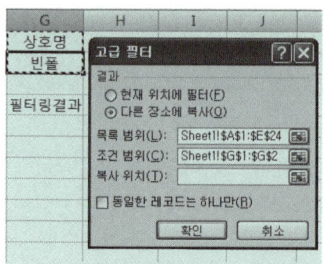

04 조건범위는 사진과 같이 상호명, 브랜드명에 설정을 한다.

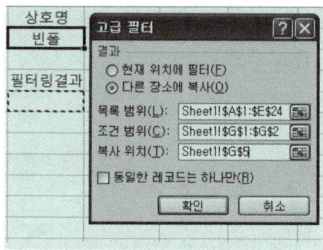

05 복사 위치는 사진과 같이 필터링 결과 밑으로 지정을 한다.

06 고급필터를 설정하면 사진과 같이 브랜드의 제품명, 단가, 금액, 일자를 쉽게 확인할 수가 있다.

07 사진과 같이 필터링 하단을 클릭한다. 그리고 개발도구로 들어가서 메크로 기록을 클릭한다.(메크로 기록 사진 첨부를 안한 이유는 처음 페이지에 개발도구 생성을 설명하였기에 생략하였다.)

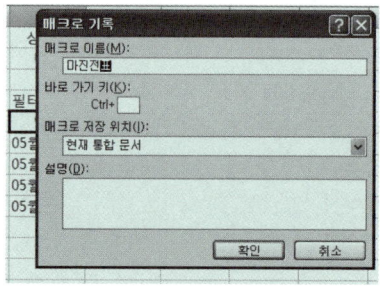

08 메크로 기록을 클릭하였으면 사진과 같이 매크로 이름을 설정 하면된다.

제18장 재고 제품 현황

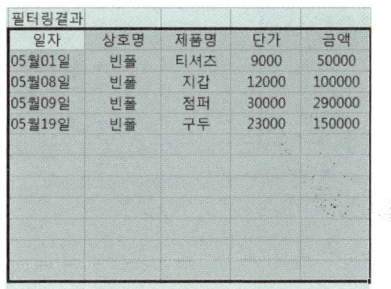

09 메크로 이름을 설정하였으면 사진과 같이 필터링 결과를 드래그 시켜준다.

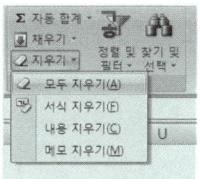

10 필터링 결과를 드래그한 상태에서 홈 메뉴로 가서 모두 지우기를 클릭한다.

11 모두 지우기를 클릭하면 사진처럼 필터링 결과가 지워진다.

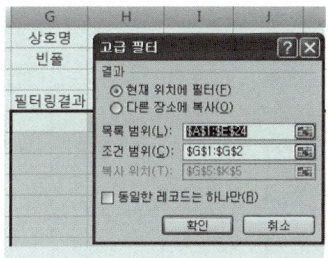

12 다시 데이터로 넘어가서 고급필터를 클릭한다.

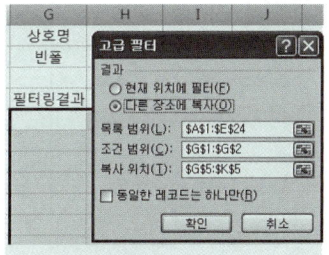

13 고급필터에서 목록 범위, 조건 범위, 복사 위치를 설정하고 확인을 클릭한다. 확인을 누르면 9번과 같이 필터링 결과가 다시 나온다.

14 개발도구로 들어가서 기록 중지를 클릭한다.

기업실무 엑셀　　　　　　　　　　　　　　　　　　　　EXCEL

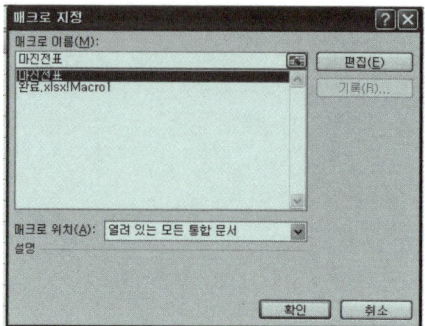

15 개발도구 아래 목록에 삽입으로 들어가서 단추버튼을 클릭하면 사진과 같이 마진 전표에 설정을 하고 [확인] 버튼을 누른다.

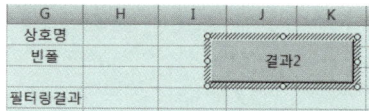

16 확인 버튼을 누르면 이렇게 단추가 생기는데 이름을 자신 원하는 이름으로 바꾸면된다.

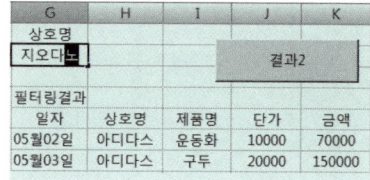

17 이름을 설정 하였으면 상호명 밑에 브랜드를 쓰고 커서를 아무곳에 놓는다.

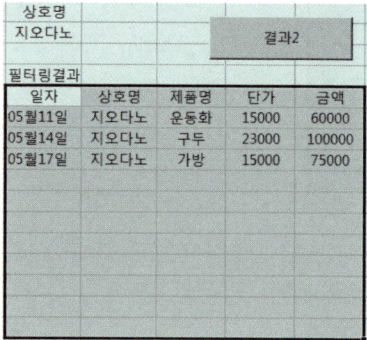

18 다른 브랜드 이름을 치면 사진과 같이 필터링 결과과 바뀐다.

양식 컨트롤의 활용

EXCEL

필터링 결과를 활용하면 상호명 밑에 브랜드를 적으면 필터링 결과가 바뀐다.
하지만 브랜드를 적으면 필터링 결과를 보는 시간의 소요가 있으므로 양식을 이용해서 보다 쉽게 편하게 하는 결과보기를 설명하겠다.

사용순서

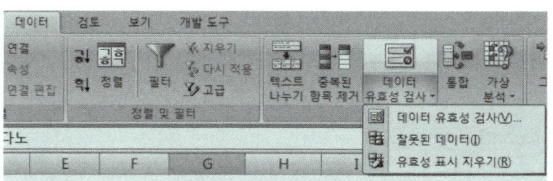

01 사진과 같이 데이터로 넘어가서 데이터 유효성 검사를 클릭한다.

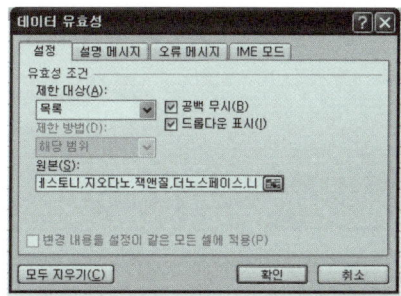

02 데이터 유효성 검사를 클릭하였으면 제한대상을 목록으로 설정을 하고 원본에 브랜드를 작성한다.

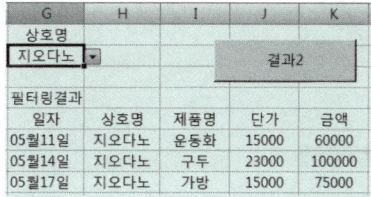

03 사진처럼 데이터 유효성 검사를 설정하였으면 사진과 같이 브랜드옆에 화살표창이 설정이 되었다.

313

기업실무 엑셀　　　　　　　　　　　　　　　　　　　　　　EXCEL

04 　설정이 된 상태에서 원하는 브랜드를 선택하여 클릭한다.

05 　선택하여 클릭하면 필터링 결과에 원하는 브랜드의 필터링 결과가 나온다.

시트별로 간편하게 이동하는 방법

EXCEL

시트별로 이동을 할 때 엑셀의 맨 아래쪽의 시트페이지를 클릭하여 다른 시트로 넘어가면 번거로운 사항이 많다. 그래서 시트를 간편하게 이동하는 방법을 설명하겠다.

사용순서

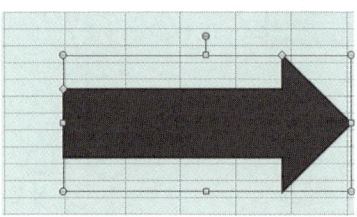

01 　먼저 메뉴의 삽입으로 들어가서 도형으로 들어가서 오른쪽 화살표를 클릭하고 사진과 같이 화살표를 만든다.

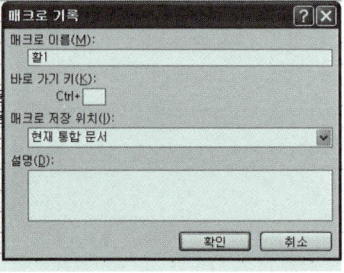

02 　화살표를 만들면 개발도구로 들어가서 메크로 기록을 클릭하고 메크로 이름에 이름을 설정한다.

314

제18장 재고 제품 현황

03 여기서 시트1에서 시트2를 클릭한다.

04 시트2에서 기록 중지를 클릭하고 다시 시트1로 넘어간다.

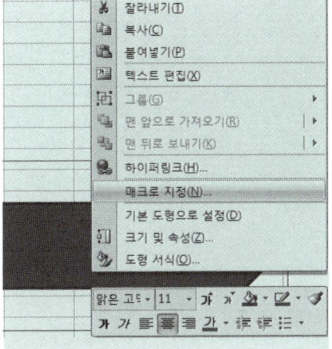

05 시트1로 넘어 갔으면 화살표에 오른쪽 버튼을 클릭하면 사진과 같이 메크로 지정을 클릭한다.

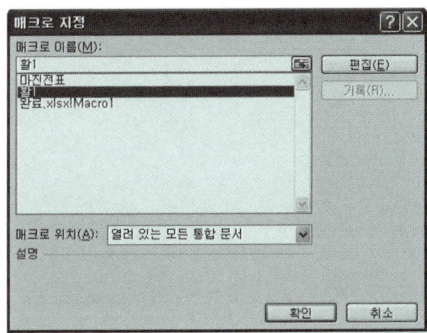

06 메크로 지정을 클릭하였으면 사진과 같이 설정한 이름을 클릭하고 확인을 누른다.

07 화살표를 누르면 다음 시트로 쉽게 넘어간다.